Materiale Soziologie TB 8

Die Familie

Materiale Soziologie TB 8

Materiale Soziologie stellt Arbeiten vor, in denen konkrete kulturelle Lebensformen dokumentiert und analysiert werden. Soziologie ist hier Wirklichkeitswissenschaft: der untersuchte Einzelfall kommt selbst zur Sprache. Beschreibung, Deutung und Theorie müssen sich am Material bewähren, an der soziologischen Rekonstruktion von Milieus, Stilen, kommunikativen Mustern, Handlungsfiguren und Sinnkonstruktionen des gesellschaftlichen Lebens.

Materiale Soziologie vereinigt Perspektiven von Wissens-, Kultur- und Sprachsoziologie einerseits, Kulturanthropologie und Ethnologie andererseits. Die Autoren stützen sich auf Verfahren der Ethnographie, der sozialwissenschaftlichen Hermeneutik und der Gattungsanalyse: kontrollierte Rekonstruktion tritt an die Stelle sonst üblicher Konstruktion und Spekulation.

Tilman Allert

Die Familie

Fallstudien zur Unverwüstlichkeit einer Lebensform

W DE G

Walter de Gruyter · Berlin · New York 1998

Tilman Allert, PD Dr., Institut für Soziologie,
Eberhard-Karls-Universität, Tübingen.

♾ Gedruckt auf säurefreiem Papier, das die US-ANSI-Norm über Haltbarkeit erfüllt.

Die Deutsche Bibliothek – CIP-Einheitsaufnahme

Allert, Tilman:
Die Familie : Fallstudien zur Unverwüstlichkeit einer Lebensform / Tilman Allert. – Berlin ; New York : de Gruyter, 1998
(Materiale Soziologie : TB ; 8)
ISBN 3-11-014860-9

Druck: Arthur Collignon GmbH, Berlin. – Buchbinderische Verarbeitung: Heinz Stein D-12487 Berlin. – Einbandentwurf: Johannes Rother, Berlin.

In dankbarer Erinnerung an Mikail Alieff

Vorwort

1. Auf die Zeit meines ersten professionellen Zugangs zur Struktur von Familienbeziehungen geht untenstehende Sequenz zurück, die sich als Seitenthema eines Interviews entspann. Die Mutter berichtete von der Teilnahme an einem Familienkreis der katholischen Kirchengemeinde. Als sie auf die Nachfrage, ob derartige Treffen für alle Familienmitglieder gedacht seien, mit dem Hinweis „nur für Ehepaare" die Exklusivität der Veranstaltung hervorhob, ergriff die Tochter kurz darauf, vielleicht durch den markanten Tonfall zusätzlich neugierig geworden, die Chance, das Thema ins Grundsätzliche zu wenden. Das hörte sich - auf gut hessisch - folgendermaßen an:

K2: *Mamaa ?!, was issen das, en Ehepaar ?*

M: *`n Mann und `ne Frau ist en Ehepaar. Hast des noch net gewußt ?*

K2: *Neee*

M: *Net. Ein Paar sind immer zwei Stück. Oder dann gibt`s en paar, wenn es viele, mehrere sind, das wird aber anners geschribbe*

K2: *Mama du bist ein* (leicht affektiert)

M: (hustet kurz) *Ich bin ein Halbes*

K2: *Warum ?*

M: *Ja zum Ehepaar gehör`n immer zwei, `n Mann und `ne Frau*

K2: *Bist de auch ein Ehepaar ?*

M: *Ja, ich bin aber kein ganzes Ehepaar, ich bin ja nur `e Frau*

K2: (nach einer Pause, verlegen*) Wenns de noch en Mann wärst ?*

M: *Ja, da gehört noch einer dazu. De Babba is dann de Mann. Wir zwei sind en Ehepaar. Das hast de noch net gewußt ?* (Stimmwechsel in höhere Tonlage)

K2: *Ich und du ?! (*gleichzeitig mit M: „Das..."; schrille Stimme)

M: *Ach du net, der Papa und ich* (Betonung auf „ich")

K2: (nach langer Pause) *en halbes oder en ganzes ?*

M: *Ich allein bin en halbes*

K2: *Männo, du halb, und ihr beide ?* (spricht langsam, nuschelnd. Das „Männo" und das „du halb" liegen auf gleicher Stimmhöhe, es fehlt die Stimmhebung des Erstaunens. In der ersten Silbe von „beide" hebt sich die Stimme wie bei einer Frage. In der zweiten Silbe fällt die Intonation plötzlich ab)

M: *Äh* (beinah stimmlos, wie zu sich selbst) *Jetzt am Freitag, ich war aber net dort, da ham se zum Thema „Sprechen mit Gott", oder „von Gott" oder „über Gott", so ähnlich*

Die Abfolge dieser in die wonnige Trivialität des Alltagslebens eingesponnenen Szene enthält in Miniatur das Ganze der Familienbeziehungen, wie ich in einer früheren Arbeit gezeigt habe. Was ich seinerzeit sowohl am Ort des Geschehens überhörte als auch aus der nachträglichen soziologischen Distanz übersah, war die Sinnstruktur des mythologischen Rätsels, das sich im Dialog zwischen Mutter und Tochter entspann.

Dies mag daran gelegen haben, daß ich getreu den wissenschaftsethischen Grundsätzen der Datenanonymisierung den Autor des Textes, das seinerzeit viereinhalbjährige Mädchen und zweite Kind der Familie, in der hölzernen Abkürzung „K2" wahrgenommen hatte. Vermutlich wäre ein weiteres Kapitel entstanden, hätte ich mich der Etymologie seines Vornamens - Sybille - besonnen, der nun nach langer Zeit veröffentlicht werden darf, zumal die früh geschulte und vielleicht inzwischen gar selbst mütterliche Weisheit ähnlich sokratisch auf die Probe gestellt worden sein mag.

Die Konstitution der persönlichen Identität vollzieht sich in Unterhaltungen dieser Art, sie kommen tausendfach vor und erzählen in immer neuen Versionen das Rätsel des Ursprungs. Seine Fragestellung ist das Thema der vorliegenden Arbeit. Es geht um die formale Struktur und das dynamische Potential der Kommunikation in der Familie, um die Dauerspannung zwischen der affektiv exklusiven Elterndyade und der Positionierung des Kindes in ihr. Der Zauber der obenstehenden Grundsatzdebatte zwischen Mutter und Tochter liegt darin, daß die möglichen Antworten auf die zentrale Frage danach, wie die eigene Identität als etwas zu verstehen sei, das sich der Interaktion von zweien verdankt, in beeindruckender Dichte verhandelt werden.

Das Paar, gegenüber dem es in der Interaktionstriade der Familie ständig einen ausgeschlossenen Dritten gibt, mag wie in diesem Fall leicht identifizierbar sein, handlungslogisch muß das nicht ohne weiteres gelingen. Jede Ausdrucksform sozialisatorischer Interaktion bringt die Akteure mit der latenten Wirkung einer universellen Fragestellung zusammen, der Thematik einer Schöpfung, die das Verhältnis dyadischer und triadischer sozialer Beziehungen und die Stellung der Personen in diesem Gefüge betrifft. Die Texte eines Familiengesprächs enthalten Schöpfungsmythisches, die Beiträge der Kinder nennt Freud infantile Sexualtheorien. Sie geben Antworten auf die Frage nach Herkunft, Zukunft des eigenen Lebens, und die Sinnstruktur der Kommunikation sorgt für Evidenz und Gegenevidenz.

An diese Grundlage der „soziokulturellen Geburt“ (René König) des Menschen ist zu erinnern angesichts eines entweder postmodern lässigen oder steril aufgeregten Geredes vom Ende der Familie. Und auf diese hat sich die Anstrengung des Begriffs zu richten. Es geht um das Verständnis der Familie in der Vielfalt ihrer äußeren Gestalt und um Gründe für ihre Unverwüstlichkeit als Lebensform.

Die Untersuchung greift also das in die Flüchtigkeit einer Erinnerungsspur versunkene Thema der Unterhaltung wieder auf, nimmt dabei jedoch Umwege und längere Strecken in Kauf. Erkenntnislogisch betrachtet handelt es sich jedoch um die Neugier der Sybille, denn auch die Soziologie setzt zweierlei ein: Kasuistik und theoretische Reflexion.

2. Die Arbeit wurde ausgedacht und geschrieben im Schatten einer phasenweise leidvollen Prüfung familialer Solidarität. Wissenschaft und Lebenspraxis sind vereinbar nur im theoretischen Modell. Wem es in Ausnahmen gelingt, den Abstand der Wertsphären intellektuell wie moralisch zu überbrücken, der darf, wie in diesem Fall, von Glück sprechen. Es kam niederrheinisch geduldig daher. In Bewunderung danke ich Christa Allert.

Weiter diskutiert und aus der Synchronie der Gedanken in die Diachronie eines lesbaren Textes gebracht, wurde die Arbeit am Institut für Soziologie der Universität Tübingen. In der kritischen Prüfung durch die am Ort versammelte Kompetenz, einer sorgfältigen Lektüre und hilfreichen Kommentaren insbesondere von Constans Seyfarth, Joerg M. Kastl und Ina Jekeli, aus der Ferne von Birgitta Nedelmann, Hans-Georg Soeffner und Bruno Hildenbrand, großzügig gestützt und mit langem Atem ermuntert von Walter M. Sprondel, hat sie Gestalt angenommen. Die nicht identifizierbare Summe aller Anregungen entstammt den studentischen Beiträgen meiner familiensoziologischen Seminare, die die Arbeit aus der Blindheit fester Überzeugungen auf - wie in Tübingen nicht anders zu erwarten - erste und letzte Fragen zurückzuholen wußten. Ihnen allen gilt mein Dank.

Von Claude Lévi-Strauss stammt der Gedanke, Texte wie eine Komposition zu lesen. Mit der vorliegenden Arbeit ist nicht mehr als eine einfache, vorklassische Struktur entstanden, eine Suite oder ein Thema mit Variationen. Die Exposition des Materials hat, was die theoretischen Grundlagen angeht, in einer Oktave Platz, die mit den Namen Freud, Lévi-Strauss, Lepsius, Luhmann, Oevermann, Parsons, Simmel und Weber, grob perspektivisch bezeichnet sei. Die Inspiration verdanke ich meinen Fällen, für die Drucksetzung danke ich Ingo Trempeck und Christian Roth, Achim Eschbach für den nochmaligen Blick auf Punkt und Komma, für die Luftbrücke aus Zuversicht Bianka Ralle und dem Verlag.

Inhalt

1. Die Familie als soziologisches Problem

Was man unter einer Familie versteht, glaubt jeder zu wissen. Es gehört zur Eigentümlichkeit dieses Handlungsraumes, daß seine Akteure eine unerschütterliche Kundigkeit im Verständnis seiner Voraussetzungen und seiner Folgen ausgebildet haben. Die Nomenklaturen der Verwandtschaft, die identitätsverbürgenden Vornamen, die alltägliche Routine im Erledigen kleiner und großer Aufgaben, und nicht zuletzt die suggestive Plausibilität des Charakterbildes, all dies trägt zur natürlichen Systemkenntnis der Personen bei. Das „Familienlexikon", das jede Familie im Verlauf ihrer Entwicklung in unzähligen Geschichten zusammenstellt und das zu erkennen es für sie selbst häufig nur eines kleinen Anstoßes bedarf, steuert die Selbstwahrnehmung sowie die Darstellung nach außen[1].

Diese Vertrautheit der Personen mit ihrer eigenen Praxis reicht nicht aus, um die Familie als einen sozialen Funktionszusammenhang zu bestimmen. So überzeugend das alltagsweltliche Urteil über die eigene Familie und ihre Mitglieder auch sein mag, so perspektivisch gebrochen durch Struktur und Geschichte der Familie erscheint es aus der Sicht des Beobachters. Die Art und Weise nämlich, wie sich Familien erfahren und dieses ihr Verständnis in Mythen der Einzigartigkeit verdichten, kommt durch eine Reihe von Merkmalen des Handlungsraumes zustande. Will man sie im Wechsel der Beiträge und Zuschreibungen ausfindig machen und in ihrer Wirkung bestimmen, so bedarf es der analytischen Distanz. Sie ermöglicht die Beobachtung einer außergewöhnlichen Form der Kommunikation. Die Handelnden begegnen sich als ganze Personen mit einem Anspruch auf Anerkennung und Bestätigung ihrer Einzigartigkeit. Auch das Wie ihrer Beteiligung ist alles andere als trivial. Es erfolgt in einer besonderen Leibgebundenheit, Interaktionsdichte und Zeitstruktur. Die komplexe Verschränktheit dieser Merkmale, die in keinem anderen Sozialsystem zu finden ist, rahmt die Kommunikation der Familie. Hier kommt es im alltäglichen Dialog zu Prozessen der Wirklichkeitskonstruktion und im Wechsel der Generationen zu deren Weitergabe und Veränderung. Die Kommunikation

---

[1] Nach einem Roman von Ginzburg, in dem es heißt: „An einem dieser Worte würden wir uns im Dunkel einer Grotte unter Millionen von Menschen als Geschwister wiedererkennen. Diese Sätze sind unser Latein, das Vokabular unserer vergangenen Tage, sie sind wie die Hieroglyphen der Ägypter oder Assyrer und Babylonier, Zeugen einer Lebensgemeinschaft, die aufgehört hat zu sein, aber in Texten weiterlebt, die vor der Wut des Wassers und der Zerstörung der Zeit gerettet wurden. Diese Sätze sind die Grundlage unserer familiären Einheit, die solange wir leben fortbestehen wird, indem sie an den verschiedensten Punkten der Erde wieder neu entsteht,..." (Ginzburg 1993, 23).

erfolgt nicht zufällig, sondern strukturiert, Mustern und Temperierungen gehorchend, in denen eine spezifische Typik zum Ausdruck kommt. Der unendliche Strom interaktiver Beiträge und mitgeteilter wie verschwiegener Empfindungen unterliegt angebbaren Erzeugungsmechanismen, sie mögen mit den Kausalitäten, in denen die Personen ihr eigenes Handeln interpretieren und zuschreiben, zur Deckung kommen, müssen dies aber nicht. Generative Strukturen zu rekonstruieren, zählt zur Aufgabe der Soziologie, über sie erst lassen sich die Kommunikationskomplexität, Anpassungselastizität und sozialisatorische Kapazität der Familie bestimmen.

Bedenkt man, daß im Binnenraum des Familienlebens mit der Konstitution personaler Autonomie und der Selbstreproduktion der Gesellschaft zwei zentrale gesellschaftliche Funktionen eingelöst werden, so ist der Befund überraschend, daß die Familiensoziologie im Gegensatz zu ihrer Geschäftigkeit im professionellen Diskurs der Disziplin ein Schattendasein führt[2]. Ihre Aufmerksamkeit auf ein zentrales soziales System, auf dessen Leistungen für den Motivationsaufbau der Person alle übrigen Handlungsbereiche der Gesellschaft zurückgreifen, ihre Beiträge zur Analyse der empirischen Vielfalt privater Lebensführung, wird kaum durch theoretische Impulse strukturiert, die über den engen Horizont laufender Forschungsfragen hinausweisen. Auf der anderen Seite hat die Familiensoziologie bislang nicht vermocht, die Auseinandersetzung um voluntaristische und strukturanalytische Ansätze der Gesellschaftsanalyse mit Vorschlägen zu bereichern. Hinzu kommt der regelmäßig erhobene Vorwurf, sie sei in den meisten ihrer empirischen Untersuchungen kategorial auf die Kleinfamilie fixiert und hinge einem historisch längst zu seinem Ende gekommenen Modell an[3]. So mißverständlich die Kritik auch formuliert ist, weil in ihr Strukturmodell und empirische Erscheinungsform verwechselt werden, verbirgt sich dahinter gleichwohl ein Problem. Welchem theoretischen Zugriff geben wir bei der Familienanalyse den Vorzug, welches Konzept vermag die unbestreitbare normative und faktische Pluralisierung von Formen des Familienlebens angemessen zu erfassen und welches verspricht einen Anschluß an die Entwicklung der allgemeinen soziologischen Theorie? Das ist beileibe keine müßige Frage, schließlich geht es um den Nachweis eines Normalitätsmodells und um Grundannahmen über die Entstehung und Fortsetzung der gesellschaftlichen Ordnung schlechthin. Seit den

---

[2] Von dieser Geschäftigkeit und soliden Forschungsarbeit geben unübersehbare Untersuchungen ein deutliches Zeugnis. Einen Überblick über den Stand der Dinge findet man in Nauck/Onnen-Isemann (1995), des weiteren Lüscher/Schultheis/Wehrspaun (1988). Die beinahe ausschließliche methodologische Konzentration auf Befragungsdaten gehört mit zum Erscheinungsbild der gegenwärtigen Familiensoziologie. Sie wird bei der Durchsicht der Bände gleichermaßen sichtbar.

[3] Am wirksamsten formuliert von Beck (1991, 43).

ersten nicht zufällig „Naturgeschichte“ genannten Ethnografien des Familienlebens von Wilhelm Heinrich Riehl steht die begriffliche Arbeit an einer Bestimmung des Gegenstands in dem Bemühen, auf Wesenszuschreibungen zu verzichten und mehr Kontingenzen theoretisch zuzulassen und von daher Vergleichsmöglichkeiten zur allgemeinen Theorie sozialen Handelns zu eröffnen.

Im Lichte dieser Problematik kann sich der Zweifel an der Leistungsfähigkeit familiensoziologischer Beiträge nicht auf Ausmaß und Umfang der Forschungen beziehen. Zu beklagen sind nicht etwa fehlende Studien über alleinerziehende Mütter, über die sozialstatistische Häufigkeit neuer Ehemodelle, über die Akzeptanz künstlicher Insemination oder die Gründe für die Bevölkerungsabnahme oder –zu–nahme, bedauerlich ist vielmehr eine Schwäche der Theorie selbst.

Die Familiensoziologie, der sogar von ihren eigenen Vertretern ein „kaum übersehbares Defizit an begrifflicher und theoretischer Durchdringung dessen, was Familien sind und was in ihnen geschieht“ attestiert wird[4], arbeitet im Kern mit einer rollentheoretischen Prämisse. Derzufolge wird das Geschehen in der Familie als ein Vorgang gedeutet, bei dem sich immer schon sozialisierte Subjekte begegnen und sozialisatorische Prozesse allenfalls als Adaptation an die im Elternverhalten vorgegebenen Muster der Orientierung erfolgen. Im Zuge dieser Vorentscheidung wird die Eigentümlichkeit des naturnahen, über körperliche Bindungen vermittelten Handelns verkannt und die historische Geschichtetheit von Familienbeziehungen, die übergenerationelle Wirkung von Sinnstrukturen der Intimität auf die Subjektwerdung der Person unterschätzt. Die Funktion des Sozialsystems Familie als zentraler gesellschaftlicher Einheit der Konstitution von sozialem und darüber vermittelten biografischen Sinn droht soziologisch aus dem Blick zu geraten.

Fragt man nach Ursachen für diesen Zustand, so muß man eine Reihe von Gründen nennen, theoriegeschichtliche, aber auch solche, die mit der Kulturbedeutsamkeit und dem Gestaltwandel der Familie in der Gegenwart zu tun haben. Die Familiensoziologie läßt sich gern, wie jede Bindestrichsoziologie, von einer öffentlich definierten und durch empirische Befunde leicht dramatisierbaren Problem- oder Krisendeutung ihres Gegenstandes beeindrucken[5]. So werden beispielsweise nach der Logik von „contemporary issues“ die statistischen Daten zum Bevölkerungswachstum entweder als Belege für die generative Müdigkeit oder für den

---

[4] Vgl. den Sammelband von Herlth/Brunner/Tyrell/Kriz (1994) mit dem Titel „Abschied von der Normalfamilie?”

[5] Die Familie als Gegenstand der intellektuellen Dauerreflexion über den Zustand der Welt, der Menschen und ihrer Moral machen Berger/Berger (1983) in kritischer Absicht zum Thema.

generativen Optimismus genommen und zu einer Frage nach der Leistungsfähigkeit der Familie hochstilisiert[6]. Gestiegene Scheidungsraten, die Bereitschaft, Kinder allein aufzuziehen, die soziale Lage der Frauen und Mütter - all dies erzeugt Analyseperspektiven, die social-problem-orientiert sind. Dem steht auf der anderen Seite die Bereitschaft gegenüber, sich gelegentlich im Schlepptau einer avantgardistischen Moral der Lebensführung als Instanz der normativen Durchsetzung von Alternativen zur Kleinfamilie einsetzen zu lassen[7].

In engem Zusammenhang mit historischen Trends und Themenkonjunkturen[8], in dem sich die Familiensoziologie seit ihrer Entstehung eine Kontur zu geben versucht hat, ist die Geschlechterforschung zu einer institutionalisierten Forschungsrichtung mit einem vielversprechenden Theorieapparat geworden, eine eigene Methodologie ist angekündigt[9]. Die Akzentverschiebung, die nach der Durchsetzung des Frauen-

---

[6] Zu demographischen Verschiebungen, die im Hintergrund der kulturellen Dramatisierung familialer Leistungsfähigkeit stehen, siehe Roussel (1988).

[7] Beispielsweise sieht Hoffmann-Nowotny die „Gesellschaft von Einzelgängern“ als die nachfamiliale Lebensform der Zukunft (1988). Meyer (1992) bescheinigt den von ihm diagnostizierten Differenzierungstypen „Partnerschaftsorientierter Privatheitstyp, kindorientierter Typ und individualistischen Privatheitstyp“ eine höhere Anpassungsfähigkeit an sich verändernde Umweltbedingungen (17), denen gegenüber die sozial inflexible Normalfamilie im Rückstand liege. Er meint: „im Gegensatz zur problematisch werdenden ‘Passung’ zwischen der starren und relativ unbeweglichen Ehe- und Familieninstitution und ihrer komplexen Umwelt erscheinen die latent kündigungsdisponierten, prinzipiell flexibleren, zukunftsoffeneren und zeitlich elastischeren Privatheitsformen mit den Mobilitätserfordernissen, Aus-, Fort- und Weiterbildungszwängen wie individualistischen Wertmustern der modernen Gesellschaft eher kompatibel.“ (Meyer 1993, 37) Gegen derartige Paraphrasen empirischer Korrespondenzen von sozialem Wandel und privaten Lebensformen melden sich derzeit aus theoretischer Sicht kaum hörbare professionelle Zweifel (Kritisch dazu Tyrell 1994).

[8] Dazu schreibt schon König (1969, 258): „Von einer eigentlichen Familiensoziologie kann man erst seit etwa 1850 sprechen, wobei hinzuzufügen ist, daß sie weitgehend unter den gleichen äußeren Bedingungen entstanden ist wie die Gemeindesoziologie, nämlich unter dem Eindruck der krisenhaften Folgen der Industrialisierung in den meisten westlichen Gesellschaften. Dieser Umstand gibt ihr von Anfang an den Charakter einer ausgesprochenen Krisenwissenschaft, was einmal eine enge Verbindung mit der Sozialpolitik nahelegt, dann aber auch natürlicherweise zahlreiche Wertungen herausfordert über das, was ‘gut’ oder ‘schädlich’ ist für die Entwicklung der Familie.“ Man denke im Hinblick auf die deutsche Nachkriegssoziologie an die richtungweisenden Arbeiten von Schelsky und König, in denen jeweils die Sozialisationskapazität und vor allem emotionale Belastbarkeit der gesellschaftlichen Zentralinstitution Familie thematisch war.

[9] Siehe hierzu die Debatten in der Zeitschrift „Feministische Theorie“. Einen guten Überblick über den historischen Kontext, die wissenschaftspolitische Plazierung sowie die theoriestrategische Diskussion bietet der von der Senatskommission für Frauenforschung

themas mit dieser wissenschaftspolitischen Innovation einhergeht, kommt zunächst einmal in einer hoch aggregierten theoretischen Debatte zum Ausdruck. In deren Folge rückt die Betrachtung der Familie als ein System von Beziehungen zugunsten einer, aber eben nur einer, zentralen Aktorperspektive in den Hintergrund.

Als weiterer Grund für die Ausdünnung des familiensoziologischen Diskurses ist der Verzicht auf eine integrale Betrachtung von Familie und Verwandtschaft zu nennen. Hier schlägt als besonders folgenreich zu Buche, daß sich die Ethnologie und die Anthropologie institutionell und konzeptuell von der Familienforschung getrennt entwickelt haben[10].

Während der Strukturfunktionalismus seine forschungsleitende Kraft weitgehend eingebüßt hat, ist die Familiensoziologie vornehmlich mit Bestandsanalysen beschäftigt. In ihren theoretischen Designs bleibt sie unentschieden zwischen familientherapeutischen Ansätzen, deren beeindruckende Fallsensibilität bewundert wird, und der traditionellen Kleinkindforschung, die fast vollständig in die Pädagogik und Psychologie ausgelagert ist.

Rückwirkungen auf die Theorieentwicklung haben fernerhin die allgemeinen Befunde zur sozialstrukturellen Erosion des Normalmodells der Kleinfamilie, zur Pluralisierung von Lebensformen und zur Verbreitung von anderen biografischen Optionen als der Familiengründung. Derartige Entwicklungen, die in der gegenwärtigen Soziologie als Theorie der Individualisierung etikettiert werden und die sich nicht zufällig für populärwissenschaftliche Trendreports wie „Von der Liebe zur Beziehung“ eignen[11], machen es schwer, einer theoretischen Perspektive Gehör zu

---

in der DFG herausgegebene Band „Sozialwissenschaftliche Frauenforschung in der Bundesrepublik. Bestandsaufnahme und forschungspolitische Konsequenzen” (1994).

[10] Ähnlich urteilt Kaufmann (1994, 53), dem auffällt, „wie sehr die Analyse der Verwandtschaftsbeziehungen in der Familiensoziologie gegenüber der Analyse der Kernfamilie zurückgetreten ist”, und in der Annahme der faktischen tiefenstrukturellen Wirkung verwandtschaftlicher Bindungen meint, „daß die in der Familiensoziologie vorherrschende Identifikation von ‘Familie = Kernfamilie = Haushalt’ im Sinne einer Wiedergewinnung der Verwandtschaftsperspektive revisionsbedürftig wird. Es zeigt sich daran auch, daß die frühen familiensoziologischen Arbeiten von König (1969, 1973) trotz ihres ausdrücklichen Anschlusses an die Durkheimsche Konzeption der Konjugalfamilie auf die paradigmatische Rahmung späterer Forschungen nicht auszustrahlen vermochten.

[11] So der Titel eines, geht man nach der Zitierhäufigkeit, mittlerweile zum Klassiker familienkritischer Literatur avancierten Bandes von Beck/Beck-Gernsheim (1990). Die Studie durchzieht ein systematischer Kategorienfehler, der auf der Verwechslung der Struktur sozialisatorischer Beziehungen und ihrer empirischen Erscheinungsformen beruht. Infolgedessen kommt es zu einer Überzeichnung von Pluralisierungsphänomenen und Identitätsentwürfen aus dem sozial privilegierten akademischen Milieu zu universalen

verschaffen, die sozialisatorische Prozesse in das Spannungsverhältnis von Familie und Verwandtschaft eingebettet sieht und die von der intergenerationellen Wirkung historisch sedimentierter Formen der privaten Lebensführung ausgeht. Es ist vielmehr üblich geworden, die Familie als eine Aggregation von Einzeldyaden zu begreifen. Die theoretische Verwirrung geht zuweilen so weit, daß gar die Eltern-Kind-Beziehung als die dominante Einheit sozialisatorischer Beziehungen begründet wird und daß als eine Konsequenz dieser Sichtweise darauf die Scheidung als eine im Familienzyklus normale Statuspassage verharmlost wird.

Der historische Befund, der die Bereitschaft zu paradigmatischen Umstellungen ausgelöst hat, ist schnell genannt. Als eine der entscheidenden Wirkungen des Durchbruchs zur Moderne tritt die Kleinfamilie als die typische Ausdrucksgestalt privater Lebensführung auf den Plan. Allgemein wird dieser Vorgang weitgehend einheitlich mit dem Konzept der sozialen Differenzierung umschrieben. Wer auch immer für dieses Argument in Anspruch genommen wird - Durkheim, Spencer oder auch Weber - es geht dabei um die Freisetzung eigenlogischer Handlungsbereiche, wobei entscheidend ist, daß nicht einfach ein sozialer Raum für die Privatheit entsteht, sondern daß miteinander unverträgliche Sozialitätsformen entstehen. An diese sind unterschiedliche Mitgliedschaftszumutungen und Selbstdarstellungslogiken geknüpft. Ganzheitliche und segmentäre Formen der Beteiligung treten in Handlungskontexte mit diffuser und solche mit spezifischer Orientierung auseinander und richten an die Personen höchst unterschiedliche Kommunikationsanforderungen.

Im Zuge dieser Entwicklung wird es zum ersten Mal möglich, daß Intimität nach eigengesetzlichen Kriterien strukturiert wird, und zwar in den beiden zentralen Handlungskreisen der Familie, der erwachsenen Paarbeziehung sowie in der Beziehung der Eltern zu ihren Kindern. Diese Freisetzung ergibt sich, in der Formulierung von Luhmann, „aus sozialstrukturellen Entwicklungen und besteht letztlich darin, daß die moderne Gesellschaft die Unterscheidung von persönlichen und unpersönlichen Beziehungen radikalisiert. Ohne viel Übertreibung kann man sagen, daß in jeder sozialen Beziehung diese Differenz erfahrbar wird: die unpersönlichen Beziehungen sind 'nur' unpersönliche Beziehungen. Die persönlichen Beziehungen

---

Trends der Familienentwicklung. Die Individualisierungsthese wäre, nachdem sie mittlerweile aus familiensoziologischer Sicht fundiert in Frage gestellt wurde (Burkhart 1993), selbst zum Gegenstand einer Analyse zu machen. Schließlich ist der sachliche Kern der Individualisierungsdebatte, die dialektische Einheit von Autonomiezwang und Autonomiechance der Person, seit Durkheim als ein Bestandteil moderner Sozialstrukturen, also als die Folge der Durchsetzung organischer Solidarität bekannt.

werden mit Erwartungen eines auf die Person Abgestimmtseins überlastet, woran sie oft zerbrechen, was aber die Suche danach verstärkt und das Ungenügen nur unpersönlicher Beziehungen nur umso deutlicher hervortreten läßt."[12]

Daß die Industriegesellschaften den Schritt in die Moderne vollzogen haben und den Gesellschaftsmitgliedern die kompetente Handhabung der Differenz zumuten, ist in der scharfen Grenzziehung zwischen Arbeitswelt und öffentlicher Sphäre und den diversen Formen primärer Gemeinschaftsbildung allenthalben spürbar. Allerdings steht die Familien- und Verwandtschaftsordnung in ihren Bindungsqualitäten und ihrem typischen Beharrungsvermögen quer zur Idee der Modernität, der die Menschen normativ verpflichtet sind. Im Hinblick auf die historische Tiefenschichtung und Dynamik affektiver Beziehungen erscheint die Rede von der durchgesetzten Moderne höchst mißverständlich, in Vielem ist es angemessener, von partieller oder segmentärer Modernität zu sprechen. Schließlich ist die hohe Wertzuschreibung, die der Individualität eines Lebensentwurfs zukommt, im Horizont reproduktiver Muster der Kommunikation zu relativieren.

Diese Einschätzung führt zur wichtigsten Ursache für die Schwierigkeiten der Theorie. Sie ist stärker mit dem Kern der Sache selbst verknüpft. Die Soziologie hat der Affektivität auf der Ebene der Disposition wie auf der Ebene des Handelns wenig Aufmerksamkeit geschenkt. Das gilt für die Analyse der sexualisierten Paarbeziehungen unter Erwachsenen ebenso wie für die Analyse der sexuell tabuierten Eltern-Kind-Beziehungen. Die Konzeptualisierungsschwäche geht auf eine lange Tradition intellektueller Dämonisierung und Mystifikation dieser Dimensionen menschlichen Handelns zurück. Das ist in der deutschen Geistesgeschichte ein durchgängiger Topos und findet wissenschaftschaftsgeschichtlich in der Nichtwahrnehmung der psychoanalytischen Theorie seinen beklagenswerten Ausdruck.

Die systemtheoretische Familiensoziologie hat diesen Bezug vollständig getilgt. Sie sieht das Familienhandeln als Kommunikation und zwar in der Trias von Informieren, Mitteilen und Verstehen[13]. Hierbei ist die Frage nach den Trägern der Kommunikation, nach den Prozessen der individuellen Zurechnung von Kommunikationswirkungen sowie nach der Dynamik der psychischen Verarbeitung zweitrangig bzw. auf eine Angelegenheit der biografischen Selbstthematisierung reduziert.

---

[12] Luhmann (1982, 205). Zur soziologischen Einschätzung des Verhältnisses von Familie und Moderne siehe auch de Singly (1993). Des weiteren die aus der französischen Annales-Schule stammende Geschichte der Familie, vor allem die Bände 3 und 4.

[13] Vgl. hierzu die Grundkonzeption der Systemtheorie in Luhmann (1984) und die familiensoziologischen Aufsätze von Luhmann (1990). In einer sprachlich anspruchsvollen, sachlich in der Linie bleibenden Fortführung von Gilgenmann (1986, 1994).

Kommunikation erscheint im systemtheoretischen Design als ein Phänomen der ständigen Weitergabe von Themen, die von den beteiligten Psychen wie Spielbälle aufgegriffen oder abgewiesen werden. Daß hingegen in der Prozessualität des Kommunizierens reproduktive Muster entstehen, sich auskristallisieren und zu Material für die Internalisierung von Handlungsbereitschaften verselbständigen, bleibt im theoretischen Modell weitgehend ausgespart. Diese Blickverengung ist Gegenstand theoretischer Diskussionen auf hoch aggregiertem Niveau. Für die Familiensoziologie ist sie besonders folgenreich und fällt hinter die Produktivität des parsonianischen Ansatzes zurück, die gerade darin gelegen hat, daß die „dynamisierenden" Konzepte aus der Entwicklungspsychologie Freuds zur theoretischen Bestimmung des menschlichen Motivationsaufbaus aufgegriffen und reformuliert wurden.

Als ein Kategorienfehler im systemtheoretischen Design macht sich bemerkbar, daß die Träger der Kommunikation aus der Erwachsenenperspektive gedacht werden. Das läßt unberücksichtigt, daß das Kind als eine selektionsfähige Instanz für die Auswahl oder Kontinuierung von Themen gerade nicht vorausgesetzt werden kann. Kindermund tut Wahrheit kund. Kinder haben eine hohe Wahrnehmungssensibilität für „Ungesagtes", gleichwohl Handlungswirksames entwickelt, ohne daß sie durch die familienspezifisch jeweils geltenden Selektionsroutinen schon geführt wären. Kinder - und paradoxerweise gilt: je jünger desto ideenreicher - sind naturwüchsige Entdecker von Sinnstrukturen und Anschlußalternativen der Kommunikation. Ihre Art, sich zu beteiligen, ist die kontextfremde Option gerade außerhalb des thematisch jeweils Gegebenen. Dies erzwingt eine komplexere Theorie als die Systemtheorie bereithält, die für ein empirisches Phänomen hält, was doch ein grundlegendes Merkmal des Handlungstypus darstellt[14].

Die wenigen Versuche, in der Familiensoziologie auf ein anderes Grundmodell als das in der Soziologie immer noch prominente Modell zweckgerichteten und zielorientierten Handelns zurückzugreifen, sind ohne Echo in der Forschung geblieben. Dazu gehören neben der Psychoanalyse Plessners Idee der „exzentrischen Positionalität", die die gattungsspezifische dialektische Einheit von Leib und Geist

---

[14] So heißt es bei Luhmann: „Während die Ausdifferenzierung eines Subsystems Ehe als relativ typisch angesehen werden kann (sic!), weil es hier spezifische Kommunikationsprobleme (Sexualität, Verhältnis zu den Kindern, oft auch finanzielle Probleme) gibt, über die man mit den Kindern nicht spricht und für die man folglich Diskretion erwarten muß, ist damit nicht ausgemacht, daß auch der Rest der Familie, die Kinder, ein Subsystem mit entsprechender Grenzziehung bilden." (Luhmann 1990, 213) Es ist im übrigen in der umfangreichen Literatur zur Systemtheorie wenig beachtet, daß es sich dabei entgegen der Programmatik im Kern um eine historisch gebildete Wissenssoziologie handelt.

an den Anfang der Analyse menschlicher Geselligkeitsformen rückt[15]. Dieser Perspektive ist der Syntheseversuch von Dux verpflichtet, der sich im Rückgriff auf Piagets Entwicklungskonzept um eine gattungstheoretische Bestimmung des Geschlechterverhältnisses bemüht[16]. Derartige Umschriften haben ebensowenig wie die nachcartesianische phänomenologische Tradition im Anschluß an Merleau-Ponty, die die symbolische Konstitution der Leiblichkeit zum Thema macht, bislang den familiensoziologischen Diskurs befruchten können. Dabei bietet dieser deutliche paradigmatische Kontrast zur rollen- oder institutionentheoretischen Analyse affektiver Vorgänge alle Voraussetzungen zu einem produktiven Theorienstreit.

Auch die schon erwähnte strukturfunktionalistische Theorie von Parsons bildet in diesem Zusammenhang eine beinah vergessene Ausnahme. Ihr gebührt das Verdienst, die Funktionsbedeutung der erotischen Kommunikation herausgearbeitet zu haben[17]. Legitimierte und normativ angesonnene Erotik in der Gattenbeziehung ebenso wie die desexualisierte erotische Interaktion in der Eltern-Kind-Beziehung gelten als die synchron im Familienverband auftretenden Ausdrucksformen der Zuwendung, die für die hohe Komplexität und das dynamische Potential des Familienhandelns verantwortlich sind. Die Familie läßt sich demnach als ein psychosoziales System begreifen, dessen Besonderheit darin liegt, daß es in seinen Binnenbeziehungen über eine gleichsam eingebaute Innovationsquelle verfügt, also über ein Potential der Selbstentfaltung wie Selbstdestruktion verfügt, das für andere Systeme unbekannt ist. Die Arbeiten von Parsons legen die Idee nahe, die Ontogenese des Menschen als das Ergebnis einer strukturierten Entwicklung von Handlungskreisen zu begreifen. Gerade in der Konformität der Handelnden zum gemeinsam geteilten Wertbezug der Affektivität, der in der sogen. Achsenstruktur des Familiensystems widersprüchlich verankert ist, liegt paradoxerweise die Voraussetzung für den Übergang von der Herkunftsfamilie zu einer neuen Zeugungsfamilie. Daß die Erotik asymmetrisch verteilt ist, daß handlungslogisch wie normativ das Inzesttabu errichtet wird, dies zählt zu den Voraussetzungen der Exogamie, des Tausches der Töchter und Söhne.

Die Arbeiten von Tyrell haben vor allem dazu beigetragen, daß das strukturfunktionalistische Design nicht vollends in Vergessenheit geraten ist[18]. Mit den

[15] Plessner (1981-1985).
[16] Siehe hierzu Dux (1992, 1994).
[17] Vgl. Parsons (1964 a-c, 1981 a,b) und Parsons & Bales (1955). Siehe die Diskussion des Strukturfunktionalismus bei Tyrell (1988b).
[18] Dieses ist das Verdienst der umfangreichen Beiträge Tyrells zur Familiensoziologie (insbesondere Tyrell 1978, 1983, 1988a).

Arbeiten von Oevermann, Lang und Lacan können dessen Annahmen präzisiert werden[19]. Familienhandeln ist demnach prinzipiell diffus, die empirisch feststellbaren Rollenzuschreibungen haben nur den Sinn, das Familiengespräch für die Beteiligten zu vereinfachen. Eindeutige und vor allem ein für allemal festgelegte Konkretisierungen sind mit der Selbstwahrnehmung in den Rollen des Vaters, der Mutter oder auch des Kindes gerade nicht gemeint. Entscheidender für die kommunikative Qualität ist nicht etwa die rollenförmige Routine, sondern die dynamische Interaktion nach Maßgabe einer prinzipiell offenen „thematischen Unbegrenztheit“ (Tyrell)[20].

Die Familie ist, unabhängig von ihrer historisch kontingenten Gestalt, eine soziale Gemeinschaft mit einer spezifischen, seit Parsons erotisch genannten, körperbezogenen Kommunikationsform. Diese Eigenart des Objektbereichs jedoch, die hohe Intimität der Zuwendung und die naturwüchsige soziale Interaktion auf engem und sozial privatisiertem Handlungsraum, ist einem rollentheoretischen Zugriff unzugänglich[21]. Familienbeziehungen zeichnet eine eigene soziale Strukturiertheit aus, ihr für die Gesellschaft zentraler funktionaler Bezug liegt in ihrem Beitrag zur Sicherung der generativen Reproduktion der Gattung über den familienübergreifenden Tausch von Töchtern und Söhnen. Dieser wird durch historisch epochale Veränderungen der Familienkonstellation nicht berührt, wenngleich die besonderen Entwicklungen im Geschlechterverhältnis, in der normativen Konstruktion von Partnerschaft sowie in den für Intimbeziehungen in Anspruch genommenen Entwürfen von Einzigartigkeit der Person einem historischen Wandel unterliegen mögen. In jedem Fall rückt die Struktur der Kommunikation, die diesen elementaren Vorgang möglich macht, in das Zentrum der theoretischen Aufmerksamkeit.

In den Horizont dieser Diskussion gehört die vorliegende Arbeit. Sie soll im Durchgang durch historisch orientierte Fallanalysen vorführen, in welcher Reich-

---

[19] Oevermann (1979, 1984), Oevermann und Konau (1980), Oevermann et al. (1976), Lacan 1980, Lang 1986. Die Sozialisationstheorie Oevermanns ist eine der möglichen Antworten auf die nach wie vor offene Frage, wie denn die Grenzen des Analysegegenstands Familie zu bestimmen seien. Einen vielversprechenden Versuch der theoretischen Neuorientierung im Anschluß an die hohe Bedeutung der Generationenbeziehungen unternimmt neuerdings die Forschungsgruppe um Lüscher/Schultheis (1993).

[20] Am Ende der Arbeit greife ich diese Strukturbestimmungen auf und prüfe Möglichkeiten, sie weiter zu entwickeln.

[21] An dieser Stelle ergeben sich notorisch Mißverständnisse hinsichtlich der leichtgängigen Formel von der „Rolle“ des Vaters, der Mutter und des Kindes. Angemessener wäre es, auf einer elementaren Ebene von Positionen zu sprechen, in denen es um generalisierte Handlungsdispositionen geht und gerade nicht um die spezifische Konkretheit eines definierten Handlungsprogramms.

haltigkeit das für die moderne Gesellschaft grundlegende und in jeder Biografie sich neu stellende Spannungsverhältnis zwischen dem intimen Binnenraum der Familie und der berufsrollenstrukturierten Außenwelt empirisch konkretisiert wird.

Der im folgenden eingeschlagene Weg, sich mit Kasuistiken in die familiensoziologische Debatte einzuschalten, ohne sich dabei von laufenden Diskussionen über Hochblüte, Ende oder Übergang der Familie irritieren zu lassen, soll die Frage überprüfen helfen, ob nicht die Blicktrübung der Disziplin einer unzulässigen Gleichsetzung von Struktur und empirischer Konkretion und einem Fixiertsein auf das Personal des Systems geschuldet ist und ob es demgegenüber nicht angebrachter wäre, der Logik des Familienhandelns und der Affektivität des Paares als dessen dynamischem Kern in ihren jeweiligen sozialstrukturellen und historischen Konkretionen nachzugehen. Dafür genügt die vorläufig weitgefaßte Bestimmung, nach der die Kernfamilie als ein analytisches Konzept zu verstehen ist, die Kleinfamilie demgegenüber eine historisch kontingente Ausdrucksgestalt darstellt[22].

Die Studien, die das Ziel verfolgen, aus der Besonderheit einer Fallstruktur die Konstruktionselemente einer Theorie der Familie zu beziehen, werden am Ende in dem Versuch einer ersten strukturtheoretischen Skizze gebündelt. Diese greift ein zentrales Problem der Analyse auf, das jüngstens noch einmal folgendermaßen formuliert wurde:

> „Wie die partnerschaftlich-ehelichen Beziehungen (mit ihren spezifischen Belastungen) - als 'Subsysteme' - in Familiensysteme 'eingebettet' sind, wie sie einander stützen, aber auch stören können usw., - davon hat die Familiensoziologie kaum artikulierte Vorstellungen. Gerade die 'Fusion' von Partnerschaft und Elternschaft, wie sie das 'intakte' Familienleben in 'geräuschloser' Kompatibilität praktiziert, aber auch der Familienbildungsprozeß von der Intimbeziehung zu zweit zum Ehepaar mit Kindern - dies und vieles mehr ist familiensoziologisch einstweilen nur unzureichend begriffen."[23]

---

[22] Diese wichtige Unterscheidung nicht stringent durchhalten zu können, ist einer der Gründe für notorische Mißverständnisse in der Debatte über die sogen. „Zukunft der Familie". Mißverständliche Formulierungen unterlaufen noch Tyrell (1976), der von einer „gesellschaftlichen Ausdifferenzierung der privatisierten modernen Kernfamilie" spricht. Tyrell warnt jedoch zu Recht davor, die Eigenlogik des psychosozialen Systems Familie durch den trivialen Verweis auf ihre Abhängigkeit von anderen gesellschaftlichen Subsystemen theoretisch zu unterschlagen (Tyrell 1988b). Was aber versteht man genau unter Eigenlogik? Das ist die Fragestellung dieser Arbeit.

[23] Vgl. Herlth/Brunner/Kriz/Tyrell (1994, 13).

Allerdings unterscheidet sich die Arbeit im Hinblick auf die Schlußfolgerungen für die Forschungspraxis. Statt überstürzter Annäherung an die Familientherapie und systemische Familienanalyse schlage ich vor, historisch orientierte Untersuchungen mit der theoretischen Reflexion zentraler Annahmen zu kombinieren.

Die Fragestellung der Arbeit verbindet somit theoretische und historische Perspektiven, jeweils verkoppelt durch die Rekonstruktion von Einzelfällen. Dies mag in der Situation eines durchaus offenen professionellen Diskurses weiterhelfen und Gelassenheit provozieren und die Anstrengung des Begriffs mit Material versehen, schließlich ist die Kasuistik die Heimat der Theorie.

Es geht um dreierlei:

- um den Nachweis der für die Familie strukturtypischen Polymorphie,
- um die Rekonstruktion von Handlungsformen und Deutungsmustern in einem nationalgesellschaftlichen Werthorizont, also um Ausprägungen der Familie in Deutschland und um Gründe für die Indifferenz gegenüber affektiver Kommunikation,
- um die Grundbegrifflichkeit für Analysen im Mikrobereich elementarer sozialer Interaktion, die den Anschluß an die allgemeine soziologische Theorie herstellen soll.

Die Arbeit ist dreiteilig aufgebaut. Am Anfang steht eine kurze Diskussion von Prinzipien der Fallanalyse. Es folgt die Darstellung der Fallstudien. Abschließend behandle ich die Frage nach einem möglichen theoretischen Ertrag. Eine der Sache nach ähnliche Schichtung der Materialbearbeitung wiederholt sich im Mikroformat noch einmal bei den einzelnen Studien selbst, wobei es der Gang der Argumentation streckenweise erforderlich macht, auf Fragestellungen auszugreifen, die sich auf die Umwelt der Familie beziehen. Dadurch wird zuweilen der engere familiensoziologische Rahmen überschritten.

2. Methodologische Rahmung und methodische Vorbemerkungen

2.1 Grundsätze und Orientierungen

Die folgenden Fallstudien unterscheiden sich im Hinblick auf ihre Lagerung im System der sozialen Ungleichheit und im historisch-sozialen Raum der deutschen Nationalgesellschaft. Dies begründet in Handlungstypik und kulturellen Orientierungen heterogene Konstellationen der Familiengeschichte mit unterschiedlichen Vorgaben für die Konstitution einer Biografie.

Zwei Fälle aus randständigen sozialen Milieus und drei Fälle aus bürgerlichem Milieu bringen auf unterschiedliche Weise zum Ausdruck, wie der äußere Rahmen der gesellschaftlichen Entwicklung in den Binnenraum des Familienlebens eingesponnen und wie umgekehrt der Kosmos einer privaten Lebensführung über die Geschichte der Personen in die Umgebung vermittelt wird. Das Material zu den Fällen variiert hinsichtlich der Informationsdichte und der Protokollqualität. Während etwa in einem Fall die Rücksicht auf den Datenschutz ein über Strecken unvollständiges Datengerüst hat entstehen lassen, verfügen wir bei anderen über eine imponierende Menge ausführlich dokumentierter Lebensabschnitte.

Im Dickicht dieser unterschiedlichen Protokollebenen, mit denen Fallanalysen im übrigen immer zu rechnen haben, lassen sich zwei Typen von Daten unterscheiden. Zum einen handelt es sich um sozialstatistische Daten. Das sind Angaben zur Familiengröße, zur Geschwisterzahl, zum Heiratsalter der Eltern, zum Geburtsort, zum Wohnort u. dgl.. Mit derartigen Informationen, die für die Fallrekonstruktion als relativ unverzerrbare Daten herangezogen werden können, verfügen wir als Ausgangslage über die jeweils objektive Einzigartigkeit der Personen, ihren in unauswischbaren Spuren dokumentierten Lebensverlauf. Ergänzend dazu zeigt sich ein Fall in Äußerungen, Brieftexten, im „Originalton" in unterschiedlicher Konkretion und Protokollgenauigkeit, manchmal auch in den Kommentaren und Berichten Dritter, etwa in Schilderungen der Wohnungseinrichtung und des „material me" der verschiedenen Akteure. Mit diesem Datentypus versorgen wir die Rekonstruktion der Fallstruktur, die Analyse der Gesetzmäßigkeiten, die in der Chronologie der Ereignisse für eine spezifische Verknüpfungslogik sorgen, mit Evidenzen.

Wie liest man das Material, wie lassen sich die Rohdaten so zur Synthese bringen, daß wir die für jede soziologische Erklärung wesentlichen Aspekte von Entstehung, Reproduktion, und Transformation der Struktur eines Falles bearbeiten können?

Das ist eine Frage an die Methode, die im folgenden zu behandeln ist. Aus systematischen wie aus pragmatischen Gründen kann ich hier darauf verzichten, die allgemeinen Fragen der Methodologie auszuführen. Die Methodologie einer fallrekonstruktiven Soziologie ist an anderer Stelle begründet worden[1], ich begnüge mich mit wenigen Bemerkungen zum Verfahren im Sinne einer Kunstlehre. Es kommt die Erfahrung hinzu, daß beim forschungspraktischen Vorgehen die erkenntnistheoretisch dramatisierten Differenzen in dem Maße ihre Trennschärfe verlieren, in dem die Arbeit an der Sache in den Vordergrund rückt.

Fallanalysen sind über drei allgemein wichtige Grundsätze strukturiert. Sie tauchen, abgesehen von Nuancen in der verfahrenstechnischen Umsetzung, in den diversen Ansätzen der qualitativen Sozialforschung immer wieder auf, im Programm der „Dichten Beschreibung" ebenso wie in der phänomenologisch orientierten Milieuanalyse oder der textwissenschaftlich ausgerichteten objektiv hermeneutischen Rekonstruktion sozialer Sinnstrukturen, um die drei prominenten Ansätze zu erwähnen[2].

---

[1] Im deutschen Sprachraum haben vor allem die Forschungsgruppe um Oevermann (1979, Oevermann et al. 1976, Allert 1981) und später Hildenbrand (1988, 1991), gegründet auf Analysen sozialisatorischer Interaktion, die Position einer rekonstruktionslogischen Methodologie herausgearbeitet. Dieser Erfahrungsbezug ist nicht zufällig, handelt es sich doch dabei um soziale Orte der exemplarischen Sinnkonstitution (Oevermann 1983).

[2] Soeffner (1989, 98 ff.) hat versucht, die derzeit diskutierten Ansätze im forschungsstrategischen Kräftefeld hermeneutischer Sozialforschung zu sortieren. Die Unterschiede zeigen sich demnach vor allem in den Theorien, aus denen der Anspruch auf Beobachtungsgenauigkeit und stimmiger Deutung sozialer Sinnzusammenhänge abgeleitet wird. Er unterscheidet eine auf Hegel und Lévi-Strauss zurückgehende strukturalistische Position der objektiven Hermeneutik, die auf Husserl zurückgehende Milieuforschung, die sich auf Mead berufende interaktionstheoretische Tradition und schließlich die Forschungsrichtung, die über Plessners Anthropologie und die Wissenssoziologie im Anschluß an Luckmann begründet werde. Unabhängig von der Frage nach der Plausibilität dieser Auflistung - Soeffner weist auf Überschneidungen und Mehrfachbesetzungen hin - unabhängig auch davon, daß sie vor allem um die Konversationsanalyse (Bergmann 1988/1989, 1991) zu ergänzen wäre, sind die methodischen Strategien der Datengewinnung und Datenauswertung nicht so weit voneinander entfernt, wie nach den programmatischen Schriften zu vermuten wäre. Hitzlers Vorschlag (1993, 235), nach „inhaltlichem Interesse" und „sprechstrukturellen Interesse" zu unterscheiden, hilft beim Sortieren, die Frage nach sachlichen Überschneidungen unter dem Interpretationszwang des Materials bleibt hingegen gleichfalls unbeantwortet. Ungeachtet aller Binnendifferenzierung kann die methodologische Position einer sequenzanalytisch arbeitenden Soziologie in den Versionen der Konversationsanalyse und der objektiven Hermeneutik neben den ethnografischen Verfahren als durchgesetzt gelten, die Literatur dazu wird unübersehbar. Vgl. etwa Jung/Müller-Doohm (1993), Garz (1994).

- Das Prinzip der Sequenzialität besagt, daß man bei der Datenauswertung dem zeitlichen Ablauf der Ereignisse oder auch, im Mikroformat eines Textprotokolls, dem Nacheinander der Beiträge zu folgen hat, um der Prozessualität einer individuellen oder familialen Bildungsgeschichte gerecht werden zu können. Die diachrone Perspektive bildet die Grundlage für das Herausarbeiten von Fallstrukturen in synchroner Perspektive. Diese bündelt die Merkmalsvielfalt zu dem, was man als das Typische in der Lebenspraxis des Falles bezeichnen kann.

- Das Prinzip der Gegenüberstellung von Entscheidungsoption und tatsächlich getroffener Wahl strukturiert diesen Prozeß des sequenziellen Abarbeitens. Es schreibt eine besondere Sorgfalt im Aufspüren und fallspezifischen Deuten nicht wahrgenommener Möglichkeiten der Lebensführung vor. Dabei geht es um das Einblenden und Nachzeichnen von Weichenstellungen, vor deren Hintergrund sich eine Lebensgeschichte in irreversibler Selektivität kumulativ entfaltet. Personen wie Familien bilden, so die dahinterstehende allgemeine Idee, im Umgang mit diesem, letztlich von der Endlichkeit des Lebens diktierten dialektischen Verhältnis von Freiheit und Zwang eine unverwechselbare Identität aus, das es in seiner fallspezifischen Version auf den Begriff zu bringen gilt.

- Das Prinzip der Verweisung von Fall und Theorie bezieht sich auf die Forderung, eine rekonstruierte Fallstruktur an die theoretische Diskussion anzuschließen. Es impliziert somit einen qualitativ anderen Status des erarbeiteten Befundes, der nicht wie in der quantitativen Forschung im Hinblick auf seine empirische Generalisierbarkeit, sondern im Hinblick auf die Generalisierbarkeit allgemeiner sozialer Erzeugungsmechanismen von Interesse ist.

Dazu einige Erläuterungen. Die allgemeine Vorentscheidung, die die fallrekonstruktive Soziologie bei der Wahl ihrer Verfahrenstechnik trifft, bezieht sich auf einen konstruktivistischen Zugang zur sozialen Wirklichkeit[3]. Demnach steht menschliches Handeln grundsätzlich in einem sozial vermittelten Sinnbezug, der zwischen Handelndem und Handlungssituation ein Verhältnis relativer Abhängigkeit herstellt. Das, was in der sozialen Welt geschieht, geschieht nach Maßgabe einer

[3] Auf der allgemeinen Ebene haben Berger/Luckmann (1970) das Programm der konstruktivistischen Soziologie im Anschluß an Schütz begründet, das Programm der Fortführung einer strukturalistischen Perspektive vertritt Oevermann in seinen Arbeiten (1991, 1992, 1993). Bei aller internen und vor allem theoriegeschichtlichen Unterschiedlichkeit rückt in diesen Traditionen die Kommunikation zur zentralen Analyseeinheit vor. Diese Grundentscheidung ist das kleinste gemeinschaftliche Vielfache mit der Systemtheorie, die hingegen in der begrifflichen Bestimmung von Strukturbildungsprozessen auf seiten der Kommunikation wie auch auf seiten des Bewußtseins - trotz Dauerbeschäftigung mit deren Differenz - zu enthaltsam bleibt.

angebbaren sinnkonstituierten Regel und zeigt sich dem soziologischen Beobachter grundsätzlich als eine strukturierte und in kommunikativen Sequenzen objektivierbare sinnhafte Welt. Erst auf dieser Folie läßt sich erschließen, ob und in welchem Ausmaß Handelnde einen Einblick in oder eine Anmutung von der Regel haben, denen gegenüber sie Konformität gezeigt haben, oder gar, ob sie diese zu explizieren in der Lage sind.

Die Perspektive einer symbolisch konstituierten Weltauffassung, die als bei den Handelnden wirksam unterstellt wird, wird gleichermaßen bei der soziologischen Gegenstandserschließung zur Anwendung gebracht. Die fallrekonstruktive Soziologie ermittelt nach diesem Verständnis also gleichfalls Konstruktionen, beansprucht dabei jedoch, nicht einfach ein alternatives Sprachspiel zu bemühen, sondern die Realitätsdeutung und deren Fundierung in Kommunikationsmustern theoretisch kontrolliert übersetzen und auf ein Explikationsniveau bringen zu können, auf dem deren Erzeugungsmechanismen sichtbar werden.

Die diversen Ansätze im Bereich der qualitativen Sozialforschung können der hier bewußt weit gefaßten Tradition der verstehenden Soziologie zugerechnet werden. Ob mit ausführlichem, berechtigtem oder unberechtigtem Verweis auf die Webersche Tradition oder ob über das Ziel, historische Individuen (Weber) zu analysieren, hinausweisend, steht hier nicht zur Debatte[4]. Eine gemeinsame Klammer liegt in dem Vorverständnis, soziale Handlungszusammenhänge als Realitäten eigener Art und spezifischer Strukturiertheit zu begreifen, deren historische Genese wie allgemeine, typische gesellschaftliche Funktion es zu ermitteln gelte.

Lévi-Strauss schreibt, das ethnologische Werk von Mauss kommentierend, dazu[5]:

---

[4] Diese Vereinheitlichung ist nur auf einer sehr hohen Abstraktionsstufe vertretbar, denn bekanntlich liegt der Akzent der Weberschen Soziologie auf typologisch kontrollierter Komparatistik und nicht auf der Exposition allgemeiner Strukturgesetze sozialen Handelns.

[5] Vgl. die Einleitung zum Band I der Schriften von Mauss (1974, 22), ebenso zur Anthropologie in der Tradition Durkheims (Lévi-Strauss 1967, 390). Da eine methodologische Diskussion hier nicht Gegenstand ist, soll nur ein Hinweis auf eine weitere, beinahe vergessene Auffassung aufmerksam machen. Er betrifft Geigers Soziologie, dessen Mentalitätsanalysen mit der Idee der geologischen Schichtung von Sinnstrukturen belegen, daß die gegenwärtig diskutierten Positionen nicht ohne Vorläufer sind. „Die Kleinarbeit müßte bei den Symptomen beginnen, die das äußere Leben des Menschen darbietet. (...) Gewohnheiten des Konsums und der sonstigen Lebenshaltung, Freizeitverwendung, Lesegeschmack, Formen des Familienlebens und der Geselligkeit - tausend Einzelheiten des Alltagslebens bilden im Ensemble den Typ des Lebensduktus und dieser ist Ausdruck der Mentalität“ (Geiger 1932/87, 80).

„Um eine soziale Tatsache angemessen zu begreifen, muß man sie total erfassen, das heißt von außen wie ein Ding, doch wie ein Ding, dessen integrierender Bestandteil gleichwohl die subjektive (bewußte und unbewußte) Apprehension ist, welche wir hätten, wenn wir, da wir unabweisbar Menschen sind, die Tatsache als Eingeborene leben würden, anstatt sie als Ethnograph zu beobachten. Das Problem ist dabei, wie es möglich ist, dieses Vorhaben zu realisieren; denn es besteht nicht bloß darin, ein Objekt gleichzeitig von außen und von innen aufzufassen, sondern schließt die weitergehende Forderung ein, die innere Apprehension (des Eingeborenen oder zumindest des die eingeborene Erfahrung nachlebenden Beobachters) in Begriffe äußerer Apprehension zu überführen, die bestimmte Elemente eines Zusammenhangs bilden, der nur dann gültig ist, wenn er sich systematisch und koordiniert darbietet."

Es wird deutlich, daß sich die fallrekonstruktive Soziologie um eine genaue Übersetzung von Binnen- und Beobachterperspektive bemühen muß. Will man das Fallspezifische herausarbeiten, so kommt es darauf an, Konsistenz - und Systematikgebote einzuhalten. Sie beziehen sich sowohl auf die Sprache der Rekonstruktion wie auch auf die Sprache des Falles. Zur Lösung des bei Lévi-Strauss angesprochenen Problems, zwischen beiden Ebenen der Realitätserschließung zu übersetzen, hat sich in der qualitativen Soziologie der Rekurs auf den „Text als Modell" (Ricoeur)[6] bzw. den Text als Datum eingebürgert. Der Text, mit dem sich ein Fall in die Welt eingeschrieben hat und in dem er sie als Realität überhaupt in kommunizierbare Erfahrung bringt, liefert den Schlüssel zur Rekonstruktion seiner Besonderheit.

Das Bemühen, über den Text die „Flüchtigkeit"[7] sozialer Geschehnisse methodisch zu fixieren, darf deshalb als eine weitere gemeinsame Prämisse einer rekonstruktiven Soziologie gelten. Genauer gesagt, erweist sich hier das Verhältnis von Text und Kontext als entscheidend. Mit dieser Unterscheidung wird darauf angespielt, daß der Rekonstruktionsprozeß unvollständig bliebe und naiv verführe, wenn nicht bei jedem Einzeldatum, also bei jeder einzelnen verfügbaren Objektivation des Falles die Kontextbedingung der Entstehung und Motivierung mit berücksichtigt würde[8].

[6] Neuerdings auch in der Formulierung „Die Welt als Text" (Garz, a.a.O.). Siehe umfassend zur interpretativen Sozialforschung auch Schröer (1994).

[7] In Anlehnung an eine Formulierung von Bergmann (1985, 299 ff.).

[8] Das gilt für jeden Umgang mit Quellen, die jeweils in ihrer inneren Logik und Konsistenz zu erschließen sind, jedoch über eine spezifische Kontextuierung ihres Aussagengehaltes zu sprechenden Quellen werden. Siehe hierzu Koselleck (1979, 158 ff.) der eine Methodendebatte in der Geschichtswissenschaft in Gang gesetzt hat, die jedoch im professionstypischen Historismus ohne Spuren geblieben ist.

Grundsätzlich gilt es, auch die Rahmung, um es in der Theoriesprache von Goffman zu formulieren, und nicht die Äußerung isoliert, zum Gegenstand der Analyse zu machen. Hierbei ist eine Besonderheit hervorzuheben[9]. Sie hängt mit dem Unterschied zwischen realem Kontext einer Äußerung und dem sinnlogisch möglichen Kontext einer Äußerung zusammen. In diese Spannung ist die Auslegung eines jeden Dokuments eingespannt, die für einen Fall geltende Lesart wird dabei immer erst im Horizont von gedankenexperimentell erzeugten Lesarten erschlossen[10].

Die Text-Kontext-Gegenüberstellung hat noch einen weiteren Vorzug. Sie fügt der Rekonstruktion einer empirisch vorgegebenen Diachronie die Frage hinzu, was hätte sein können, was in der Situation x möglich gewesen wäre. Hypothetische Verläufe, die auf der Grundlage vorliegender Dokumente bzw. Texte eingefügt und weitergesponnen werden, spielen somit bei jeder Fallrekonstruktion eine herausragende Rolle. Die hohe Sensibilität für Lesarten und Handlungsoptionen, die kontextadäquat sind, aber nicht aufgegriffen bzw. eingehalten werden, ist allen Ansätzen sinnverstehender Soziologie gemeinsam. Im Grunde schält sich allein in der methodisch kontrollierten Gegenüberstellung von Möglichkeit und Wirklichkeit die Fallspezifizität heraus. Das kann man sich folgendermaßen klarmachen.

Wenn wir etwa unter Lebenslauf die objektive Konstitution einer einzigartigen Geschichte verstehen, und unter Biografie eine Zurechnungsinstanz, die diese Sammlung von Ereignissen zu einem konsistenten Entwurf synthetisiert, dann greifen wir, um diesem Verhältnis methodisch gerecht werden zu können, auf den Gedanken zurück, nach dem eine Mehrzahl objektiv sich anbietender biografischer Optionen der faktisch gewählten Option gegenübergestellt wird.

Die Kategorie der objektiven Möglichkeit bezieht sich stets auf angebbare Entscheidungssituationen, die nicht allein hypothetisch konstruiert, vielmehr als realiter den Handelnden zur Verfügung stehende Alternativen unterstellt werden. Auf der Folie objektiver Möglichkeiten im Sinne der Bezugnahme auf eine „Regel der Erfahrung“ (Max Weber)[11] zeichnet sich die konkrete historische Besonderheit eines

---

[9] Soeffner (1989, 118 ff.) ist zuzustimmen, wenn er die These vertritt, daß sich an der Frage nach der Verwendung des Kontextwissens über einen Fall die Geister scheiden.

[10] Dieses Verfahren steht im Mittelpunkt der objektiv hermeneutischen Textanalysen, hierzu die einschlägigen Beispiele bei Oevermann et al. (1979), Hildenbrand (1991) sowie die in dieser Logik durchgeführte Sequenzanalyse eines Interaktionstextes bei Allert (1981). Die hier vorgelegten Studien können auf Interaktionsprotokolle nicht zurückgreifen, deshalb bleibt der für textstrukturell arbeitende Sequenzanalysen zentrale Dreierschritt von Eröffnung, Erwiderung und Ratifizierung eines Interakts undurchführbar. Diese Einschränkung ändert nichts an der Bedeutsamkeit der Sequenzierungsmaxime.

[11] Das vollständige Zitat hierzu lautet: „Ein ‘Möglichkeitsurteil’ in dem Sinne, in welchem der Ausdruck hier gebraucht ist, bedeutet also die Bezugnahme auf Erfahrungsregeln. Die

Falles ab, sei es in scharfem Kontrast dazu, sei es in relativer Entsprechung zu dem nach der Erfahrung erwartbaren Verlauf. Erst nach einer derartigen Vorarbeit können wir uns das Entscheidungsproblem zugänglich machen, vor das sich der Fall gestellt sah, welches ihm aus angebbaren Gründen verborgen blieb oder dessen Optionenangebot er wahrzunehmen vermieden hat. Biografie bezieht sich dann immer auf eine irreversible und kumulative Geschichte von Entscheidungen.

Nun ist wichtig festzuhalten, daß im Unterschied zu einer schlichten Nacherzählung der Fakten in der Fallrekonstruktion die Systematik bzw. die Selektivität rekonstruiert wird, in der ein konkretes, praktisch handelndes soziales Gebilde im Rahmen seiner durch Regeln konstituierten „objektiven Möglichkeiten" die strukturell vorgegebene Autonomiechance erfüllt. Die Besonderung wird als fallspezifische typische Verlaufsform nicht nur abgebildet, sondern darüber hinaus in ihrer Motivierung erklärt und als eine Gesetzmäßigkeit generalisiert, die dem Fall selbst als allgemeine eigentümlich ist.

> „Die Autonomie des Falles, der immer eine konkrete Lebenspraxis ist, wird hier nicht als irgendwie hypostasierte, geheimnisvolle Größe beschworen, sondern sie wird materialisiert, in der je fallspezifischen Strukturgesetzlichkeit, die gewissermaßen dessen Inneres ausmacht; sie wird also nicht von außen als theoretisch oder normativ bloß konstruiertes utopisches Modell an den Fall herangetragen."[12]

Die Welt des Falles erscheint in der Werkstatt der rekonstruktiven Soziologie als Text. Wie immer die Konstrukte im einzelnen begründet sind, bleibt abschließend festzuhalten, daß keine der hier angesprochenen methodologischen Positionen sich mit der bloßen Paraphrase eines historischen Ablaufs, der Sequenzialität einer Interaktionssequenz begnügt, vielmehr geht es immer darum, die Kontingenz in Determination zu überführen und die einen Fall kennzeichnenden Strukturgesetze sichtbar zu machen.

Nach dem dritten allgemeinen Prinzip ist schließlich ein materialgesättigter Austausch mit der Theorie angepeilt, sei es hinsichtlich des jeweiligen Objektbereichs, sei es hinsichtlich der allgemeinen soziologischen Theorie, und zwar wiederum ganz in dem Sinne, in dem Weber in der kulturwissenschaftlichen Analyse einen steten

---

Kategorie der 'Möglichkeit' kommt also nicht in ihrer negativen Gestalt zur Verwendung, in dem Sinne also, daß sie ein Ausdruck unseres Nicht - resp. Nichtvollständig - Wissens im Gegensatz zum assertorischen oder apodiktischen Urteil ist, sondern gerade umgekehrt bedeutet sie hier die Bezugnahme auf ein positives Wissen von 'Regeln des Geschehens', auf unser 'nomologisches Wissen', wie man zu sagen pflegt" (1973, 276).

[12] Oevermann (1991, 273).

Umbildungsprozeß der Begriffe sieht, im ständigen „Wechsel zwischen dem Versuch, durch Begriffsbildung Tatsachen gedanklich zu ordnen, der Auflösung der so gewonnenen Gedankenbilder durch Erweiterung und Verschiebung des wissenschaftlichen Horizontes und der Neubildung von Begriffen auf der so veränderten Grundlage."[13]

Wie sind Fallanalyse und Theorie nun aufeinander zu beziehen? Wenn die oben behauptete sachlich erzwungene Konvergenz verschiedener methodologischer Positionen sich überhaupt als differenzierungsbedürftig erweist, dann an dieser Stelle. Jedenfalls deuten sich Unterschiede im explikativen Anspruch der verschiedenen Ansätze an. Die einen wollen eine gute soziologische Erzählung, die anderen versprechen Grundlagentheorie, wieder andere halten typologisch abstrahierbare Einzelphänomene für entscheidend, die im Weberschen Sinne nichts anderes als das Zurechnungsurteil schulen und Kausalanalysen nur vorbereiten sollen. Hinter diesen Spezifikationen und häufig scharf dramatisierten Akzentsetzungen verbirgt sich die Einsicht, daß es sich im wesentlichen um das Problem der Aggregierung der Aussagen und dem Konstanthalten des Analyseniveaus handelt[14].

Alles kann der Fall werden, es kommt darauf an, für welchen Aussagenzusammenhang und in welcher Hinsicht. Mit dieser forschungspraktischen Trivialität ist jedoch ein Darstellungsproblem aufgeworfen, das bis heute eines der gravierenden Hindernisse für die Rezeption von Befunden aus dem Bereich der qualitativen Sozialforschung darstellt. Die Beweisführung bei Fallanalysen bewegt sich systematisch zwischen der Skylla empirischer Illustration vorgegebener Theorie und der Charybdis akribisch theorielosen Nachschreibens, das den Informationsreichtum mit dem Verzicht auf Erklärung bezahlt.

Die Kunst des Verfahrens liegt im Zwischenbereich. Fallanalysen sind weder Paraphrasen noch Illustrationen, sondern theoretisch raffinierte Lektüren. Ihr primäres Ziel liegt nicht in einer nachträglichen Subsumption unter vorab ausgewählte theoretische Kategorien, vielmehr enthalten sie materialgesättigte Argumente, die neue Anschlüsse an und Weiterentwicklungen von existierenden Hypothesensystemen möglich machen, im Sinne der »*grounded theory*«[15] läßt man sich von der Besonder-

[13] Weber (a.a.O., 253).

[14] Dies hat schon Max Weber in der berühmten Auflistung einzelfallanalytischer Dimensionen am Beispiel der Briefe Goethes an Frau v. Stein diskutiert. Im Rahmen seiner akribischen Auseinandersetzung mit kulturwissenschaftlichen Methodologien diskutiert Weber an diesem Beispiel die Bandbreite möglicher fallanalytischer Interessen, ihre methodologischen Voraussetzungen und ihre theoretischen Erträge (Weber 1973, 241).

[15] Unter dieser Bezeichnung haben Glaser (1980) und Strauss (1991) ihre spezifische Version von fallanalytisch orientierter Soziologie entwickelt.

heit des Falles selbst leiten. Daß dies möglich ist, hängt mit dem Verweisungsverhältnis von Allgemeinheit und Besonderheit zusammen, in dem das Besondere eines Falles immer nur auf der Folie allgemeiner sozialer Regeln wie umgekehrt das Allgemeine immer nur in seiner Materialisation am einzelnen Fall ausgewiesen ist.

Fallstudien ermitteln Konkretionen des Sozialen, die als solche allgemein sind. Die Frage nach der empirischen Generalisierbarkeit stellt sich bei diesem Zugriff auf die Daten zunächst nicht. Die Fälle selbst erscheinen als die Exposition eines theoretischen Arguments.

Die Forderung nach einer nicht naiven, sondern raffinierten Lektüre des Falles führt zu einem letzten essential, das alle hier in Rede stehenden Ansätze unterschreiben würden. Es kommt nicht zuletzt darauf an, daß am Ende ein entschlackter Text stehen sollte, also ein Text, der immer auch den Kriterien der Eleganz wissenschaftlicher Argumentationen genügt[16].

2.2 Das Verfahren der Datenanalyse

Alles, was zum Problem der Datenanalyse gesagt werden kann, beschränkt sich auf die Angabe von Regeln im Sinne einer Kunstlehre[17].
Fallstudien schmiegen sich an ihren Gegenstand an und exekutieren nicht ein vorab aufgestelltes methodisches Programm. Das in den folgenden Studien befolgte Verfahren der Sequenzanalyse setzt, wie ausgeführt, die wichtige Unterscheidung zwischen objektiver Möglichkeit und tatsächlich realisierter Option methodisch ein. Der Verfahrensschritt soll die maximalistische Ausdeutung der Kontextbedingungen eines Handelns gewährleisten. Der Witz liegt darin, künstlich die Komplexität bei der Dateninterpretation zu erhöhen, um Lesarten, die gleichsam wider besseres Wissen mit seiner Struktur und seiner Geschichte dennoch verträglich sind, zu überprüfen und in deren Licht die Besonderheit des Falles zu bestimmen. Der Weg dorthin ist einfach[18].

---

[16] Richtungsweisend sind die Fallstudien Sigmund Freuds, in der Soziologie kommen die dichten Beschreibungen sozialer Lebenswelten der hier avisierten Präsentation am nächsten.

[17] In seinem Buch über die „Grundlagen qualitativer Sozialforschung“ spricht Strauss von „Faustregeln, die den Aufbau von Fallbeschreibungen leiten”...(Strauss 1991, 282 f.). Es zeigt sich, in einem wie hohen Maße das Problem angemessener Datenpräsentation über die Zukunft qualitativer Verfahren entscheidet.

[18] Deshalb läßt sich auch nur von einem handlungslogischen, nicht von einem erkenntnislogischen Unterschied zwischen Sinnverstehen im Alltag und Sinnverstehen in der Wissenschaft sprechen.

Man deutet ein Entscheidungsproblem stets unter Rekurs auf typische, erwartbare, und nicht etwa exotische Lösungen aus. Bei Familienanalysen ist das Genogramm hilfreich. Es handelt sich um ein Verfahren, das im Bereich der klinisch orientierten Familienforschung dazu dient, die familiengeschichtlichen Ursachen psychopathologischer Merkmale eines Familienmitglieds, des sogen. Indexpatienten, zu ermitteln[19]. Goldrick/Gerson schreiben dazu,

„daß die im Genogramm verzeichneten Daten und Altersangaben Rückschlüsse darauf erlauben, welche Übergänge im Lebenszyklus die jeweilige Familie zu bewältigen hat. Decken sich bestimmte familiäre Ereignisse bzw. das Lebensalter der betroffenen Familienmitglieder nicht mit normativen Erwartungen, sollten mögliche Anpassungsschwierigkeiten erwogen und erörtert werden."[20]

Der wichtigste methodische Schritt liegt in der Interpretation der objektiven Daten zur Lebensgeschichte eines Falles auf der Grundlage des Genogramms[21]. Der Vorteil liegt darin, daß man der Chronologie des Lebens folgend eine Reihe von

---

[19] Die Mehrgenerationenperspektive greift das Freudsche Diktum auf, nach dem die Objekte der Internalisierung eher die praktischen moralischen Standards der Eltern selbst seien, und nicht etwa diejenigen, die diese in ihrem Erziehungsprozeß dramatisieren und entsprechend sanktionieren. (Vgl. auch Kapitel 4 dieser Arbeit).

[20] Vgl. Goldrick/Gerson (1990, 79). An dieser Formulierung läßt sich der Unterschied zwischen unserem und einem explizit familientherapeutischen Ansatz demonstrieren. In der familiensoziologischen Fallrekonstruktion verwenden wir das Genogramm, im Gegensatz zum strikten funktionalen Bezug in der Familientherapie, eher vorsichtig als eine Sortierhilfe. Im deutschen Sprachraum hat Hildenbrand (1991) als erster mit dem Genogramm gearbeitet.

[21] Dazu ein Zitat aus einer Arbeit von Schramm zitiert, in dem es um die Frage geht an, wie es am Beispiel einer der Vorläufergenerationen der Familie zur frühen Formation einer Bildungsschicht gekommen sei. Schramm beantwortet dies über die Exposition typischer Rekrutierungswege von Pfarrern in der lutherischen Kirche. „Woher bezog die lutherische Kirche ihren Nachwuchs? 1. die Pastoren waren Söhne von Pastoren, und mit der Zeit bildeten sich nur solche Pastorendynastien (...), 2. die Pastoren waren Sprossen der städtischen Oberschicht und des mit dieser eng verbundenen fürstlichen Beamtentums, da von den Bürgerlichen im Gegensatz zum Adel das Pastorenamt als eine Ehre für die Familie angesehen wurde (..),3. bei den Pastoren handelte es sich um Sprossen des städtischen Mittel- und Kleinbürgertums, also vor allem um Handwerkersöhne, gelegentlich auch um aufgeweckte Bauernjungen"(1964, 35). Die Karrierestruktur Pfarrerberuf eröffnet sich demnach, methodisch gesehen, über das Verfolgen objektiver Daten sowie deren typologischer Interpretation. Beides zusammen ermöglicht es, die tatsächliche Berufswahl einer konkreten Person, die durch ein schlichtes Datum in der Fallgeschichte repräsentiert ist, zu bestimmen.

lebenspraktischen Entscheidungen festhält, Statuspassagen, Karrierestationen, die sich als Fixpunkte für die Überprüfung von Fallhypothesen ebenso eignen wie sie umgekehrt kumulativ die Besonderung des Falles zum Ausdruck bringen.

Im einzelnen geht es dabei um folgende Stationen. Zunächst einmal gilt es festzuhalten, welche Milieu- und Familienkonstellation bei Geburt eingerichtet wird. Damit zusammenhängend wird die Position in der Geschwisterreihenfolge und in Verbindung damit die Frage nach dem Geschlechtsstatus wichtig. Des weiteren werden die Weichenstellungen aus der frühen Kindheit festgehalten, dazu gehören die Stationen und Passagen in den Institutionen der öffentlichen Erziehung. Im nächsten Schritt interessieren Entscheidungen im Bedeutungsumfeld der Adoleszenz und des Austritts aus der Herkunftsfamilie. Dazu gehört wesentlich die Berufswahl. Hieran schließt sich die Frage an, wie und unter welchen Bedingungen der Eintritt in eine Zeugungsfamilie oder auch in Partnerschaften ohne Familiengründung erfolgt. Die spezifische Gesellungsform, die Wahl von Bezugsgruppen und Verkehrskreisen, die für die Person Vergemeinschaftungsfunktion übernehmen und die die sozialisatorische Einbindung in Familie und Verwandtschaft begleiten oder kompensieren, runden diese Auflistung ab.

Die methodischen Schritte des Verfahrens seien abschließend an Beispielen aus den unten folgenden Fallstudien demonstriert. In der Fallrekonstruktion der Familie Kempowski interessiert etwa die Frage nach der Statuskontinuität in der unternehmerischen Tradition. Dazu überprüfen wir jeweils die Berufswahl bei Großvater, Vater und Sohn. Zunächst einmal läßt sich eine Vielzahl von Tätigkeiten konstruieren, die für jemand mit einem Schulabschluß in einem Realgymnasium objektiv offenstehen. Man kann diese dann mit der beruflichen Tradition des Familienverbandes vergleichen und die relative Abweichung bzw. Konformität zum vorgegebenen Muster hinsichtlich ihrer Folgen für die Strukturierung der Biografie befragen. Wollte man nun mit einer hypothetischen Interpretation beginnen, wäre das sachlich nicht unsinnig, jedoch unübersichtlich und viel zu aufwendig. Man kann aber spezifischer fragen und den Optionenraum einschränken. Folgt der Sohn etwa der beruflichen Tradition des Vaters, wird er im Betrieb des Vaters ausgebildet oder trifft er mit der Berufswahl eine vom Tätigkeits- und Kompetenzprofil des Vaters abweichende Entscheidung? Nun genügt allein die Kombination mit nur einem weiteren objektiven Datum, etwa der Anzahl der Söhne, um die Besonderheit dieser Statuspassage in ihrer Fallbesonderheit herausarbeiten zu können.

Ein weiteres Beispiel betrifft die Namenswahl. In ihnen werden generationenübergreifende Sinnstrukturen, die in der Namensgebung beschworen oder unbemerkt wirksam werden, deutlich markiert[22]. So interessiert die Frage, ob die kulturelle Nähe zur Namenswelt der eigenen Eltern oder Großeltern gesucht wird oder ob die Namenswahl gerade in Abgrenzung davon erfolgt. Das kann man sich an folgendem hypothetischen Fall klarmachen, bei dem die Eltern Matthias und Johanna für ihre Kinder die Namen Nicole, Oliver und Denis ausgesucht hätten und diese mit der Konstellation einer Familie gleicher Vornamen bei den Eltern vergleichen, die ihre Kinder Annemarie, Walter und Heinz nennen würden. In der Generationen überspannenden Untersuchung von Familiengeschichten wird die Explikationskraft der Namen besonders deutlich. Aus den folgenden Fallstudien ist das Beispiel des Jugendlichen Kevin markant, dessen Stiefgeschwister Vornamen unterschiedlicher nationaler Provenienz tragen, die in ihrer Herkunftsheterogenität allein durch den gleichen Anfangsbuchstaben verbunden werden.

Gehen wir auf ein letztes Beispiel, wiederum aus der Analyse des fünften Falles, aus dem Bereich der Textanalyse ein. Aus dem Gespräch mit der zuständigen Sozialarbeiterin über den Jugendlichen ist die Passage festgehalten: „Im Moment ist er im Ausland". Für diese Äußerung konstruieren wir gedankenexperimentell stimmige Kontexte. In welchen Zusammenhängen kann man sinnvoll eine derartige Aussage erzeugen, ist dabei die methodische Frage. Wenn weder der Ort spezifiziert wird noch die Zeit und wenn wiederum diese Ungenauigkeit mit der sozialen Praxis Auslandsaufenthalt kollidiert, also die mit dem Ortswechsel normalerweise mitgemeinten Verbindlichkeiten tilgt, dann bleibt als eine der möglichen textkompatiblen Lesarten bzw. sozialen Kontexte übrig, daß es sich bei demjenigen, über dessen Auslandsaufenthalt berichtet wird, um Prominenz als soziale Statusqualität handeln muß. Zurückgeblendet in den Analysevorgang erschließt sich daraufhin in der Exposition prominenztypischer Handlungserwartungen eine zentrale Dimension der Fallstruktur. Die Semantik dieser Passage führt, textanalytisch aufgeschlüsselt, nun nicht als solche, sondern eingebunden in die schon besondere Geschichte von Selektionen auf eine spezifische Form der Selbstdarstellung, die uns systematisch interessiert.

Die Beispiele sollten noch einmal den wichtigsten methodischen Grundsatz deutlich machen. In jedem Fall rekonstruieren wir eine Lebensgeschichte als typisiert,

---

[22] In Übereinstimmung mit dem wichtigen Argument von Halbwachs, nach dem „uns nichts eine bessere Vorstellung von dieser Art von Erinnerungen geben als die Vornamen, die keine allgemeinen Begriffe, noch individuelle Bilder sind, und die doch zugleich eine Verwandtschaftsbeziehung und eine Person bezeichnen. Die Vornamen gleichen denjenigen Namen, derer man sich bedient, um die Gegenstände so darzustellen, wie sie sich aus der Übereinstimmung zwischen den Mitgliedern der Familiengruppe darbieten" (Halbwachs 1985, 226).

und zwar nicht erst am Ende der Materialsammlung, sondern von Anfang an[23]. Das Prinzip der Sequenzialität schreibt vor, die falltypische Selektionsstruktur herauszuarbeiten. Die Typisierung hat mit den protokollierten Daten übereinzustimmen, so daß eine nichttriviale Lesart der Zufälligkeit eines Lebens entsteht. Kohli spricht im Hinblick auf die Erforschung von Biografien davon, daß „eine nichtbiografische Rekonstruktion von Biografie und nichtindividualistische Rekonstruktion von Individualität“ zu erarbeiten sei[24].

Es bleibt die Frage, wann eine Fallrekonstruktion als abgeschlossen zu bezeichnen ist. Im Prinzip dann, wenn es gelingt, die über einen Fall verfügbaren Daten in eine „Theorie“ des Falles zu übersetzen, die das Material konsistent ausdeutet. Die Evidenzprüfung läßt sich an jeder Stelle vornehmen. Da wir es mit sozialen Gebilden zu tun haben, die eine nach vorn offene Entwicklungsgeschichte auszeichnet, besteht in jeder neuen Entscheidungssituation die Chance der Strukturtransformation ebenso wie die nämliche Situation die Bedingungen für eine Strukturreproduktion enthält. Dieses Verhältnis von Strukturreproduktion und Strukturtransformation hat die Fallanalyse jeweils sichtbar zu machen. Und erst im Zuge einer Rekonstruktionsmethodologie kann es gelingen, im Horizont des Gewordenen und immer Wiederkehrenden die Möglichkeiten für die Emergenz des Neuen sichtbar zu machen und andersherum im Lichte neuer Entwicklungen zu zeigen, wie sich die Struktur gewordene Wiederholung darin durchzusetzen sucht.

2.3 Das Spektrum der Fälle

In der Einleitung seines umfangreichen Werkes über neun Generationen einer Hamburger Bürgerfamilie schreibt Schramm zum Verhältnis von allgemeiner deutscher Geschichte und Individualgeschichte:

---

[23] Das Diktum der verstehenden Soziologie über den Idealtypus, das im Grunde schon eine Verfahrensanleitung enthält, bezieht sich auf eine noch anspruchsvollere Version der Typisierung, wobei wir an dieser Stelle die wichtige Diskussion hintanstellen wollen, ob und inwieweit der Vorgang der Abstraktion schon seinerseits Ergebnisse zeitigt, die Theorien genannt werden können oder nichts anderes als eine Vorarbeit für den Theoriebildungsprozeß darstellt, wie in Webers Methodologie behauptet: „Er (der Idealtypus - TA) wird gewonnen durch die einseitige Steigerung eines oder einiger Gesichtspunkte und durch Zusammenschluß einer Fülle von diffus und diskret, hier mehr, dort weniger, stellenweise gar nicht, vorhandener Einzelerscheinungen, die sich jenen einseitig herausgehobenen Gesichtspunkten fügen, zu einem in sich einheitlichen Gedankenbild" (Weber 1973, 191).

[24] Kohli (1988, 41).

„Ist unsere Geschichte also eine Folge von immer wieder abgerissenen, das eine Mal längeren, meist jedoch kürzeren Traditionen? Schaut man auf die politischen Wechsel, so scheint es in der Tat so zu sein. Aber darunter liegt noch eine „Geschichte der Deutschen“: eine Generation folgte auf die andere, die eine schwer heimgesucht, die andere glücklicher dran, dann abermals Fremdherrschaft oder Zusammenbruch - aber diese „Geschichte der Deutschen“ ist weitergegangen und geht weiter trotz aller Brüche in der nationalen Existenz, da die Geschlechterfolgen nicht abreißen.“[25]

Die verschiedenen Brechungen der Familienerfahrung durch Grundlinien der nationalgesellschaftlichen Entwicklung in Deutschland, die auf höchst unterschiedliche Weise im Binnengefüge der Familien und in der Verlaufsgestalt der einzelnen Biografien verarbeitet werden, lassen sich gleichermaßen bei unseren Fällen verfolgen. Gemeinsam ist ihnen, daß sie bei aller sozialstrukturellen und familienstrukturellen Heterogenität unmittelbar von den Verwerfungen berührt sind, die in der deutschen Gesellschaft in der Mitte des 19. Jahrhunderts beginnen und die bis in die jüngste Gegenwart reichen. Wenn auch die Fallauswahl nicht einer Systematik geschuldet ist, so ist es doch bemerkenswert, daß uns in den Biografien extreme Ausprägungen einer Auseinandersetzung mit den Strukturprinzipien der modernen Gesellschaft begegnen. Es handelt sich um Personen, die ihre Entwicklung entweder im Kontrast zu oder in Konformität mit den affektiven Bindungen und normativen Verpflichtungen des Elternhauses genommen haben. Dabei werden sie entweder zu selbsternannten oder heimlichen Trägern einer sich durchsetzenden Moderne oder zu den Verlierern und Opfern einer historisch durchgesetzten Moderne.

Zu den nationalgesellschaftlichen Rahmenbedingungen ihrer Entwicklung gehören vor allem die mit der Reichsgründung einsetzende beschleunigte ökonomische Expansion und die disproportionale Anpassung der sozialstrukturellen Milieus an die Werthorizonte des modernen Lebens, die beinahe ausnahmslose Homogenisierung der deutschen Sozialmoral auf einen ungebremsten und später extremen Nationalismus sowie schließlich die Zäsuren zweier Weltkriege mit den anomisierenden Folgen von Familienzerfall und Vertreibung sowie der daran anschließenden wiederum beschleunigten Modernisierung.

Im Horizont der familiensoziologischen Aufmerksamkeit interessieren die genannten sozialgeschichtlichen Verwerfungen und die für die deutsche Gesellschaft ja strukturtypischen Frakturen nicht als solche, ebensowenig können sie in ihren sozialstrukturellen oder gar politischen Voraussetzungen und Konsequenzen verfolgt

---

[25] Schramm begreift seine Familienstudie als eine „Geschichte der Deutschen“ im „Mikrokosmos eines Familienkreises“ (Schramm 1964, 8).

werden. Vielmehr konzentrieren wir uns auf mittelbare oder unmittelbare Wirkungen im engeren Kontext von Gattenbeziehung und Eltern-Kind-Beziehung. Es geht um das Verhältnis der Generationen und um die Frage, wie das kulturelle Erbe der Milieus, ihre die familiale Lebensführung mit Sinnkonsistenz versehenden sozialen Deutungsmuster fortentwickelt und modifiziert und im Biografieentwurf des einzelnen Familienmitglieds zur Synthese gebracht werden.

3. Familie und soziokulturelles Milieu

3.1 Ehe und Familie im kulturprotestantischen Bürgertum: Max und Marianne Weber [1]

Das Konzept der Gefährtenschaft

Max und Marianne Weber führten eine Musterehe, so lautete ein gängiges Urteil im Heidelberger Kulturmilieu des beginnenden zwanzigsten Jahrhunderts. Ihr Vorbild stand für eine kämpferische Durchsetzung der Idee menschlicher Emanzipation und Gleichrangigkeit der Geschlechter. Die Umgebung zollte dem Paar Respekt, weil es den mutigen Schritt aus patriarchaler Befangenheit in eine aufopferungsvolle affektive Solidarität der Ehegatten gewagt hatte, partnerschaftlich bei wechselseitigem Anerkennen eigener intellektueller und sozialpolitischer Interessen. In ihrem Rückblick auf Webers Leben und Werk, den Marianne als Witwe einige Jahre nach dem Tod ihres Mannes geschrieben hat und der bis heute als die aufschlußreichste Quelle für die Biographie Webers gelten darf, ist von den „Gefährten" die Rede[2].

Im folgenden geht es, diese Deutung aufgreifend, um die Struktur der Gefährtenschaft, einer Ausdrucksgestalt von Intimität, die sich im Zuge des historischen Wandels des Geschlechterverhältnisses gegen Ende des 19. Jahrhunderts im Sozialmilieu der Gebildeten entwickelt und die in der Weberschen Ehe ein prominentes Beispiel findet. Mein Thema ist somit Typus und Individualgestalt von affektiver Solidarität in der Gattenbeziehung, die von ihren mentalen und psychosozialen Voraussetzungen her sowie in ihren dynamischen Wirkungen durch ein im deutschen Protestantismus eigentümliches Spannungsverhältnis zur Logik affektiver Beziehungen bestimmt ist. Der Protestantismus interessiert hier nicht als eine Bündelung spezifischer Interessenlagen oder Ideenkonfigurationen, sondern als ein sozialisatorisches Milieu, eingelagert in einen historisch-sozialen Raum, in dem sich das Verhältnis von Familie und Verwandtschaft zu differenzieren beginnt[3]. Die in

---

[1] Die folgende Studie wurde unter dem Titel „Die Gefährtenehe: Max und Marianne Weber" veröffentlicht in Treiber/Sauerland (1995). Der Text wurde geringfügig verändert und erweitert. M. Rainer Lepsius danke ich für wertvolle Hinweise.

[2] In diesem Zusammenhang interessiert das „Lebensbild" (Marianne Weber 1926/1989) nicht ausschließlich als eine Quelle zur Lebensgeschichte Max Webers. Vielmehr läßt es gerade in seiner persönlichen Sichtweise und Selektivität der Ereignisbehandlung Rückschlüsse auf die soziale Logik und die psychische Repräsentanz der Ehebeziehung zu.

[3] Vgl. hierzu die Studie von Hübinger (1994), die die Binnendifferenzierung des kulturprotestantischen Deutungsmusters im deutschen Bildungsbürgertum, seine Zersplitterung auf der Vereinsebene sowie die historischen Voraussetzungen seiner Erosion untersucht.

der Moderne eingeleitete Transformation von Familienbeziehungen, an deren Ende die strukturelle Priorität der ehelichen Bindung vor allen anderen Teilbeziehungen im Verwandtschaftsgefüge steht, läßt sich in den Lebenswegen von Max und Marianne Weber anschaulich verfolgen. Die wechselseitige Zuneigung als ein spezifisch gebrochener Abschnitt in der Entfaltung privater Lebensformen bestimmt Entstehung und Verlauf ihrer Ehe sowie die Schlüsselkonzepte ihrer geistigen Werke.

Es gehört zur Soziologie, die mit dem Namen Max Weber verknüpft ist, sich gegenüber den suggestiven Kausalitäten zwischen privater Lebensform und theoretischem Werk vorsichtig zu verhalten, vor allem, nachdem die in den siebziger Jahren vorgelegten Versuche, psychohistorisch Werk und Person stärker zur Synthese zu bringen, sich als einseitig erwiesen haben[4]. Mit der Veröffentlichung der umfassenden Korrespondenz und - so bleibt zu wünschen - mit den zukünftigen Arbeiten im Marianne-Weber-Archiv haben sich neue Chancen für die Erforschung beider Biographien eröffnet.

Die folgenden Ausführungen streifen die Problematik des Verhältnisses von Werk und Person nur am Rande, zuallererst geht es um den Strukturtypus der Partnerschaft von Max und Marianne, um soziale Herkunft, Partnerwahl und Lebensform, sowie um den Alltag in den selbst gewählten sozialen Verkehrskreisen ihrer jeweiligen Wohnorte. Hierbei konzentriere ich mich zunächst auf die Vorgeschichte und die formative Phase der Ehebeziehung, auf das Geschlechterverhältnis und auf die Generation der Kinder der Reichsgründer. Bevor ich die Sukzession lebensgeschichtlicher Erfahrungen im einzelnen skizziere, sei das objektive raumzeitliche Gerüst der Ehe in Erinnerung gerufen.

Als die aus Berlin angereisten Verwandten zusammen mit den Oerlinghausern am 20. September 1893 das Brautpaar Marianne Schnitger und Max Weber hochleben ließen, war die Braut 23, der Bräutigam 29 Jahre alt. Der Zeitraum einer in Oerlinghausen begründeten gemeinsamen Existenz mit den weiteren Stationen Freiburg, Heidelberg und München erstreckt sich über 27 Jahre. Die Eheleute feierten 1918, gegen Ende des ersten Weltkriegs, ihre Silberhochzeit - wiederum in Oerlinghausen.

---

[4] Die ersten Versuche nach dem intellektuellen Porträt von Bendix (1964), den beruflichen Werdegang sowie die Werkentwicklung biografisch zu kontextuieren, stammen von Mitzman (1985) und Green (1976) sowie Roth (1971). Vgl. in diesem Zusammenhang auch Käsler (1989). Einwände gegen eine zu enge Verknüpfung formuliert Lepsius, der darüber hinaus die Perspektive für eine umfassende Rekonstruktion von Werk und Person vorgegeben hat: „Dafür wäre es wünschenswert, wenn sorgfältig unterschieden würde zwischen verschiedenen Analyseebenen und ihren jeweiligen Kontextbedingungen: der individualpsychischen, der generationstypischen und der intellektuellen, das Werk betreffenden Ebene“ (Lepsius 1990, 17).

Zwei Jahre später erfuhr ihr gemeinsames Leben in München, wo die Webers nach mehr als zwanzigjährigem Leben in Heidelberg planten, eine neue Existenz aufzubauen, durch den frühen Tod des damals 56jährigen Mannes ein plötzliches Ende. Die Ehe blieb kinderlos, Marianne Weber starb im Jahr 1954 in Heidelberg.

Das Herkunftsmilieu der Partner

Verfolgt man die Lebensgeschichten der Ehepartner, so ergibt sich folgendes Bild. Marianne wird am 2. August 1870 als Tochter des Arztes Dr. Eduard Schnitger und seiner Frau Anna, geborene Weber, in Oerlinghausen geboren[5]. Sie ist das erste Kind der ein Jahr zuvor geschlossenen Ehe, ihre Geburt krönt die gleichfalls ein Jahr zuvor mit der Eröffnung einer medizinischen Praxis beschlossene Ansiedlung und Familiengründung am Ort. Der schüchterne Lehrersohn aus Lemgo macht mit der Heirat der ältesten Tochter des ortsansässigen Leinenunternehmers Carl David Weber eine ausgezeichnete und vielversprechende Partie[6]. Allerdings wird die so verheißungsvoll beginnende Existenz nach drei Jahren, also im Jahr 1873, durch den Tod Anna Schnitgers getrübt. Bei der Geburt ihrer zweiten Tochter stirbt sie, kurze Zeit darauf auch das Kind. Dadurch gerät die Familie, kaum daß sie gegründet ist, in eine Belastungskrise, von der sie sich nicht wieder erholt. Den in der Gemeinde sich verbreitenden Gerüchten über ein vom Vater aus der Praxis übertragenes Kindbettfieber weiß dieser nicht anders als durch einen Ortswechsel zu begegnen. Er zieht mit seiner dreijährigen Tochter Marianne in seine Heimatstadt Lemgo zurück, wo sie der Obhut ihrer Tanten und Großmutter anvertraut wird.

Marianne wächst als Waisenkind auf, ihre Kindheit und Jugend verbringt sie in der väterlichen Verwandtschaft, wo sie nicht nur mit materieller Not konfrontiert wird, sondern die psychische Desintegration zweier Brüder ihres Vaters miterlebt. Sie lebt allerdings in dem Zeitraum zwischen 1889 und 1892 für längere Zeit bei der mütterlichen Verwandtschaft in Oerlinghausen, nachdem sie eine zweijährige Schulzeit in einem Hannoveraner Mädchenpensionat beendet hatte. Nach Lemgo konnte sie nicht zurückkehren, weil zwischenzeitlich ihre Großmutter gestorben war und die zunehmende, klinisch werdende Schwermütigkeit ihres Vaters es ihr unmöglich machte, in der väterlichen Familie zu bleiben.

---

[5] Vgl. hierzu die Autobiografie von Marianne Weber (1948) sowie die biografische Skizze von Roth (1989).

[6] Die genealogischen Daten befinden sich im Anhang der Edition der Briefe (MWG II/5, 764ff.).

Der frühe Verlust der Mutter sowie der sich verschlechternde Zustand ihres Vaters veranlassen Mariannes mütterliche Verwandten in Oerlinghausen, ihr ein neues Zuhause anzubieten. Der Großvater Carl David Weber hatte schon das Pensionat finanziert, und nun erfährt Marianne auch durch den unmittelbaren sozialen Kontakt mit der wohlhabenden Weberschen Verwandtschaft intellektuelle Anregung und geselligen sozialen Umgang. Die Oerlinghauser Großzügigkeit bedeutet für ihren bisherigen Lebensweg die Aussicht auf eine Wende zum Besseren. Ihre Bildungsinteressen, die sie in Hannover entdeckt, strukturieren ihren weiteren Lebensweg, der sie Ende der achtziger Jahre weiter in Verbindung mit der mütterlichen Linie bringt, zu der auch die in Berlin ansässige Verwandtschaft gehört.

Der jüngste Bruder ihres Großvaters, Max Weber senior, lebt seit den siebziger Jahren in Berlin. In seinem Familienkreis erfährt Marianne eine herzliche Aufnahme. Zum Zeitpunkt ihres ersten Besuchs kann sie noch nicht wissen, daß sich die mitleidige Herzlichkeit gegenüber einer von schwerem Schicksal getroffenen Verwandten später mit dem Stolz auf die eigene Schwiegertochter mischen wird. Vom „extended family system" fraglos unterstützt und zuversichtlich gestimmt, verfolgt Marianne die durch die frühen Entbehrungen besonders herausgeforderten Wünsche nach einem angenehmen Leben, vor allem nach einer über Bildung vermittelten Emanzipation.

Von ihrem Milieu und biografischen Hintergrund her betrachtet, befindet sie sich in der Sozialsituation einer Tochter aus gutem Hause. Bildungswege über eine normale gymnasiale Ausbildung mit etwaigem anschließenden Universitätsstudium sind ihr verschlossen, zugleich kommt sie in ein heiratsfähiges Alter und trifft auf entsprechende Erwartungen, sich auf eine Partie als Ehefrau von gutem Stand vorzubereiten. In Berlin beginnt sie im Jahr 1891, wiederum vom Großvater wohlwollend finanziert, und von den Berliner Verwandten, vor allem ihrer späteren Schwiegermutter Helene Weber, nachhaltig unterstützt, einen Zeichenkursus. Aus der Sicht des Großvaters ist das nicht so ernst gemeint, einen Beruf zu erlernen, habe Marianne nicht nötig. Ihm geht es um etwas anderes. Standesgemäßes Einüben in Kunstverstand sowie die Aneignung von Themen für gesellige Kommunikation sind milieutypische Motive, den Töchtern die Teilnahme an derartigen, den Geschmack verfeinernden Einrichtungen zu ermöglichen. Es sei in diesem Zusammenhang an die Lebensgeschichte von Paula Modersohn-Becker erinnert, der Arzttochter aus Bremen, die im Jahr 1896 im „Verein Berliner Künstlerinnen" einen ihren späteren Lebensweg entscheidend beeinflussenden Zeichenunterricht beginnt[7].

---

[7] Zu Lebenswegen und Bildungsprozessen von Töchtern aus dem Bürgertum siehe auch die historische Studie von Budde (1994, 220 ff.).

Ähnlich entschlossen ist Marianne Weber, sich autodidaktisch einen Weg aus der Provinzialität nach oben zu erkämpfen. Die Offenherzigkeit, die sie im großstädtischen Haus erlebt, verbunden mit der Öffnung des intellektuellen Horizontes, bekräftigen diesen Entschluß.

Mariannes Emanzipationsschritt führt sie in die Familie ihres späteren Bräutigams. Wir haben es mit einer Gemeinsamkeit verwandtschaftlicher Netzwerke zu tun, deren Solidarität wie selbstverständlich auf entfernte Angehörige ausgedehnt wird. Großstädtisches Leben, intellektuelle Anregung und die Erweiterung der Geselligkeitskreise erfährt sie als junge Frau in Berlin in ihrer zukünftigen Schwiegerfamilie, in der sie vor allem im Engagement Helene Webers eine Vertrautheit erlebt, die unbemerkt an ihre infantile Sehnsucht nach mütterlicher Zuwendung anschließt.

Überschattet von der Not ihrer frühkindlichen Entbehrungen verläuft ihre moralische Reifung unter der Obhut bemühter Verwandten so, daß sich in der Folge Mariannes Erwartungen an menschliche Zuneigung mit dem Streben nach intellektueller Autonomie unauflöslich miteinander verknüpfen. Bildungsgewißheit wird die für ihre Biografie bestimmende Stütze der Selbstgewißheit[8]. In ihren Lebenserinnerungen schreibt sie zum Aufenthalt in Berlin:

„Im zweiten Winter unterbrach ein sechswöchentlicher Aufenthalt in Berlin die Stille. Onkel Max und Tante Helene, die sich häufig ihrer jungen Nichten annahmen, erbarmten sich und luden mich ein. Diese Zeit wurde für mich von entscheidender Bedeutung, vor allem durch den Anschluß an die bezaubernde, kluge und liebevolle Tante. Das Mädchen ergoß seine Nöte in ihr Herz. Helene verstand alles, verwies mich freilich zunächst auf die 'Treue im Kleinen', bestätigte mir aber dann, daß ich nicht dauernd als Haustochter in Oerlinghausen bleiben könne, sondern einen Beruf brauche. Man werde mit Oerlinghausen beraten - es werde sich schon ein Ausweg finden. Die Tante war so liebevoll, so anmutig, auch so energisch pädagogisch - ich schloß mich ihr an und ließ mich von ihr leiten. Außerdem lebten drei erwachsene Söhne im Hause: der umfängliche Assessor Max, von

---

[8] Die Transformation von Heilsgewißheit über Bildungsgewißheit in Selbstgewißheit bezeichnet nach Lepsius (1992) eine Stufenabfolge in der Ausbildung der für das Bildungsbürgertum typischen Identitätsentwürfe. Bei Marianne Weber vollzieht sich dieser Vorgang im Zuge einer familiengeschichtlichen Katastrophe. Die aus der Not geborene Tugendhaftigkeit strahlt auf die Urteile ihrer späteren Freundinnen und Freunde ab: „An Marianne Weber bewunderte ich damals schon und heute, da so viele Schicksalsschläge über sie dahingegangen sind, mehr denn je die Art, wie sie bei stets zum Handeln bereiter Liebe ihr Leben bewußt nach Erkenntnissen formt, ihr Tun und Denken unter das Gesetz fortschreitender innerer Entwicklung stellt“ (Marie Baum 1950, 133).

seiner Mutter „Großer" genannt, der schöne, feinsinnige Referendar Alfred und der dichterisch begabte, künftige Baumeister Karl, der mit seiner schwungvollen Beredsamkeit die Kusinen bezauberte. Jeder von den dreien brachte eigenen Verkehr ins Haus; es war ein überwältigender Reichtum. Die jungen Leute führten mich aus, ich wurde viel geneckt. Der Älteste, Max, geleitete mich in angemaßter Onkelrolle auf einen Ball, er tanzte kaum – 'wie ein Elefant', sagte ich - und verspeiste statt dessen in einer stillen Ecke die Butterbrote (...). Der Abend vereinte die große Familie zu Lesestunden, das Neueste war 'Jenny Treibel' von Fontane - nein, dafür hatte ich noch kein Organ, ich fand das Buch trivial. (...) Junge Leute kamen und gingen; es war Lebensluft! Das junge Blut durchrollte lebhaft die Adern. Das Wesentliche blieb doch der Anschluß an Helene, der ich mich innig zuwendete, und deren Liebe ich für immer gewann (...). Nach drei Jahren unschöpferischer Langeweile, verzehrender Sehnsucht, die für meine geistige Entwicklung nicht ausgewertet, ja fast verloren waren, tat sich das Tor auf in ein neues reiches, erregendes Leben. Ich stand auf der Schwelle meines Schicksals."[9]

Das Besondere an der Vorgeschichte der Partnerschaft mit Max Weber liegt in der Gemeinsamkeit des verwandtschaftlichen Netzwerks, das wir uns im folgenden aus der Perspektive des Bräutigams vergegenwärtigen wollen. Der Vater des Bräutigams, Max Weber sen., ist der jüngste Bruder von Mariannes Großvater mütterlicherseits. Max Webers Vater ist also Mariannes Großonkel[10]. Er stammt als jüngstes von sechs Geschwistern aus der Bielefelder Textilunternehmerfamilie Karl August Weber[11]. Auf die Verteilung von Beruf und Partnerwahl in der weitverzweigten Familie kann ich hier nicht ausführlich eingehen, an seiner Berufswahl fällt nur auf, daß er als einziger von seinen Brüdern einen nichtkaufmännischen Beruf ergreift und als ausgebildeter Jurist in die Politik geht. Als Jüngster ist er in seinem Lebensweg freigesetzt vom Zwang, die Statuskontinuität des väterlichen Unternehmens zu sichern. Von daher unbelastet schlägt er eine Laufbahn ein, deren Ansehen gleichwohl auf seine Herkunftsfamilie ausstrahlt und überdies auch für die eigene Le-

---

[9] Vgl. Marianne Weber (1948), 51ff.

[10] Die Verwandtschaftsbezeichnungen machen auf den bemerkenswerten Umstand aufmerksam, daß hier ein Strukturtypus vorliegt, der sich von der „multilinearen Symmetrie" unterscheidet, die Parsons (1964d) als dominantes Familien- und Verwandtschaftsmuster in der Moderne herausgearbeitet hat. Hiernach lösen sich durch die Heirat die Loyalitätsbeziehungen zur Herkunftsfamilie und ermöglichen ein höheres Maß affektiver Spontanität im Paarverhältnis. Darauf komme ich in Kapitel 4 zurück.

[11] Vgl. dazu die familiengeschichtlichen Anmerkungen von Muesmann (1992). Instruktiv zum lokalen Milieu ist auch der von der Stadt Oerlinghausen herausgegebene Band „Oerlinghausen - Geschichte und Geschichten" (1984).

bensführung eine verläßliche Grundlage für ständische Ehre und Selbstzufriedenheit liefert. Weber sen. arbeitet - nach einer Magistratsstellung in Erfurt, dem Geburtsort von Max Weber jun. - seit 1869 in Berlin als Dezernent für das Bauwesen und als Mitglied des Berliner Landtags sowie des preußischen Reichstags (1872-1884)[12].

Der enthusiastische Rückblick Mariannes auf den in Berlin erfahrenen sozialen Umgang bezieht sich auf folgende Konstellation. Im Hause von Max Webers Vater, der im Jahre 1885 nach einer Erbschaft seiner Frau Helene, geb. Fallenstein, großzügig die Villa in Charlottenburg umbauen läßt, verkehren in den 80er Jahren die Repräsentanten der ökonomischen und politischen Elite des damaligen deutschen Reiches. Weber sen., ein gelernter Jurist, pflegt einen statusangemessenen, repräsentativen Lebensstil, politisch ist er nationalliberal orientiert. Es ist vielfach beschrieben worden, er zählt zu der stolzen Gründergeneration des deutschen Reichs, in seinen moralischen Orientierungen folgt er einem aufgeklärten Humanismus, der, wie häufig im großstädtischen bürgerlichen Milieu, zur religiös motivierten karitativen Orientierung der Ehefrau Helene in moralischer Distanz steht.

Helene ist die dritte Tochter aus der zweiten Ehe Georg Friedrich Fallensteins mit Emilie Souchay, Tochter einer in Heidelberg ansässigen wohlhabenden Familie reformiert protestantischer Weltanschauung[13]. Sie hatte ihren Mann 19jährig geheiratet, nachdem sie ihn 16jährig in Berlin im Hause ihrer Schwester Ida kennengelernt und sich mit ihm verlobt hatte[14]. Ihre Kindheit verbrachte Helene in einem Familienverband mit einer komplexen Binnenstruktur. Die starke Außenorientierung und hohe Mobilitätsbereitschaft des Vaters, der eine teils beruflich erzwungene, teils politisch motivierte Hasardeurexistenz mit einem Großfamilienkonzept zu kompensieren versucht, führt auch in seiner zweiten Ehe mit der fünfzehn Jahre jüngeren Emilie Souchay zu einer faktisch hohen Dichte der Mutter-Kind-Beziehung[15].

---

[12] Zu dem bislang wenig erschlossenen Lebensabschnitt der Familie Weber sen. in Erfurt siehe die Arbeit von Roth (1995).

[13] Erst in jüngster Zeit sind dank der umfangreichen Arbeiten von Roth (1993 a, b) die verwandtschaftlichen Verzweigungen des Familienclans Fallenstein-Souchay in der Weber-Forschung zum Thema gemacht worden.

[14] Die Strukturierung ihrer Partnerwahl sei hier auch deshalb erwähnt, weil an die Vorgeschichte dieser Ehe einseitige Deutungen geknüpft sind, die in der Literatur zur Weber-Biografie immer wieder weitergereicht werden.

[15] Die Familiengeschichte der Fallensteins wäre eine eigene Studie wert. Auffallend daran ist der paradoxe Versuch des Vaters Friedrich Georg Fallenstein, den Identitätsentwurf eines nationalrevolutionär gesinnten Rebellentums mit der Idee eines bürgerlichen, steten Familienlebens zu verklammern. Fallenstein wird Vater von dreizehn Kindern aus zwei Ehen - die Kinder, vor allem die Söhne, aus der ersten Ehe, sind hierbei Träger einer politisch konzipierten emanzipatorischen Mission, den Kindern aus der zweiten Ehe - der

Der Familienzusammenhalt wird nicht primär über eine Solidarbeziehung der Eltern, sondern über das Herkunftsmilieu der Frau sowie über einige von Fallenstein ins Haus geholte Bekanntschaften getragen. Vor allem nach seinem Tod im Jahre 1853, den Helene neunjährig erlebt, werden die Mutter und die beiden älteren Schwestern Ida und Henriette orientierungsbedeutsam für Helene. Gleichermaßen tritt im Alltag der Familie als Ziehvater der im Hause Fallenstein wohnende, kinderlose Historiker Gervinus in den Vordergrund. Er rückt familiendynamisch in die Position des Onkels ein, dem die Erziehung angesonnen wird. Gervinus bahnt die sozialen Kontakte zu den späteren Partnern beider älterer Schwestern von Helene. Helene erhält bei ihm Hausunterricht und läßt sich als junges Mädchen von seiner umfassenden Gebildetheit faszinieren. Der Bruch dieses pädagogischen Verhältnisses und die spätere Bekanntschaft mit Max Weber sen. gehen auf erotische Belästigungen durch Gervinus zurück, die Helenes schwärmerisch jugendlicher affektiver Zuneigung ein Ende setzen[16]. Ob sich ihre Erlebnisse als eine Schlüsselerfahrung für ein später distanziertes Verhältnis zur Sexualität deuten lassen, wie es im Anschluß an Marianne Webers Auslegung immer wieder behauptet wird, ist schwer zu beurteilen. Folgt man der Sinnstruktur des im „Lebensbild" zitierten Briefwechsels zwischen Helene und ihrem späteren Ehemann Max Weber, so sind an der These von einer extrem moralisierenden Verarbeitung des Erlebnisses Zweifel angebracht[17].

Bedeutsamer scheint die komplexe Wirkung auf die Partnerwahl zu sein, die durch eine paternalistische Wahrnehmung des Ehemannes im Sinne einer Pietätsbeziehung bestimmt ist. Sie schließt sinnlogisch konsistent an die durch Helenes frühen Vaterverlust gebahnte Disposition und die hierzu gleichfalls passende Vorliebe für einen Praktiker an. Als einzige der Töchter Fallenstein wählt sie ihren Partner nicht aus dem Gelehrtenmilieu und bleibt in hoher Ambivalenz der Sozialmoral ihrer Schwestern normativ verpflichtet[18]. Vermutlich steht hier nicht so sehr die spezifi-

---

jüngste Sohn und das dreizehnte Kind Eduard sind bei Fallensteins Tod fünf Jahre alt - wird die Sublimierung dieser Idee im Konzept bürgerlicher Gebildetheit angesonnen. Ihm entspricht der Eintritt in die Verkehrskreise des Gelehrtentums, aus dem die Heiratspartner der Töchter Fallenstein entstammen. Dies eigenständig zu arrangieren, widerspricht jedoch dem Lebensentwurf Fallensteins, die Aufgabe übernimmt der Historiker Gervinus.

[16] Den Lebenserinnerungen von Gervinus (1893, 301) läßt sich entnehmen, daß die Position des Hauslehrers seine Beziehung zu Frauen bestimmt hat. So geht der Ehe mit Victoria Schelver, einer Vollwaise, ein gleichfalls erotisiertes pädagogisches Verhältnis voraus.

[17] Jedenfalls spricht wenig für eine anhaltende Scheu gegenüber der sinnlichen Dimension des Ehelebens, wie Mariannes Beschreibung ihrer Schwiegermutter unterstellt.

[18] Marianne Weber zitiert einen aus dieser Zeit stammenden Brief Helenes an ihren Mann:

sche Sexualfeindschaft im Vordergrund, als vielmehr eine zeittypische, in den interpersonellen Beziehungen wirksame Distanz zur Naturwüchsigkeit und affektiven Spontaneität sozialer Interaktion. Diese Hemmung gegenüber der Struktureigentümlichkeit intimer Beziehungen durchzieht wie ein roter Faden den sozialen Austausch im protestantischen Milieu. Ihre Ursachen liegen in einer paternalistischen Überformung der Gattenbeziehung, die in ihrem Alltag durch die Logik einer Versorgungsgemeinschaft für die heranwachsenden Kinder erheblich bestimmt wird. Die Wirkungen zeigen sich besonders in der Mutter-Kind-Beziehung, die souverän zu gestalten den häufig noch adoleszenten und überdies mit der Erziehung vieler Kinder belasteten Frauen schwer fällt. Bei den Webers kommt hinzu, daß die Familiengründungsphase mit starken beruflichen Verpflichtungen des Mannes einhergeht. Diese Bedingungen lassen die Neigung zur methodischen Erziehung entstehen, die bei gleichzeitig ausgeprägter mütterlicher Präsenz die Spontanäußerungen des Kindes moralisch kontrolliert[19].

Versucht man, die Familienkonstellation zu erfassen, die die biografischen Ausgangsbedingungen für Max Webers Lebensweg bestimmen, stößt man auf die Vorgeschichte, die uns zunächst nach Erfurt führt, dem Ort der ersten beruflichen Anstellung seines Vaters. In Erfurt lebt die Familie sechs Jahre lang, drei der acht Kinder werden hier geboren. Im Hinblick auf die Geschwisterreihe sei folgendes festgehalten: Max wird, kaum daß die Eheleute in Erfurt ansässig geworden sind, 1864 als erstes Kind geboren. Die Stammhaltererwartungen an ihn kommen deutlich in der Namensgleichheit mit seinem Vater zum Ausdruck. Die zeittypische Zuschreibung einer Sonderrolle für den Erstgeborenen wird, wie sich zeigen wird, eine Initialerfahrung für Webers Lebensduktus, sie strukturiert seine Position im Familienverband sowie die Wahrnehmung der Eltern und seiner Geschwister.

„Keine der Schwestern hat es doch so gut wie ich. Keine kann in allem so ganz ein Herz und eine Seele sein mit ihrem Liebsten, wie ich es kann, wenn ich nicht gerade 'dumm' bin, und neulich als Ida zufällig sagte: Ja, siehst du, das Ideal was man sich geträumt hat wird einem doch nie erfüllt - da konnte ich mich kaum enthalten ihr zu sagen, wie mein Ideal erreicht, ja wie ich nie gedacht und geglaubt, daß mir dummen Ding solcher Reichtum in Dir vorbehalten sein könne“ (Marianne Weber 1926/1989, 30).

[19] Zu den allgemeinen Bedingungen dieser Mutter-Kind-Beziehung gehört, daß die Mutter versucht, ihre Unentbehrlichkeit und ausschließliche Zuständigkeit dadurch unter Beweis zu stellen, daß sie in Krisensituationen schnell eingreift - eine Haltung, die natürlich besonders dann abgerufen wird, wenn eine Gebrechlichkeit des Kindes wie im Fall von Max hinzukommt. Das Verhältnis zum Ehemann wird dem Kind gegenüber als ergeben demonstriert. Der Vater wird heroisiert. Hierin liegt der Unterschied zur kleinbürgerlichen Version, in der der Vater explizit oder implizit herabgesetzt wird.

In der Reihenfolge der Geschwister folgt nach zwei Jahren eine Schwester Anna, die drei Monate nach ihrer Geburt stirbt. Ihr Tod bedeutet für den lebenspraktischen Optimismus des jungen Ehepaares eine erhebliche Belastung und überschattet die Beziehung der Mutter zum ersten Kind mit der Erfahrung von Trauer und Verlust. Zwei Jahre später wird ein weiterer Sohn, Maxens Bruder Alfred geboren, wiederum nach zwei Jahren folgt ein weiterer Sohn Karl, nachdem zwischenzeitlich die Familie nach Berlin umgezogen ist. 1872 wird die zweite Tochter, die auf den Namen der Mutter Helene getauft wird, geboren. Sie stirbt vier Jahre später 1877, dem Geburtsjahr des vierten Sohnes Arthur.

Im Familienverband übernimmt Max, der als Zweijähriger den Tod seiner ersten und als Dreizehnjähriger den Tod seiner zweiten Schwester erlebt, die Rolle des Vertrauten seiner Mutter, versehen mit einer besonderen Moralität und frühen Reife, die bei ältesten Kindern, zumal wenn es Buben sind, nicht selten ist. Die frühe Weichenstellung entsteht im wesentlichen unter der Bedingung einer mehrfachen Kränkung der Mutter durch den Verlust zweier Mädchen, sowie einer im Alter von vier Jahren beginnenden Erkrankung Maxens an Meningitis, die viel Aufmerksamkeit und Sorge nach sich zieht, gerade wenn man den Umstand hinzunimmt, daß die junge Familie schon den Tod eines Kindes hat beklagen müssen. Derartige Krisen werfen, unabhängig davon, daß sie im Familienhaushalt des 19. Jahrhunderts nicht unüblich sind, stets die Frage auf, als wie tragfähig sich demgegenüber die Solidarität der Gattenbeziehung erweist.

Von der Vorgeschichte der Ehe von Max Weber sen. und Helene her sowie von den beruflich bedingten Anpassungsproblemen in den Anfangsjahren her beurteilt, nimmt es nicht wunder, daß vor allem auf Helene die Aufgabe der Bewältigung zukommt, und zwar erst recht in dem Maße, in dem die mit dem Umzug nach Berlin einhergehende stärkere berufliche Inanspruchnahme des Mannes eine wechselseitige Stütze der Ehepartner erschwert. Im Lebensrückblick der Mutter erscheint die einsame Verzweiflung nach dem Tod der zweiten Tochter als der Wendepunkt in ihrer Ehe, auf die in der Berliner Zeit zunehmend Repräsentationspflichten zukommen.

Die durch seine Stellung in der Geschwisterreihe begünstigte Nähe zur Mutter, die Max Weber jun. in seiner Kindheit und Jugend in eine affektive Konkurrenz zu seinen Geschwistern bringt, wird er zeitlebens nicht aufgeben[20]. Seine Lebensfüh-

---

[20] Folgenreich ist die Dauerkonkurrenz unter den beiden Brüdern Max und Alfred geworden, wobei Alfred von seiner Stellung in der Geschwisterreihenfolge her nach der verstorbenen Schwester in eine dynamische Konstellation einrückt, die ihm die spätere intellektuelle und affektive Ablösung aus dem Elternhaus erleichtert. Alfreds Selbstdefinition enthält

rung durchzieht, auch als er schon ein erwachsener und verheirateter Mann ist, eine sehnsuchtsvolle Verbundenheit zu seiner Mutter. Seine Bindung an sie wird in der Weber-Literatur dank der unkritischen Übernahme einer verklärenden Huldigung durch Marianne Weber in ihrer affektiven Dimension verkannt, da das psychische Komplement der mütterlichen Präsenz und Zuwendung unterschlagen wird, nämlich die für den Sohn schmerzhafte Unerreichbarkeit der Mutter. Die Mutter Helene ist in der Sorge um die weiteren Kinder beschäftigt und insofern froh, in Max als dem Ältesten ein frühzeitig reifes und vernünftiges Kind um sich zu haben, dem sie entsprechend weniger Aufmerksamkeit als den anderen glaubt schenken zu müssen. Entsprechend übereilt greift sie Maxens intellektuelle Leistungen auf und verkennt die darin versteckte Suche nach Zuwendung.

Dem widerspricht nicht, daß sie ihn stets als ihr moralisches Sorgenkind bezeichnet hat - im Gegenteil bezeugt ihre Wahrnehmung die frühzeitig einsetzende *affektive Distanz* zu Max. Dessen Krankheit fordert ihr zwar eine umfassende Fürsorglichkeit ab, die aber mit der Pflege der jüngeren Geschwister in Einklang gebracht werden muß, abgesehen davon, daß die langjährige Ungewißheit über den Krankheitsverlauf zusätzlich die Haltung unentbehrlicher und ausschließlicher Hilfe hat entstehen lassen, die es schwierig macht, die Zuwendung zum Kind angemessen zu dosieren[21]. In ihren Briefen berichtet Helene von dem Gefühl, Max nicht erreichen zu können. Er ist ihr gegenüber verschlossen, seine Hochbegabung - mit 12 Jahren liest er Machiavelli - wird Thema im langjährigen Briefwechsel mit ihrer älteren Schwester Ida.

Was läßt sich zu Maxens weiterem Lebensweg bis zu dem Zeitpunkt, als er Marianne kennenlernt, festhalten? Die Erwartungen an den Ältesten, die Familientradition - sei es in beruflicher, sei es in familialer Hinsicht - fortzusetzen, sind auch bei Max wirksam geworden. 1882 beginnt er das Jura-Studium in Heidelberg[22], dem

---

nicht die hohe Konformitätsverpflichtung, die das Lebensschicksal seines älteren Bruders bestimmen wird. Vgl. zu den Brüdern auch die Arbeit von Demm (1983).

[21] Nach Frommer/Frommer (1993, 166) zeigen Briefe von Helene sie „als nicht nur in der Ehebeziehung kühle, sinnenfeindliche, die eigene Konsequenz und Durchsetzungsfähigkeit eher verbergende, ihre Kinder und besonders den ältesten Sohn dabei bindende und kontrollierende Mutter, von der zu fragen ist, ob sie ihrer 'holding function' [...] als primärem, sinnlich-symbiotischen Liebesobjekt in den frühen Stufen der Entwicklung ihrer Kinder gerecht werden konnte." Gegenüber der Deutung von Mitzman mag dies plausibel sein, wichtiger scheint jedoch die Frage, wie derartige Dispositionen über die Struktur der Lebenspraxis sowie über soziale Deutungsmuster vermittelt sind. Was das Herkunftsmilieu Max Webers angeht, stößt man auf die milieutypische Distanz zur Logik „kreaturvergötternder" intimer Beziehungen.

[22] Hierzu und zum folgenden vgl. Marianne Weber (1936).

Herkunftsort seiner Mutter Helene. Er tritt mit Beginn des dritten Semesters in die „Alemannia“ ein, die Burschenschaft, in der schon sein Vater Mitglied war. Über eine Studienfreundschaft mit dem ebenfalls in Heidelberg studierenden Vetter Otto Baumgarten bekommt er zunehmend Kontakt mit dem akademischen Milieu. Seine das Studium mehrfach unterbrechende Militärzeit verbringt er in Straßburg, wo die Familie Baumgarten mittlerweile ansässig geworden ist.

Für die Familienkonstellation ist bemerkenswert, daß drei Schwestern von Helene in das Professorenmilieu geheiratet hatten. Vor allem die Besuche bei den Straßburger Verwandten und die dabei gepflegten intensiven politischen Debatten mit seinem Onkel lassen fern von Berlin ein zweites Zuhause entstehen. Im Hintergrund dieser engen Verbindung wird der Umstand bedeutsam, daß Helenes Schwester Ida in Erziehungsfragen stets als die kompetente und erfahrenere Ratgeberin konsultiert wird. Ida wird in sozialmoralischer sowie intellektueller Hinsicht Leitbild Helenes, die als Ehefrau eines politisch-praktisch tätigen Mannes den Gelehrtenhaushalten ihrer Schwestern stets Bewunderung, aber auch kaum verhohlene innere Distanz entgegenbrachte. Entscheidend an der Ausbildung Webers wird sein Entschluß, 1886 nach Ende des Studiums wieder nach Berlin zu ziehen, wo er als Jurist praktisch tätig werden möchte. Während der üblichen langen Referendarszeit von 1886 an bis ein Jahr nach seiner Eheschließung lebt er wiederum in seinem Elternhaus. Max Weber schreibt zu den Stationen seiner äußeren Entwicklung: „Die übliche Dressur zur 'Schneidigkeit' im Kouleurleben und als Unteroffizier hat zweifellos seiner Zeit stark auf mich gewirkt und die ausgeprägte innere Schüchternheit und Unsicherheit der Knabenjahre beseitigt.“[23]

Zieht man ein erstes Resumee zu den sozialisatorischen Milieus, die die Biografie des jungen Webers bestimmen, so ergibt sich folgendes Bild: In der Familie wächst Max Weber auf in einer Situation der affektiven Ungewißheit, sie bestimmt die Sinnstruktur seiner durch die Ältestenposition, durch die eigene Krankheit sowie durch den Tod der Schwester bekräftigten fragilen Selbstachtung. Die beiden einzigen Praxisformen, die Weber außerhalb seines Familien- und Verwandtschaftskreises erlebt hat, sind neben der Schule das Militär und die Korporation. Beiden Berei-

---

[23] Vgl. Marianne Weber (1926/1989, 75). Die systematische Bedeutung der Verwandtschaftszusammenhänge für die Formierung der Biografie ist weitgehend unerschlossen. Siehe neben Weiss (1975) vor allem Hennis, der darauf aufmerksam macht, wie wichtig die familiengeschichtlichen Wurzeln der Weberschen Selbstwahrnehmung sind. „Bekanntlich muß neben Berlin und Heidelberg vor allem die Straßburger Verwandtschaft und allen voran Helenes Schwester Ida Baumgarten dabei in Anschlag gebracht werden“ (Hennis 1996, 186).

chen ist eine spezifische Struktur von Sozialbeziehungen eigen. Nicht Anerkennung der Gleichrangigkeit, sondern das Einüben in eine Differenz zwischen oben und unten, bzw. die Logik von Befehl und Gehorsam sind vorrangig.

In der Burschenschaft wird ein spezifischer Typus von Männlichkeit gepflegt, in dessen Bild der Frau diese als eine schutzbedürftige Person erscheint, die den Gefahren des Alltagslebens nicht gewachsen sei. Webers unbefangener Teilnahme an derartigen Veranstaltungen - die er später in bissiger Schärfe gerade im Hinblick auf deren erzieherische Wirkung und allgemeine politische Funktion kritisieren wird - ist die noch ungebrochene Loyalität zum eigenen Elternhaus bzw. zu der bereits angesprochenen Erwartung, die Familientradition fortzusetzen, unschwer zu entnehmen. Die Mitgliedschaft in diesen Bezugsgruppen versieht die Identität zwar mit einem Korsett, beseitigt hingegen nicht die Orientierungsambivalenz. Im Gegenteil. Betrachtet man sein Verhältnis zur Familientradition, dann setzt sich die für seine Biografie typische Ambivalenz bis in die Frage nach der Berufswahl fort. Weber wollte nicht Gelehrter werden; ihm schwebte ein praktischer Beruf vor, das Advokatorische, die Auseinandersetzung um konkurrierende Wertmaximen und das Verfolgen ihrer praktischen Durchsetzungschancen hat er während seines Studiums kennen und schätzen gelernt - abgesehen davon, daß er sich als Angehöriger der den Reichsgründern nachfolgenden Generation zunehmend zur politisch-praktischen Gestaltung des neuen Deutschland berufen fühlte und die Lebendigkeit des politischen Diskurses vom Freundeskreis seines Vaters her in Erinnerung hatte.

Die berühmte Ohrfeige, die seine Mutter Helene ihm erteilt, als sie ihren durch reichlichen Bierkonsum und deutlich sichtbare Schmisse etwas unansehnlich gewordenen Max während der Semesterferien zu Hause empfängt, widerspricht dem nicht. Helenes „Großer“, der im Studium so erfolgreich war, der durch Auseinandersetzungen in den Gelehrtenhaushalten ihrer Schwestern seine außergewöhnliche Klugheit und rhetorische Begabung vielfach unter Beweis gestellt hatte, hätte bei aller in seinem Elternhaus gepflegten Distanz zum Gelehrtentum[24] durchaus das Zeug, mit seinen Pfunden zu wuchern, wie sie sich ausdrückt. Wenn es denn sein sollte, dann - so war ihre geheime Erwartung - sollte er, in Fortsetzung der schon am Kind bewunderten Frühreife, jemand Außergewöhnliches, Genialisches werden. Abgesehen davon hätte Helene im übrigen mit einer Hochschullaufbahn ihres Sohnes als Mutter wieder etwas von dem Terrain wettgemacht, das sie in ihrer Wahrnehmung gegenüber ihren Schwestern glaubte verloren zu haben.

---

[24] Baumgarten (1964b, 623) weist darauf hin, daß Weber gegen das akademische Leben die „tiefe Skepsis seiner Mutter und ihrer Schwester“ teilte. Man muß hier differenzieren: der Universitätsbetrieb war ihm ein Greuel, die Gelehrsamkeit dagegen als ein Mittel der Selbstbehauptung in der Welt lebensnotwendig.

Die Vorgeschichte der Ehe

Der Kontakt zu den Straßburger Verwandten und dem durch sie repräsentierten liberalen Gelehrtenmilieu leitet nicht nur einen allmählichen Wechsel seiner politischen Orientierung ein, sondern wird in einer zweiten Hinsicht von Bedeutung. Max lernt dort seine erste Liebe, die beinahe gleichaltrige Cousine, kennen. Emmy Baumgarten ist die Tochter der Mutterschwester Ida. Zwischen beiden Jugendlichen entspinnt sich eine in umfangreichem Briefwechsel dokumentierte Liebesbeziehung - eine Zuneigung von einer Ernsthaftigkeit, die bei beiden Müttern, also Helene im fernen Berlin und Ida in Straßburg, den Plan reifen läßt, aus dem Verhältnis von Vetter und Cousine eine veritable Ehe zu machen, nachdem die berufliche Ausbildung Maxens zu einem Abschluß gekommen wäre. Zu dem Zeitpunkt also, an dem sich, wie oben zitiert, im Frühjahr 1891 in Berlin Max und seine Großcousine Marianne auf einem Ball amüsieren, und Marianne voller Enttäuschung bemerkt, er, Max, tanze „wie ein Elefant", existiert eine zwar schlummernde und weit entfernte, aber doch in ihrer Zukunftsträchtigkeit nie ernsthaft in Zweifel gezogene Beziehung zwischen Max und seiner Cousine Emmy in Straßburg. Sie wird von beiden Müttern in ständiger wechselseitiger Beratung behutsam, aber nachhaltig gefördert. Worin liegt das besondere dieser Konstellation?

Im bürgerlichen Milieu der damaligen Zeit sind zwar derartige durch „Beratungen", wie es bei Marianne heißt, eingefädelte Beziehungen durchaus üblich, dennoch sind sie interpretationsbedürftig. Intimbeziehungen, die im Windschatten des eigenen familialen Netzwerks entstehen und sich gar zu rechtlich sanktionierten Ehen entwickeln, stehen vor einem besonderen Problem der Definition ihrer eigenen Lebensführung. Dieses Problem liegt vor allem und erst recht in der modernen Gesellschaft darin, die Bindung voreinander als eine autonome Schöpfung freier Partner zu rechtfertigen. Selbst wenn das Bedürfnis, die angebahnte Liebe und Ehe als selbstbestimmt zu interpretieren, nicht sehr groß ist, weil man einer Üblichkeit folgt, weil es milieu- oder zeittypisch ist, ist die ausdrückliche oder stillschweigende Verabredung zur einzigartigen Bindung zweier autonomer Partner ein Widerspruch in sich. Sie zieht, wenn es geschieht, besondere Deutungs- und Bewältigungsversuche nach sich, jedenfalls in einem historisch-sozialen Raum, in dem normativ die Trennung von Familie und Verwandtschaft weitgehend vollzogen ist. Welche sind dies?

Ein Deutungsversuch besteht darin, daß beide Partner, als die erwachsenen Mitglieder eines Clans, in den verwandtschaftlichen Zusammenhang auf Dauer eingebunden bleiben und bewußt zustimmend einen Teil ihrer lebenspraktischen Autonomie zugunsten eines höher bewerteten Ziels aufgeben. Zugunsten der Kontinuität der Linie, ökonomischer Interessen oder, man denke an Königshäuser, zugunsten der Kontinuität einer dynastischen Idee. Etwaige Autonomiewünsche, die über die Tradition hinausweisen, müssen die Partner in diesen Fällen aufgeben bzw. einschränken.

Eine andere Option zur Bewältigung erzwingt gerade mit Blick auf die Einbindung in die Familientradition ein verstärktes Innovationsbemühen, die Ehepartner geraten im Hinblick auf die Frage ins Blickfeld, ob ihnen eine produktive Weiterentwicklung und damit Fortführung der Tradition gelingt, wobei die Produktivität sich nicht zwangsläufig in der Geburt von Kindern zeigen muß, aber häufig - gerade bei erstgeborenen Söhnen zur damaligen Zeit - nicht nur in beruflicher, sondern auch in familialer Hinsicht angesonnen wird. Im ehelichen Alltag stellt sich das entsprechende Problem, nicht etwa einen „nomischen Bruch“[25] bewältigen zu müssen, sondern die objektive nomische Kontinuität mit dem Pathos des Neubeginns zu verknüpfen.

Diesem Definitionszwang steht der Umstand entgegen, daß Mutter und Mutterschwester die Partnerwahl einleiten. „Man werde in Oerlinghausen beraten“, so hieß es im Hinblick auf den Lebensweg des jungen Mädchens, nun wurde zwischen Straßburg und Berlin beraten. Bemerkenswert an dem Anfang ist jedoch der Übergang von der Tochter der Mutterschwester zur Enkelin des Vaterbruders, von Emmy zu Marianne. Den zahlreichen Briefen zwischen Max und Emmy, zunehmend zwischen Max und Marianne, zwischen wiederum den dreien und den Müttern Helene und Ida läßt sich der für uns strukturtypische Befund entnehmen. Der Abschied von Emmy ist gegen alle Erwartungen nicht durch eine romantische Passion für Marianne ausgelöst, vielmehr spielen zwei Umstände eine Rolle. Die Liaison zwischen einem im Hause Weber verkehrenden Freund von Max und Marianne, die sich während Mariannes Aufenthalt in Berlin entsponnen hatte und die von Maxens Seite zunächst unterstützt worden war, läßt Max eifersüchtig werden. Sein auf diesem Umweg erwachendes Interesse an Marianne wird durch die Einsicht in eine wahrscheinliche Aussichtslosigkeit einer Verbindung mit Emmy ernsthaft.

---

[25] Ich beziehe mich hier auf die konstruktivistische Deutung von Intimbeziehungen bei Berger / Kellner (1965, 226): „Es ergibt sich notwendigerweise, daß jeder Ehepartner von Anbeginn der Ehe eine neue Modalität seiner eigenen sinnbedeutsamen Erfahrung der Welt im allgemeinen, der Mitmenschen und seiner selbst entwickelt. Unsere Definition besagt somit, daß die Ehe einen *nomischen* Bruch begründet. Die Ehe löst hinsichtlich der Einzelbiografien der beiden Partner einen neuen *nomischen* Prozeß aus.“

Die Cousine Emmy, die seit ihrer Kindheit von schwacher psychischer Konstitution war, aber als junges Mädchen gerade in ihrem Leid eine Stütze in ihrem Vetter Max gefunden zu haben glaubte, hatte sich in psychiatrische Behandlung begeben müssen, die ärztliche Prognose sagt einen sich über mehrere Jahre hinziehenden Prozeß der Heilung voraus. Möglicherweise wurden von der Verwandtschaft die psychische Labilität Emmys gerade im Hinblick auf späteren Familiennachwuchs als zu risikoreich eingeschätzt, jedenfalls nimmt Max unter schweren Gewissensbissen - einmal seinem Freund, zum anderen Emmy gegenüber - einen Brautwechsel vor. An seine zukünftige Ehefrau schreibt er in deutlicher Anspielung auf die ursprünglich vorgesehene Bindung:

> (...) deshalb muß ich ihr (gemeint ist Emmy, T.A.) in's Auge sehen und erkennen, ob ihr Herz lebendig mitschlägt, wenn ich das Lebensglück, welches sie mir gebracht hätte, hätten nicht Vorurteile, meine äußere Aussichtslosigkeit in der öden Referendarszeit und auch meine Schwachheit dazwischen gestanden, von einer andren empfange."[26]

Die relativ rasche Abfolge der Trennung von Emmy, der beinahe zeitgleichen Verlobung mit Marianne im März 1893 und der Hochzeit im Herbst 1893, den unmittelbar folgenden Besuchen Maxens bei Ida - all diese Ereignisse lassen darauf schließen, daß der Partnerwechsel im Verwandtschaftskreis und vor allem bei den Beteiligten erhebliche Rechtfertigungszwänge ausgelöst hat. Die biografische Zäsur gilt es nachträglich zu begründen, wobei nach der Vorgeschichte die im normalen Fall erwartbare naiv-schwärmerische optimistische Deutung der Zuneigung schwer möglich ist.

Für die Ehe von Max und Marianne Weber ist somit die Loyalität zum Herkunftsmilieu in vielerlei Hinsicht weichenstellend, das Strukturproblem der Gefährtenehe zeigt sich in der Anfangsphase. Statt freier Wahl lernen die Partner sich im partikularistischen Milieu der erweiterten Verwandtschaft kennen und dieses Milieu bestimmt die Qualität sowie die weitere Entwicklung der Beziehung. Im Unterschied zur Freisetzung affektiver Spontaneität bleibt die Einschränkung diffuser Anteile eine die Ehe überschattende Hypothek[27]. Ein vergleichender Hinweis auf die Wech-

---

[26] Vgl. Marianne Weber (1926/1989, 189).

[27] In strukturtheoretischer Terminologie findet sich dieses Argument bei Parsons (1964c, 97) ausgeführt: „Sozialsysteme, in denen eine große Anzahl von Individuen sich in einem Zustand komplexer und empfindlicher gegenseitiger Interdependenz befinden, weisen im allgemeinen die Tendenz auf, die 'persönlichen' Gefühle oder doch zumindest ihren direkten Ausdruck im Handeln starken Beschränkungen zu unterwerfen. Jedes größere Ausmaß

selwirkung von Familie und Milieu im Falle von Albert Einstein mag dies verdeutlichen. Dieser heiratet ein zweites Mal, und zwar seine Cousine Elsa Einstein. Hier stoßen wir auf eine umgekehrte Bewegung. Der verwandtschaftliche Bezugskreis wird das Milieu, in das Einstein wieder zurückkehrt[28].

In Umwandlung eines Begriffs aus der Weberschen Soziologie haben wir es mit einer „Verwandtenwahl" zu tun. Auch die neue Partnerschaft wird nicht etwa im Kontrast zum familialen Netzwerk außerhalb gesucht, sondern verbleibt im nämlichen Rahmen. Dies ist besonders bemerkenswert, wenn man sowohl die Position Maxens in der Geschwisterreihenfolge als auch seine bis zum Zeitpunkt der Eheschließung erfolgten Karriereschritte dagegenhält. Als er heiratet, ist von Gelehrtentum wenig zu sehen. Ein junger Mann aus bürgerlichem Elternhaus, als ältester Sohn einer angesehenen kinderreichen Politikerfamilie, strebt im Sinne der Nachfolgeverpflichtung eine juristische Laufbahn an. Zwar rückt infolge seiner ungewöhnlichen Leistungen eine Universitätstätigkeit als eine weitere Option der Biografieplanung näher, aber das Interesse an einem praktischen Beruf bleibt im Sinne der väterlichen Tradition vorrangig. Die normalerweise erwartbare Entwicklung wäre - lassen wir sein ungelöstes berufliches Entscheidungsproblem, Gelehrter werden zu sollen und Praktiker werden zu wollen, einmal beiseite - eine mit der Eheschließung verknüpfte Familiengründung.

Und Marianne? Ihre Vorgeschichte verweist gleichermaßen auf die Verwandtschaft. Sie erfährt in Berlin eine Unterstützung für ihre Bildungsaspirationen - das familiale Netzwerk, das ihre ungesicherte biografische Perspektive auffängt und abfedert, wird somit zugleich ihr Heiratsmarkt. Und hierbei trifft sie auf Max, den sie allerdings Maxens Freund, der an ihr Interesse gezeigt hatte, vorzieht - aber wiederum nicht auf der Grundlage einer besonderen erotischen Attraktion, vielmehr im Hinblick auf seine beeindruckende Gebildetheit. Im Hintergrund steht ihre besonders enge Beziehung zu Helene, die sie während ihrer Aufenthalte in Berlin schätzen gelernt, ja eigentlich geliebt hat wie eine späte Mutter, die sie zeitlebens hat entbehren müssen. Später, im Jahre 1907, wird sie ihr erstes großes Werk Helene Weber, geb. Fallenstein, „in dankbarer Liebe" widmen.

---

an affektiver Spontanität würde möglicherweise den Status und die Interessen zu vieler anderer Individuen verletzen und damit das Gleichgewicht des gesamten Systems stören... Gleichzeitig wird dadurch aber auch der Charakter der Ehe-Beziehung selbst geprägt, denn die primären institutionellen Sanktionen richten sich auf objektive Statusangelegenheiten und auf Verpflichtungen den Verwandten gegenüber, und nicht auf subjektive Gefühle." Siehe dazu allgemein Kapitel 4.

[28] Vgl. hierzu die unten folgende Fallstudie.

Die affektive Struktur der Gefährtenschaft

Am Anfang der Gefährtenehe steht ein großverwandtschaftliches Arrangement, dem eigene Anstrengungen zur Begründung einer affektiv vermittelten Partnerschaft nicht gefolgt zu sein scheinen. Zumindest spielten offenbar Erotik und Sexualität als objektiv mögliche Elemente der Partnerwahl keine bedeutende Rolle, wie Marianne es formuliert: „Eros war noch nicht im Spiel". Wir kommen nun zu dem Brautbrief, der zur Zeit der Eheschließung und der Auseinandersetzungen mit und um Emmy entstand:

„Lies diesen Brief, Marianne, wenn du gefaßt und ruhig bist, denn ich habe Dir Dinge zu sagen, welche zu hören Du vielleicht nicht vorbereitet bist. Du glaubst - denke ich - wir seien miteinander am Ende und ich würde Dich auf den stillen und kühlen Hafen der Resignation verweisen, in welchem ich selbst seit Jahren vor Anker gelegen habe. Aber dem ist nicht so (...).- Und nun höre. - Ich kenne Dich, Du wirst es Dir selbst sagen, seit wenigen Tagen, denn Du warst mir ein Rätsel in Vielem, was ich jetzt begreife. Du aber kennst mich nicht, es kann nicht sein. Du siehst nicht, wie ich mühsam und mit wechselndem Erfolge die elementaren Leidenschaften zu zügeln suche, welche die Natur in mich gelegt hat; aber frage meine Mutter; ich weiß es wohl, daß ihre Liebe zu mir, die mir den Mund schließt, weil ich sie nicht entgelten kann, darin wurzelt, daß ich in moralischer Beziehung ihr Sorgenkind war."

Es folgt eine Erinnerung daran, wie Max sich, erst ausgelöst durch die Eifersucht auf den Freund, Marianne zugewandt hat. Sowie ein Hinweis auf seine schwere moralische Bürde, die er durch die Absage an Emmy auf sich genommen habe. Weiter heißt es dann:

„Und nun frage ich Dich: Hast Du Dich innerlich losgesagt von mir in diesen Tagen? oder den Entschluß dazu gefaßt? oder tust Du es *jetzt? Wenn nicht, dann ist es zu spät*, wir sind dann aneinander gebunden, und ich werde hart gegen Dich sein und Dich nicht schonen. Ich sage Dir: Ich gehe den Weg, welchen ich muß und den Du jetzt kennst - Und Du wirst ihn mit mir gehen. - Wohin er führen wird, wie weit er ist, ob er uns zusammenführt auf dieser Erde, das weiß ich nicht. Und wenn ich auch jetzt weiß, wie groß und stark Du bist, stolzes Mädchen, so kannst Du dennoch erliegen, denn gehst Du mit mir, so trägst Du nicht Deine Last allein, sondern die meine mit, und Du bist es nicht gewohnt, solche Wege zu gehen. Darum prüfe uns beide. Aber ich glaube, ich weiß, wie Du entscheidest. Hoch geht die Sturmflut der Leidenschaften und es ist dunkel um uns, - komm mit mir, mein hochherziger Kamerad, aus dem stillen Hafen der Resignation, hinaus auf die hohe See, wo im Ringen der Seelen die Menschen wachsen und das Vergängliche von ihnen fällt. Aber *bedenke*: im Kopf und Busen des Seemanns muß es klar sein, wenn es unter ihm brandet. Keine phantasievolle Hingabe an unklare und mystische Seelenstimmungen dürfen wir in uns dulden. Denn wenn die Empfindung Dir hoch geht, mußt Du sie bändigen, um mit nüchternem Sinn Dich steuern zu können. Gehst Du mit mir, so antworte mir *nicht*. Dann werde ich Dir, wenn ich Dich jetzt wiedersehe, still die Hand drücken und die Augen nicht vor Dir niederschlagen, und Du sollst es auch nicht tun. Lebe wohl, schwer legt sich das Leben auf Dich, Du mißverstandenes Kind, - ich sage Dir jetzt nur: Ich danke Dir für den Reichtum, den Du meinem Leben gegeben hast, und meine Gedanken sind bei Dir. Und nun noch einmal: Komm mit mir, ich weiß, Du kommst."[29]

Dieser Brief ist uns in vielerlei Hinsicht fern, da er in seinem Stil durchzogen ist vom pathetischen Ernst des 19. Jahrhunderts. Aufschlußreich für die Selbstdefinition des Bräutigams ist das Unerbittliche der Selbstdarstellung und die unverblümt beinahe drohend formulierte Botschaft: Mach Dich auf etwas gefaßt. Im Unterschied zu einem Austausch, der auf die Zukunftsplanung des Ehepaares oder einer möglichen Familie gerichtet ist, im Gegensatz auch zu zuversichtlich entworfener Sorglosigkeit, wo Max sich doch mit attraktiven Berufsaussichten von der jahrelangen ökonomischen Abhängigkeit vom Elternhaus hat lösen können, entwirft der Verfasser des Brautbriefs eine Perspektive des illusionslosen Realismus. Die Zuneigung erscheint wie mit einem Vorbehalt versehen, und zwar richtet sie sich, zumindest in der Erwartung Max Webers, auf ein Muster wechselseitiger Fürsorge und wechselseitig zuerkannter Bedürftigkeit. Zwei Gefährten, die - wie Marianne sich ausdrückt - das Jungsein erst noch lernen müssen, binden sich aneinander über einen Entwurf exemplarischer Sittlichkeit, moralischer Standfestigkeit und zwar gerade entgegen zweier Dimensionen des Ehelebens, die zu ihren wesentlichen Stützen zählen, zur Unbefristetheit ihrer Dauer sowie zur Uneingeschränktheit ihrer Affektivität und Leidenschaft.

Um den Typus der Gefährtenehe zu vervollständigen, sei kurz eine weitere Stelle aus einem Brief desselben Jahres, während der Verlobungszeit und in Vorfreude auf das gemeinsame Leben, zitiert. Der Hintergrund ist folgender. Marianne befand sich im Sommer 1893 auf einer Hauswirtschaftsschule, in der sie sich auf Anraten von Helene mit den Techniken der Haushaltsführung vertraut machen wollte. Von dort aus hat sie ihren Max um belehrende Lektüre gebeten, woraufhin Max schreibt:

[29] Vgl. Marianne Weber (1926/1989, 188ff).

(...) Soll ich Dir den Bebel noch schicken? Wenn Du willst, gleich, denn ich halte mich nicht zu Deinem Vormund berufen. Oder sollen wir ihn künftig zusammenlesen? Und wünscht Du Dir jetzt noch mehr Lektüre? Ich habe Paulsens Einleitung in die Philosophie für Dich zurückgelegt, die er mir zugehen ließ, ein gutes und nicht zu schweres Buch, in das ich eben abends im Bett hineinzusehen pflege. Vor allem aber lebe jetzt Deinem Körper. Du mußt noch mehr Muskelkräfte bekommen und mehr nach Außen als nach Innen - sowohl in Dein als in mein Inneres - schauen, und darfst nicht mit solcher Verachtung an die 'Nur-Hausfrauen' denken. Das meine ich in Deinem Interesse: Es gibt die nötige pièce de résistance, denn Du mußt ein Herrschaftsgebiet haben, auf welchem ich nicht, wie auf dem Gebiet des Denkens, mit Dir konkurriere. Du glaubst gar nicht, wie geringen Respekt ich vor der sogenannten 'geistigen Bildung' habe; kräftige Unbefangenheit der Empfindung und in praktischer Tätigkeit imponiert mir - vielleicht weil sie mir selbst abgeht - und ich habe das Bedürfnis, mir imponieren zu lassen. Sieh, schon wieder eine Predigt, aber nimm's nicht für ungut, Du weißt ja, daß ich durchaus verstehe, was Deine Eigenart ist, nicht wahr? Ich möchte nur gern, daß Du ein für mich unangreifbares Gebiet hättest, einen, Dir nicht nur als unvermeidliches Übel erscheinenden, hausfraulichen Pflichten- und Arbeitskreis, denn Du wirst es, das kann ich nur immer wiederholen, keineswegs so leicht mit mir haben, wie Dir vielleicht scheint. Und je mehr dann unser eigenstes Interessengebiet zusammenfällt und identisch ist, desto weniger unabhängig von mir stehst Du da, und um so leichter verletzlich bist Du für mich. Verstehst Du, was ich meine? Aber natürlich: nur kein künstliches Sich-selbst-Beschränken."

In einem weiteren Brief, in dem er nochmals seinen geringen Respekt vor geistiger Bildung zum Ausdruck bringt, heißt es:

„Das große Glück der Ehen unsrer westfälischen Verwandten hat seinen Grund gleichfalls in dem ausfüllenden und befriedigenden *praktischen* Beruf des Mannes. - Nichts ist mir greulicher als der Hochmut der 'geistigen' und gelehrten Berufe. - Das war es, was ich meinte, und wenn ich sagte, Du würdest es mit mir nicht ganz leicht haben, so sollte das nur heißen, daß eben mein Pflichtenkreis mir nicht in dem Maße zusagt, daß ich Dir dieses unbewußte Glück ins Haus trüge, welches ein solcher bringt. Deshalb ist es eine Schwierigkeit für Dich, daß Du so verhältnismäßig wenig *naiv* - praktisch; um es so auszudrücken, bist."[30]

Erinnern wir uns. Max ist zum Zeitpunkt der Eheschließung mit Marianne 29 Jahre alt, im Jahre 1888 war er in dem Maße, in dem sich seine praktischen Interes-

[30] Vgl. Marianne Weber (1926/1989, 198ff.).

sen zunehmend in politischen Aktivitäten kristallisierten, dem Verein für Sozialpolitik beigetreten, und hatte sich daraufhin, nach dem Scheitern des Planes, in eine Bremer Anwaltskanzlei einzutreten, 1891 in Berlin habilitiert. Zwei Jahre später, also im Jahr der Heirat mit Marianne, werden ihm nach einer Erkrankung des Lehrstuhlinhabers juristische Vorlesungen über Handels- und Wechselrecht abverlangt[31]. Das Jahr 1893 ist somit auch in beruflicher Hinsicht eine Umbruchsituation, der aus dem Elternhaus mitgenommene Wunsch, in die Praxis zu gehen, tritt gegenüber der Lehrtätigkeit an der Universität zunehmend in den Hintergrund, verliert hingegen seine Bedeutung für die Webersche Selbstauffassung keineswegs.

Wie sehen nun in einem ersten Versuch die Strukturmerkmale der Gefährtenehe aus? Ich habe schon darauf hingewiesen, daß die Idee einer wechselseitigen Zuneigung eigentümlich überlagert ist von der impliziten Zumutung, für überstandene und, vor allem, noch bevorstehende Krisen Verständnis und Bewunderung zu zeigen und sich gleichsam für therapeutische Einsätze bereitzuhalten. Das normative Konzept partnerschaftlicher Gleichheit erzeugt zwar zu Beginn das Bemühen, für Marianne einen eigenständigen Bereich zu finden, eröffnet jedoch als eine Idee Maxens, der Marianne aufgrund ihrer Bildungsaspirationen zustimmt, faktisch die Möglichkeit einer ständigen Kontrolle durch Max.

Max erscheint als der intellektuellen Halt versprechende Ehemann, der den individuellen Emanzipationswünschen Mariannes eine pädagogisch kontrollierende Form verleiht, Marianne wird die seelische Temperierung von undurchschaubaren und unvorhersehbaren Affekten angesonnen. Die affektive Ambivalenz als das für Intimbeziehungen entscheidende dynamische Potential, das die Grundlage wechselseitiger Attraktion bildet, taucht hierbei als eine zu kontrollierende Zumutung auf, und zwar in einer Selbstdefinition, bei der eine durch die Qualität der Partnerbeziehung initiierte Entwicklung ausgeschlossen scheint. Die Gefährtenschaft gründet sich auf Gleichheit bei zugestandenen unterschiedlichen Interessen, und antwortet auf den besonderen Autonomiezwang einer durch Verwandtschaft angebahnten Ehe mit dem Entwurf einer Gemeinsamkeit für eine Idee[32]. Die Gleichheit bei anerkannter Interessendifferenz, darin liegt das Moderne ihrer Partnerschaft, wird das Dritte, das diese Verbindung von Zweien entwirft und zwar in dem Maße, in dem die Idee

---

[31] Vgl. dazu auch Fügen (1985, 57).

[32] „Man sucht in der Ehe nicht eine ins Unrealistische angehobene Idealwelt und erst recht nicht eine Dauerbetätigung für leidenschaftliche Gefühle, sondern eine Basis für Verständigung und für gemeinsames Handeln in allem, was einem wichtig ist", so resümiert Luhmann (1982, 192) die Innenwelt der Gefährtenschaft.

einer Familiengründung als einer der möglichen Stationen einer gemeinsamen Entwicklung in den Hintergrund tritt[33].

Wie wird das Konzept in die Lebensführung übersetzt?

Die Eheleute bleiben zunächst noch in Berlin wohnen, wo Max Weber - wie wir gehört haben - noch im Jahr seiner Heirat eine außerordentliche Professur in der juristischen Fakultät erhalten hatte, und ziehen dann ein Jahr nach der Hochzeit nach Freiburg, nachdem Weber dort eine ordentliche Professur für Nationalökonomie angenommen hat. Die allmähliche Strukturierung seiner Berufsinteressen über die Rechtswissenschaft zur Nationalökonomie ist vor dem Hintergrund seines Wunsches, einen politisch gestaltenden Beruf anzustreben, als solche interessant genug, bemerkenswert an der lang ersehnten Ablösung vom Elternhaus ist jedoch zweierlei:

Das Paar versteht sich als Träger einer neuen Idee von Egalität in der Ehebeziehung, die es nun voller Elan versucht, im Freiburger Universitätsmilieu in die Tat umzusetzen, vor allem vorangetrieben durch Mariannes festen Wunsch, es bei einer Hausfrauenexistenz nicht zu belassen. In Freiburg besucht Marianne infolgedessen nicht nur philosophische Seminare, sie entwickelt ihre ersten politischen Aktivitäten, gründet einen Verein, der die Verbreitung des Frauenstudiums betreibt, sogar der aus den Masuren stammenden, aus Berlin mit nach Freiburg übernommenen Hausangestellten Berta wird die Teilnahme an emanzipatorischen Arbeitskreisen angesonnen. Ein Zweites kommt hinzu. Das Arbeitspensum im Rahmen der Weberschen Professur ist erheblich. Weber, der schon in Berlin durch den Auftrag zu der berühmt gewordenen Untersuchung über die Lage der ostelbischen Landarbeiter absorbiert war, zieht sich angesichts eines ihm größtenteils neuartigen Stoffgebietes erneut und in noch stärkerem Maße in die Arbeit zurück. Marianne schreibt: „An regelmäßige gemeinsame Spaziergänge ist natürlich nicht zu denken. Weber rast nur zwischen der Arbeit den Schloßberg hinan.“ Im Zuge seiner zunehmenden politischen Verpflichtungen kommen öffentliche Vorträge hinzu.

Im Jahre 1896 wird er auf eine Professur nach Heidelberg berufen. Den sittlichen Enthusiasmus, Träger einer gegen die patriarchale Befangenheit des konservativen

[33] Mit der Frage nach der Transformation von Intimbeziehungen in triadische Muster ist eines der systematischen Analyseprobleme der Familiensoziologie aufgeworfen. Simmel (1908/1992b) gehört zu den wenigen Autoren, die diese Zusammenhänge analysiert haben. Unabhängig von der hier nicht zu leistenden theoretischen Klärung lassen sich Zweierbeziehungen stets daraufhin befragen, auf welches „Dritte“ hin sie ihre Gemeinsamkeit entwerfen und gegen welches „Dritte“ sie sich abgrenzen. Siehe auch Kapitel 4.

Professorenmilieus modern eingestellten Ehebeziehung zu sein, nehmen die Eheleute in ihre neue Umgebung mit, er strukturiert ihre Bemühungen um Sozialintegration. In den ersten Jahren werden sie jedoch mit zwei schwerwiegenden Problemen konfrontiert. Als erstes kommt auch in Heidelberg eine hohe Arbeitsbelastung auf Weber zu, die in ihrer affektiven Dimension in dem Maße nicht wahrgenommen wird, in dem Marianne ihrerseits eigene Interessen aktiviert und ihren privaten Bildungsentwurf konsequent weiter verfolgt.

Das zweite Problem hängt stärker mit der Vorgeschichte der Eheleute zusammen. Im fünften Jahr seiner Ehe und in seinem vierunddreißigsten Lebensjahr - ein Umstand, der in seiner Bedeutung in der bisherigen Weberforschung m.E. unterschätzt wird - ereilt Weber 1898 eine psychische Krise, die mit Folgen für die gesamte Lebensführung des Paares verbunden ist; sie ist mit der sittlichen Idee der Gefährtenehe ursächlich verknüpft und erzeugt ihrerseits deren Bestätigung. Die Vorgeschichte ist hinreichend bekannt und sei hier nur kurz skizziert[34]. Anläßlich eines Besuches seiner Eltern in Heidelberg im Juli 1897 kommt es im Beisein beider Ehefrauen zu einer Auseinandersetzung Maxens mit seinem Vater, deren Gegenstand die patriarchale Bevormundung und die von Helene in den letzten Jahren häufiger beklagte affektive Gleichgültigkeit ihres Mannes ist. Max macht seinem Vater heftige Vorwürfe, das Ganze endet mit der Abreise des Vaters nach Berlin. Kurze Zeit später stirbt der Vater auf einer mit einem Freund unternommenen Reise an Magenbluten, ohne daß es zwischenzeitlich zu einer Versöhnung gekommen wäre.

Auf einer im Frühjahr des Jahres 1898 unternommenen Spanienreise beginnen Max Webers Beschwerden. Sie zeigen sich in Form permanenter Schlaflosigkeit, Arbeitsunfähigkeit und erzwingen im Juli und August desselben Jahres einen längeren Sanatoriumsaufenthalt in Konstanz am Bodensee. Die therapeutischen Maßnahmen bewirken zwar vorübergehende Besserungen, halten jedoch den Vorgang zunehmender Erschöpfung und tiefer psychischer Verstimmung nicht auf. 1899 reicht er einen Antrag auf Entlassung vom Amt ein, fährt im Juli 1900 zu einer mehrmonatigen Kur auf die Schwäbische Alb, daraufhin nach Korsika.

Alle Versuche, sich durch Ortswechsel abzulenken, ändern nichts an seinem Leiden. Die kleinste Anstrengung wird ihm zur Qual, das Sprechen zur unerträglichen Last. Das Ehepaar begibt sich nach seiner Haushaltsauflösung im Jahre 1900 immer häufiger auf Reisen, vor allem nach Italien. Zwar kehren sie im Jahr 1902 zurück und beziehen eine von Marianne besorgte Wohnung, doch 1903 beantragt Max erneut eine Entpflichtung vom Amt, der auch stattgegeben wird. Weber erhält eine

[34] Vgl. hierzu ausführlich die Studie von Frommer/Frommer (1993).

Honorarprofessur, bleibt jedoch ohne Promotionsrecht und ohne Sitz und Stimme in der Fakultät.

Die für beide Eheleute in vielerlei Hinsicht dramatische Phase der Inaktivität scheint nicht allein eine Reaktion auf die Auseinandersetzung mit dem Vater zu sein. Vielmehr ist sie strukturell gebahnt durch die Bedeutungsverschiebung, die die eigene private Existenz erfahren hat. 1897 besteht die Ehe vier Jahre lang, die Lebenspraxis kontrastiert sowohl im Hinblick auf die beruflichen Aspirationen als auch im Hinblick auf den Familienstatus mit dem elterlichen Vorbild, die Erwartung auf eine Fortführung der Familientradition durch den Ältesten sind im Grunde nicht eingelöst.

Webers Krankheit

Die Konfrontation zwischen Vater und Sohn erweist sich als mehrfach überdeterminiert. Für einen Generationenkonflikt erscheint sie in der Lebenssituation, in der der Sohn sich mittlerweile befindet, affektiv überdramatisiert und zeitlich eigentümlich spät, wenngleich sie oberflächlich dadurch ausgelöst sein mag. Entscheidender scheint der Entwurf exemplarischer Sittlichkeit der Gefährtenehe, der nun nicht nur den konservativen Universitätskollegen Freiburgs oder Heidelbergs entgegengehalten wird, sondern den Eltern. Der Umgang des Vaters mit Helene, vor allem seine Weigerung, sie an finanziellen Entscheidungen zu beteiligen sowie sein mangelnder Respekt vor Helenes religiösem Interesse und sozialpolitischem Engagement, erfährt durch die Eheleute eine harte Kritik, zwei konkurrierende Versionen ehelicher Solidarität im Gattenverhältnis sind das implizite Thema der Auseinandersetzung.

Die Ausgangsbedingungen des „Absturzes" sind also im Hinblick auf die objektive soziale Situation der Paarbeziehung sowie im Hinblick auf die kulturelle Typik ihrer Selbstwahrnehmung genauer zu kontextuieren, dazu an dieser Stelle wenige Bemerkungen: Gegenüber einer einfachen Subsumtion unter das psychoanalytische Konstrukt gilt es, die triebdynamische und die kulturelle Komponente des Generationenkonfliktes zu unterscheiden.

In welche normative Konstruktion von Sittlichkeit und Personalität ist die Struktur der Auseinandersetzung eingebettet? Hierbei spielen die zwei in der Ehebeziehung der Eltern vertretenen Versionen des Protestantismus, die lutherische des Vaters und die calvinistische der Mutter eine Rolle. Ohne an dieser Stelle genauer auf die Unterschiede in der Handlungswirkung beider Frömmigkeitstypen einzugehen, sei nur herausgestellt, daß sie sich in ihrem Verhältnis zur Sozialität abbilden lassen, mit je unterschiedlichen Konsequenzen für die Selbstwahrnehmung der

Person. Der lutherische Protestant betrachtet seine Lebensführung als eine von Gott gesetzte Pflicht - wohlwissend, daß dieser Pflichterfüllung wenig Gratifikationen für die eigene Selbstzufriedenheit zu entnehmen sind. Als Gottes Gefäß, nach der Formulierung von Max Weber, behält er gerade in seiner Lebenspraxis eine stille Sehnsucht auf Vereinigung mit Gott. Dem Lutheraner haftet eine spezifische Weltindifferenz an, er tut, was er tut - bezahlt hingegen diese Lebensführung mit einer Neigung zur Bequemlichkeit[35]. In der konkurrierenden Version des protestantischen Lebensentwurfs steht die methodische Kontrolle der Lebensführung obenan. Der gesamte Lebensduktus steht unter dem Gebot einer ethischen Dauerreflexion. Arbeit und vor allem Arbeit am anderen Menschen gilt als Symbol göttlichen Gnadenstandes.

In dieser Version bekommt der Protestantismus im Alltagsleben eine spezifisch objektlose Färbung. Interaktion - und vor allem die von Naturwüchsigkeit bestimmte sozialisatorische Interaktion - wird mediatisiert durch die Pflicht an der sittlichen Gestaltung, allerdings mit einem verbissenen Elan, der dadurch entsteht, daß man bei allen Mühen in der Gewißheit lebt, mit keiner Anstrengung das Heilsschicksal beeinflussen zu können. In dem Maße nun, in dem man den anderen, insbesondere den geliebten Menschen, als ein Exemplar der Überprüfung einer moralischen Selbstdefinition begreift, bleibt man ihm eigentümlich fern, bleibt die Spontaneität der Empfindung durch die bange Frage überschattet, ob man der Pflicht Genüge getan habe. Wohlbemerkt, die Pflichterfüllung kennt der Lutheraner auch, hingegen sieht der realitätsgerechtere lutherische Entwurf einen Respekt vor der menschlichen Unzulänglichkeit vor, die im calvinistischen Modell eine Quelle ständiger Domestikationsanstrengung geworden ist[36].

Versucht man die normativen Konstrukte in die Dynamik der Eltern-Kind-Beziehung einzuspannen, so zeigt sich mehr als der späte Ausbruch ödipaler Probleme. Weber stilisiert sich gegenüber dem sozial erfolgreichen und religiös skeptischen Vater zur eigentlichen „moralischen Instanz“, übernimmt stellvertretend die mütterliche Kritik am Ehemann und verweigert dem Vater den Zugang zur Mutter. Aber warum gerät er anschließend in eine massive biografische Krise?

---

[35] Dieser Umstand ist einer der Anlässe für die Exposition des Weberschen religionssoziologischen Entwurfs gewesen. Die Deutschen seien Lutheraner, so seine These, und hätten die Askese nie erfahren. Das Luthertum, schreibt Weber in einem Brief v. 5.2.1906 an Adolf von Harnack, sei etwas, was er nicht nur an den Deutschen, sondern vor allem an sich selbst stets „hassenswerth“ gefunden habe (vgl. MWG II/5, 32f.).

[36] Siehe dazu die Studien über die christlichen Soziallehren von Troeltsch, auf den Weber sich in seinen religionssoziologischen Arbeiten bekanntlich gestützt hat (Troeltsch 1922, 555ff.).

Der Tod des Vaters kommt nicht nur einer Konfrontation mit der Realität gewordenen Phantasie gleich, vielmehr dementiert er auch die Geltungskraft des moralischen Rigorismus der Mutter, den Max sich zu eigen gemacht hatte. Die Lebensentwürfe beider Eltern, die sozial erfolgreiche Realitätsgerechtigkeit des Vaters wie die mütterliche Rigorosität erscheinen Weber nun gleichermaßen als Ausdrucksformen von Selbstgerechtigkeit. Entscheidender ist jedoch der Umstand, daß ihn die Trauer seiner Mutter eine Dimension ehelicher Gemeinsamkeit erkennen läßt, die ihm bislang in Verkennung seiner eigenen Position im Familienverband verschlossen blieb.

Somit gerät er in eine doppelte Krise der Selbstdefinition. Sie bestimmt in ihren kognitiven und affektiven Dimensionen den späteren Ausgang des Konflikts. Nicht Ambivalenzvermeidung (Bequemlichkeit und Naivität), auch nicht Ambivalenztoleranz (Gelassenheit und Weisheit), vielmehr Ambivalenzsuche wird der spezifische Modus der Erfahrungsverarbeitung in Webers Leben. Deren intellektuelle Seite zeigt sich in der Reflexion auf die Wertantinomien im menschlichen Zusammenleben. Zu zeigen, daß Werte strukturell unversöhnlich sind, und auf die Probleme einer naiven Übersetzung in die Lebenspraxis aufmerksam zu machen, wird Webers spätere Aufgabe. Bemerkenswert daran ist, daß Weber bei kognitiver Anerkennung der Unversöhnlichkeit affektiv auf Ambivalenzen und Konflikte fixiert bleibt. Es gibt nur wenige, die sich in ihrem Leben derart viele, psychisch belastende Kampfarenen gesucht haben wie Max Weber. Der „Kampf" wird nicht zufällig eine zentrale Kategorie seiner Herrschaftssoziologie[37].

Die symbolische Seite der psychischen Konversion zeigt sich somit in einer gehemmten Synthese der elterlichen Entwürfe. Es scheint, als würde er sich mit der Rigorosität der Mutter für die Durchsetzung eines väterlichen Konzepts stark machen. Es geht darum, die Anerkennung der Realität der Illusion vorzuziehen - gegen den Romantizismus und die Vereinseitigung der Wertsphären - aber noch dabei bleiben beide lebenspraktisch erprobten, erfahrungsgesättigten Perspektiven seiner Eltern unverstanden. Dieser Verkennung verdankt sich der Impuls zur intellektuellen Sublimierung, zur Transformation von Sozialerfahrung in systematisierte Bildungserlebnisse, aber zugleich auch die Pedanterie, die Don-Quichotte-artige Kampfbe-

---

[37] Oder in den Worten von Lepsius: „Die Wirkung des Mannes und des Lehrers scheint gerade in der Offenheit und Leidenschaftlichkeit gelegen zu haben, mit der sich Max Weber selbst der Irrationalität der Lebenserfahrung aussetzte und sie immer wieder persönlich zu gestalten versuchte (...) Webers Selbstbewußtsein ruhte auf der für sich selbst in Anspruch genommenen geschulte(n) Rücksichtslogigkeit des Blickes in die Realitäten des Lebens und die Fähigkeit, sie zu ertragen und ihnen innerlich gewachsen zu sein" (Lepsius 1990, 17).

reitschaft, mit der jedes lebenspraktische Problem einer angestrengten intellektuellen Reflexion unterzogen wird[38].

Kommen wir auf die Folgen für die Ehe zurück. Die Haushaltsauflösung bedeutet schließlich für eine Paarbeziehung, daß eine der wesentlichen Voraussetzungen für eine soziale Verortung getilgt wird. Übersetzt in den Alltag der Ehebeziehung, stellt sich die Frage, wie eine Frau „Heldentum als Ausnahmezustand", nach einer Formulierung des alten Stechlin von Theodor Fontane, erlebt und lebenspraktisch bewältigt. Wie kann man mit einem Menschen leben, der in eine existentiell bedrohliche Situation geraten ist?

Ist das Tragische nicht Bestandteil einer Strategie der Selbstdarstellung für Außenkontakte, vielmehr über eine existentielle Krise begründet, dann ist eine Ehebeziehung mit der spezifischen Zumutung verbunden, dem Heroismus auch im Alltag Raum zu gewähren. Denkbar sind folgende Möglichkeiten: a) die ironische Aufnahme und behutsame Assimilation, b) das Echo und die Übersteigerung der Tragik, c) die allmähliche Strukturierung einer eigenen Lebenspraxis außerhalb des Horizontes der Ehe.

„Marianne wählt die beiden letzten Optionen, zu der ersten fehlen ihr die lebensgeschichtlichen Voraussetzungen an affektiver Sensibilität und moralischer Souveränität:

„Ja, diese Zeit brachte der ehelichen Gemeinschaft besonderen Segen. Die Gefährtin selbst war nervös belastet, und von früh gewohnt, psychisch Kranke zu schonen. So vermochte sie sich völlig in den Zustand ihres Mannes einzufühlen und sich so zu verhalten, wie es ihm wohltat. Hatte Webers souveräne Selbstgenügsamkeit ab und an die Frage in ihr aufsteigen lassen, ob er sie nötig habe - jetzt zweifelt sie nicht daran. Aus dem dunklen Spalt, der sich auftut, erblüht ihr ein hohes Glück: Der starke Mann ist ihrer ständigen Fürsorge und Gegenwart bedürftig, sie darf ihm dienen"[39].

Die innere Wende, die die Ehebeziehung erfährt, sollte man sich in ihrer Tragweite noch einmal vor Augen führen. Die äußere Karrierestation Heidelberg mit

---

[38] Um nicht mißverstanden zu werden: Darin liegt die außerordentliche soziale Produktivität und, gemessen an den Üblichkeiten seiner jeweiligen Umgebung, Modernität der Weberschen Haltung: „Allen seinen Äußerungen, insbesondere jenen politischer Art, ist insofern eine gewisse dialektische Überspitzung eigen, die darauf abzielte, nicht nur den Sachverhalt als solchen darzulegen und die Zuhörer von dessen Richtigkeit zu überzeugen, sondern unmittelbar Wirkung zu erzielen durch die Kontrastierung der eigenen Beobachtungen mit den vorgegebenen, entgegenstehenden Kräften (...)" (Mommsen 1993, 36).

[39] Vgl. Marianne Weber (1926/1989, 249).

einer soeben angenommenen Professur, mit dem damit verbundenen Statusgewinn und ökonomischen wie symbolischen Gratifikationsversprechen, erfährt, kaum daß sie erreicht wurde, eine hohe Belastungsprobe. Es obliegt nun vor allem Marianne, die mit der psychischen Krankheit verbundene - von außen schwer nachzuvollziehende - Handlungshemmung ihres Mannes im sozialen Austausch mit Berufskollegen und immer wieder gegenüber der Verwandtschaft zu rechtfertigen.

Der das Alltagsleben lähmende Zustand steht in deutlichem Kontrast zu dem religiös bestimmten Arbeits- und Pflichtethos der Mutter Helene. Die Arbeitsunlust gilt nach dem moralischen Selbstverständnis des Hauses Fallenstein als ein Symptom fehlenden Gnadenstandes und ist einzig durch erhöhte innere Anstrengung zu bewältigen. Weber, der seiner von außen als charakterliche Schwäche scharf sanktionierten psychischen Krise zunächst sogar durch intensives Arbeiten beizukommen versuchte, enttäuscht in mehrfacher Hinsicht die Erwartungen. Die gegen hohe eigene Skepsis durchgesetzte Universitätslaufbahn droht zu scheitern, die Verbindungen zur Kollegenschaft brechen ab und die Möglichkeit, der Eheschließung die Familiengründung folgen zu lassen, tritt vollends in den Hintergrund. Die notorische Distanz zum Universitätsbetrieb bis hin zu dem Entschluß, Heidelberg zu verlassen, zeigt sich somit in ihrer vielfältigen Determiniertheit. Die Haushaltsauflösung symbolisiert die Veränderung der sozialen Existenz. Vom institutionalisierten Akademismus tritt Weber in den nichtinstitutionalisierten Akademismus ein, oder - wie Eduard Baumgarten es formuliert: „Er war ungewollt zum Asketen geworden - einem Asketen, der Zeit hatte“[40]. Weber wird Intellektueller, mit einer lebenslangen, ausdrücklichen und impliziten Orientierung am Status des Universitätsgelehrten.

Die Gefährtenehe erfährt durch die Belastungskrisen der ersten Jahre eine Verschiebung ihrer Solidaritätsform. Die besondere Form der Zuwendung zwischen beiden Partnern erklärt, warum diese Krisen nicht aufzufangen sind. Die Ehe bleibt demgegenüber gleichsam kraftlos und wird eine Instanz der Bewältigung allenfalls um den Preis einer allmählichen bewußten Durchsetzung der Sinnstruktur, die zu Beginn der Beziehung schon wirksam war. Marianne wird eine Art Krankenschwester, sie teilt sich als bange Zuschauerin eines Selbstdomestikationsversuchs die Betreuung mit ihrer Schwiegermutter Helene, die brieflich oder auch anläßlich von Besuchen Beistand leistet.

---

[40]Vgl. Baumgarten (1964a, XVII). Instruktiv dazu ist auch die Studie von Hübinger (1993a) über Journalisten und Literaten als einander entgegengesetzte Entwürfe einer Beteiligung der Intelligenz am öffentlichen Diskurs, in die er auch die Webersche Selbstdefinition einreiht: „Sehr schroff vertrat Weber in seiner Person den Typus eines wissenschaftlichen Intellektualismus“ (Hübinger 1993a, 100).

Die Formel, über die die Ehe die Zeiten der Krise übersteht, ist aus Mariannes Perspektive konsistent. Ein Genie braucht Pflege. Karitas und der Verzicht auf die erotische Besetzung des Partners sind Ausdruck einer Neudefinition der Beziehung, nach außen eine Programmehe, nach innen eine fragile wechselseitige Unterstützung. In einer ihrer Schriften bezeichnet Marianne die Ehe als einen „Tempel des Gattungsdienstes", womit sie auf die strukturell angelegte Öffnung einer Gattenbeziehung zur Elternschaft anspielt. Bleibt man in dieser Metaphorik, so begegnen sich die Partner in der Gefährtenehe als einsame Bewunderer ihres eigenen Dienstes im Tempel der Kultur. Parallel dazu steigern sich Mariannes frauenpolitische Aktivitäten. Im Jahre 1907 hält sie einen Vortrag über „Sexualethische Prinzipienfragen", in der Zeit von Webers Inaktivität entsteht ihr schon erwähntes Hauptwerk.

In der Zeitspanne, die uns interessiert, entsteht eine Selbstdeutung der Partner, die hier angefügt sein soll. Zum 10. Hochzeitstag ziehen die Eheleute Weber in einem Briefwechsel eine Bilanz ihres bisherigen Lebens. Max schreibt am 19. September an Marianne:

„Nun wollen wir hoffen, daß die nächsten 10 Jahre uns ebensoviel inneren Lebensreichtum bringen, wie es in unendlicher Fülle das verflossene Jahrzehnt getan hat. Wir sind uns ja noch heut so neu wie damals, nur daß der eine den Weg zur Seele des anderen so viel sichrer gefunden hat. Ich denke heute mit Dankbarkeit zurück an jene komplizierten, gespannten und innerlich nicht ungefährlichen Zeiten von damals, und daß der Zug des Schicksals mich so geführt hat, wie es geschehen ist - alle andern Dinge, Ärgernisse und Hemmungen erscheinen daran so unsäglich klein und nebensächlich (...)."

Marianne antwortet ihm:

„Wir blicken zurück auf zehn Jahre voll Liebe, gemeinsamen Wachsens und schweren Menschenschicksals. Wohl wäre unser gemeinsames Leben nicht so tief und reich geworden, wären wir nicht in den letzten fünf Jahren so ausschließlich aufeinander angewiesen gewesen. Kam es mir doch oft vor, als hätte uns das Geschick auf eine einsame Insel verschlagen, wo alle andern Stimmen aus der Welt der Lebendigen übertäubt wurden von seiner unaufhörlichen Brandung. Denn was konnten uns Freunde und selbst unsre Liebsten sein! Wir mußten es doch allein tragen und ihm allein standhalten. Ich denke, dadurch sind wir so unauflöslich miteinander verwachsen, wie doch wohl sonst nicht, wie doch wohl nur wenige Ehepaare. Und das war einer meiner Lebenswünsche, mein größter - freilich hätte ich nie gedacht und es auch nicht für notwendig gehalten, seine Erfüllung durch Deine Krankheit erkaufen zu müssen. Aber unsre Liebe gab uns Kraft, auch dies Schicksal in unsern Willen aufzunehmen, wir sind daran nicht klein und jämmerlich geworden, und ich hoffe, wir können es weitertragen, hoffend und wartend und mit unsrer Liebe."[41]

Dieser Rückblick ist im sprachlichen Duktus heroisch und wenig enthusiastisch geschrieben, in seiner forcierten Dankbarkeit erinnert er an die Handlungsprobleme, die in den ersten Ehejahren die Qualität der Beziehung beeinträchtigt haben. Nicht ohne Bitterkeit stilisiert er diese Erfahrungen als existentiell notwendiges Material eines gemeinsamen Reifungsprozesses von Partnern, die sich im Gehäuse der Gefährtenschaft fremd geblieben sind. Maxens Krankheit erscheint als eine nachträglich dankbar aufgenommene Begründung und Festigung einer nicht selbstverständlichen Zuneigung, wie die Korrektur von „doch wohl sonst nicht" zu „doch wohl nur wenige Ehepaare" deutlich macht. Hier versichern sich zwei Partner ihrer Liebe, einer durch Krankheit intensivierten wechselseitigen Zuneigung - „freilich", so schreibt die Frau, „ich hätte nie gedacht und es auch nicht für notwendig gehalten, [die] Erfüllung [meines Lebenswunsches] durch Deine Krankheit erkaufen zu müssen."

Vor allem die Außenwelt profitiert von der moralischen Aufgeschlossenheit und der intellektuellen Aufmerksamkeit, mit der beide Partner sich die Welt aneignen und zum Gegenstand ständiger Reflexion machen. Derart strukturiert, in der Sozialposition des Intellektuellen, ökonomisch wesentlich getragen durch Vermögen aus der mütterlichen Erbschaft und später durch Mariannes Vermögen aus der Oerlinghauser Verwandtschaft, öffnet sich die Webersche Ehe im Zuge der allmählichen Bewältigung der Krise dem Heidelberger Milieu, den Geselligkeitskreisen und den darin sich zuspitzenden Debatten der damaligen Zeit und macht sie für die Aufnahme von Themen und sozialmoralischen Problematiken empfänglich, die vor allem nach der Rückkehr und Wiederansiedlung der Webers in Heidelberg beide Personen für das Kulturmilieu der Stadt so attraktiv werden läßt.

Es beginnen die Zeiten, in denen Max „für protestantische Askese" und sie, Marianne, „für Schinken in Burgunder" sorgt, wie es in einem Brief an Helene heißt. Der „Mythos von Heidelberg" wird geboren und mit ihm die Vorstellung von der Musterehe. Wichtig ist in unserem Zusammenhang, daß die Gefährtenehe durch die intellektuellen Debatten der damaligen Zeit, vor allem, was Qualität und moralischen Wert erotischer Beziehungen außerhalb der bürgerlichen Ehe angeht, berührt wird und sich derartigen Ideen gegenüber normativ verschließt, Max Weber jedoch zugleich Liebesbeziehungen zu zwei Frauen entwickelt, zur Pianistin Mina Tobler

---

[41] Vgl. Marianne Weber (1926/1989, 281).

sowie einer frühen Schülerin, Else von Richthofen[42]. Dieses letzte Verhältnis, das nachträglich die externalisierte erotische Beziehungsdimension der Ehe bestätigt, wird für die späte Annahme eines Rufes an die Universität München ausschlaggebend[43]. Hiermit verlassen wir jedoch die Betrachtung der formativen Phase der Gefährtenehe.

Person und Werk Max Webers - und Marianne Webers.

Beschränken wir uns rückblickend auf den Bereich seiner privaten Lebensführung, so durchzieht Webers Verhältnis zu geliebten Personen eine eigentümliche Indifferenz, die von diesen Personen getragen, geduldet und auch gefördert wurde und die er durch den Entwurf hoher Selbstreflexion bis an sein Lebensende kontrollierte. Diese Indifferenz motiviert auch seinen Versuch, die nach dem Freitod seiner Schwester Lili mit Marianne vereinbarte Adoption der vier verwaisten Kinder immer wieder hinauszuzögern. Im Gegensatz dazu rauschhaft übertrieben, und damit kommen wir zum Schluß auf die letzten Lebensjahre kurz zu sprechen, stellt sich die Beziehung zu Else von Richthofen dar, der Frau, die seine erste Doktorandin war, die er seit seiner Freiburger Zeit gut kannte, und die zugleich in enger Freundschaft mit Marianne stand.

Die in Webers Selbstdarstellung dämonisierte Sexualität kommt hierbei eigentümlich verspätet zum Durchbruch. Die plötzliche und verschwenderische Kühnheit klingt noch in den üppigen Widmungen seiner Hauptwerke an die in seinem Leben wichtigen Frauengestalten an. Abgesehen davon, daß man die veröffentlichte Dankesbezeugung an eine geliebte Person für unverträglich mit der Logik sozial geschützter Liebesbeziehungen halten kann, fällt doch an den Widmungen auf, daß Else sowie Mina Tobler neben der Mutter und der Ehefrau in eine Sequenz von Partnerschaften eingereiht werden, die den Alltag mit Weber geteilt haben und die durch die Dankesbezeugung - wie bei Widmungen üblich - öffentlich als diejenigen Erwähnung finden, die den Alltag mit dem Autor geteilt haben und während des Schreibens haben Kompromisse eingehen müssen.

---

42 Heinrich (1988, 24ff.) behandelt die moralische Irritation, die Webers eigenwillige Auslegung der Gefährtenehe bei seinem Bewunderer Karl Jaspers eingeleitet hat. In diesen Kontext gehört auch der Beitrag von Schwentker (1988).

43 Das Verhältnis zu den Frauen diskutiert Gilcher-Holtey (1988; 1992). Einen instruktiven Rundgang durch die Webersche Musiksoziologie unternimmt Braun (1992), der auch kurz auf das Verhältnis zu Mina Tobler eingeht.

Dieser Hintergrund trifft auf Else von Richthofen und Mina Tobler nicht zu. Die relative Blindheit gegenüber der besonderen Logik von Intimbeziehungen, die Weber in aristokratischem Stolz als eine konstante Größe seiner Lebensführung inszeniert hat, zeigt sich am Ende seines Lebens noch einmal deutlich. Seiner Geliebten ein Buch zu widmen, läßt sich ebensogut wie die Widmungen an seine Ehefrau und seine Mutter begründen. Eine Verwirrung von Wertbezügen, eine Indifferenz gegenüber der Eigengesetzlichkeit und Belastbarkeit menschlicher Intimbeziehungen tritt allerdings auf, wenn man jeder dieser Frauen zeitpunktgleich eine Widmung schreibt. Das zwar kühne, aber zugleich undifferenzierte und kränkende Bekunden der Dankbarkeit verkehrt die Widmung in ihr Gegenteil. Sie wird eine Dankbarkeitszumutung an die, für die sie gedacht ist.

Dieser Zumutung folgen in den letzten Stunden seines Lebens zwei Frauen, die Max Weber bis zu seinem Lebensende umsorgt haben. Am Sterbebett des Mannes lösen Marianne und Else sich in Sorge und Zuspruch ab, in erzwungenem Großmut gegenüber einem Mann, dem das Eindringen in die Welt der Frauen verschlossen blieb.

Wie läßt sich aus der historischen Distanz die private Lebenspraxis von Max und Marianne und deren Spiegelung in den intellektuellen und politisch-praktischen Leistungen beurteilen? Zunächst bleibt festzuhalten, daß wohl kaum eine Ehe unter einem derartig strengen Selbstreflexionszwang gestanden hat. Nur wenige dürften sich als Solidargemeinschaft die Verpflichtung auferlegt haben, im Eingreifen in die Weltordnung einen Daseinssinn zu finden.

Abgesehen von der Exposition seiner Soziologie, sind Max Webers Leistungen für die deutsche Geisteswelt, für die politische Debatte in Deutschland unbestritten und hinreichend gewürdigt worden. Auch hier beeindruckt vor dem Hintergrund der Lebensgeschichte der Umstand, daß in einem einzigartigen konzeptuellen Zugriff eine Universalgeschichte entstanden ist. In seinem Werk gibt es keinen Erfahrungsbereich des Menschen, dem Max Weber nicht verstanden hätte, eine begriffliche Form zu verleihen, und zwar in einer Weise und Differenziertheit, die bis auf den heutigen Tag professionelles Vorbild geblieben ist. Es sei daran erinnert, daß er während dieser Zeit, auf den Paradigmen von Rechtswissenschaft und Nationalökonomie aufbauend, die Grundlagen dafür entwickelt, die Soziologie als eigenständiges Fach zu begründen.

Die jahrelange Abwesenheit vom Alltagsgeschäft eines Professors setzt eine beeindruckende Reflexionsfähigkeit und Schreibtätigkeit frei, die in einem einmalig ausufernden Werk dokumentiert ist. Bemerkenswert an Webers Intellektualität ist sein Vermögen, das lebenspraktisch Erfahrene gleichsam aus dem Stand auf den

Begriff zu bringen, gedacht sei etwa an die Analyse des deutschen Verbindungswesens oder an die differenzierte Mentalitätsanalyse protestantischer Religiosität, um nur zwei prominente Beispiele anzuführen.

Aus der Perspektive seiner biografischen Situation erfährt das Ganze eine spezifische, durch die Intellektuellenposition bestimmte Tönung, deren Sinnstruktur sich als ein konstantes Muster seiner Selbstdefinition in verschiedenen Phasen seines Lebens reproduziert[44]. Der Ursprung liegt in einer perspektivisch beschränkten Wahrnehmung der naturwüchsigen Qualität des Alltagslebens. In ihr ist ein Strukturmerkmal protestantischer Lebensführung enthalten, das sich in seinen Wirkungen vor allem in alltagsnahen Handlungskontexten, eben im Mikroraum intimer Beziehungen, zeigt. Von dort nimmt die kompensierende Suche nach moralischer und intellektueller Sonderbegabung der Person ihren Ausgang. Einen unbeschwerten Alltag hat das Webersche Leben im Grunde nie gekannt, es hatte - zunächst durch den biografischen Sonderstatus (hochbegabtes Kind), weiterhin durch die generationsbedingte Praxisscheu (Webers ständiges Gefühl, im Unterschied zur Generation seines Vaters eine epigonale Existenz zu führen), und schließlich bedingt durch die besondere Unausgefülltheit seiner Ehebeziehung (vor allem im Zuge des krankheitsbedingten Kommunikationsentzugs) - spezifisch angestrengte Züge. Diese Dimension durchzieht die Biografie und sie strahlt auf die kategorialen Grundentscheidungen seiner Soziologie aus.

Die intellektuelle Reflexion unterscheidet sich von der theoretischen Reflexion - diese analytische Differenz ist einer der Erträge der Weberschen Soziologie - durch ihre Übertreibung. Es überrascht deshalb nicht, daß sich in Webers theoretischem Werk eine systematische Korrespondenz zwischen begrifflicher Perspektive und dem hektisch kampfbereiten Duktus seiner Lebensführung wiederfindet.

Der neueren Weberforschung, die sich um die theoretische Weiterentwicklung der leitenden Konzepte seiner Arbeiten bemüht, verdanken wir den Nachweis, daß die Begriffe Alltag und Charisma zu den Zentralbegriffen Webers gehören[45]. Sieht man

[44] Den angestrengten Heroismus macht Roth zunehmend in seinen familiengeschichtlichen Arbeiten zu Weber zum Thema und zeigt vor allem im Hinblick auf die Protestantismus-Arbeiten Webers perspektivische Beschränkungen auf, die sich einer heimlichen Liebe zum englischen Gesellschaftsmodell verdanken. Vgl. dazu etwa seine Studie über „Weber. The Would-Be Englishman" (Roth 1993b).

[45] Statt vieler seien hierzu die Arbeiten von Seyfarth (1979, 1989) genannt. Die Weber-Rezeption in der deutschen Soziologie verlangt eine eigene Abhandlung. Abgesehen von einer lautlosen Inkorporierung seiner Arbeiten in die professionelle Soziologieausbildung sowie der zeitlich großzügig angelegten Neuedition des Werkes lassen sich grob drei Richtungen der „Weberei" unterscheiden. Nach innen gerichtete klassifikatorische Exegese

die Exposition seiner Soziologie aus dem Blickpunkt der Lebensgeschichte, so erhellt sich eine Problematik, die auf die Diskussion um den methodologischen Status der Idealtypenbildung ausstrahlt. Alltag und Charisma sind Kristallisationsformen von Sozialität, die dynamisch komplementär aufeinander bezogen sind. In dem Maße jedoch, in dem Weber den Alltag theoretisch unterbestimmt läßt, akzentuiert er die Bedeutsamkeit des Charismatischen. Für Weber ist Alltag Routine; sie wird im politischen Bereich mit der charismatischen Sonderbegabung eines Führers, und im personalen Bereich der Intimbeziehung mit der rauschhaften erotischen Sensation außerehelicher Sexualität kontrastiert[46].

Daß demgegenüber das Außeralltägliche zum Alltäglichen gehört, daß gerade ihre Gleichursprünglichkeit zum Besonderen des menschlichen Handelns gehört, diese - mit einem Seitenblick auf die in Deutschland stets verkannte jüdische Tradition - talmudische Weisheit hat Weber in seinem privaten Leben selten erfahren können, gleichermaßen ist ihm diese Einsicht theoretisch verschlossen gewesen[47]. Vielmehr

---

(z.B. Schluchter 1980, 1988), biografische Kontextuierung (z. B. Roth 1993 a-c, 1995), sowie systematische und forschungskontrollierte Anwendung und Weiterführung (z.B. Lepsius 1993b; Seyfarth 1989). Im professionellen Diskurs werden diese drei Richtungen durch hoch sublime Arbeiten provoziert, die sich der zugespitzten Frage widmen, was denn eigentlich das Webersche Werk im Innersten zusammenhalte (Tenbruck 1975 a, b; Hennis 1987, 1996).

[46] Eine werkimmanente Parallele zur Struktur der Übertreibung findet sich in Kulkes Arbeit über Webers Darstellung der „Sexualorgiastik" in der hinduistischen Sektenreligiosität (Kulke 1984, 302ff.).

[47] Es ist hier nicht der Ort, die berühmte Auseinandersetzung Webers mit der Psychoanalyse Sigmund Freuds zu rekonstruieren. Bekanntlich richtet sich seine Polemik gegen die lebensphilosophische Verdünnung, in der die Theorien Freuds in das Heidelberger Milieu vermittelt wurden. Gleichwohl durchzieht die Sinnstruktur seiner Gegenargumente ein Mißverständnis, das affektiv wie kognitiv durch die systematische Wahrnehmungshemmung gegenüber der Struktur von Sozialität begründet ist. Seyfarth (1979, 158) zitiert eine Erinnerung Max Schelers, die für den hier gemeinten Zusammenhang eine Schlüsselstelle darstellt: „Gerade wir anderen, die er (Weber - TA) abwechselnd mit den Titeln ‘Phänomenologen, Intuitivisten, Tintenfischromantiker, Metaphysiker, Mystiker usw.’ ziemlich wahllos bedachte, seien die wahren Rationalisten, da wir ja das irrationale Erlebnis, das nun einmal ‘Schicksal’, ‘Dämon’, kurz wahrhaftig unintelligibel und irrational sei, fälschlich ‘rationalisieren’ wollten, sein ‘Geheimnis’ nach außen wendeten - damit aber auf einem Boden Allgemeingültigkeit und objektive Bindung des Menschen suchten, wo ausschließlich der individuell *freie Entschluß*, das Fiat des Willens, die Option, ‘für’ oder ‘wider’ zu entscheiden habe - kurz: das ‘sic volo, sic jubeo’" (Scheler 1960, 432). Fernwirkungen des Mißverständnisses zeigen sich in der Nichtrezeption der psychoanalytischen Strukturtheorie im professionellen Diskurs der Soziologie, bis hin zursachlich unhaltbaren These von einer handlungslogischen Identität von Beichte und Psychoanalyse (Hahn 1982).

bedurfte der soziologische Diskurs der Innovation eines Georg Simmel, dessen Werk dadurch besticht, daß es die in der perspektivischen Überschätzung des Personalen zu überwinden verspricht. Weber hat das Fach begründet, er hat den grundbegrifflichen Rahmen der Soziologie festgelegt. Aber, so darf im Hinblick auf eine familiensoziologisch angeleitete Lektüre seines Werkes formuliert werden, mit einer Ausnahme, und damit meine ich die soziale Logik von Intimbeziehungen. Liebe, Ehe, Familie und Sozialisation bleiben systematisch unterbelichtete bzw. kategorial falsch erfaßte menschliche Erfahrungsbereiche. Dies festzustellen, tut dem Werk natürlich keinen Abbruch. Im Gegenteil zeigt sich an der bis in die Gegenwart andauernden strukturtheoretischen Schwäche, wie wichtig die Theoriefortschreibung gerade an dieser Stelle ist.

Von der werkspezifischen Beschränkung aus erschließt sich Webers intellektuelle Position im Kräftefeld bürgerlicher Selbstwahrnehmung, worauf an dieser Stelle nur kurz verwiesen werden soll. Während in der jüdischen Vorgeschichte soziologischer Theoriebildung, vor allem bei den Autoren des französischen Strukturalismus, die Sozialität im Zentrum der Aufmerksamkeit steht und in ihrer Ambivalenz als dem für Alltagshandeln konstitutiven dynamischen Potential anerkannt wird[48], begegnet im Unterschied dazu im protestantischen Habitus der Alltag als eine ständige Herausforderung zur Herstellung von Eindeutigkeit. Die dem Handeln inhärente Naturwüchsigkeit wird als ein lästiges Merkmal der Lebenspraxis gedeutet, das die Versuche moralischer Sublimierung notwendig zum Scheitern bringt und das Prozesse der Zurechnung ihrer Folgen auf die Person auslösen. Im Scheitern der Versuche zeigt sich das „Dämonische“ des Alltags, das in dieser spezifischen Sinnkomponente im deutschen bürgerlichen Habitus mehr umfaßt als eine Metapher für das Unbewußte oder gar die menschliche Sexualität. Betrachtet man den Weberschen Lebensduktus, die hohe Reflexivität bei gleichzeitiger heroischer Selbststilisierung mit Hennis als eine Version von radikal skeptischer und pessimistischer Bürgerlichkeit - „Mit zusammengebissenen Zähnen hindurch - das ja! Aber ohne Hoffnung, schlicht der ‘Forderung des Tages’ folgend“ - so bliebe sie unvollständig bestimmt, würde man nicht die Dimension hoher Ambivalenzkontrolle als ihre Kehrseite berücksichtigen.

Vor diesem Hintergrund erweist sich Webers Eintritt in die Geschichte, die Dauerreflexion über den Zustand der Nation und ihrer Eliten, als Austritt aus dem Bürgertum. Die intellektuelle Distanz und die gigantische Übersetzung der Struktur von Sozialität in Universalgeschichte, in die historische Komparatistik, erweist sich somit auch als die hochsublimierte Reaktion auf die epigonale Bürgerlichkeit, in der

---

[48] Vgl. hierzu die Studie von König (1987) über „Die Juden und die Soziologie“.

Weber sich gesehen hat und in die er kraft Sozialposition des Intellektuellen objektiv eingerückt war[49].

Wie läßt sich das Werk Marianne Webers beurteilen? Es ist nicht übertrieben zu behaupten, daß ihre Arbeiten im professionellen Diskurs unrezipiert geblieben sind. Mariannes Leistungen für die Durchsetzung weiblicher Emanzipation sind vielfach gewürdigt worden. Zu ihrem beeindruckenden Lebensschicksal als Frau gehört, daß sie im letzten Lebensjahr Webers einer fernen Idee von Mütterlichkeit begegnet, als nach dem Selbstmord von Maxens jüngster Schwester Lili vier Kinder zu betreuen sind, die sie tatsächlich sieben Jahre nach Webers Tod adoptieren wird. Dazu gehört fernerhin, daß sie im Schatten der Gefährtenehe, im Vollzug einer ohnehin durch tagespolitische Engagements für die Frauenbewegung belasteten Beziehung zu ihrem Mann, eine sublime Theorie der Intimität entwirft.

Das Entscheidende an diesem Entwurf, der im romantischen Pathos der Zeit befangen und von der kulturmissionarischen Elitenmoral der gebildeten Schichten durchdrungen ist, liegt in der ganzheitlichen Betrachtung von Liebe und Sexualität. Es entsteht der Eindruck, als würde sie ihrem Max gleichsam entgegenschreiben, als versuche sie über seinen Weg der beständigen Reflexion und Selbstreflexion, eine beiden Eheleuten allem Anschein nach selten zugängliche Erfahrung im intellektuellen Entwurf entstehen zu lassen[50].

Im ausgehenden 19. Jahrhundert sind Offizierskonventionen und die starren Comments des Couleurmenschen die Merkmale des bürgerlichen Habitus geworden. Die Geschichte der Gefährtenehe entfaltet sich teils in Abgrenzung von diesem Formalismus, teils in Konformität zur hohen Verinnerlichung bürgerlicher Sozialmoral. Diese zeichnet eine spezifische Halbherzigkeit aus, mit der die nachgeborene Generation des Bürgertums das Vermächtnis ihrer Eltern aufgreift, Deutschlands Schritt in die Moderne zu vollziehen. Eine Befangenheit gegenüber den Formwerten der Aristokratie ziehen die Gestelztheit, das falsche Pathos sowie das krampfhafte Sichwichtignehmen der gebildeten Schichten nach sich. Davon ist selbst die von beiden Webers gewünschte und für ihre Selbstdefinition verpflichtende Geistesaristokratie nicht frei. Sie lebt von der Existentialisierung der eigenen Bedeutsamkeit,

---

[49] Roth (1993a, 39) führt hierzu u.a. aus: „Politisch marginalisiert schrieb Weber im anglophilen Heidelberg nicht nur die „Protestantische Ethik und der 'Geist' des Kapitalismus", welche den autoritären Realitäten des kaiserlichen Deutschland den Spiegel seiner idealisierten angelsächsischen Geschichte vorhielt, sondern dort verfaßte er auch seine kosmopolitische Soziologie (...) im Familienhaus am Neckar, das 1847 mit Welthandelsprofiten gebaut worden war: er baute sich sozusagen sein eigenes weltumspannendes Gedankenreich".

[50] Marianne Weber (1929; 1935).

von einer scharfen Akzentuierung einer nationenübergreifenden sowie klassenübergreifenden Kulturmission.

Bis auf wenige Ausnahmen, zu denen das kulturprotestantische Bildungsbürgertum um Max und Marianne Weber zählte, haben die akademische Intelligenz sowie die nicht institutionalisierte Intelligenz als Träger dieser bürgerlichen Selbstauffassung dem nationalen Extremismus der Zeit nach Versailles wirksame Kontrastdeutungen nicht entgegenzusetzen gehabt. Im Gegenteil, die latente Bereitschaft, einem Charismaträger die Gestaltung der politischen Ordnung anzuvertrauen, ließ bekanntlich auch das Milieu der Gebildeten in die historische Katastrophe gleiten. Diese Bereitschaft geht auf eine Reihe von Gründen zurück, ist jedoch nicht unwesentlich über familienstrukturell erzeugte Dispositionen und Einstellungen vorbereitet worden. Die affektive Segregation der Geschlechterbeziehung und deren zugleich normative elitistische Überhöhung zählen in diesem Zusammenhang zu den Weichenstellern einer realitätsfernen Selbsteinschätzung. Vielleicht beginnt jedoch eine nachmissionarische Zeit deutscher Bürgerlichkeit damit, daß ein anderes Stilelement des Aristokratischen ins kollektive Bewußtsein rückt, nämlich das Spiel und die zwecklose Geselligkeit, die den Anstrengungen der Lebensführung entgegengestellt werden. Dieses Stilelement, um es wiederum aus Webers Perspektive zu betrachten, hat den großen Vorteil, demokratisierbar zu sein. Es ist leichter zu verbreiten und als Bestandteil alltäglicher Kommunikation wahrnehmbar. Seine Ausdrucksgestalt sind Humor und Ironie und diese zu entwickeln, bedarf es weder eines Spezialistentums noch der Gebildetheit. Der Humor zählt nicht zum Elitenprivileg, sondern meint eine genuine Qualität sozialen Austauschs. Um es in der religiösen Terminologie der beiden Webers und ihrer Zeitgenossen zu formulieren, enthält der Humor den veralltäglichten göttlichen Trost über die eigene Unzulänglichkeit, der der Lebenskunst zugehörig ist.

Daten zur Familiengeschichte

Karl August Weber (1796-1872) – Marie Lucie Wilmans (1804-1882)
Kinder:

Carl David (1824-1907)	Leopold (1833-1876)
Alwine (1826-1864)	Ottilie (1836-1912)
Otto (1829-1889)	**Max** (1836-1897)

Georg Friedrich Fallenstein (1790-1853) – (1.Ehe) Elisabeth Benecke (1792-1831)	
Kinder:	
Adalbert (1811 - ?)	Laura (1820-1899)
Roderich (1815 - ?)	Friedrich (1822-1894)
Otto F. (1818-1865)	Elisabeth (1827-1901)
Georg Friedrich Fallenstein – (2.Ehe) Emilie Souchay (1805-1881)	
Kinder:	
Ida (1837-1899)	**Helene** (1844-1919)
Henriette (1840-1895)	Emilie (1846-1922)
Carl (1842-1843)	Eduard (1848-1871)
Carl David Weber – Marianne Niemann (1831-1871)	
Kinder:	
Anna (1851-1873)	Anna Weber (1851-1873) – Eduard Schnitger (1844-1903)
Hertha (1853-1904)	Kinder: **Marianne** (1870-1954)
Alwine (1855-1936)	
Carl (1858-1923)	
Eleonore (1861-1948)	
Max Weber (1836-1897) – **Helene Fallenstein-Souchay** (1844-1919)	
Kinder:	
Max (1864-1920)	Helene (1873-1877)
Anna (1866-1866)	Clara (1875-1953)
Alfred (1868-1958)	Arthur (1877-1952)
Karl (1870-1915)	Lili (1880-1920)

Lebensstationen

Marianne Schnitger (1870-1954)

1873	Tod der Mutter und Umzug mit dem Vater Eduard nach Lemgo
1876-1886	Höhere Töchterschule in Lemgo
1887-1889	Pensionat in Hannover
1889	Haustochter bei den Verwandten in Oerlinghausen
1892	Übersiedlung nach Berlin zu Helene und Max Weber sen., den Verwandten mütterlicherseits
1893	Hochzeit mit Max Weber jun.

Max Weber (1864-1920)

1866	Erkrankung an Meningitis
1869	Umzug der Familie von Erfurt nach Berlin, wo der Vater Max Weber sen. Stadtrat wird

1872	Umzug der Familie nach Berlin-Charlottenburg in die eigene Villa
1882	Beginn des Jura-Studiums in Heidelberg
1884	Studium in Göttingen
1885	Referendarexamen, Rückkehr ins Elternhaus (bis 1893)
1891	Habilitation
1894	Berufung nach Freiburg, Übersiedlung des Ehepaares nach Freiburg
1897	Übersiedlung nach Heidelberg
1898	Beginn von Max Webers Leiden, längere Reisen
1902	Rückkehr nach Heidelberg
1903	Ausscheiden aus dem Amt als Hochschullehrer
1907	Mariannes Hauptwerk „Ehefrau und Mutter in der Rechtsentwicklung" erscheint
1910	Umzug in das Geburtshaus von Maxens Mutter Helene in Heidelberg
1919	Marianne wird 1. Vorsitzende des Bundes deutscher Frauenvereine. Max nimmt einen Ruf nach München an
1920	Max stirbt in München

3.2 Vererbung sozialer Marginalität im deutsch-jüdischen Milieu: Die Familie Albert Einsteins[51]

Bisherige Einsteinbiografien[52] arbeiten mit einer für die Biografieforschung nicht untypischen teleologischen Prämisse, derzufolge sich die Lebensgeschichte als eine Folge von Erfahrungen und Entscheidungen eines mit außergewöhnlichen Qualifikationen ausgestatteten Genies darstellen läßt. Entsprechend liegt der Schwerpunkt auf dem Nachweis einer intellektuellen Sonderbegabung und besonderen Eigentümlichkeiten des Charakters. Dieser Perspektive folgen viele Biografien berühmter Personen, sie mag für manche Zwecke sogar berechtigt und nützlich sein, unbefriedigend bleibt, daß unterscheidbare Ebenen der Aufschichtung einer Biografie oft

---

[51] Die folgende Fallstudie stellt die erweiterte und vollständig überarbeitete Fassung des Beitrags „Familie und Milieu. Die Wechselwirkung von Binnenstruktur und Außenbeziehung am Beispiel der Familie Albert Einsteins" dar, die in Jung/Müller-Doohm (1993, 329-357) erschienen ist.

[52] Von den zahllosen Einstein-Biografien seien hier angeführt Wickert (1972), Herneck (1974), Frank (1979), Clark (1983), Pais (1986) sowie die ausführliche von Fölsing (1993). Letztere bezieht aus der parallelen Darstellung von Werkentwicklung und Lebensgeschichte ihren Reiz, vermag allerdings die damit verbundene Gefahr nicht zu kontrollieren, daß zwei getrennte Theoriesprachen unübersetzt bleiben: die der Naturwissenschaft und die der Geschichtswissenschaft. Was die milieuspezifische und familienspezifische Kontextuierung von Einsteins Leben angeht, bleibt die Studie hingegen zurückhaltend, sie beschränkt sich über weite Strecken auf die schlichte Erzählung eines ereignisreichen Lebens.

nicht hinreichend klar voneinander getrennt werden. Die Generationszugehörigkeit und die Zeitkultur ebenso wie die Geschichte der Familienbeziehungen bezeichnen unterschiedliche Entstehungsbedingungen des Bildungsprozesses. Sie relativieren die verführerische einseitige Kausalzurechnung auf die Disposition der Person.

Allgemein interessieren intellektuelle Innovationen wie im vorliegenden Fall die Entdeckung der Relativitätstheorie im Hinblick auf die Frage, unter welchen sozialen Voraussetzungen man ihr Zustandekommen erklären kann. Hierbei sind die zum Zeitpunkt der Entdeckung vorherrschenden Paradigmen, von denen die Innovationen ihren Ausgang nehmen, ebenso bedeutsam wie die Position des Entdeckers im intellektuellen Kräftefeld seiner Zeit, nicht zuletzt die primärsozialisatorischen und sekundärsozialisatorischen Grundlagen der Biografie[53]. Die soziologische Rekonstruktion löst durch methodisch kontrollierte Kontextuierung die Selbst - und Fremdcharismatisierungen auf, so daß sich Genie und Erfindungsreichtum nicht als außeralltägliche Gnadengabe, vielmehr als eine Synthese und Kombination von als solchen trivialen Fähigkeiten und Geistesgaben darstellen[54]. So zu verfahren, bietet sich gerade im Fall Einstein, der sich in seiner Selbstdarstellung häufig dieses Arguments bedient hat, besonders an, soll jedoch nicht im Zentrum unserer Analyse stehen.

Dagegen soll an einem Abschnitt aus Einsteins Familienbiografie gezeigt werden, wie sich private Lebensführung und Milieu wechselseitig beeinflussen. Hierbei geht es nicht um den Nachweis einer zwangsläufigen Entwicklung, vielmehr um sinnlogische Konsistenz von Motiven und Entscheidungen. Über verschiedene Lebenskonstellationen hinweg reproduzieren sich konstante Merkmale, die nicht so sehr der Persönlichkeitsstruktur Einsteins als vielmehr den Milieubesonderheiten seiner sozialen Herkunft zuzuschreiben sind.

Es geht um die Konstanz und die Anpassungsfähigkeit des jüdischen Milieus, in dessen Selbstverständnis die intellektuelle Durchdringung der Welt oberstes Gebot

---

53 Einen bemerkenswerten Versuch in dieser Richtung unternimmt Renn (1992), der besonders die Wissensstrukturen herausarbeitet, die Einstein als theoretischen Kontext vorfand.

54 Einstein hat diesen Zusammenhang einmal folgendermaßen formuliert: „Der normale Erwachsene denkt nicht über Raum-Zeitprobleme nach. Alles, was darüber nachzudenken ist, hat er seiner Meinung nach bereits in der frühen Kindheit getan. Ich dagegen habe mich derart langsam entwickelt, daß ich erst anfing, mich über Raum und Zeit zu wundern, als ich bereits erwachsen war. Naturgemäß bin ich dann tiefer in die Probleme eingedrungen, als ein gewöhnliches Kind" (Einstein 1953,34). Diese Selbstbeschreibung ist im Horizont einer familiensoziologischen Rekonstruktion durchaus stimmig. In dem Verweis auf die Langsamkeit der Entwicklung ist indirekt von einer Familienerfahrung die Rede, in der Prozesse der kognitiven und affektiven Regression möglich werden.

geworden ist, und das sich durch eine einzigartige Solidargemeinschaft mit besonderen Verpflichtungen für das einzelne Mitglied auszeichnet. Als Träger des Intellektualitätsanspruchs tritt hierbei der Vater als Familienoberhaupt ins Zentrum, dessen Bedeutung auf die traditionelle Rolle als Vermittler des religiösen Kultes zurückgeht.

Im Verhältnis der Generationen treten Spannungen dann auf, wenn die Nachkommenschaft sich gerade, indem sie ihre Traditionsverpflichtung wahrnimmt, bei der Auseinandersetzung mit der Elterngeneration abstrakten Themen der Welterkenntnis widmet. Derartige Vorgänge, die zum Prozeß der Gewinnung von personaler Autonomie zählen, sind im jüdischen Milieu mit der besonderen Problematik verknüpft, sich intellektuell und moralisch aus dem Sinnhorizont der jüdischen Tradition zu begeben. Dies gilt auch und gerade in Familien, die auf die Einhaltung der orthodoxen Riten verzichten.

Mag nun der Eintritt in den wissenschaftlichen Universalismus tolerierbar sein oder sogar als eine mögliche Version, die Traditionsverpflichtung aufzugreifen, begrüßt werden, so sind die Stationen der Biografie, die Qualität der Lebensführung für das Ausmaß der Loyalität zum Milieu von großer Bedeutung. An Einsteins Lebensgeschichte interessiert im folgenden nicht die wissenschaftssoziologische Fragestellung, vielmehr die Voraussetzungen und Folgen einer intellektuellen Hochbegabung in der Lebensführung.

Darüber hinaus macht Einsteins Familienentwicklung auf ein in den deutsch-jüdischen Beziehungen typisches Muster hoch selektiver Sozialintegration in das umgebende kulturelle Milieu aufmerksam. Hierzu gehört die in der Beschäftigung mit den Wissenschaften zum Ausdruck kommende intellektuelle Sublimierung jüdischer Erkenntnissuche ebenso wie die Indifferenz gegenüber den moralischen Normalitätsstandards der herrschenden Kultur.

Ist für die jüdische Existenz die Marginalität auf der einen Seite strukturtypisch, so ermöglicht sie auf der anderen Seite unter den für Deutschland besonderen Bedingungen eines erhöhten Assimilationswillens, daß besondere intellektuelle Energien freigesetzt werden. Die soziale Lage sowie das im Judentum verbreitete Deutungsmuster begünstigt eine abstrakte, die Nationalität übergreifende Wertloyalität, die nicht selten in der wissenschaftlichen und künstlerischen Berufslaufbahn Ausdruck findet[55]. Der nämliche Vorgang geht dabei mit der Reproduktion eines

---

[55] Für diese Konstellation gibt es viele Beispiele. Eindrucksvoll ist die Arbeit von Bendix (1985) über die Geschichte seiner Familie, die als eine generationenübergreifende Auseinandersetzung mit dem Strukturproblem sozialer Marginalität erscheint. Den einzigartigen Zusammenhang von jüdischem Deutungsmuster, Familiensituation und Struktur des Werkes bei Arnold Schönberg arbeitet die Studie von Zehentreiter (1997) heraus. Zur jüdischen Milieusituation vgl. Richartz (1976).

Musters nur partieller Sozialintegration einher, dessen Folgen durch einen Rekurs auf die Solidaritätsstützen des „extended family system“ aufgefangen werden.

Um den Schwerpunkt der biografischen Rekonstruktion einzugrenzen, sei ein Ausschnitt aus einer Rede vorangestellt, die Einstein zum sechzigsten Geburtstag von Max Planck im Jahre 1918 gehalten hat.

„Was hat sie - (berühmte Wissenschaftler - T.A.) in den Tempel der Wissenschaft getrieben? Die Antwort ist nicht leicht zu geben. Zunächst glaube ich mit Schopenhauer, daß eines der stärksten Motive, die zur Kunst und Wissenschaft hinführen, eine Flucht aus dem Alltagsleben mit seiner schmerzlichen Rauheit und trostlosen Öde, fort aus den Fesseln der ewig wechselnden eigenen Wünsche. Es treibt den feiner Besaiteten aus dem persönlichen Dasein heraus in die Welt des objektiven Schauens und Verstehens (...).

Zu diesem negativen Motiv aber gesellt sich ein positives. Der Mensch sucht in ihm irgendwie adäquater Weise ein vereinfachtes und übersichtliches Bild der Welt zu gestalten und so die Welt des Erlebens zu überwinden, indem er sie bis zu einem gewissen Grad durch dies Bild zu ersetzen strebt. In dieses Bild und seine Gestaltung verlegt er den Schwerpunkt seines Gefühlslebens, um so Ruhe und Festigkeit zu suchen, die er im allzu engen Kreis des wirbelnden und persönlichen Erlebens nicht finden kann.“[56]

Diese Würdigung eines Wissenschaftlerlebens enthält in vielerlei Hinsicht Urteile, die nicht allein über die Selbstwahrnehmung Albert Einsteins gleichermaßen Auskunft geben, sondern die auch Hinweise auf die eigene Lebensführung enthalten. Die angesprochene Bereitschaft zur sozialen Selbstisolierung sowie die damit verbundenen Folgen im interpersonalen Austausch bestimmen auch sein Leben, auf das ich in zunächst diachroner Perspektive eingehen möchte.

Herkunftsfamilie und schwäbisches Milieu

Albert Einstein wurde am 14. März 1879 in Ulm als erstes Kind der Eheleute Hermann und Pauline Einstein geboren. Sein Vater war damals 32 Jahre alt, seine Mutter 21 Jahre.

Einsteins Vater Hermann (geb. 1847) war 1877 im Alter von 30 Jahren, zusammen mit seinen zum Teil verheirateten Geschwistern und der nach dem frühen Tod des Vaters verwitweten Mutter, von Buchau, einer Gemeinde mit einem traditionell

[56] Einstein (1953, 117).

hohen jüdischen Bevölkerungsanteil, nach Ulm gezogen[57]. Hermann Einstein stammt aus einer nicht sehr wohlhabenden Handwerkerfamilie, er hatte fünf Brüder und zwei Schwestern. Sein Wunsch, die während der Realschulzeit in Stuttgart erwachten mathematischen Neigungen in einem Mathematikstudium aufzugreifen, blieb ihm aufgrund der finanziellen Situation seiner Familie verwehrt. Lediglich der jüngste Sohn der Familie, Jakob (geb. 1850), mit dem Hermann später in München gemeinsame Geschäfte unternehmen wird, besuchte die Polytechnische Schule in Stuttgart, um Ingenieurwissenschaften zu studieren.

Wie seine älteren Brüder wählte Hermann Einstein unter dem Druck der ökonomischen Verhältnisse den Kaufmannsberuf. Nach einer Lehre in Stuttgart wurde er Teilhaber im Geschäft seines Vetters in Ulm. Die Beendigung der kaufmännischen Lehre, die Heirat mit der elf Jahre jüngeren Pauline Koch im Jahr 1876, der Umzug nach Ulm im Jahr 1877 und der damit verbundene Eintritt in den vom Vetter gegründeten Betrieb bestimmen die familienhistorischen Rahmenbedingungen der Geburt Albert Einsteins. Das Bemühen um eine berufliche Anstellung, die Partnerwahl und die Familiengründung bilden eine Einheit, wobei als einziges besonderes Merkmal der hohe Altersunterschied sowie, wie wir noch sehen werden, eine Milieudifferenz zwischen den Ehepartner auffällt.

Hermann Einstein mußte in der neuen Umgebung zwar keinen sozialen Abstieg fürchten, war allerdings ökonomisch nicht so erfolgreich, als daß es ihm gelungen wäre, im lokalen Milieu eine feste Bleibe zu finden. Die Familie lebte in einer ökonomisch instabilen Situation, die den Entschluß nahelegte, den Ort zu verlassen. Nach wiederholten Versuchen, sich als Unternehmer selbständig zu machen, zog die Familie 1880 nach drei Jahren Aufenthalt von Ulm nach München, wo Hermann Einstein zusammen mit seinem Bruder Jakob, dem Ingenieur, eine Fabrik für elektrische Geräte gründen wollte. Dieser Entschluß folgt einer Mischung aus relativer Erfolglosigkeit und Erwartungen an eine bessere Lebenssituation. Die Mittel für diese Fabrikanlage wurden vor allem von Hermanns Schwiegervater Julius Koch aufgebracht. Paulines Vater, Albert Einsteins Großvater mütterlicherseits, hatte durch einen Getreidehandel in Cannstatt ein ansehnliches Vermögen erworben. Sein beruflicher Erfolg hatte ihm die Stellung eines Hoflieferanten eingetragen. Ein

---

[57] Wir beschränken uns im folgenden auf die Auslegung der für Einsteins „Zeugungsfamilie“ bedeutsamen Daten. Im einzelnen läßt sich das weit verzweigte Verwandtschaftsnetz der Einsteins im baden-württembergischen Raum über mehrere Generationen zurück verfolgen. Eine umfassende Genealogie für die derzeit an der Boston University vorbereitete Neuedition des Werkes von Albert Einstein „The Collected Papers of Albert Einstein“ hat Christa Allert erstellt, der ich für zahlreiche Hinweise danke.

finanziell gleichermaßen potenter Schwager und Vetter, Rudolf Einstein in Hechingen, Schwaben, unterstützte ebenfalls das Unternehmen. Er sollte auch bei den späteren Unternehmungen Hermanns in Italien stets sein Hauptgläubiger sein. Den Ortswechsel nach München initiierte der jüngere, innovationsfreudige Bruder Jakob, dem der ältere Bruder Hermann folgte.

Die Wanderschaft ist in der jüdischen Normalbiografie nicht ungewöhnlich. Sie bringt die hohe Bereitschaft zum Ausdruck, unter gesetzlich diktierten oder historisch tradierten eingeschränkten Marktchancen die günstigsten Bedingungen für das Fortkommen der Familie zu schaffen, und zwar unabgängig von Rücksichten auf die jeweilige lokale Umgebung. Die Wanderschaft fällt in Albert erstes Lebensjahr, mit den für seine Herkunftsfamilie charakteristischen Merkmalen eines ökonomisch bedingten Mobilitätszwangs. Die Folgen diesen Schrittes werden dadurch aufgefangen, daß man auf die Unterstützung durch die weitere Verwandtschaft zurückgreift. Bemerkenswert an der Ehe der Eltern ist eine Statusasymmetrie zwischen der väterlichen und mütterlichen Linie. Abgesehen davon, daß die Eheleute mit einem hohen Altersunterschied konfrontiert sind, verklammern sich in ihrer Partnerschaft zwei Versionen des jüdischen Wirtschaftsbürgertums, die sich beide im Hinblick auf den Assimilationswunsch nicht unterscheiden: das Kleinhandwerkermilieu, das ökonomisch ums Überleben kämpft, trifft auf das ökonomisch erfolgreiche, großstädtisch orientierte Unternehmertum[58].

Was die Teilhabe an der jüdischen Gemeinschaft angeht, so folgt die Familie Hermann Einstein dem Muster, das zur damaligen Zeit für assimilationsbereite Juden typisch war. Zwar verstehen sie sich als Angehörige des Judentums, kulturell rechnet sich jedoch die Familie der deutschen Geistestradition zu, symbolisiert in der hohen Wertschätzung Friedrich Schillers, dessen Werke zur Hauslektüre gehören[59]. Das Integrationsmedium in den Binnenbeziehungen der Familie wie in den Außenkontakten wird die intensive Beschäftigung mit Kunst und Musik.

Die Distanz zum jüdischen Glauben, die Assimilationsbereitschaft und die hohe Identifikation mit der deutschen Kulturnation bestimmen die sozialkulturelle Lage der Familie. Die Aufmerksamkeit auf die angemessene Aus- und Lebensbildung liegt in der jüdischen Familie bei der Mutter. Auch bei Einsteins ist die Mutter von der Erwerbsarbeit freigesetzt und umso mehr bemüht, die Voraussetzungen für einen erfolgreichen Eintritt in die bildungsbürgerliche Welt zu schaffen. Pauline Einstein stammt aus einer wohlhabenden Familie, als deren jüngstes Kind sie alle Annehmlichkeiten einer gut gesicherten Lebensstellung genossen hatte - ebenso wie ihre

---

[58] Vgl. die Arbeit zur Sozialgeschichte des deutschen Judentums von Toury (1987).

[59] Siehe hierzu auch die Arbeit von Volkov (1983, 331 ff.).

Schwester Fanny, der späteren Schwiegermutter Alberts. Für Töchter aus gutem Hause wie es das Haus Koch war, gehörte eine gute musikalische Bildung zum unabdingbaren Eintrittsbillett in die bürgerliche Existenz. Dieses kulturelle Kapital brachte Pauline Einstein in die Ehe mit Hermann mit und übertrug die Orientierung mit besonderer Sorgfalt auf die Erziehung der eigenen Kinder[60]. In der privaten Lebensführung distanzierte sich die Familie von der Orthodoxie der jüdischen Riten, um sich von der Befangenheit der Herkunftskultur zu lösen und um den angestrebten Aufstieg in das bürgerliche Milieu zu erleichtern.

Deshalb fiel die Entscheidung leicht, den jungen Albert in München statt auf die von der Wohnung entferntere und auch kostspieligere jüdische Schule auf eine katholische Volksschule, später auf ein Gymnasium zu schicken, in dem er unter katholischen Schülern das einzige jüdische Kind war.

In München gründeten die Brüder Hermann und Jakob eine Handelsfirma für den Vertrieb elektrotechnischer Geräte, um wenige Jahre später eine Fabrik zur eigenen Herstellung derartiger Güter aufzubauen. Das Unternehmen mit zeitweilig zweihundert Beschäftigten etabliert sich zunächst relativ erfolgreich, gerät jedoch zunehmend unter Konkurrenzdruck. Wiederum ergreift der jüngere der beiden Brüder Einstein die Initiative zu einem neuerlichen Ortswechsel. Ohne durch nationale Loyalitätsgefühle gehemmt zu sein, beginnt die Familie, nachdem die in München erwarteten Erfolge zunehmend ausgeblieben waren, verschiedene Wanderschaften in Norditalien. In dem Erfolg versprechenden Mailand, später in Pavia, baut sie eine neue Existenz auf.

Albert bleibt in München zurück, um das Gymnasium abzuschließen. Den verwandtschaftlichen Bezugskreis wissen die Eltern einzusetzen, als es darum geht, Albert bis zum Abschluß des Gymnasiumbesuchs zurückzulassen. In seiner Jugend wird Einstein somit eine Selbständigkeit angesonnen, die seine Eltern für verkraftbar halten, weil die Familie hier auf die Unterstützung durch die Verwandtschaft zurückgreift.

---

[60] Die jüdische Familienbeziehung folgt dem Muster der Segregation bei gleichzeitig hoher affektiver Solidarität in der Gattendyade. Dies erlaubt den Eltern, die sich in der innerfamilialen Aufgabenverteilung ergänzen, ein Höchstmaß an Freiraum für funktionale Regression. Sie ist nicht nur im künstlerischen und wissenschaftlichen Handeln von großer Bedeutung, sondern sie erlaubt es, die im normalen Entwicklungsprozeß erfolgenden Spontanäußerungen des Kindes sinnhaft zu verstehen. Die hohe Bedeutung, die Kindern im jüdischen Familienverband zukommt, die sich in einer hingebungsvollen elterlichen Fürsorge äußert, hängt mit der umfassenden Solidarstruktur der jüdischen Gemeinschaft zusammen (vgl. dazu Linzer 1984).

Das Gymnasium verkörpert bekanntlich den institutionellen Kern der Sozialisation in den deutschen bürgerlichen Habitus. Einstein reagiert hierbei besonders empfindlich auf die im Unterricht üblichen moralischen Zumutungen im pädagogischen Umgang, das Einüben von Disziplin und Gehorsam. Die schulische Atmosphäre nimmt er als Kasernendrill wahr, sie vermittelt ihm den Inbegriff von gesetzten Regeln, die ihm nur um ihrer selbst willen oder zum Zwecke der Domestikation von intellektueller Neugier und Phantasie aufgestellt zu sein scheinen. Unter derartigen Bedingungen kommt es zwangsläufig zu Auseinandersetzungen mit Lehrern. In deren Folge verläßt Einstein nach einem halben Jahr das Gymnasium, sich naiv und selbstbewußt zugleich darauf verlassend, daß ihm seine außergewöhnlichen Leistungen in Mathematik schon den Weg zur Universität würden ebnen können.

Seiner Idee von Unabhängigkeit entspricht es, seinen Vater zu bitten, ihn bei seinem Bestreben, die württembergische Staatsangehörigkeit durch einen förmlichen Austritt aufzulösen, zu unterstützen. Dahinter steht das deutliche Motiv, den Wehrdienst zu verweigern, symptomatisch ist hingegen die Distanz zu den moralischen Konventionen seiner Umgebung. Mit dem Verlassen des Gymnasiums beendet Einstein nicht nur seinen selektiven Umgang mit dem herrschenden Bildungswissen, das er gleichsam unterhalb des impliziten Curriculums aufnimmt, sondern er begibt sich der national gebundenen sozialen Zugehörigkeit, die seiner intellektuellen Aufmerksamkeit und Identifizierung mit abstrakten Prinzipien im Weg stehen. Obgleich die Eltern zunächst über die Radikalität der Abkehr bestürzt sind, erkennen sie seine Entscheidung aus ihrer eigenen Erfahrung relativer Fremdheit gegenüber einer Nationalkultur an und erlauben ihm, sich autodidaktisch auf die Aufnahmeprüfung an der Eidgenössischen Technischen Hochschule Zürich vorzubereiten. In der geheimen Hoffnung auf einen praktischen Beruf soll Albert überdies die Zeit nutzen, die väterliche Fabrik kennenzulernen. Albert unternimmt Streifzüge durch das nördliche Italien, wo er unter anderem in Genua die Familie Jakob Koch, eines Onkel mütterlicherseits besucht. Von diesem Familienzweig wird Einstein für sein späteres Studium in Zürich finanziell unterstützt.

Die Wanderungen seiner Familie konfrontieren Albert mit folgenden für seinen Bildungsprozeß bedeutsamen Lebenskonstellationen. Es sind dies die frühe Konzentration auf Selbständigkeit sowie die fraglose Unterstützung durch und der Rückzug auf die erweiterte Verwandtschaft. Die Unterstützung erwächst nicht notwendig aus Neigung, vielmehr aus der Verpflichtung gegenüber der jüdischen Gemeinschaft und darin insbesondere gegenüber den Verwandten[61].

---

[61] Wie sich an den zahlreichen Unterstützungs- und Hilfseinrichtungen der jüdischen Gemeinde zeigt, erfährt eine Familie die Solidarität der Gemeinschaft über die Ablösung

Diese umfassende Solidarität unter den sozialen Bedingungen kollektiver Marginalisierung ist für den jüdischen Familienverband insgesamt charakteristisch und strukturiert das Verhältnis von Binnengefüge und Außenkontakten. Verlassen die Kinder ihre Herkunftfamilie, so wird das nicht als eine scharfe biografische Zäsur empfunden, man bleibt gleichsam unter sich. Auch die Ehe als ein Übergang in die autonome Lebensführung einer isolierten Kernfamilie bedeutet insofern keine bedeutende Statuspassage in der jüdischen Biografie. Entsprechend ambivalent gestalten sich die Intergenerationenbeziehungen, vor allem in der kritischen Phase der Ablösung vom Elternhaus, entsprechend hoch sind beispielsweise die Anpassungsfolgen für die Frauen, die nicht auf eine kompensierende Berufstätigkeit zurückgreifen können. Die für die jüdische Familie häufig typische Mutter-Dominanz verbunden mit der hohen Konzentration auf die Sorge um einen angemessenen Lebensstil hat in diesem dem „extended family system" geschuldeten innerfamilialen Strukturmerkmal seinen Grund.

Was das Verhältnis zwischen partikularen Werten und dem Wertbezug der übergreifenden Gemeinschaft angeht, weiß sich die jüdische Familie immer schon aufgehoben, zugleich bildet die konfliktuöse Grenze zwischen Innen und Außen einen günstigen Nährboden dafür, eine besondere Sensibilität für die Autonomie der Person zu entwickeln.

Die genannten Eigenschaften des jüdischen Milieus gehören gleichsam zu dessen normaler Ausstattung. Der jugendliche Einstein macht davon Gebrauch, aber auch sein späteres Lebensschicksal wird über dieses Muster bestimmt, und zwar besonders dadurch, daß sich bei ihm die zunächst nur intellektuelle Problematik, in welchem Verhältnis das Ensemble von Geboten und Verboten, das Menschen sich wechselseitig zumuten, zu den Gesetzmäßigkeiten der Natur stehen, zu einer Fragestellung ausweitet, die ihn ständig beschäftigt. Sie wird zu einem Forum, den sozialen Autonomieanspruch einzulösen.

Ein durch die wanderungsbedingten Unwägbarkeiten im Leben seiner Eltern einerseits und durch die adoleszenztypischen Strebungen andererseits entwickelter Entwurf von Autonomie, findet seinen Ausdruck in einem hohen Respekt vor den Gesetzmäßigkeiten der Natur, denen gegenüber die selbst gesetzten Regeln einer menschlichen Gemeinschaft als zweitrangig, ja letztlich wenig bedeutsam empfunden werden. Im Kontrast zu einer Daseinsführung, die Kompromisse mit der unausweichlichen Einsicht erzwingt, den Kosmos als eine nicht veränderbare, vielmehr

---

eines Paares von den jeweiligen Herkunftsfamilien hinaus. Hohe Interaktionsdichte und gemeinsame Handlungsorientierung hinsichtlich der Bewältigung lebenspraktischer Aufgaben sind dafür charakteristisch.

verstehbare Größe wahrzunehmen, wird beim jungen Einstein die Erkenntnis von dessen Wirkungszusammenhängen, die Anstrengung, die jenseits aller historischen Realität und gesellschaftlichen Konkretion sein Leben bestimmt.

Wie für den orthodoxen Gläubigen im Judentum das Studium der Thora Dreh- und Angelpunkt seines Lebens ist, nimmt bei Einstein, der zur gymnasialen Bildung auf Distanz gegangen ist, das Studium der Gesetzmäßigkeiten der Natur die ganze Person in Anspruch. Die Naturgesetze erscheinen als sublime intellektuelle Version des göttlichen Bauplanes, dem es auf die Spur zu kommen gilt. Einsteins Lektüre naturwissenschaftlicher Literatur, vor allem der Arbeit des seinerzeit viel gelesenen Ludwig Büchner, folgt dieser Logik konsistent. Biografisch vorbereitet, daran sei erinnert, ist sie durch die religiöse Indifferenz des Elternhauses sowie durch die sublimierte Frömmigkeit, die er dem Ritualismus des schulischen Alltags scharf und entschlossen entgegensetzt. Die sozialisatorischen Ursachen beider Dimensionen liegen in der differentiellen Wertschätzung des Vaters und dessen Bruder.

Einsteins von seinem Onkel gewecktes Interesse an Themen der Naturwissenschaft entwickelt sich zu einer Zeit, in der er auf scharfe Distanz zum Assimilationsjudentum seines Vaters geht und diesem mangelnde Glaubensfestigkeit vorwirft. Bemerkenswert ist daran, daß er im Zuge der moralischen Kritik am Vater metaphysische Fragestellungen zu verfolgen beginnt. Dieser Fokus seiner intellektuellen Neugier vermag auch zu erklären, warum Einstein nicht etwa einen Weg zum orthodox-jüdischen Ritualismus einschlägt, wie es in Abgrenzung zum ausgeprägten Assimilationswillen der Familie möglich gewesen wäre.

Die Frömmigkeit des Adoleszenten, die im Generationenkonflikt zusätzliche Schärfe gewinnt, setzt sich über soziale Verpflichtungen hinweg, als deren Vertreter er die schulischen Autoritäten wahrnimmt - in diesem Sinn gehorcht er Gott mehr als den Menschen - und geht bei ihm einher mit einer radikalen Distanz zu autoritärer und patriarchaler Gebundenheit. Von hier aus bildet sich Einsteins legendäre moralische Radikalität, mit der er sich über soziale Konventionen hinwegsetzen wird - zugleich aber auch seine relative Blindheit gegenüber den Normen der Gegenseitigkeit im eigenen Familienverband. Die biografische Alternative einer Rückwendung zur Glaubensorthodoxie, mit den für sie konstitutiven rituellen Praktiken und sozial hierarchischen Ausdrucksformen, bleibt Einstein auch von daher als inkonsistent mit seinem moralischen Entwurf verschlossen. Übrig bleibt die intellektuelle Sublimierung, die außergewöhnliche Erkenntnisleistungen freisetzt. Hiermit reagiert er auf die Bewährungsproblematik, die er im väterlichen Vorbild für ungenügend gelöst hält.

Die jüdische Religiösität zeigt sich auch aus der biografischen Perspektive in dem Wunsch, sich der Welt anzupassen und sie durch Verständnis in ihrer Determiniertheit zu begreifen, nicht aber, sie zu beherrschen. Mit Weltanpassung im Gegensatz zu Weltbeherrschung wird, nach einer Formulierung von Max Weber, auf einer allgemeinen Ebene sozialer Deutungsmuster zwischen asketischem Protestantismus und Judentum unterschieden. Die Weltanpassung bezeichnet die Habitusformation, die zu einem konstanten Merkmal der Lebensführung von Albert Einstein wird, in ihrer intellektualisierten Version entsteht der Wunsch, Funktionszusammenhänge und allgemeine Gesetzmäßigkeiten der physikalischen Welt zu verstehen.

In den familienspezifischen und generationsspezifischen Grundlagen dieser biographischen Phase liegt der Schlüssel für die Bahnung des intellektuellen Interesses sowie die Formung der personalen Identität. Der Abbruch der Schulausbildung, eingeleitet und ermöglicht durch eine soziale, nicht intellektuelle Distanz zum Wissenserwerb, das fraglose Sichverlassen auf die elterliche und verwandtschaftliche Unterstützung bilden die sozialisatorisch bedeutsame Substanz dieser Phase. Daß dies in der Wahrnehmung der Familie offenbar problemlos möglich war und in seinen Konsequenzen toleriert wurde, kann Einstein als einen Beweis dafür verbuchen, daß die Bindungen an die erweiterte Verwandtschaft belastbar sind und daß ihm fraglose Solidarität zugesichert wird. Man konnte sich einer Unterstützung immer gewiß sein, auch unabhängig vom Grad der Belastungen und von den tatsächlich verfügbaren Hilfeleistungen.

Zürich und Bern

Wie kommt es nun zu einer weiteren Ausbildung und wie kristallisiert sich das naturwissenschaftliche Interesse des jungen Albert Einstein heraus?

Das Folgeproblem der abgebrochenen Schulausbildung liegt in dem ungewissen Anschluß, und zwar weniger aus der Perspektive der stets pragmatisch denkenden Eltern, mehr jedoch nach Maßgabe der eigenen Zukunftsplanung. Einstein hat im Jahr 1895, auf der Basis guter mathematischer Noten, seinem Autonomieentwurf folgend, ohne weitere Vorbereitung „aus dem Stand" die Aufnahmeprüfung für die Hochschule in Zürich versucht. Er fällt durch und es wird ihm empfohlen, zuvor die Matura nachzuholen. In Aarau in der Schweiz findet er daraufhin eine Schulsituation vor, die verglichen mit dem in München erfahrenen militarischen Drill eine Oase pädagogischer Phantasie und Kreativität zu sein scheint.

Ein Jahr später, 1896 tritt er mit dem Berufswunsch, Lehrer zu werden, in die ETH ein und zwar in die Abteilung VI a für die Ausbildung von Mathematik- und

Physiklehrern. Während dieser Zeit geht Einstein Freundschaften ein, die ein Leben lang andauern, aber vor allem lernt er auch seine spätere Frau Mileva Maric kennen, eine Serbin aus Titel in der damals zu Ungarn gehörenden Vojvodina.

Wer ist Mileva und welche Bedeutung gewinnt die Partnerwahl vor dem Hintergrund der bisherigen Lebensgeschichte Einsteins?

Mileva ist die Tochter eines serbischen mittleren Regierungsbeamten, dessen sozialkulturelle Herkunft in die stolze Tradition eines kämpferischen Bauerntums zurückreicht. Sie wächst als ältestes Kind in einer Umgebung auf, in der zwar die höhere Bildung für die Töchter zur Ausnahme gehörte, die aber in den Familien, deren Töchter man für begabt hielt, mit umso stärkerem Nachdruck gefördert wurde.

Die höhere Schulbildung galt in ihrem Milieu als eine Bestätigung für den Anspruch auf die serbische kulturelle Gleichrangigkeit, gemessen an der Kulturdominanz der österreichisch-ungarischen Herrscherschichten. Mileva erfährt schon als Schulmädchen eine besondere Aufmerksamkeit und Förderung durch die Familie, die darin gipfelt, daß sie auf die höhere Töchterschule in die Schweiz geschickt wird.

Beleuchtet man diesen Wechsel von der heimischen in eine fremde Umgebung vor dem Hintergrund der für Mädchen typischen Normalbiografie, so zeigt sich darin der mutige Schritt in eine über Bildung vermittelte Emanzipation. Der Unterschied zu zeitüblichen weiblichen Biografien tritt in zweierlei Hinsicht vor Augen. Zum einen bekundet die in der Schweiz beendete Gymnasialbildung wie der spätere Eintritt in die Universität einen radikalen Entwurf von weiblicher Emanzipation. Zum anderen bringt der Wunsch, naturwissenschaftliche Fächer zu studieren, umso schärfer eine Entschlossenheit zum Ausdruck, unbeirrt den eigenen intellektuellen Neigungen nachzugehen und gleichrangig als Frau in einer Männerdomäne beschäftigt zu sein. Nimmt man noch den Umstand hinzu, daß ihr Herkunftsmilieu bäuerlich war, die konfessionelle Orientierung ebenfalls traditionell, dann können wir den kulturellen Abstand ermessen, den Mileva zu überwinden hat, als sie 1894 auf die höhere Töchterschule, 1896 auf die ETH in die Schweiz kommt, wo sie einzige weibliche Teilnehmerin ihres Jahrgangs wird[62]. Mit einem leidenschaftlichen Bildungswillen, der nicht wie selbstverständlich vom Herkunftsmilieu getragen wird, also unter hohen familialen und individuellen Anstrengungen durchgesetzt und verfolgt wird, erkämpft sich Mileva den Zugang zur wissenschaftlichen Welt.

Das studentische Milieu der naturwissenschaftlichen Fakultät bildet den Hintergrund für die Bekanntschaft mit Albert Einstein. Sie lernt ihn in einem der obligatorischen Kurse kennen, sie ist älteste Teilnehmerin in der Gruppe, und einzige Frau,

---

[62] Vgl. zur besonderen Situation der Ausbildungseinrichtungen, vor allem der relativen Fortschrittlichkeit der Universität Zürich die instruktive Studie von Craig (1988, 127 ff.).

Albert Einstein ist der jüngste Teilnehmer. Dieses Bezugsmilieu wird für die Zukunft der Paarbeziehung entscheidend. Aus dessen universalistischem Horizont leiten sie wie selbstverständlich Kriterien für die eigene Lebensführung ab, ihre wechselseitige Bewunderung gilt der Autonomie der geliebten Person, die für beide gerade im selbständigen Erschließen der geistigen Welt exemplarisch zum Ausdruck kommt. Daß besonders die Universität dafür geeignet scheint, der Annäherung zweier in ihren Lebensentwürfen homogenen Personen den Boden zu bereiten, liegt an deren Prinzip der Statusverteilung. In der normativen Struktur der universitären Diskurswelt ist das bessere Argument ausschlaggebend für Ansehen und Ehre der Person.

Die sozialen Beziehungen sind vermittelt über die erkenntnisorientierten Diskurse. Nach einer Formulierung von Robert K. Merton haben im Milieu des „Universalismus“ soziale Zugehörigkeiten wie die zur Nation, zum Geschlecht oder zur Konfession normativ keine Geltung, weil der Austausch durch die Gütekriterien wissenschaftlichen Forschens mediatisiert wird. Demgegenüber sind alle anderen Kriterien zweitrangig, im naturwissenschaftlichen Diskurs ist diese Freiheit von allen anderen Merkmalen sozialer Zugehörigkeit besonders ausgeprägt.

Eingebunden in die akademische Geselligkeit eines überschaubaren Institutsalltags und in gemeinsamer Distanz zu allen Ausdrucksformen eines ethnozentrischen Partikularismus bewundern sich Albert und Mileva in ihren Leistungen. In einem Brief vom 3. Oktober 1900 an Mileva schreibt Albert: „Wie glücklich bin ich, daß ich in Dir eine ebenbürtige Kreatur gefunden habe, die gleich kräftig und selbständig ist wie ich selbst: Außer mit Dir bin ich mit allen allein.“[63]

Die Zuneigung, die über die Freude an der intellektuell gleichrangigen Ausgestaltung ihrer Interessen besonders akzentuiert ist, findet bald ihren Ausdruck in dem Wunsch, zu heiraten. Die intellektuelle Kooperation unter Wissenschaftlern, die sich neugierig, sine ira et studio der Erkenntnis widmen, steht somit am Anfang der Ehebeziehung. Vollständig in der Wissenschaft aufgehend und sich in diesem Handlungsraum wechselseitig anerkennend, leben Albert und Mileva fortan das selbstgenügsame und vergnügliche Bohèmeleben junger Studenten. Sie kommen täglich zusammen und diskutieren nächtelang. Bei diesen Zusammenkünften zeigt sich Mileva nicht nur als eine ausgezeichnete Diskussionspartnerin, sondern auch als die bessere Mathematikerin[64]. Ein typischer Liebesbrief aus Mettmenstetten, vom 22.7.1901, mag die enge Verschränkung von Kollegialbeziehung und Intimbezie-

---

[63] Einstein (1987, 267).

[64] Dieser Umstand ist im übrigen der rationale Kern der in den USA geführten Debatte über die geistige Urheberschaft der Relativitätstheorie.

hung veranschaulichen. Sie begegnen sich in der unendlichen Welt der Diskursgemeinschaft, aufmerksam auf das wissenschaftliche Argument, um dessen Austausch es immer wieder geht[65].

„Jetzt wünsche ich Dir von Herzen alles Glück und Segen zu dem Examen und daß es Dir schnell vorbeigehen möge, l.(= liebes - T.A.) Schätzchen. Ich meine, wir machen dann gleich ein Partiechen als Pflästerchen drauf, aber nur über den Klausen, weil wir ein bißchen sparen müssen, und der Preisunterschied sehr bedeutend ist, meinst nicht auch. Ich arbeite immer an meiner Theorie der Flüssigkeitsoberfläche herum, aber ganz ohne Erfolg. Alle meine bisherigen Bestrebungen seit der Abhandlung haben ihre Mängel. Das, was ich Dir vorgetragen habe, ist falsch. Ich werde Dirs später einmal beweisen."[66]

Betrachten wir einen weiteren Brief aus Winterthur, vom 28.5.1901:

„Mein liebes Miezchen, eben las ich eine wunderschöne Abhandlung von Lenard über die Erzeugung von Kathodenstrahlen durch ultraviolettes Licht. Im Eindruck dieses schönen Stücks bin ich von solchem Glück erfüllt und solcher Lust, daß Du auch unbedingt etwas davon haben mußt. Sei nur guten Mutes, Liebes und mach Dir keine Grillen. Ich verlasse Dich ja nicht und werde schon alles zum guten Ende bringen. Man muß halt eben nur Geduld haben! Wirst schon sehen, daß man nicht schlecht ruht in meinen Armen, wenns auch ein bisserl dumm anfängt. Wie gehts Dir denn, Liebe ? Was macht der Junge? Meinst, wie schön es sein wird, wenn wir wieder ganz ungestört zusammen schaffen können, und uns niemand mehr was reinreden darf! Da wirst Du schon die jetzigen Sorgen glänzend ersetzt kriegen durch viele Lust und ruhig werden die Tage dahingehen, ungerufen und ungejagd."[67]

Die gemeinsame Begeisterung für ihren Gegenstand nährt bei beiden Partnern die Hoffnung, die Diskussionen im Labor ließen sich umstandslos zu einem Modell für ihre Lebensführung insgesamt machen.

Demgegenüber löst die universitäre Diskursgemeinschaft sowie die Wahl seiner Ehepartnerin aus diesem Kreis heftigen Protest bei Einsteins Verwandtschaft aus. Die gemeinsame Zukunft, zu der Albert und Mileva fest entschlossen sind, wird als eine Katastrophe für die Familienehre aufgenommen. Vor allem für Einsteins Mutter, deren Ehe mit einem Mann in unsicherer ökonomischer Lage durch ein

---

[65] Vgl. die Liebesbriefe, herausgegeben von Renn/Schumann (1994).
[66] Einstein (a.a.O., 312).
[67] Einstein (a.a.O., 304).

mühsames Arrangieren provisorischer Lebensumstände strapaziert und insofern vom möglichen Statusverlust überschattet war, bricht eine Welt zusammen. Sie hatte für ihren Sohn eine Tochter aus vertrautem guten Hause erträumt.

„Sie ist ein Buch wie Du - Du solltest aber eine Frau haben“, lautet ihre vielfach berichtete Reaktion, in der implizit die normativen Standards des jüdischen Assimilationsbemühens zum Ausdruck kommen. Milevas konfessionelle, kulturelle und soziale Herkunft, im Verein mit der für unakzeptabel gehaltenen Laufbahn als Physikerin bzw. Mathematikerin, bringen Einstein in erhebliche Schwierigkeiten mit seiner Familie. Sein Entschluß berührt den Kern des normativen Konzepts für die Rolle der Ehefrau, das in seinem Elternhaus, vor allem von seiner Mutter, in voller Überzeugung vertreten wurde. Die Sozialisationsaufgabe der Frau, für die kulturelle, ästhetische und moralische Bildung der Kinder zu sorgen, auf der Grundlage einer Freisetzung von der Erwerbsarbeit steht demnach als Konzept in Frage. Mit dem radikalen Lebensentwurf von Mileva sind diese normativen Vorgaben unverträglich.

Die Schwiegertochter wird abgelehnt, Einsteins Mutter zeigt sich unversöhnlich und interveniert unverzüglich bei den Eltern von Mileva[68]. Es verwundert nicht, daß die in der Familie auftretenden Unstimmigkeiten die beiden frisch Verliebten umso enger aneinander binden. Als Einstein 1902 eine Anstellung beim eidgenössischen Amt für geistiges Eigentum (Patentamt) in Bern erhält, wird die Ehe ein Jahr darauf gegen alle Widerstände geschlossen.

Von den beiden Herkunftsfamilien der Partner ist niemand anwesend, bezeichnend im Sinne der hier vorgetragenen Interpretation ist die Trauzeugenwahl, es handelt sich nämlich um zwei Mitglieder der Diskussiongemeinschaft „Akademia-Olympia“, in der Albert und Mileva sich kennengelernt haben.

Zunächst ändert sich dadurch nichts an ihrer Beziehung, deren äußere Veränderung im Bann der Diskussionen über die Fortentwicklung der Physik kaum auffällt. Mit Freunden zusammen gründen sie einen Diskussionskreis, die „Akademie Olympia“, wo sie sich im wöchentlichen Rhythmus mit physikalischen und philosophischen Fragen beschäftigen. Albert, Mileva und der gemeinsame Freund Paul Habicht arbeiten an einer Maschine zur Messung kleinster elektrischer Spannungen, die Einstein als Patentexperte beschreibt und unter dem Namen Einstein-Habicht einreicht. Nicht nur Erfindungen, sondern auch die theoretische Reflexion werden gemeinsam vorangetrieben. Die Berner Zeit wird gemeinhin als Einsteins produktiv-

---

[68] Im Anschluß daran kommt es auch beim Paar zu heftigen Auseinandersetzungen. „'Sie brachten es ohne weiters über's Herz', klagte Mileva gegenüber einer Freundin, an meine Eltern einen Brief zu schreiben, in dem sie mich derart beschimpften, daß es eine Schande war'“ (Aus einem Brief von Mileva an eine Freundin, zitiert nach Fölsing 1993, 107 f.).

ste bezeichnet. Hier entstehen bedeutende Arbeiten, die als Begründung der Relativitätstheorie gelten. Nach der Geburt des ersten, besonders nach der des zweiten Sohnes - 1904 Hans Albert und 1910 Eduard - wird Milevas Beteiligung schwerer mit den lebenspraktischen Aufgaben der Haushaltsführung vereinbar und infolgedessen seltener.

Als Einstieg in die wissenschaftliche Karriere nimmt Einstein 1909-1911 eine außerordentliche Professur in Zürich an, die keine Entlastung gegenüber seiner Tätigkeit beim Patentamt darstellt, so daß Mileva Studenten in Kost und Logis nehmen muß. Da die ökonomische Basis der Familie lange Zeit relativ schmal bleibt, entschließt sich Einstein, die vertraute Umgebung in Zürich zu verlassen und in Prag eine ordentliche Professur anzunehmen.

Zwischenresümee

Die erste Ehe mit einer Partnerin, die während des Studiums gewählt wird, steht für den Versuch, eine im biografischen Normalschema vorgesehene Entscheidung zu treffen. Die Heirat besiegelt gleichsam die Ablösung von der Herkunftsfamilie. Dieser normativ in der Moderne vorgesehene Typus der Partnerwahl zeigt sich bei Einstein in einer Phase beginnender intellektueller Orientierung. Mileva lernt er als 17jähriger in Zürich kennen. Die Universität ist das typische Medium eines Universalismus, die für sie konstitutive Diskurswelt vermag die objektiv vorhandenen Milieu- und Konfessionsunterschiede zu neutralisieren, vor allem im gemeinsamen Interesse an Naturwissenschaft und Physik subjektiv höherrangige Gemeinsamkeiten stiften. Deutlich zeigt sich der Austritt aus den partikularistischen Bezügen der eigenen Verwandtschaft durch den Umstand, daß die erste Partnerin nicht allein aus einem fremden Land - Serbien - sondern auch aus einer „fremden" Konfession stammt. Mileva ist Serbin, Bauerntochter und griechisch-orthodoxen Glaubens. Zusammengenommen mit der für Frauen untypischen intellektuellen Orientierung an Physik und Naturwissenschaft muß sie für den jungen Einstein eine faszinierende und in der Radikalität ihres biografischen Entwurfs beispielhafte Person gewesen sein. Zugleich ist die kulturell symmetrische Ehebeziehung durchzogen von einer „modernen" Problematik hinsichtlich der Bewältigung lebenspraktischer Aufgaben - und dies nicht im Sinne einer äußeren Rollen- und Kompetenzaufteilung im Haushalt, vielmehr hinsichtlich der für Gattenbeziehungen konstitutiven affektiven Ambivalenz und der Eigendynamik eines Familienlebens, die gegenüber einer Dauerreflexion im „Kommunismus" (Merton) des wissenschaftlichen Diskurses Kompromißbereitschaft verlangt. Ehe- und Familienbeziehungen begründen einen unhintergehbaren Partikularismus der Lebensführung und sprechen Wertbezüge an, die mit einem universalistischen Existenzentwurf in Widerspruch geraten können. Sinnfälliger Ausdruck der Tendenz, die Logik einer Kollegialbeziehung zu einem lebenspraktischen Modell aufzuwerten, zeigt sich nicht zuletzt in der affektiv gleichsam neutralen Einstellung bis hin zum späteren Verleugnen der Geburt des ersten Kindes, einem Mädchen namens Lieserl in allen vorhandenen Briefwechseln[69].

Prag

Bei Einsteins Berufung nach Prag handelt es sich um seine erste Professur. Gegen die Bedenken von Mileva nimmt er den Ruf an. Die Statusverbesserung als solche ist für ihn entscheidend. Dieser Schritt leitet eine Entwicklung ein, die für die Familie außerordentlich folgenreich ist. Die Erfahrungen an einer kulturfremden Universität liefern einen Schlüssel für das Verständnis seiner beruflichen, aber auch familialen Zukunft. Zum besseren Verständnis ist es geraten, kurz auf die Situation an der Prager Universität einzugehen.Das betrifft wesentlich die besondere Milieukonstellation, in die Einstein gerät[70]. Prag war zur damaligen Zeit nicht nur eine der vielen Städte des in die Krise geratenen Habsburger Reiches, in dem sich die Nationalitätenkonflikte des Vielvölkerstaates zuspitzten. Prag nahm unter den großen traditionsreichen Städten eine Sonderstellung ein, weil die soziale Zusammensetzung der Bevölkerung durch den Konflikt zwischen Tschechen und Deutschen besonders scharf markiert war. Diese Frontstellung wurde noch einmal gebrochen durch eine vehemente Abgrenzung von der jüdischen Kultur, der Antisemitismus war die einzige gemeinsame Klammer der beiden dominanten Ethnien.

Der durch soziale Spannungen und universitätsinterne, zum Teil politisierte Fraktionierungen explosiv gewordene Zeitkontext bildet den Hintergrund von Einsteins Übersiedlung nach Prag. Es dauert nicht lange, bis dieses gereizte Klima die junge

[69] Wir lassen hier die Tatsache außer Acht, daß in der Einsteinforschung bis heute Unklarheit über das weitere Schicksal der mutmaßlich bei Milevas Eltern zur Welt gebrachten Tochter besteht, vielmehr greifen wir den Umstand auf, daß beide Eheleute ihren im Jahre 1903 geborenen Sohn Hans Albert wiederholt als ihr erstes Kind bezeichnen, sowohl vor sich selbst wie auch vor der eigenen Verwandtschaft und vor Freunden. Auch die Arbeit von Fölsing, dessen Recherchen zufolge vieles für eine Freigabe zur Adoption spricht, bietet zu Lieserls weiteren Verbleib, ebenso zu dem Motiv, das erste Kind der Ehe nicht bei sich zu behalten, keine neuen Anhaltspunkte.

[70] Vgl. hierzu die Studie von Cohen (1979) über die Situation der Juden im Prag der Jahrhundertwende. Zum Spannungsverhältnis zwischen jüdischer und deutscher Bevölkerung siehe auch Weltsch (1956).

Familie, die Söhne sind sieben bzw. ein halbes Jahr alt, in eine erhebliche Belastungskrise geraten läßt. Einstein mutet mit der Anstellung in Prag seiner Familie eine soziale Umstellung zu, die man für harmlos halten kann, wenn man ausschließlich die berufliche Seite des Ortswechsels vor Augen hat. In Prag, wo sich infolge der starken Fraktionierung der deutschen und tschechischen Professorenschaft schon für Einstein selbst das Außenseiterproblem noch einmal verschärft, bieten sich hingegen kaum Integrationsmöglichkeiten für Mileva. Der Ethnozentrismus wird die dominierende Situationsdefinition im akademischen Milieu und bedroht eines der kulturellen Selbstverständnisse der Ehe, und zwar dadurch, daß der gewohnte großzügige Umgang mit der jeweiligen Herkunft des Partners getrübt wird. Mileva ist die kulturell und sozial von beiden um Vorherrschaft streitenden Nationalkulturen gemiedene Fremde und wird auch zu Geselligkeiten im Rahmen des dominanten Universitätsmilieus nicht eingeladen, abgesehen davon, daß sie auch infolge ihrer häuslichen Pflichten derartigen Veranstaltungen nicht beiwohnen kann.

Als Slawin fühlte sie sich den Tschechen näher, während sie durch die Stellung ihres Mannes an die deutsche Gesellschaft gebunden war, die ihr fremd und unlieb blieb. Darüberhinaus verfügt sie kraft ihrer Herkunft nicht über Möglichkeiten, der erfahrenen sozialen Ächtung zu begegnen[71]. Der hoch internalisierte Entwurf einer durch Wissenschaft vermittelten Autonomie macht es ihr zugleich unmöglich, sich auf die sozialisatorischen Funktionen im Haushalt zurückzuziehen. Sie findet aber auch im Prager Universitätsmilieu keine Chance zu einem Ausgleich. Ohne intellektuelle Kontakte, so wie sie noch in Zürich bestanden haben, kann sie weder in der Wissenschaft noch in einem anderen intellektuellen oder ethnischen Milieu heimisch werden, wie es Einstein in den sporadischen Kontakten mit der jüdischen literarischen Intelligenz um Kafka u.a. immerhin noch möglich ist.

Der für beide Ehepartner gleichermaßen sozial unkomfortablen Situation vermag Albert Einstein mehr Gleichmut entgegenzusetzen. In ihm äußert sich ein alter Widerstand gegen die Zumutungen des gesellschaftlichen Lebens in fremder Umgebung. Motiviert ist seine Einstellung über die familienspezifische Erfahrung von Marginalität, die „Mitgliedschaft auf Widerruf" (René König) begründet sein Identitätsbewußtsein, der Umgang mit einer Lebenslage außerhalb der berufstypischen

---

[71] Vgl. hierzu Fölsing: „Die Familie Einstein paßte nun überhaupt nicht in das Schema der Prager Gruppierungen, gehörte doch Mileva als Serbin definitiv nicht zu den Deutschen, wenn sie deshalb auch noch nicht als Tschechin angesehen wurde. Während Mileva im Nationalitätenschema zwischen allen Stühlen zu sitzen kam und sich dabei sehr unbehaglich fühlte, kam das ihrem Mann eher als eine komische Verwirrung der ihm ohnehin fremden Menschen vor, nicht wert, ernst genommen zu werden" (Fölsing 1993, 322).

Geselligkeitskreise stößt ihn auf die Strukturmerkmale des Judentums. Zum zweiten kann er die sozialen Ächtungen, die Versuche, ihn in den Dauerstreit zwischen Deutschen und Tschechen hineinzuziehen, durch seine wissenschaftlichen Erfolge und sein darüber vermitteltes Ansehen kompensieren. In der dreifach dimensionierten Selbstdefinition als Staatsbürger mit einem schweizerischen Paß, als Wissenschaftler und als Angehöriger der jüdischen Minorität gelingt es Einstein, die neue Situation zu bewältigen.

Der intellektuell-berufliche Abstand zu Mileva vergrößert sich in dem Maße, in dem sich Milevas Aktivitäten auf die Verpflichtungen im Rahmen der Haushaltsführung reduzieren und Albert sich auf die Suche nach Kollegen begibt und dabei die lokale professionelle community als wenig anregend empfindet. Allerdings wird die Tatsache, daß er das Kriterium einer funktionsfähigen und für seine Forschungsinteressen tragfähigen Bezugsgruppe in den Vordergrund rückt, und daß er nun Mileva nicht mehr mit den Augen der früheren intellektuellen Gemeinsamkeit sieht, ein wichtiger Grund für die eheliche Entfremdung. Verletzend ist die Situation aber auch, wenn man die Möglichkeit unterstellt, daß Mileva sich mit der Mutterschaft und dem Hausfrauendasein arrangiert haben könnte und nun erleben muß, daß Albert sich um die Alltagsgeschäfte wenig kümmert. Die Tatsache, daß Einstein sich dem Familienleben entzieht, macht die häusliche Situation in Milevas Wahrnehmung noch weniger erträglich. Allein gelassen, beginnt sie sich ihren Söhnen zu entfremden. Auf jeden Fall wächst bei Mileva die Enttäuschung darüber, daß sie ihren wissenschaftlichen Ideen nicht weiter nachgehen kann.

Einer derartigen, durch die objektiven Familienverhältnisse erzwungenen Verrat ihres Entwurfs von Weiblichkeit ist Mileva nicht gewachsen. Auf die Unterstützung ihres Mannes kann sie nicht rechnen. Im August 1912 zieht die Familie die Konsequenz und geht nach einem Aufenthalt von sechzehn Monaten nach Zürich zurück. Einstein erhält dort eine ordentliche Professur.

Berlin

Nach einem kurzen Zwischenaufenthalt in Zürich, wo beide Ehepartner hoffen, einen Neuanfang versuchen zu können, nimmt Einstein 1914 eine ihm angebotene Position an der preußischen Akademie der Wissenschaften an, die ihn aller lehrenden und verwaltenden Tätigkeiten enthebt und seinem forschenden Interesse Raum bietet. Mit der Annahme des Rufes folgt er eindeutig seinen professionellen Interessen. Darin kommt eine ausschließliche Konzentration auf wissenschaftliche Tätigkeiten zum Ausdruck, deren Folgen die Familie schon in Prag zu spüren bekommen hatte. Der Ortswechsel verbindet sich somit für Einstein mit neuen Perspektiven der Lebensgestaltung, mit einer Intensivierung seiner Arbeit unter weitaus günstigeren Bedingungen, als er sie bis dahin erfahren hat. Für Mileva ist zu diesem Zeitpunkt der erzwungene Rückzug aus ihren wissenschaftlichen Interessen derart enttäuschend, daß sie sich weder durch die hohe Reputation der Berliner Forschungsstätte und noch durch die Aussicht auf eine vielleicht mögliche Fortsetzung der früheren gemeinsamen Arbeit mit Albert umstimmen läßt.

Den Umzug in die Reichshauptstadt verkraftet das Paar nicht mehr. Bedeutsam für das moralische Selbstverständnis der Ehe wird nun auch die Tatsache, daß Einstein mit denjenigen moralischen Prinzipien bricht, die ihn in seiner Jugend zur Abkehr von Deutschland bewogen hatten und die in der Frühphase der Ehe die Bewunderung Milevas ausgelöst hatten. Preußen-Deutschland ist für ihn immer der Ort der persönlichen Unfreiheit gewesen, den er jedoch aufsucht, um seinen wissenschaftlichen Interessen nachgehen zu können. Denn Berlin ist für Einstein immer auch der Ort der wissenschaftlichen Freiheit gewesen, nun liefert diese Orientierung das alleinige Entscheidungskriterium.

Da Einstein auf der Grundlage seines intellektuellen Habitus gelernt hat, in der Wissenschaft eine Chance für eine abstrakte Wertloyalität und zugleich für eine persönliche Identität zu finden, entscheidet er sich für Berlin, und besiegelt somit das Streben nach einer Synthese der beiden in seiner Biografie angelegten konstanten Elemente, der sozialen Heimatlosigkeit und der intellektuell sublimierten abstrakten Loyalität, aus denen seine Selbstwahrnehmung in der Ehe mit Mileva gespeist war und die die Beziehung zu ihr einmal positiv bestimmt hatten. Die nämlichen Kriterien, die in der Ehebeziehung nicht mehr als Einheit zu vermitteln sind, leiten den Rückzug aus der Ehe ein.

In der Folge ist Einstein vom Partikularismus seiner Verwandtschaftsbeziehungen umgeben. Die Anwesenheit seiner schwäbischen Verwandten, der Familie des Vetters und Schwagers Rudolf Einstein, die 1909 nach Berlin gezogen waren, macht ihm die Entscheidung sowie die Existenz in der neuen sozialen Umgebung erträglich. Für Mileva gelten die beiden erstgenannten Gründe nicht, der letzte höchstens mit umgekehrtem Vorzeichen, da sie in Berlin genau auf jene Verwandten Alberts trifft, die sie von jeher ablehnten und offen anfeindeten. Ihre schlimmsten Befürchtungen hinsichtlich ihrer Aufnahme in Alberts Verwandtenkreis bestätigen sich.

Im April 1914 zieht Mileva trotz schwerer moralischen Bedenken zunächst zusammen mit Einstein nach Berlin-Dahlem, im Sommer bricht sie mit den Kindern in die Ferien nach Zürich auf, von wo aus alle drei nach dem Kriegsausbruch nicht mehr zurückkehren. Die vermeintlich nur äußerlich erzwungene Trennung macht die affektive Trennung der Eheleute Albert und Mileva endgültig. Im Oktober 1916 kommt es zum Bruch der Beziehung.

Als Einstein in Berlin die für seine Arbeit wichtige Stelle angeboten bekommt, nimmt er die deutsche Staatsbürgerschaft, die für diese Position eine Voraussetzung war, in Kauf. Er begrüßt sie nicht, sondern er insistiert auf einer doppelten Staatsbürgerschaft. Sie ist eine selbstgewählte Gewähr für die Aufrechterhaltung seiner geistigen und moralischen Unabhängigkeit, des Kosmopolitismus und der Neutralität. Die Berliner Zeit, in der er in den Physikern Max von Laue und Max Planck wertvolle Gesprächspartner findet, bedeutet für seine soziale Existenz eine dauernde Belastung, die mit erheblichen moralischen Zumutungen verknüpft ist[72].

Es werden schließlich in einem politisch erregten antisemitischen Klima Kampagnen gegen die Relativitätstheorie organisiert - schmerzlich ist für ihn vor allem die Erfahrung, daß sich die preußische wilhelminische Bildungselite dem zunehmenden Antisemitismus nicht entgegenstellt. Im Universitätsmilieu ist Einstein auf eine für ihn typische und, nimmt man die bisherige Struktur der Biografie hinzu, nicht überraschende Weise sozial verankert. Er pflegt mit hoher Intensität die Kontakte zu Kollegen, deren wissenschaftliche Anregungen er schätzt und die er für die Diskussion seiner eigenen Theorieentwicklung notwendig braucht. Aber er ist weder mit dem dünkelhaften Gesinnungspatriotismus der deutschen Professorenschaft einverstanden noch findet er eine Heimat in dem minoritären liberal oder linkssozialistisch gesinnten Berliner Intellektuellenmilieu, dem er sich abstrakt sozialmoralisch zurechnet und das immer wieder Versuche unternimmt, die wachsende internationale Reputation Einsteins für eine moralisch-pazifistische Agitation einzusetzen.

Daß die deutsch-jüdische Symbiose schon lange vor der Zeit des Nationalsozialismus gescheitert ist, daß sie auch trotz einer wechselseitigen Befruchtung auf nahezu allen Gebieten des Geisteslebens gerade im deutschen Universitätsmilieu keine stabile Verortung gefunden hat, wird gerade in Einsteins Biografie aufschlußreich dokumentiert.

In seiner Familiengeschichte erscheint der Umzug nach Berlin als eine reproduktive Figur, die an Grundlinien seiner Identität sowie an Merkmale des jüdischen Deutungsmusters anschließt. Nach dem Scheitern der Ehe mit Mileva bietet in dem Maße, in dem seine intellektuellen Leistungen Anerkennung finden, das über die eigene Verwandtschaft vermittelte schwäbisch-jüdische Milieu die Stütze, auf die er in einer Situation sozialer Ausgrenzung zurückgreift. Zum einen bei Besuchen in

---

[72] Siehe hierzu die instruktive zweibändige Dokumentation über Einsteins Zeit in Berlin.

der schwäbischen Heimat, wo man von den Auseinandersetzungen über die Relativitätstheorie nichts weiß und wo er entspannen kann. Zum anderen in der Unterstützung durch seine zweite Ehefrau, seine Cousine Elsa.

Elsa hält für ihn in Berlin eine schlichte Lebensführung aufrecht, die er schätzt, weil sie seine Energien nicht durch Konventionen und Zudringlichkeiten absorbiert, die seine Berühmtheit mit sich bringen und die er verabscheut. Elsas Situation ist komplexer. Nach einer ebenfalls gescheiterten Ehe mit dem schwäbisch-jüdischen Kaufmann Max Löwenthal bedeutet die Ehe mit Albert einen mit Einsteins Disposition durchaus vergleichbaren Versuch, im Solidarverband der Verwandtschaft einen Ersatz für den verlorenen partnerschaftlichen Halt zu finden.

Die Selbstverständlichkeit, mit der die neue Ehe eingegangen wird, weniger als fünf Monate nach Alberts Scheidung von Mileva, besiegelt vertraglich einen quasi-geschwisterlichen Umgang. Sie beleuchtet hingegen auch, daß weder eine eifersuchtsvolle Auseinandersetzung unter den Frauen noch eine plötzliche Verliebtheit ausschlaggebend war. Im Gegenteil, Elsa hatte Albert schon während einer längeren Krankheit zu Kriegszeiten gepflegt und bietet nun an, seinen Umzug in ihre Wohnung in die Haberlandtstrasse in Berlin zu organisieren.

Abgesehen davon war aus dem vormals schwarzen Schaf der Familie ein berühmter Verwandter geworden, der nicht zuletzt durch sie endlich den seiner Position angemessenen bürgerlichen Lebensraum bekommt. Die soziale Geborgenheit, die Einstein in dem politisch radikalisierten Berlin der zwanziger Jahre sucht und findet, ist somit ganz wesentlich getragen von seiner zweiten Frau Elsa. Sie ist die personifizierte Anknüpfung an eine schwäbische Behaglichkeit, die er schon als Kind geschätzt hat - im eigenen Elternhaus, aber natürlich auch bei seiner weiteren Verwandtschaft, vor allem bei Onkel Jakob, aber auch beim Vater von Elsa, dem wohlhabenden Onkel Rudolph Einstein, den er während seiner Berliner Zeit öfters besucht hat.

Einstein sucht das partikularistische Milieu des „extended family system“ wieder auf. Bedenkt man die von den Herkunftsbeziehungen her moderne Ehe mit Mileva, die nach der Rückkehr aus Prag endgültig geschieden wurde, und vergegenwärtigt man sich, daß die zweite Ehe mit der eigenen Cousine geschlossen wird, so zeigt sich anschaulich die Tragfähigkeit sowie die Bindekraft des erweiterten Verwandtschaftsgefüges seines jüdischen Herkunftsmilieus. Die in schwäbischer Umgebung erworbene Unkompliziertheit und der praktische Zugang zu den Problemen des Lebens sind diejenigen Eigenarten, die Einstein an seiner zweiten Frau schätzen lernt, an sie knüpft er problemlos an.

Bei Elsa entdeckt er, was ihm immer vertraut war - beide Partner haben gemeinsame Familienerinnerungen, die eigenen und die ihrer Elterngeneration. Sie sprechen beide den gleichen Dialekt, kennen dieselben Ausdrücke, vergnügen sich an für Außenstehende rätselhaften Anspielungen auf längst Vergangenes. Die zweite Ehe ist von vornherein nicht auf die Solidarität von eifrig diskutierenden Kollegen gegründet, speist sich aber in ihrer beiderseits verschwiegen anerkannten Pragmatik gleichfalls nicht aus einer affektiven Passion, geschweige denn, daß sie durch eine gemeinsame Elternschaft bekräftigt würde.

Elsa versteht von der Relativitätstheorie so gut wie nichts, wie in der Anekdote zum Ausdruck kommt, nach der Elsa ihren Mann bittet, ihr in groben Zügen zu erklären, woran er arbeite, es sei doch peinlich, wenn sie gar nichts davon verstünde. Einstein antwortet ihr: „Schön, wenn man dich fragt, wirst du sagen, du wüßtest es, könntest aber nicht darüber sprechen, weil es ein großes Geheimnis sei."

Die familienbiografische Rekonstruktion soll an dieser Stelle abgebrochen und Einsteins Weg in die Vereinigten Staaten nicht weiter verfolgt werden, aber allein der Umstand, daß er sich zu einer endgültigen Abkehr von Deutschland entschlossen hat, zeigt, daß die Aktivierung der schwäbisch-jüdischen Komponenten seiner Identität nicht ausgereicht hat, ihn vor Anfeindungen zu schützen oder auch nur die moralischen Perversionen der deutschen Bildungseliten zu verkraften. Der Rückzug auf eine partikularistisch gestützte Marginalität, von der der Geige spielende, alle Konventionen abstreifende, beinah anarchistische Einstein mit zwölf Paar Pantoffeln und sprichwörtlichen Lausbubereien sinnfälligen Ausdruck gibt, hat sich als eine letztlich doch labile Zwischenstation erwiesen. Das schwäbisch-kleinstädtische Milieu begleitet ihn allerdings gleichsam auf seinem Weg in die USA. Elsa Einstein sorgt auch in den USA für „das Albertle", wie sie ihn in Fortsetzung der in der Großfamilie Einstein üblichen Gepflogenheiten genannt hat. Seinen bis ins hohe Alter durchgehaltenen Entwurf von Autonomie, seine große Distanz zu den Banalitäten des alltäglichen Lebens hat sie mit einer schützenden Hülle umgeben, durch die beide Eheleute als Eheleute nie wirklich gestoßen sind. Es sei dahingestellt, ob hierin der Preis zu sehen ist, den die enorme Freisetzung intellektueller Innovation der privaten Lebensführung abverlangt hat.

Das bei Einstein zu findende biografische Muster ist insofern signifikant, als es die für das Judentum spezifische Brechung der sozialen und kulturellen Integration sowie den gleichzeitigen moralischen Rigorismus sehr prägnant abbildet. Der Austausch der Milieus vollzieht sich stets in der und durch die Öffnung der Heiratskreise. Die Sozialintegration erschließt sich in der Biografie durch die in der Partnerwahl praktizierte Grenzüberschreitung. In diesem Sinne sorgt das Kernfamiliensystem als das entscheidende Strukturmerkmal des modernen Verwandtschaftsgefüges für Voraussetzungen hoher Mobilität und ermöglicht wechselseitigen sozialen Austausch. Einsteins Biografie zeigt beide Seiten der jüdischen Identität, deren hohe kulturelle Integration bei gleichzeitig fragiler Sozialintegration und zugleich hoher Konformität zum Herkunftsmilieu. Sie kommt in der späten „Regression" auf die eigene Verwandtschaft zum Ausdruck, in der Einstein seine zweite Ehefrau findet.

Albert Einstein

14. März 1879	geboren in Ulm
1880 Juni	Umzug der Familie nach München
1881	Geburt der Schwester Maria („Maja")
1885 Okt.	katholische Grundschule
1888 Okt.	königliches Luitpold-Gymnasium
1894	Umzug der Familie nach Mailand
1894 Dez.	Albert verläßt ohne Abschluß das Gymnasium und folgt seinen Eltern nach Italien
1895 Okt.	Albert fällt bei Aufnahmeprüfung zum Polytechnikum Zürich durch Besuch der Kantonsschule in Aarau
1896	Matura und Immatrikulation am Polytechnikum, Abt. VI A für das Studium des mathematisch-physikalischen Fachlehrerberufs. Kennenlernen von Mileva
1900 Juli	Diplom als Fachlehrer in mathematischer Richtung. Erfolglose Bewerbung um eine Assistentenstelle Polytechnikum Zürich
1901 Febr.	Schweizer Staatsbürgerschaft, Lehramtsvertretungen in Winthertur und in Schaffhausen
1902 Jan.	Tochter „Lieserl" geboren
1902 Juni	Stelle als technischer Experte beim eidgenössischen Amt für geistiges Eigentum in Bern
1903 Januar	Heirat mit Mileva in Bern. „Akademie Olympia", Freundschaft mit Paul Habicht
1904 Mai	Sohn Hans-Albert geboren
1906	Promotion an der Universität Zürich
1908	Habilitation. Privatdozentur in Bern
1909 Okt.	außerordentliche Professur für theoretische Physik in Zürich
1910 Juli	Sohn Eduard geboren
1911 April	ordentliche Professur für theoretische Physik an der deutschen Universität Prag
1912 Aug.	ordentliche Professur in Zürich
1914 April	Ordentliches Mitglied der preußischen Akademie der Wissenschaften Direktor des geplanten Kaiser-Wilhelm-Instituts für Physik in Berlin
1916 Ostern	Besuch bei Mileva, Bruch mit der Familie
1919 14.2.	Scheidung von Mileva (Sie erhält finanzielle Unterstützung von Einstein, gibt Physik-und Klavierunterricht, 1922 überweist Einstein ihr das Nobelpreisgeld)

1919 Juni	Heirat mit Elsa
1933 Okt.	Ausreise in die USA

Mileva Maric

1875	Geboren in Titel (Vojvodina)
1894	Höhere Töchterschule in Zürich, Matura an der Eidgenössischen Medizinschule Bern
1896	Polytechnikum Zürich, Abteilung VI A, Ausbildungsklasse für Mathematik- und Physiklehrer
1897/98	Semester in Heidelberg
1900	Abgangszeugnis am Polytechnikum
1901	Erneute Immatrikulation, August: Diplomarbeit zurückgezogen
1903 Jan.	Heirat mit Albert Einstein

Elsa Einstein

18. Jan. 1876	geboren im schwäbischen, vormals preußischen Hechingen, Tochter des Fabrikanten Rudolf Einstein und Fanny Koch (Schwester von Pauline Einstein, Albert Einsteins Mutter) Internatsbesuch (unbekannt)
Um 1895	Heirat mit Kaufmann Max Löwenthal
1897	Geburt der Tochter Ilse
1899	Geburt der Tochter Margot
1903	Geburt eines Sohnes, der am Tag der Geburt stirbt. Die Familie lebt bereits in der Berliner Wohnung
2. 6. 1919	Heirat mit Albert Einstein

3.3 Auflösung des Wirtschaftsbürgertums und die intellektuelle Sublimation von Marginalität: Die Familie Kempowski

> Nein, die Kempowskis gehörten nicht zur guten, alten Rostocker Gesellschaft. Gute Gesellschaft ist still und bescheiden und einfach und nicht so aufgeladen und nach draußen. Und man sieht ja auch, was daraus geworden ist. Ich hab noch bis 1972 in Rostock gewohnt, in meinem Haus in der Stephanstraße, und bin dann ordnungsgemäß und mit allen Sachen ausgereist, was weiß Gott nicht einfach war. Aber die Kempowskis? Weggepustet ohne Spur.[73]

Einleitung

Für die Elastizität und Anpassungsfähigkeit bürgerlicher Familienmuster liefert der Fall der Rostocker Reederfamilie Kempowski sowie die komplexe Genese des schriftstellerischen Talents eines ihrer Nachkommen, Walter Kempowski, ein anschauliches Beispiel. Sowohl dessen jahrelange pädagogische Tätigkeit als auch die in einem umfangreichen Romanwerk literarisch sublimierte Selbstreflexion bieten ihm zwei berufliche Möglichkeiten, die traumatisierenden Folgen des politischen Systemwechsels ebenso wie den Vaterverlust und den damit einhergehenden Zerfall des familiengeschichtlich Besonderen zu einer subjektiv konsistenten biografischen Synthese zu bringen[74]. Die Rezeption des literarischen Werks soziologisch aufzuschlüsseln, wäre ein Kapitel für sich. Sie gehört ebenso wie die Selbstdefinition des Autors, als Chronist des deutschen Bürgertums zu schreiben, zum weiteren Spektrum des Themas. Die Familiengeschichte gestattet Einblicke in die Tiefenstruktur der jüngeren Sozialgeschichte Deutschlands. Sie macht deutlich, wie stark die private Lebenspraxis, die Wahl biografischer Optionen durch die politisch folgenreichen Zäsuren zweier Weltkriege bestimmt wird, sei es in der Form selbst gewählter sozialer Indifferenz oder sei es in der Form überzeugter Aktivität. In jedem Fall steht sie in engem Zusammenhang mit Grad und Charakter der Grenzzie-

---

[73] Das Urteil entstammt dem Brief einer Nachbarin der Familie Kempowski und ist in die Eröffnungspassage des Romans „Aus großer Zeit" (1991, 33) einmontiert.

[74] Ein Vergleich mit der Familiengeschichte Thomas Manns, die ungebrochene Wirkung von „Lübeck als geistige(r) Lebensform" (Th.Mann) im Unterschied zur fragmentierten Wirkung von „Rostock als geistiger Lebensform" drängt sich auf und soll am Ende kurz skizziert werden.

hung zwischen privater Binnenmoral und den Außenkontakten des sozialisatorischen Milieus sowie der dynamischen Stellung der Personen im Familienverband.

Kempowski interessiert hier nicht als Vertreter einer literarischen Gattung. Im Unterschied zu einer literaturwissenschaftlichen Würdigung[75] steht bei einer soziologischen Einschätzung die soziale Struktur der Familie über drei Generationen hinweg im Zentrum. Sie macht sich von den jeweiligen literarischen „Dokumentationen"[76] unabhängig und verwendet primär die objektiven lebensgeschichtlichen Daten einzelner Familienmitglieder wie Geburtsjahr, Geburtsort, Berufswahl, Wohnorte etc. als Folie für die Biografierekonstruktion. Als methodische Operation gilt dabei die Annahme, daß die Romane Authentizität verbürgen, zumal die im literarischen Text enthaltenen familiengeschichtlichen Episoden auf umfangreiches Interviewmaterial zurückgreifen, das Kempowski streckenweise wörtlich einmontiert hat[77].

---

[75] Statt vieler die ausführliche Darstellung und Würdigung bei Dierks (1984).

[76] In insgesamt sechs Romanen hat Walter Kempowski die Geschichte seiner Familie geschrieben: „Aus großer Zeit" (1978) umfaßt den Zeitraum von 1900-1918, „Schöne Aussicht" (1981) bezieht sich auf die Familienentwicklung während der Weimarer Republik, „Tadellöser & Wolf" (1971) - der Roman, mit dem der literarische Durchbruch gelang - beschreibt den Familienalltag während der Zeit des Nationalsozialismus, „Uns geht`s ja noch gold" (1972) hat die unmittelbare Nachkriegszeit zum Thema, „Ein Kapitel für sich" (1975) beschreibt die Haftzeit der Mutter und der Brüder Walter und Robert Kempowski, „Herzlich willkommen" (1984) bezieht sich auf die fünfziger Jahre und beendet die „Chronik des deutschen Bürgertums".

[77] Kempowski greift in seinem literarischen Werk auf eine mehr als 30 Bände umfassende Familienchronik zurück, die Interviewtranskripte und Briefdokumente von verschiedenen Mitgliedern der näheren und weiteren Verwandtschaft enthält. Vor allem seiner Mutter Grete Kempowski und seinem Bruder Robert, die er kurz nach seiner Haftentlassung gezielt zu interviewen begonnen hat, verdankt er sensible und differenzierte Schilderungen der Vorgeschichte. „Ich schaffte mir das Tonbandgerät schon 1957 an, von einer Rentennachzahlung. Der Kauf des Geräts war eine Investition, die sich gelohnt hat. Meine Mutter war damals noch gut beisammen, und sie hat mir ihr ganzes Leben auf Band gesprochen. Ohne ihre Information hätte ich die Romane nicht schreiben können. Die gesamte Verwandtschaft, die von dem Kauf des Gerätes erfuhr, schüttelte den Kopf: 'Die arme Grethe...' Die hielten mich für verschwendungssüchtig" (Kempowski 1990, 613). In der literarischen Version, die weitgehend, allerdings mit familiendynamisch bemerkenswerten Auslassungen und Übertreibungen, an die historische Recherche anknüpft, setzt Kempowski gelegentlich andere Vor- und Familiennamen ein, in meiner Rekonstruktion setze ich die Romanfiguren in Klammern. Es handelt sich im folgenden natürlich nicht um eine Kurzfassung der Romane. Zu Gemeinsamkeit und Differenz von soziologischer und literarischer Erzählung siehe im übrigen Bude (1993). Methodologisch gesehen, betrachte ich die Familienchronik als Datum in einem zweifachen Sinne. Zum einen enthält sie als Sammlung von Selbst-

Die folgenden Ausführungen sind, gemessen an einer umfassenden Familienrekonstruktion, die die vollständige biografische Erfassung der einzelnen Familienzweige voraussetzt, selektiv und konzentrieren sich auf Einzelschicksale, wobei sich aus Darstellungsgründen gelegentliche Zeitsprünge nicht vermeiden lassen[78].

Marginalität im lokalen Milieu

Die Situation der elterlichen Familie Karl Kempowski in Rostock verweist nicht etwa auf hohe soziale Integration in das lokale hansestädtische Unternehmertum, vielmehr auf eine Marginalität, von der aus der ständische Stolz auf Beruf und Leistung nur mühsam durchzusetzen war. Schon der Name gibt einen Hinweis. Kempowskis gehörten zu den Zugezogenen. Mit ihrer Vorgeschichte wollen wir die Rekonstruktion beginnen[79]. Robert William Kempowski wird 1865 in Königsberg geboren, er stammt als viertes und letztes Kind aus der Familie eines Schiffseigners, der von Königsberg aus an den Küstenorten der näheren Umgebung einen kleinen Spezialhandel mit Obst und Gemüse betrieb. Das plötzliche Schicksal einer Verarmung der Familie bestimmt Roberts weiteren Lebensweg. Dies geschah, nachdem sämtliche Schiffe der eigenen Segelflotte gesunken waren, ohne daß eine für derartige Katastrophen abgeschlossene Versicherung hatte in Anspruch genommen werden können. Robert William ist bei einer Königsberger Reederei zur Ausbildung als

---

deutungen und Fremdeinschätzungen ein beeindruckendes Material für die Bestimmung sozialer Deutungsmuster des altmittelständischen Wirtschaftsbürgertums, zum anderen läßt sie sich von ihrem Umfang her sowie wegen der Akribie, mit der sich Kempowski um ihre Vervollständigung bemüht hat, als Hinweis auf das Motiv verstehen, einen umfassenden Erfahrungsverlust rückgängig zu machen. Darauf komme ich weiter unten zurück.
An dieser Stelle sei Walter Kempowski für seine großzügige Bereitschaft gedankt, die Familienchronik für die soziologische Sekundäranalyse zu öffnen. Robert Kempowski hat mit rührender Sorgfalt wichtige genealogische Zusatzinformationen beigesteuert, für die ich an dieser Stelle gleichfalls danke.

[78] Für die Zwecke der Fallanalyse genügt es, a) die objektiven lebensgeschichtlichen Daten, b) die Struktur der sozialisatorischen Interaktion und c) die Selbstdeutung als analytische Dimensionen zu unterscheiden. Es ist leicht ersichtlich, daß sich die vorliegende Studie auf die erste und dritte Dimension bezieht - eine perspektivische Beschränkung, die im übrigen für alle Rekonstruktionen historischer Fälle gilt, die über die protokollierte Sequentialität von „O-Tönen" der Handlungspraxis nicht verfügen. Der hier naheliegende methodische Einwand, die Analyse erfolge in einer methodisch unkontrollierbaren perspektivischen Beschränkung, läßt sich leicht entkräften. Selbstdeutungen müssen in die Strukturexplikation stimmig übersetzt werden, erst dadurch läßt sich das Verhältnis der Personen zur spezifischen Logik ihres Handelns sichtbar machen. Siehe dazu Kapitel 2.

[79] Die entsprechende literarische Verarbeitung dieser Phase der Familienentwicklung enthält der Roman „Aus großer Zeit" (Kempowski 1978).

Schiffahrtskaufmann in die Lehre gegangen und folgt auf den Rat seines Vaters einem rationalen Kalkül, als er sich - relativ mittellos - nach Westen aufmacht und im Alter von zwanzig Jahren im Jahre 1885 nach Rostock übersiedelt. Seine Ansiedlung spricht für einen mit dem Ortswechsel verbundenen sozialen Aufstiegswunsch. Versorgungsverpflichtungen gegenüber seiner Herkunftsfamilie, aber auch die ihm zugeschriebene Risikofreude und Abenteuerlust motivieren seinen Entschluß, sich in der Fremde in der unternehmerischen Existenz zu bewähren. Darüber hinaus wird die für Handelsbeziehungen mit dem Westen günstigere Verkehrslage der Stadt gleichfalls eine Rolle gespielt haben. Seine Berufswahl erfolgt nach partikularistischen Kriterien, er setzt die Tradition seines Vaters fort, wobei der Tod des erst zwanzigjährigen ältesten, einzigen Bruders die Zumutung an ihn verstärkt haben wird, in die Fußstapfen des Vaters zu treten. Als hinzugezogener Angehöriger eines zum Kosmopolitismus der Seefahrt[80] orientierten bescheidenen und leistungsbereiten Bürgertums beginnt Robert seine berufliche Existenz in der neuen Umgebung als Angestellter in der ortsansässigen führenden Reederei Wiggers. Er engagiert sich in seinem Beruf, der ihn vor allem durch die Nähe zur Seefahrt fasziniert, und versteht es, seine Sehnsucht nach Ortsungebundenheit durch eine für das kulturelle Klima von Hafenstädten typische Lust an der Skurrilität des Lebens zu sublimieren[81].

Vor dem Hintergrund der Umbruchsituation, als Fremder in die Stadt zu kommen und zu bleiben[82], erscheint die Eheschließung im Jahre 1892 ein nicht nur statusmäßig zwingender, sondern auch biografisch stimmiger Versuch, ein verläßliches

[80] Der zweite Vorname „William" deutet die Orientierung an England als führender See- und Handelsmacht an, die seit Beginn des 18. Jahrhunderts für die Bevölkerung der norddeutschen Küstenstädte wichtig war.

[81] Hafenstädte sind nicht nur Umschlagplätze für Waren und vermitteln nicht nur zwischen Binnenland und Außenwelt. Ihren soziotopischen Reiz beziehen sie aus ihrer Anziehungskraft für Kontingenzerfahrungen. Lebensschiffbrüche, die idiosynkratische Verarbeitung von Aufstiegs- und Abstiegsprozessen, finden in einem zur „Welt" geöffneten kosmopolitischen Klima soziale Orte der wechselseitigen Bestätigung. Die Interaktion von stetem und unstetem Leben, von Mobilität und Immobilität der Lebensführung hinterläßt ein Gespür und soziale Aufnahmebereitschaft für die Dignität des Befristeten. Eine wichtige Figur in dieser Gemengelage ist der Seemann mit dem exklusiven Anrecht auf Geschichten, die ohne Evidenzbeweise weitergereicht werden - sein stetes Komplement ist der Reeder.

[82] In Anlehnung an Simmels (1908) Formulierung, die die klassische soziale Voraussetzung für Innovationsbereitschaft und kreative soziale Abweichung benennt, bei Simmel exemplifiziert an der Geschichte der für das Judentum strukturtypischen Wanderschaft und sozialen Marginalität. Kempowski ist im Unterschied dazu ein Zugezogener ohne internalisierte Souveränität im Umgang mit der Randstellung. Unter dieser Bedingung erhöhen sich Anpassungsprobleme in der neuen Umgebung.

Solidarsystem aufzubauen. Sein Bemühen ist, wie sich in der Person seiner Frau zeigt, auf halbem Wege erfolgreich. Kempowski heiratet die zwanzigjährige Anna, Tochter des zu Reichtum gekommenen Maurers Siebert (Martens). Sie ist gleichfalls Zugezogene und ohne traditionelle soziale Verwurzelung am Ort aufgewachsen und stammt aus einer Baumeisterfamilie aus dem Mecklenburgischen, deren sozialer Status in der Außendarstellung stets dadurch überzeichnet wurde, daß man stillschweigend aus dem väterlichen Beruf einen Architektenberuf machte.

Der soziale Makel der Milieufremdheit konnte jedoch durch ein beträchtliches Vermögen ausgeglichen werden. Robert Williams Wahl antwortet zwar auf die Schwierigkeiten, sich als „newcomer" in fremder Umgebung sozial zu plazieren, trifft jedoch auf eine besondere Beziehungskonstellation in der Herkunftsfamilie Annas. Anna ist die zweite Tochter der Familie. Sie wächst vom vierten Lebensjahr an unter der Obhut ihrer Mutter auf, nachdem sich ihr Vater im Alter von dreißig Jahren umgebracht hat. Ihre und ihrer Schwester Lebenssituation als Jugendliche werden wenig später überschattet vom frühen Tod der Mutter, woraufhin beide Kinder von dem unverheirateten Bruder der Mutter aufgenommen, liebevoll versorgt und für die Zukunft finanziell üppig ausgestattet werden. Die beeindruckende ökonomische Prosperität der Siebert (Martens) geht somit im wesentlichen auf die väterliche Hinterlassenschaft sowie auf die uneigennützige Unterstützung durch den Onkel zurück.

Als folgenreich für die Persönlichkeitsbildung Annas erweist sich nun das Stigma, das in einem traditionalistischen Milieu wie dem Bauhandwerk zunächst der jungen verwitweten Mutter angeheftet wurde und nach deren Tod ihre Töchter erheblich belastend war. Die von Eifersucht und dem Gerangel um die Gunst des Onkels gekennzeichnete Beziehung der Schwestern untereinander spitzt sich besonders zu, als die jüngere Schwester vor der älteren Anna heiratet. Dieser Affront gegen die Ältere wird ein wichtiger Anstoß, gegenüber dem damaligen Angestellten Robert William Kempowski, den sie tagaus, tagein von der gegenüberliegenden Wohnung beobachten konnte, initiativ zu werden und ihm die Ehe vorzuschlagen. Annas späterer Lebensweg, der von psychischer Labilität, häufigen Krankheiten und Kuraufenthalten gekennzeichnet ist, spricht für die Vermutung, daß sie die biografische Hypothek weder in ihrer Ehe noch nach der Familiengründung und zweier eigener Kinder (s.u.) hat bewältigen können.

Kommen wir zunächst auf Robert William zurück. Nach 18 Jahren kommt es in Rostock im Jahre 1903 zur eigenen Firmengründung, als Robert William auf ein günstiges Angebot seines Chefs eingeht und zusammen mit einem Kollegen die Reederei aufkauft. Der lange Zeitraum von der Übersiedlung bis zum Aufbau eines eigenen Unternehmens läßt ökonomische oder/und soziale Schwierigkeiten vermuten, die dem Schritt in die berufliche Selbständigkeit im Wege gestanden haben mögen, zumal er ohne verwandtschaftliche Hilfe auskommen mußte. Dank seines unternehmerischen Elans hat er sich von seinem Entschluß nicht abbringen lassen. Abgesehen davon, profitiert er von dem Vermögen seiner Frau, das als Grundkapital für den Aufbau der Reederei eingesetzt wird. Die ersten beiden Frachtschiffe werden von der brautelterlichen Mitgift bezahlt. Seine paternalistisch großzügige soziale Einstellung gegenüber seinen Mitmenschen, seine Begeisterung für die Absurditäten des Lebens, sowie sein eklektizistischer Umgang mit Bildungsgütern treffen auf einen entsprechenden Erwartungshorizont der Frau, die ihre Sehnsucht, fernab von bürgerlich anstrengender Bildungsbeflissenheit ein ökonomisch sorgenfreies Leben zu führen, erfüllt glaubt - zwar in bürgerlicher Sekurität, aber in der Absicht, die Ehe nicht als Hafen, eher als Seefahrt zu vollziehen[83].

Soziale Integration gelingt dem jungen Paar jedoch in der lokalen Bohème kleinstädtischer Künstlerkreise und ihren vor allem von der jungen Frau bewunderten „kleinen Bizarrerien des Auftretens und Disziplinlosigkeiten der Lebensführung“[84] eher als in dem berufsangemessenen und am Orte tonangebenden Kaufleute- und Reedermilieu mit seiner Vorliebe für feine Manieren und unauffällige soziale Selbstdarstellung. Annas Eitelkeit schmeichelt es, an der Waghalsigkeit, dem dyna-

[83] Ihr Mann, der zu den Originalen zählt, von denen die Hafenstädte voll sind, erfüllt dazu alle Voraussetzungen. Sein Lieblingsschriftsteller ist Fritz Reuter, der große Geschichtenerzähler der Region, das Geigenspiel, dem er sich mit Begeisterung widmete, hat er sich selbst beigebracht. Zur Freude an der Skurrilität gehört etwa seine Begeisterung für unüberhörbare Konzerte, zu denen er seine drei Hunde animierte, indem er ihnen auf seiner Mundharmonika vorspielte. In den Zusammenhang gehört auch das Urteil der Wirtschafterin des Hauses: „Der alte Herr war an sich ganz nett, bloß: der hatte eine Schwäche für die Weiblichkeit. Gleich am ersten Tag hat unsere Plättfrau zu mir gesagt: 'Wenn Sie zu Herrn Kempowski kommen, da müssen Sie sich nichts bei denken, der will immer wissen, was Sie fürn Kleid anhaben: 'Ist das Wolle oder ist das Seide?' Da müssen Sie sich nichts bei denken'" (Kempowski 1991, 49).

[84] Die Formulierung geht auf Theodor Geiger zurück, dessen Arbeiten zur Sozialstruktur des deutschen Volkes (1932) sowie zur Typologie von Intelligenzberufen (1949) wichtige strukturphänomenologische und insofern „aktuelle“ Vorschläge für die Familienforschung enthalten. In der Fallanalyse zu Kempowski drängen sich im übrigen die soziologischen Arbeiten Geigers verschiedentlich als Bausteine der Rekonstruktion auf. Die in seinen Schichtungsanalysen leitende Unterscheidung zwischen Sozialstil der Epoche und Sozialdisposition der Person formuliert einen Gedanken, der von allgemeinem theoretischen Interesse ist. Sie betrifft die sozialmoralisch vermittelte Grenzziehung zwischen Binnenraum der Familie (Sozialdisposition) und von außen kommenden normativen Erwartungen (siehe auch Kapitel 4).

mischen Elan der Theaterleute zu partizipieren und gegen den biederen Umgang der herrschenden Kreise einen grellen Gestus der Unerschrockenheit zu inszenieren. Dieses Klima kommt dem rauhherzigen Umgang und der auf jede Abwechslung neugierigen Weltsicht ihres Mannes zunächst entgegen. Im Verzicht auf die Mitgliedschaft in sowohl bildungs-, als auch wirtschaftsbürgerlichen Verkehrskreisen gründet sich somit eine labile eheliche Solidargemeinschaft von zwei Außenseitern, die zwar einkommensmäßig die standesgemäßen Statussymbole vorweisen und sich einen großzügigen Lebensstil erlauben können. Zweimal im Jahr geht es zur Kur nach Bad Oeynhausen, den Sommerurlaub verbringt man in den einschlägigen Badeorten der Ostsee, ein Chauffeur für den Wagen, mehrere Hausangestellte, darunter ein Gärtner, eine Waschfrau und eine Köchin, sorgen für den Komfort, den sie jedoch nur um den Preis einer zunehmenden Marginalität und Selbstexotisierung einhalten können. Im provinziellen Horizont der kleinen Hafenstadt stoßen der demonstrative seigneurale Gestus und die gelebte Surrealität auf Ablehnung und zwar von allen Seiten des sozialen Spektrums. Das Dienstpersonal, dem man im Hause Kempowski nicht nach hanseatischer Kaufmannsart respektvoll und wohlwollend, sondern eher rüde begegnet, wechselt ständig, und auch der Freundschaftskreis, der sich zu opulenten Festen im Hause einfindet, ist zwar zahlenmäßig beeindruckend, allerdings kaum mit dauerhaften Bindungen zu vergleichen und fügt sich schon gar nicht der statusangemessenen Sozialform des Clubs oder einer vergleichbaren Vereinigung von Honoratioren.

Die Anpassungsbemühungen des als „neureich“ ortsbekannten Paares erfolgen noch auf einer zweiten Ebene. Ein Jahr nach der Eheschließung wird im Jahre 1893 eine Tochter Elisabeth (Silvia) geboren. Die rasche Familiengründung entspricht dem Versuch, am Ort ansässig zu werden und über eigene Kinder Statuskontinuität zu sichern. Sie spricht einerseits für das Vorhandensein eines normalen Familienmodells, ist andererseits, gemessen an der bisherigen Geschichte des Paares mit seiner exzentrischen Distanz zur Konvention, überraschend, zumal besonders für Anna die kleine Theaterwelt der Stadt zunehmend die sozial bedeutsame Welt geworden ist.

Der Umstand nun, daß als erstes Kind ein Mädchen geboren wird, ist in einem in Erziehungsfragen von der kulturellen Moderne noch nicht erfaßten Familienzusammenhang folgenreicher als in der heutigen Zeit. Unabhängig von Interaktionsdynamik und Affektstruktur verstehen sich die Familien zur damaligen Zeit normativ als Träger einer Idee ökonomischer Selbständigkeit, soziale Asymmetrien in der Eltern-Kind-Beziehung wie der Gattenbeziehung sind noch nicht in Frage gestellt und durchgängig sind Eltern besonders aufmerksam auf die Geschwisterreihenfolge bei den Geburten ihrer Kinder[85].

---

[85] Vgl. hierzu auf allgemeiner Ebene Kocka (1982).

Während in einem traditionellen Stand wie dem Unternehmertum in der Regel die normative Gleichrangigkeit von Töchtern und Söhnen auch dann faktisch respektiert wird, wenn die Familie über die wertmäßigen und affektiven Voraussetzungen verfügt, können wir im Fall Kempowski hiervon nicht ausgehen[86]. Im Gegenteil scheinen die Eheleute überfordert zu sein. Der in derber Fröhlichkeit gepflegte soziale Umgang mit Schiffskapitänen, Spediteuren und Hafenleuten hat Robert William Kempowskis Weltbild geprägt, seine vormoderne Sozialmoral macht demnach ein Zugeständnis an die Emanzipation der Geschlechter unwahrscheinlich. Hätte vielleicht ein Sohn als prospektiver Unternehmensnachfolger die beim Vater gebrochene Sozialintegration noch aussichtsreich erscheinen lassen, konfrontiert die Geburt einer Tochter die Eltern demgegenüber mit dem Folgeproblem, die Nachfolgefrage offen halten zu müssen, ungeachtet der Tatsache, daß die Ehe infolge der nur äußeren moralischen Stütze des aufwendigen Lebensstils affektiv erheblich absorbiert bzw. durch jeweilige Liebschaften innerlich fragmentiert ist.

Der vergleichsweise hohe Zeitabstand zwischen den Geburten von Elisabeth und Karl läßt die Vermutung zu, daß die Eheleute zwar einerseits dem Normalmodell der Familiengründung folgen, andererseits jedoch entscheidungsunsicher waren. Als Karl Kempowski, Walter K.s Vater, im Jahre 1898 spät geboren wird, steht er nicht allein in der natürlichen Reihenfolge der Geburten an zweiter Stelle, vielmehr wird ihm von vornherein die Identität des Nachzüglers zugeschrieben. Im Familienjargon heißt er „das Versehen“ (oder: „unser kleiner Verzug“), eine Formulierung, die die Schließung der Gattenbeziehung gegenüber ihren sozialisatorischen Funktionen anschaulich macht. Mit der relativ späten Geburt eines Stammhalters und möglichen Unternehmensnachfolgers scheinen die Eltern allerdings in dem Maße, in dem sie sich mit der Umkehrung erwarteter Geschwisterverhältnisse arrangiert haben, umso schwerer zurechtzukommen, als sich zu diesem Zeitpunkt die Beziehung schon zugunsten einer Öffnung der Familienbeziehungen in die immer wichtiger werdenden Außenkontakte verändert hat, während die Ehe nur noch kraft Konvention weiterbesteht. Eine Beinlähmung, die den Ehemann zunehmend an den Rollstuhl fesselt, und deren unklare Entstehung Anlaß zu kompromittierenden Spekulationen abgeben, bildet in diesem Transformationsvorgang ein weiteres äußeres Ereignis.

Für den Alltag wie für das Selbstbild der Eheleute bedeutet der Nachwuchs eine affektive Belastung und erzieherische Zumutung. Entscheidend ist, daß die Pflichten, die eine Elternschaft abverlangt, mit der Turbulenz der außenorientierten Ehebeziehung nur schwer zu vereinbaren sind. Karls Zukunft wird nicht mehr ernsthaft im

---

[86] Wir bewegen uns hier in einem weitgehend durch vormoderne sozialmoralische Vorstellungen geprägten Milieu, normative Toleranzen zugunsten der Töchter sind von daher im wirtschaftsbürgerlichen Milieu unwahrscheinlich und wenn überhaupt, dann im Großbürgertum zu erwarten.

Spiegel der väterlichen Tradition ausgemalt. Von den Folgen bleibt wiederum die Beziehung zur erstgeborenen Tochter Elisabeth nicht unbeeinflußt, die nun durch die nachträgliche, wenn auch halbherzige Aufmerksamkeit auf ihren Bruder, vollends in den Hintergrund gerät. Im Unterschied zu vergleichbaren Familienkonstellationen, bei denen die Kinder in das Konfliktfeld der Gattenbeziehung geraten, aber davon zugleich auch einen Fundus lebenspraktischer Erfahrungen vom Umgang mit Ambivalenz beziehen, wird ihnen im vorliegenden Fall zugemutet, sich gegen die Struktur affektiver Indifferenz der Eltern zu individuieren. Ohne ein verläßliches sozialisatorisches Milieu, gleichsam zur standesüblichen Familienausstattung gehörend, fehlen ihnen dazu jedoch entscheidende Voraussetzungen[87].

Ein kurzer Blick auf den weiteren Lebensweg Elisabeths liefert eine hohe Evidenz dafür, daß der Integrationsversuch der Familie Robert William Kempowskis in Rostock oberflächlich bleibt und interaktionslogisch durch eine zunehmende innerfamiliale Fragmentierung und Desorganisation dementiert wird. Dies teilt sich Elisabeth stärker mit als ihrem Bruder, weil sie qua Geschlechtszugehörigkeit zunächst die Stammhalterhoffnungen enttäuscht und auch später, vor allem nach der Geburt ihres Bruders Karl, ohne eine spezifische Bindung und elterliche Fürsorge im Familienalltag hingenommen wird. Die durchaus mögliche Gelegenheit, sich unter diesen Bedingungen in der Schule besonders anzustrengen und sich einen Ersatz für fehlende Anerkennung zu verschaffen, ergreift sie nicht. Umwegreich gestaltet sich ihre schulische Laufbahn. Mehrere Schulen muß sie wegen Faulheit und Unzuverlässigkeit verlassen. Sie wird schließlich in einem Mädchenpensionat untergebracht, das sie aber ebenfalls nach kurzer Zeit wieder aufgeben muß. Elisabeth, die als eine Tagträumerin beschrieben wird, heiratet 1913 im Alter von zwanzig Jahren einen promovierten Juristen[88], der sich nach vierzehn Jahren von ihr trennen wird. Die drei Kinder aus dieser Ehe wachsen mit erheblichen Verhaltensstörungen auf, sie erleben die zunehmende Verwahrlosung ihrer Mutter, die nach einer Affäre mit einem Mann, der ehemals wegen Unzucht an Minderjährigen inhaftiert war, in ihrem Elternhaus bei ihrem Vater Unterschlupf gefunden hat. Nach

---

[87] Metaphorisch ausgedrückt, bedeutet das Familienleben für Robert und Anna eine Rückkehr in den Hafen. Ihre Zuneigung gründet jedoch gerade auf der Lust an der Ortlosigkeit - atmosphärisch eine Konstellation, die Hans Albers später in seinen Liedern aufgreifen wird. Vom Phänotypus her zeigt sich sehr schön die Ähnlichkeit zu Familienbeziehungen von Seeleuten mit der hierfür typischen Bereitschaft zu sentimentaler, exzessiver bis anomischer affektiver Solidarität. Dieser Vergleich soll noch einmal den Lebensduktus der Kempowskis verdeutlichen.

[88] Zur Hochzeitsfeier wird Grete Collasius aus Hamburg eingeladen und Karl Kempowski macht ihr bei diesem Anlaß den Hof.

dem Tod der Mutter Anna Kempowski im Jahr 1927 zieht sich Elisabeth, die den biografischen Schiffbruch erleidet, in den ehemaligen Zimmern der Verstorbenen aus jeglichen Sozialkontakten zurück - in Groll vor allem gegen ihren Vater, der seine Unterstützung nie rückgängig gemacht hatte, den sie jedoch ständig für das Scheitern ihres Lebens verantwortlich machte und dessen Großzügigkeit sie ohne Gewissensbisse auszunutzen verstand.

Die zunehmende Distanz zwischen den Eltern und das nur konventionsorientierte Bemühen um eine Familienidentität findet Ende der zwanziger Jahre eine sinnfällige äußere Bestätigung, als Robert William sich weigert, an der Beerdigung seiner Frau Anna teilzunehmen. Diese symbolisch dramatisierte affektive Neutralität gegenüber der Trauer um die Partner ist typisch für die Strukturschwäche der Ehe, wenn sie auch situativ mit krankheitsbedingten Unbeweglichkeit des Mannes begründet wird. Die Weigerung ist mehrfach überdeterminiert. Sie besiegelt nicht allein die Entfremdung der Eheleute, vielmehr gibt sie darüberhinaus ein milieu- bzw. berufstypisches Zeugnis vorreflexiver Einstellung zum Tod, über den im Hause Kempowski zu sprechen verpönt ist. Der Tod gehört wie das Meer zu den Naturgewalten, denen man ausgeliefert ist und deren allgegenwärtige Übermacht sich durch rationalisierende Sinnstiftungen nicht kontrollieren läßt.

Wie ich schon ausgeführt habe, wird 1898 Karl Kempowski, Walter K.s Vater, in einem von Desorganisation ständig bedrohten Familiengefüge geboren, frühzeitig versehen (s.o.) mit dem Stigma des zu spät Geborenen. Hieran zeigt sich, daß die Familie die objektive Chance, in ihrem zweiten Kind einen männlichen Träger von Familienehre und Familienstolz zu begrüßen, nicht wahrgenommen hat, wenngleich der zwei Jahre nach seiner Geburt erfolgende Umzug der Familie in das selbst erworbene komfortable Wohnhaus eines Weinhändlers (Gütschow) günstige äußere Bedingungen geboten hätte.

Aus Karls Kindheit ist wenig bekannt, seine Erziehung und Betreuung übernehmen Kinderfrauen. Bemerkenswert für die Strategie sozialer Plazierung des eigenen Nachwuchses ist der Besuch des Realgymnasiums, einem Schultypus, der zur damaligen Zeit institutionell etabliert wurde und der für Aufstiegswünsche von Kindern aus dem Wirtschaftsbürgertum eine Alternative zum klassischen Gymnasium anbot. Das entspricht den standesgemäßen Vorgaben. Wie sehr die Entscheidung jedoch, ähnlich dem gescheiterten Bemühen um die schulische Ausbildung von Elisabeth, einer affektiv-moralischen Stütze durch das Elternhaus entbehrte, zeigen Schulschwierigkeiten, die sich auch bei Karl häufen und die durch Nachhilfeunterricht mühsam aufgefangen werden können.

Karls Jugend fällt in die Zeit des Ersten Weltkriegs. Der Krieg leitet einen Umbruch in der Daseinsführung der Familie ein, der auch die bange Frage, ob Karl das Abitur schaffen werde, hinfällig macht. Die moralische Seite des Kriegs nimmt er aus der Perspektive seiner dynamischen Stellung in der Familienstruktur spezifisch beschränkt wahr und meldet sich als Sechzehnjähriger - gegen den ausdrücklichen Willen seiner Eltern - freiwillig zum Einsatz an der Westfront. Diese für seine Person überraschende Entschlossenheit hat jedoch im Unterschied zu damals unter seinesgleichen verbreiteten Motiven mit einer Reaktion auf muffige Bürgerlichkeit wenig zu tun. Im Lichte seiner biografischen Hypothek sieht er vielmehr im Wehrdienst eine willkommene Gelegenheit zur Persönlichkeitsbildung bzw. nachträglichen Korrektur der innerfamilialen Randstellung. Die Idee des Ruhmes auf dem Kriegsschauplatz, der das eigene Leben überdauert, ermöglicht es dabei, die Akzeptanz zu imaginieren, die ihm die unmittelbare soziale Umgebung versagt hat.

Von der Logik der Familienstruktur her trägt Karls Entschlußfreude nicht zur Transformation, sondern zur Reproduktion seiner Stellung bei, mehr noch: seine kriegsbedingte Abwesenheit wird innerfamilial als Zäsur, als ein definitiver Abschied verarbeitet. Mit der lakonischen Begründung: „... der fällt ja doch...“, macht sich Karls Mutter an das Aussortieren seiner Kleidung, in der allein familiendynamisch zu erklärenden Gewißheit, Karl werde unter den Extrembedingungen des Soldatenlebens Opfer seiner Unreife und Unselbständigkeit. Objektiv spricht die makabre Prognose die marginale Stellung im Familienverband aus, die seine Mutter durch einen für sie voraussehbaren frühen Tod ratifiziert sieht.

Karls Adoleszenzerfahrungen werden durch die Erlebnisse beim Einsatz an der Westfront nachhaltig strukturiert. Zwar eröffnet sich ihm als zu spät gekommenen die Chance, seine labile Position durch soldatische Erfolge zu kompensieren und mit Stolz auf eine ganze Reihe von Beförderungen und Ehrendienstgraden zu verweisen, aber im Lebenslauf rückt gerade durch dieses Engagement die Möglichkeit, seine prekäre Stellung über Ausbildung und nachweisbare berufliche Kompetenz zu korrigieren, weiter in den Hintergrund.

Zur kollektiven Demütigung seiner Generation, als Kriegsverlierer heimzukommen, kommt ein spezifisches Soldatenschicksal hinzu: Die Heimkehr mit einer durch eine Gasvergiftung ausgelösten, ständig belastenden Hautallergie, die ihm sein Leben lang zu schaffen macht, erschwert für Karl den Neubeginn nach dem Ersten Weltkrieg, der auch durch den stolzen Verweis auf das Eiserne Kreuz 1. Klasse und den Aufstieg zum Leutnant nicht leichter wird. Die biografische Bilanz, die er wie viele seiner Generationsgenossen aus dem demütigenden Scheitern seines jugendlich-patriotischen Engagements zieht, erschöpft sich darin, auf nationalistische

Parolen von nun an in kauzige Distanz zu gehen[89]. Abgesehen vom Stigma der Hautkrankheit verdichtet sich hierin eine durch Desillusionierung erzwungene Karikatur von Systemkritik. Sie wird zu einer blassen Spur von Erfahrungsverarbeitung, die der soldatische Mut hinterlassen hat.

Marginalität im Binnenmilieu der Familie

Bei aller Unsicherheit der Selbstdefinition, folgt Karl mit der Gründung einer eigenen Familie den Üblichkeiten seines Milieus, und zwar gegen die Unkenrufe sowohl seiner eigenen Herkunftsfamilie als auch gegen die bestürzten Kommentare aus der Verwandtschaft seiner Frau Grete, geborene Collasius aus Hamburg[90].Von seiner Mutter Anna, der eine in festem christlichen Glauben und heiterer Frömmigkeit erzogene Schwiegertochter aus betuchten Hamburger Kreisen eine ständige moralische Provokation bedeutet, wird der Hochzeitswunsch berichtet: „Ich wünsch Euch alles Schlechte“. Anna Kempowski macht aus ihrem Neid und ihrer Ablehnung keinen Hehl und bleibt den Feierlichkeiten fern. Betrachtet man das Herkunftsmilieu der Ehefrau, so verspricht die Heirat mit einer Tochter aus gutem Hause aussichtsreich zu werden. Grete ist das dritte Kind aus einer angesehenen Hamburger Tuchhändlerfamilie, deren Geschichte wir an dieser Stelle einblenden wollen[91].

Wilhelm Collasius (de Bonsac), Walter Kempowskis Großvater mütterlicherseits, wird 1863 als ältester Sohn einer traditionsreichen Hamburger Kaufmannsfamilie geboren, er heiratet 1892 die 23jährige Martha H., 1869 geborene Tochter aus einer Cuxhavener Landarztfamilie. Seine berufliche Laufbahn verlief nach den milieuüblichen Kriterien, Ausbildung im väterlichen Geschäft sowie ein Auslandsaufenthalt (in Afrika) gehören zum Fundament einer in Hamburg für das wirtschaftsbürgerliche Milieu typischen unternehmerischen Karriere.

Das 1902 gegründete Geschäft „Import englischer Wolle - Export deutscher Tuche“ ermöglicht der Familie bei aller für sie typischen konsumasketischen Einstel-

---

[89] Damit ist eine Reaktion auf umfassende Schwierigkeiten der Selbstdefinition gemeint, wie sie in der Sozialsituation der Vereinsamung auftritt. Es kommt für Karl hinzu, daß ihm konkurrierende Deutungen seiner Erfahrungen nicht zur Verfügung stehen, weder im Elternhaus noch in seiner sozialen Umgebung.

[90] Die im folgenden angesprochenen Phasen der Familienentwicklung greift der Roman „Schöne Aussicht“ (Kempowski 1981) auf.

[91] Die Vorgeschichte der Familie Collasius führt im übrigen im Unterschied zur Darstellung im Roman nicht nach Frankreich, sondern nach Mecklenburg, in der Generationenfolge reproduziert sich hier ein typisches Wanderungsmuster zwischen Ost und West, bei konstanter Orientierung an Hafenstädten.

lung einen großzügigen Lebensstil, wie es im Standort der Wohnung in Wandsbek, im sogenannten preußischen vornehmen Stadtviertel, zum Ausdruck kommt. 1892 wird eine Tochter Hertha geboren, 1894 folgt Sohn Richard, im Jahre 1896 Grete und im Jahr 1900 Tochter Lotti. Im skizzenhaften Durchgang durch die Geschwisterkonstellation konzentrieren wir uns auf eine Nachfolgeproblematik, die wiederum nur im Hinblick auf die Folgen für Gretes dynamische Position im Familienverband ausgeleuchtet werden soll. In diesem Fall steht der prospektive Nachfolger des Vaters an zweiter Stelle in der Geburtenreihenfolge, wobei der geringe Abstand zwischen erstem und zweitem Kind die bei der „Geschlechterumkehrung" in einem traditionellen Milieu objektiv wahrscheinlichen Belastungen einschränkt. Diese tauchen, wie weiter unten gezeigt wird, familiendynamisch an ganz anderer Stelle auf.

Bei den Collasius handelt es sich um ein ökonomisch erfolgreiches, sozial durch Vereinsmitgliedschaft und Engagement in der evangelischen Kirche integriertes Unternehmermilieu, für das eine protestantisch motivierte Askese, Selbstdisziplin, und eine durch die christliche Ethik begründete Funktionsaufteilung der Aufgaben des Vaters und der Mutter typisch ist. Nach dem kulturellen Selbstverständnis der Familie wird mit dem erwirtschafteten Reichtum sparsam umgegangen, demonstrativer Genuß ist als lasterhaft verpönt, die Morgenandacht gehört zur rituell bekräftigten Moral, die eine umsichtige, auf Pflichterfüllung und Fügsamkeit ausgerichtete Kindererziehung vorschreibt. Bemerkenswert an diesem in allen Facetten seiner Daseinsgestaltung idealtypischen protestantisch asketischen Unternehmerhaushalt ist das Verhältnis von Gattenbeziehung und Eltern-Kind-Beziehung.

Die Eltern Wilhelm und Martha führen ihre Ehe in einer durch die christliche Ethik verklammerten partnerschaftlichen Solidarität, die es zuläßt, die Autoritätsstellung des Vaters ebenso hinzunehmen und anzuerkennen wie die ausschließliche Hingabe der Mutter an die Erziehung der Kinder. Der Vater sucht eine Selbstbestätigung im beruflichen Erfolg, die Mutter findet anhaltenden Rückhalt im christlichen Glauben, das Verhältnis zu den Kindern ist trotz einer hohen Aufmerksamkeit auf deren psychisches Wohlbefinden und Gedeihen streng und statusorientiert, wobei das für Unternehmerfamilien charakteristische Dynastiedenken eher implizit bleibt. „Wie war man behütet aufgewachsen!", so erinnert sich Grete Kempowski später,

> „Geordnete Verhältnisse und alles hatte seinen Schick gehabt. Andererseits weltfremd bis zum geht-nicht-mehr: Was kannte man denn vom Leben, als man das Elternhaus verließ. Wenn wir mal ins Theater wollten, dann sagte mein Vater: ‘Mein liebes Kind,

wenn du jetzt schon ins Theater gehst, was soll dir dein Mann später noch bieten? Der ärgert sich doch, wenn du alles schon kennst'.“[92]

Die Ehebeziehung folgt zwar den normativen Vorgaben des 19. Jahrhunderts, hat dabei aber, bei gleichzeitiger Unterordnung der Frau unter die Autoritätsansprüche des Mannes, ein starkes Eigenrecht. Für die Familie ist eine hohe Binnenmoral sowie die fraglose Einbindung der Mitglieder in einen übergreifenden Familienmythos entscheidend. Andererseits gerät infolge des Übergewichtes von Töchtern in der Geschwisterkonstellation die Aufmerksamkeit auf die Statuskontinuität faktisch in den Hintergrund.

Der unbefragte Traditionalismus läßt - im Unterschied zu modernen Formen der Eltern-Kind-Beziehung - eine hohe Distanz zwischen den Generationen entstehen, die in der Biografieentwicklung der vier Kinder unterschiedliche Spuren hinterläßt. In dem Maße nämlich, in dem infolge der unangefochtenen Autorität des Vaters Collasius sowie seiner durch die Mutter überbrückten hohen Distanz zu den Kindern die Sorge um den Statuserhalt gerade an Bedeutung verliert, werden die Kinder für Lebensläufe im Windschatten der Nachfolgeproblematik freigesetzt. Sie haben, wie auch der zeitliche Abstand der Geburten zeigt, gute Voraussetzungen, eine eigene Sozialwelt aufzubauen und selbständig zu bestimmen und zwar in dem Maße, in dem die Zugehörigkeit zu bürgerlichen Verkehrskreisen als Prämisse des eigenen Lebens unbefragt hingenommen wird.

Der Wirkung eines gerade durch väterliche Autorität autonomiefördernden Sozialisationsklimas kommt zwar die hohe Kinderzahl und das dadurch entstehende geschwisterliche Solidarsystem entgegen. Allerdings, so zeigt ein Blick auf die Lebensgeschichte Richards, begünstigt das Verhältnis von drei Schwestern zu nur einem Bruder die Diskrepanz zwischen normativer Bedeutsamkeit und interaktionslogischem Vollzug einer den Nachfolger vorbereitenden Erziehung. Dem einzigen Sohn bleibt ein ernsthafter Erfahrungs- und Bewährungstest auf die Vorzüge seiner immer schon unterstellten Sonderbegabung versagt. Er muß infolgedessen den Preis für die nichtintendierte Traditionsschwächung zahlen. Nicht nur im Geschwistersystem hat er den schwersten Stand, auch in der Wahrnehmung der Eltern gerät er in den Hintergrund, die zunächst begonnene kaufmännische Laufbahn bricht er ab und wird Kostgänger seiner Eltern. Sein späterer Lebensweg, auf dem man ihn als Mitarbeiter in Adolf Hitlers Hauptquartier engagiert sieht, läßt vermuten, daß sein Urteil über eine ungewisse Zukunft und die geringe Präsenz eines väterlichen Vorbilds Richard nach klar strukturierten Autoritätsbeziehungen suchen läßt.

---

[92] Kempowski (1978, 213).

Im Unterschied dazu jedoch verbringen die drei Schwestern im Schutze eines sozial gesicherten bürgerlichen Familienlebens unbeschwerte Kinder- und Jugendjahre, wobei im einzelnen die affektive Entfernung zu der Solidarbeziehung der Eltern unterschiedlich verarbeitet wird. Wir beschränken uns hier auf die Tochter Grete. Sie nimmt als drittes Kind, nachdem eine Tochter und ein Sohn geboren sind und nachdem die, wenn auch nur schwachen (s.o.), Anstrengungen hinsichtlich der Statusnachfolge in der Aufmerksamkeit auf die älteren Geschwister absorbiert werden, die familiendynamisch „günstigste" Position ein. Faktisch wird sie das „Nesthäkchen" der Familie, was durch die Geburt Lottis, die, gegen den bisherigen Geburtenrhythmus, vier Jahre später zur Welt kommt, bekräftigt wird. Grete nimmt von dieser Ausgangslage her neugierig die objektive Reichhaltigkeit der bürgerlichen Lebensform in ihren Identitätsentwurf auf.

Das unabhängige und unerschrockene Erschließen der Welt gehört ebenso dazu wie die Fürsorglichkeit und die Güte für Menschen außerhalb des eigenen Lebensrahmens, ohne daß sie dazu ausdrücklich auf die Maßstäbe der in ihrem Elternhaus bewußt gepflegten christlichen Tradition zurückgreifen müßte. Daß sie von ihren Eltern, vor allem von ihrem Vater, fraglos unterstützt wird, verschafft ihr ein hohes Selbstbewußtsein, das sie gerade nicht durch Standesdünkel künstlich inszenieren muß. Ihr soziales Engagement im Ersten Weltkrieg wird davon ebenso genährt wie ihre gespannte Neugier auf Lebensformen außerhalb des Bürgertums.

So beginnt sie als einzige Tochter eine Berufstätigkeit und arbeitet nach einer Ausbildung in Montessori-Pädagogik als Kindergärtnerin in einem Armenviertel am Hamburger Hafen[93]. Dabei kommt die aufgeklärte pädagogische Konzeption ihrer naturwüchsigen Vorstellung von Handlungsautonomie entgegen.

Die nämliche affektiv begründete Souveränität Gretes im Umgang mit bürgerlichen Comments, ihre soziale Aufgeschlossenheit und lebenspraktische Autonomie vermag nun auch ihre folgenreiche Bekanntschaft mit Karl Kempowski zu erklären, wenngleich noch Spuren bürgerlicher Konvention in einer Episode während ihrer Jungmädchenzeit anschaulich zum Ausdruck kommen. Sie ist im Hinblick auf ihre eigene Selbstdefinition charakteristisch. Gretes Jugendliebe Menz ist Pilot der deutschen Luftwaffe, den sie als junges Mädchen zunächst wegen seines sozialen Status und für die damalige Zeit attraktiven, soldatischen Mut sowie künstlerische Akrobatik und Tollkühnheit versprechenden Berufes bewundert. Dank ihrer guten Menschenkenntnis entdeckt sie allerdings bald, daß sich hinter der imponierenden Fassade soziale Phantasielosigkeit und charakterliche Sprödigkeit verbirgt. Deshalb

---

[93] Hinter diesem Entschluß verbirgt sich ein gegen Ende des 19. Jahrhunderts zunehmender objektiver Zwang, Töchtern aus bürgerlichem Milieu Karrierewege zu öffnen. Vgl. hierzu Haupt (1992, 249).

fällt es ihr auch nicht schwer, ihre Enttäuschung darüber zu verkraften, daß Menz ihren Heiratsantrag ablehnt. Gegenüber dem hohlen Schneid des uniformierten Fliegers kommen ihr die ironisch distanzierten und zugleich hilflos naiven Annäherungen des Karl Kempowski amüsanter vor und lassen Grete vergessen, daß Mitleid und bürgerliche Neugier auf das Skurrile ein primäres Motiv für ihre Annäherung werden. Ihre hoch internalisierte moralische Zuversicht bringt die leisen Zweifel hinsichtlich des Standes, aus dem ihr zukünftiger Mann stammt, zum Verstummen.

Wie sehen die Konstitutionsbedingungen der Partnerschaft aus? Die Eheleute treffen eine komplexe Ausgangskonstellation an, ein spezifischer „nomischer Bruch“[94] kennzeichnet den Anfang. Von der sozialen Herkunft her gesehen lernen sich Personen aus unterschiedlichen Milieus des Wirtschaftsbürgertums kennen - zum ersten Mal im Jahr 1913 in einem Ostseebad (Graal-Müritz)[95] - und gründen 1920 eine Familie, allerdings mit jeweils unterschiedlichen biografischen Hypotheken. Karl als Angehöriger eines desintegrierten, vormodernen mittelständischen Kleinstadtunternehmertums mit einem „unerledigten“ biografischen Problem, Grete als Angehörige eines großstädtischen, konventionell bürgerlichen Unternehmertums, mit der den jüngsten Kindern immer zugestandenen Naivität, aber auch schon im Windschatten der elterlichen Aufmerksamkeit auf eine möglichst statusangemessene Partnerwahl. Bei ihr schaut man nicht so genau hin, gerade in dem Maße, in dem man voller Zuversicht von ihrer lebenspraktischen Autonomie überzeugt ist. Abgesehen davon kann sie ihrerseits in einer Ehe mit einem Statusniedrigeren die kognitiv und moralisch hohe Komplexität ihres kulturellen Vorsprungs ohne den anstrengenden Seitenblick auf die immer schon zuvorgekommenen Geschwister zur Geltung bringen.

Damit deutet sich schon eine mögliche Lösung des Strukturproblems der jungen Ehe an. Der wechselseitigen sozialen Entferntheit durch den Entwurf von etwas „Drittem“, einer eigenen Familienidentität zu begegnen, wird durch das Staunen

---

[94] Nach der konstruktivistischen Deutung der Ehe bei Berger/Kellner (1965). Der Zwang zur Redefinition der Wirklichkeitsvorstellungen gilt natürlich für jede Ehebeziehung. Die Partikularität der je eigenen, biografisch verdichteten Weltentwürfe gilt es, in die Perspektive der geliebten Person zu übersetzen und zugleich zu bewahren. „Es ergibt sich notwendigerweise, daß jeder Ehepartner von Anbeginn der Ehe eine neue Modalität seiner eigenen sinnbedeutsamen Erfahrung der Welt im allgemeinen, der Mitmenschen und seiner selbst entwickelt. Unsere Definition besagt somit, daß die Ehe einen *nomischen* Bruch begründet. Die Ehe löst hinsichtlich der Einzelbiografien der beiden Partner einen neuen *nomischen* Prozeß aus“ (Berger/Kellner 1965, 226). Siehe dazu auch Kapitel 4.

[95] Die Familien lernen sich im Sommerurlaub kennen. In der darauf folgenden Herbstzeit - der Zeit der Bälle und Abendeinladungen mit immer wieder auftretendem Damen- bzw. Herrenmangel - kommt es zu Besuchen in Hamburg und Rostock.

über die Merkwürdigkeit des Partners[96] sowie über die beständige Selbstkarikierung erleichtert und im übrigen von dem Wunsch getragen, die allseits skeptische Verwandtschaft vom Gegenteil ihrer düsteren Prognosen zu überzeugen. Bildung, weibliche Güte und mütterliche Fürsorge ist Grete entschlossen, mit dem Optimismus des jüngsten Kindes, auch unter vergleichsweise riskanten Startbedingungen auf ihre Ehe ausstrahlen zu lassen und der ganzen Welt die frohe Miene ihrer Kindheitserfahrung anzudichten. Für Karl, der die objektive Marginalsituation seines Elternhauses als Insuffizienzproblem internalisiert hat, erfüllt sich in der Ehe die Sehnsucht, einen Ort versäumten Lebensglücks zu finden[97]. Hiermit liegen die Elemente des ehespezifischen „Milieuinventars" vor, mit denen die junge Ehe eine autonom gegen den Loyalitätsdruck beider Herkunftsfamilien und nur auf den eigenen Kosmos bezogene gemeinsame Wirklichkeitskonstruktion aufbaut[98].

Sozial und kulturell erscheinen somit die objektiven Risiken der Familienentwicklung als Chancen zur Strukturentfaltung, also auch die relative Schwäche des Ehemannes bei Beginn der Ehe kompensierbar. Nicht Romantik und partnerschaftliche Symmetrie, sondern Sentimentalität und Asymmetrie bilden die affektiven Grundlagen des Verhältnisses. Gretes Güte und Zuwendungsbereitschaft verhält sich komplementär zu Karls selbst auferlegter Härte und seiner steifen und stets etwas täppischen Abgrenzung gegen emotionale Regression.

---

[96] Der zum Familienlexikon avancierte Ausspruch der Mutter: „*Wie ist es nun bloß möglich?*" formuliert somit nicht allein ein Staunen über die Irrationalität des Weltlaufs, sondern spricht objektiv die Sinnstruktur der Beziehung an. Es ratifiziert beschwörend den Überraschungs-Coup, den beide Partner mit ihrer Ehe gelandet haben, überzeugt davon, Gesinnungsdistanzen überwunden zu haben. Was das soziale Selbstverständnis des bürgerlichen Milieus angeht, nach dem die eigene Situation wesentlich auf die eigene Leistung und verbunden damit: die Askese zurückgeführt wird, bedeutet das Staunen in Langschrift auch: „Wie ist es nur möglich, daß es nicht allen so gut geht wie uns?"

[97] Die soziale Marginalisierung oder gar Stigmatisierung kann familienintern auch anders verarbeitet oder gar die Grundlage eines milieuspezifischen Würdegefühls werden. Das zeigt die Anfangssituation von Robert William Kempowski. Daß ein ganzes Sozialmilieu seine Angehörigen mit einem in Optimismus und Weltanpassung transformierten Stolz versehen kann, gegen die Folgen negativer Privilegierung (Max Weber) gerichtet, zeigt die Familiengeschichte Albert Einsteins sehr anschaulich. Siehe dazu Kapitel 3.2.

[98] Die Formulierung „Inventar des Milieus" entnehme ich einer Arbeit von Grathoff (1989, 435 f.), der drei Dimensionen der Lebenspraxis unterscheidet, über die systematisch „Sässigkeit im Milieu" erzeugt wird. Analog zu der Rekonstruktion von Körpertechniken bei Mauss (1975, 199 f.) unterscheidet Grathoff mit Teilhabe am Tisch, Teilhabe am Bett und Teilhabe am Leib zentral thematische Aktivitäten, den „Intimitätszonen des Milieus".

Abgesehen davon, bleibt die Heirat im Jahre 1920 immerhin der Eintritt in eine Reederei mit Aussicht auf Sekurität. Daran kann auch die Tatsache nichts ändern, daß sie im heimischen Hamburger Milieu, vor allem in ihrer Verwandtschaft, ständig kritisch kommentiert wird - bis hin zur kränkenden und sozial kompromittierenden Umdeutung der Hautkrankheit Karls zu einer Geschlechtskrankheit. Bei aller Disparität in der Vorgeschichte, der offenkundigen Inhomogenität von Branche und Heiratskreis sind die Weichen für eine optimistische Neudefinition gestellt.

Im Zuge der Familiengründung ziehen die jungen Kempowskis, nach einem einjährigen Aufenthalt in Lübeck, wo Karl in einer befreundeten Reederei ein Volontariat absolviert hat, in eine Dreizimmerwohnung in der Werftgegend von Rostock, von wo aus er mit Beginn des Jahres 1922 eine Arbeit im väterlichen Betrieb aufnimmt. Beruflich gesehen begegnet er dem allgemeinen Optimismus der zwanziger Jahre ernüchtert und mit bescheidenen Ansprüchen. Die in den Augen beider Herkunftsfamilien als skandalös unstandesgemäß verurteilte sozialräumliche Verortung verstehen die Eheleute sich durch die Aussicht auf eine eigene bürgerliche Lebensführung erträglich zu machen, was für Karl Kempowski umso bedeutender wird, je stärker er im väterlichen Geschäft unter der sozial ungeklärten Stellung als prospektiver Nachfolger zwischen dem Vater und dem für ökonomische Entscheidungen zuständigen Prokuristen leidet.

Vor dem Hintergrund objektiv nicht ermöglichter und in der Nachkriegszeit nicht nachgeholter Ausbildung reproduzieren sich während dieser Zeit die Voraussetzungen für seine relative ökonomische Erfolglosigkeit im Reedereigeschäft, das später - zu Beginn der dreißiger Jahre - nicht durch eigene Anstrengung, sondern durch einen äußeren Produktivitätsimpuls nach der Machtübernahme der Nationalsozialisten kurzfristig zu blühen beginnt. Zugleich verschärfen sich die Bedingungen für die Randstellung in seiner eigenen Familie.

Statt ein Kriegsheld ist er ein altgewordener Lehrling, der weder in der Rolle des Angestellten noch in der Rolle des verantwortungsvoll entscheidenden Firmenmitinhabers im Schatten des Vaters zu arbeiten hat. Im beruflichen Spannungsfeld zwischen väterlicher Leitung, dem ökonomisch erfahrenen Prokuristen und den unteren Angestellten reproduziert sich die dynamische Position, die ihm schon in seiner Familie den kränkenden Ruhm des Verspäteten eingetragen hat. Wenn seine Frau im Rückblick über ihn urteilt, ein richtiger Kaufmann habe er nicht sein können, dazu sei er zu solide gewesen, scheint in der positiven Abhebung die Entscheidungs- und Durchsetzungsschwäche noch einmal durch.

Die allmählich einsetzende soziale Schließung gegenüber ihresgleichen hat in dieser Konstellation ihre familienstrukturelle Ursache. Der Verzicht auf bürgerliche

Geselligkeit bereitet sich systematisch vor, wird jedoch von Karl als Verlust nicht empfunden und von Grete, die sich schwertut, standesgemäß herrschaftlich dem Dienstmädchen Anweisungen zu erteilen, solange nicht bemerkt, wie sie von den Pflichten eines bürgerlichen Haushalts mit kleinen Kindern absorbiert ist. Die Mitgliedschaft in der Freimaurerloge, die bei Karl Kempowski - wie im übrigen auch strukturell wie historisch bei Logenmitgliedern der Fall – die Kirchenzugehörigkeit ersetzt, ist wegen der nur geringen Verbindlichkeit zu regelmäßiger Teilnahme nicht tragfähig genug, soziale Verkehrskreise zu erschließen. An die Stelle tritt der Rückzug ins Private.

Nach zweijährigem Warten kommt im Jahre 1922 das sehnlich gewünschte erste Kind, Tochter Ulla, zur Welt, ein Jahr später, 1923, der Sohn Robert. Die Wahl seines Vornamens nach dem Vorbild des Großvaters erinnert zwar noch an die unternehmerische Tradition, durch Namensvererbung einen Kontinuitätsanspruch zu bekunden, es wiederholt sich jedoch ein Muster, das in der Herkunftsfamilie von Karl Kempowski schon dessen familiendynamisch marginale Stellung bewirkt hatte.

Die Bemühungen um die Nachfolge verblassen in dem Maße, in dem Vater Karl seinerseits täglich im Kontor bestätigt bekommt, daß sein in die Zukunft entworfener kaufmännischer Stolz einer wirklichen Grundlage entbehrt. Er muß infolge seiner sozial ungeklärten Präsenz sogar damit rechnen, daß dem Prokuristen die Geschäftserfolge, die Mißerfolge hingegen allein ihm zugerechnet werden. Die Ansehenseinbuße trägt dazu bei, die Tendenz zur sozialen Selbstisolierung zu beschleunigen, erstreckt sich aber auch auf die Familiendynamik.

Die berufliche Sonderstellung des Vaters machen eine Zukunftsplanung mit Blick auf die Reederei schwierig, so daß beide Kinder, Ulla und Robert, in einer parallelen Unentschiedenheit und Diffusität der Orientierung aufwachsen, die aber auch zur Folge hat, daß unter den Geschwistern eine ausdrückliche Auseinandersetzung um die Gunst der Eltern nicht zu entstehen scheint.

Ullas Biografie, die wir nur kurz streifen wollen, wird durch eine Strukturschwäche der Gattenbeziehung ihrer Eltern begünstigt. Ein Mädchen als erstgeborenes Kind hält nicht allein die Lösung von Statusproblemen der Familie in der Schwebe, vielmehr nötigt es der Mutter eine aktivistische Version von Weiblichkeit ab, die Grete Kempowski von ihrer Persönlichkeitsstruktur her als faktisches Nesthäkchen und der Funktion in ihrer eigenen Ehe und der hier wirksamen Insuffizienzproblematik des Mannes eher betulich-fürsorgliche Frau lebenspraktisch zu füllen schwerfällt. Infolgedessen zieht Ulla, die eine Geschwistersolidarität weder erfahren noch gesucht hat, sich in ihrer Kindheit in Freundschaften mit Jungen zurück und distanziert sich zunehmend von den Familienbeziehungen. Ihr später in Rostock begonnenes Anglistikstudium führt sie nicht zu Ende, die Bekanntschaft und alsbald folgende Heirat mit einem dänischen Kaufmann, über dessen Vermittlung sie in den skandinavischen Studentenbund eintritt und zunehmend eine zur herrschenden öffentlichen Meinung konkurrierende Einstellung zu entwickeln vermag, leitet einen biografischen Umbruch ein, der den Abschied von der eigenen Familie und von der deutschen Kultur nach sich zieht. Er ist nicht nur mentalitätsmäßig konsistent, sondern auch familiendynamisch zwingend. Ulla, deren für Jugendliche typisches Aufrichtigkeitsverlangen mit dem rhetorischen Leerlauf im Familiengespräch und der notorischen folgenlosen Ironie in politischen Debatten nicht zurechtkommt, zieht in der Heirat mit einem Ausländer[99] und dem Umzug nach Dänemark die Konsequenz, die die affektive Distanz ihrer Familie ihr gegenüber nahelegt.

Ihre Entscheidung, einen Dänen - überdies im Jahr 1943, in dem der Verlauf des Krieges ständige dramatische Appelle an die nationale Loyalität nach sich zieht - zu heiraten, grenzt sich vom konventionellen Lebensentwurf einer hansestädtischen Unternehmertochter deutlich ab. Somit bleibt sie das einzige Kind, das durch die geschwätzige Routiniertheit des Familienalltags zu einem weitreichenden Entschluß veranlaßt wird. In der Beziehung zu einem Nichtdeutschen, der sich zunächst vor allem der Vater widersetzt, demonstriert sie der Familie objektiv, daß die gepflegte witzige Distanzierung mit Sozialkritik bzw. Öffnung der Familiengrenzen durchaus kompatibel sein kann. Wie ein abschließender persönlicher Kommentar zur Nachfolgerproblematik in ihrem Elternhaus erscheint im nachhinein die Tatsache, daß sie in Dänemark drei Töchtern das Leben geschenkt hat[100].

Im historischen Verlauf ergibt sich zunächst eine Konzentration auf das Eigenleben der Familie, die die zwanziger Jahre in einem Wartezustand erlebt. Die väterlichen Sorgen um berufliche Anerkennung bestimmen das Alltagsleben und abgese-

---

[99] In einer nationalistisch aufgeheizten politischen Atmosphäre, in die die Familie Kempowski spätestens dadurch gerät, daß Ullas Geliebter wegen Spionageverdachts verhaftet wird, ist das Einverständnis mit einem Schwiegersohn, der seine Kritik an der nationalsozialistischen Politik ständig offen ausspricht, zusätzlich schwer gefallen. Siehe dazu Kempowski (1978, 196).

[100] Rückblickend erinnert Walter Kempowski die Episode mit dem dänischen Schwager wie folgt: "Im übrigen muß ich sagen, daß für mich der Eintritt des historischen 'Sven' in die Familie von größter Bedeutung war. Das war 1942, finstere Nazizeit, und er war der Typ des weltgewandten jungen Kaufmanns, der mit dänischen Swingplatten, der 'Berlinski-Tidende' und kritischen Ausfällen gegen das Dritte Reich eine Gegenwelt ... etablierte, die mich mit der 'Bekennenden Kirche' meiner Eltern und deren bürgerlichem Kulturverständnis sowie dem Sarkasmus meines Bruders gegen Diktatoren jedweder Art ein für allemal immun machte" (Kempowski 1990, 301). Dieses Urteil bestätigt noch einmal die These von der provinziellen Enge der bürgerlichen Welt, in der sich die Familie etabliert hat.

hen von einer blassen Zustimmung zur „Bekennenden Kirche", die jedoch weder organisatorisch noch in Aktivitäten weiter zum Tragen kommt, steht die Familie den moralischen Zumutungen, die die Regierungsübernahme durch die Nationalsozialisten für das bürgerliche Milieu bedeuten, hilflos gegenüber. Wichtiger für die moralische Bewertung der äußeren Realität ist die Mitgliedschaft des Vaters im „Stahlhelm", einer Organisation ehemaliger Soldaten, die seit Anfang der zwanziger Jahre ihre Mitglieder zu Wehrübungen versammelt und im übrigen den versunkenen nationalen Mythos pflegt. Trotz der im öffentlichen Erscheinungsbild der Stadt unübersehbar werdenden Aktivitäten der lautstark auftretenden Nationalsozialisten, die Grete Kempowski als Provokation und Demütigung des bürgerlichen Stands, den sie qua Herkunft vertritt, empfindet, rückt die Wahrnehmung der äußeren Realität zunehmend in den Hintergrund. Es kommt hinzu, daß im Jahr 1929 nach dem krankheitsbedingten Rückzug des Großvaters aus dem Geschäft Karl Kempowski allmählich in die leitende Position des Unternehmens einrückt und daß in demselben Jahr ein weiterer Sohn, Walter, geboren wird.

Von der „Panik des Mittelstandes" (Geiger) wird die Familie nicht unmittelbar erfaßt, die historisch-politische Zäsur des Jahres 1933 wird kurzfristig sogar eher im Hinblick auf die nun steigenden Gewinnchancen der Reederei positiv wahrgenommen. In den späten dreißiger Jahren treten ökonomische Schwierigkeiten auf, die das bisherige Niveau der Lebensführung einzuschränken zwingen. Die Übernahme der Reederei erweist sich in diesem Zusammenhang als ein Danaergeschenk. Kempowskis müssen zu ihrem großen Erstaunen erhebliche Zins - und Schuldenzahlungen übernehmen, die der sich erst jetzt erweisende ökonomische Hasard des Großvaters hinterlassen hat. Zwei Zimmer der Wohnung werden vermietet, der große Flügel wird zum Verkauf angeboten.

Die Indifferenz des Privaten gegenüber den Strukturbrüchen des Politischen

In dem Maße, in dem Vater Karl Kempowski sich unter leidlichen Bedingungen um eine Verbesserung seines ungesicherten Status im Geschäft bemüht, in dem Maße, in dem diesen Versuchen nach außen durch den Umzug in eine komfortable Wohnung Nachdruck verliehen wird, erleidet die Gattenbeziehung der Eltern Einschränkungen an Vitalität und Strukturierungskraft. Das Potential an mütterlicher Fürsorglichkeit für die beiden ersten Kinder und partnerschaftlicher Unterstützung des Mannes ist zunehmend ausgeschöpft und die Mentalitätsunterschiede unter den Ehepartnern werden zu einem konfliktuösen Dauerthema. „Daß er nur ein 'Versehen' gewesen sei, wurde bei Tisch (von meiner Mutter) immer und immer wieder gesagt, was wir sehr komisch fanden. - Zwischen uns war immer eine gewisse Peinlichkeit. Wir vermieden es, allein zusammen zu sein. Ein stiller, stark gehemmter Mann. Seine Wunderlichkeiten hatte er wohl zum Selbstschutz zusammengerafft"[101].

Diese nachträgliche Reflexion des jüngsten Sohnes auf die innerfamiliale Stellung des Vaters greift die anhaltende Wirkung der Marginalität als Familienthema auf, das für die Familienmitglieder primär als psychisches oder charakterologisches Problem gedeutet wurde - faktisch steht dahinter das allmähliche Verblassen einer Verpflichtung auf den Beruf und auf den Aufbau einer an den Beruf gebundenen Familientradition. In Zusammenhang damit tritt ein überindividuelles, die Generationen umspannendes Familieninteresse vollends in den Hintergrund des Alltagslebens und macht, vor allem beim Vater, einem inhaltlich leeren Interesse an nationalen Themen Platz. Obwohl sie durch das Dienstpersonal von der Hausarbeit freigesetzt ist, fällt es Grete zunehmend schwer, die für die bürgerliche Lebenswelt typischen Geselligkeitskreise zu organisieren und den standesgemäßen Beitrag zur kulturellen Erziehung der Kinder zu leisten[102]. Gemeinsame Aktivitäten der Eheleute nehmen ab und der Verzicht läßt sich nur mühsam durch die launisch, witzige Rhetorik des Vaters und den trotzigen Optimismus der Mutter kompensieren. Die Geburt Walters leitet einen Verzicht der Mutter auf eine familienorientierte Solidarität zugunsten einer besonderen affektiven Dichte der Mutter-Sohn-Beziehung ein, der durch den Altersabstand Walters zu Ulla und Robert zusätzlich begünstigt wird. Die latente Marginalität des Vaters im Familienverband tritt nun stärker hervor, und das über die Jahre angestrengte Bemühen um die Konsolidierung eines bürgerlichen Stolzes weicht allmählich der Übernahme nationalistischer Deutungsangebote, die die vor allem von der Mutter vertretenen sozialmoralischen Standards zu überlagern beginnen.

Konsistent mit dieser Tendenz wird die Geburt eines weiteren Sohnes nicht mehr im Sinnhorizont positiv besetzter Väterlichkeit aufgenommen, sondern als Verlängerung der Schwäche: der kleine Verzug. Die Familie arrangiert sich opportunistisch mit dem nationalsozialistischen Regime, die nationale Gesinnung sowie die Domi-

---

[101] Kempowski (1990, 209). Ähnliche Einschätzungen liegen von der Tochter Ulla vor: „Zu Vati habe ich nie so ein persönliches Verhältnis gehabt. Vati konnte mich wahnsinnig machen mit allen seinen Schrullen, seinem Aberglauben und seiner Neckerei" (Kempowski 1990, 113).

[102] Die Mitgliedschaft des Vaters im lokalen Verein zur Pflege Rostocker Altertums ebenso wie die Mitgliedschaft der älteren Kinder im heimischen Yachtklub führen nicht zu nachhaltigen Korrekturen an der Marginalstellung der Familie.

nanz der Familienzentrierung machen blind für die historische Bedeutung der sich anbahnenden politischen Umwälzung. Hierzu gehört die selbstverständliche Mitgliedschaft des Vaters in der SA, die er allerdings im Jahr 1934 schon wieder aufkündigt, nachdem er sich mit der lokalen SA-Führung wegen der Organisation von Wehrübungen zerstritten hatte. Wichtig hierbei ist der Umstand, daß man seinen Erfahrungen aus dem 1. Weltkrieg nicht den erwarteten Respekt zollte.

In der Familie erfährt vor allem Walter die uneingeschränkte Aufmerksamkeit seiner um Bildung und gutes Benehmen bemühten Mutter - sichtbar etwa am Klavierunterricht - dies steht jedoch nicht mehr in Zusammenhang mit einem auf die Familie als Ganzer gerichteten Bemühen um Statuserhalt und Statuskontinuität[103]. Der Lebensentwurf mit der eigentümlichen Tendenz zur sozialen Schließung erfährt einen weiteren Bedeutungsschwund und vermag der nationalen Euphorie, von der das bürgerliche Milieu im Nationalsozialismus erfaßt wird, keine Alternative entgegenzusetzen[104]. Die christliche Orientierung der Mutter bleibt gleichfalls kraftlos und ohne Deutungshilfen für das Verständnis der politischen Situation. Im Gegenteil wird der Zerfall der Familie durch weitere desintegrierende Vorgänge nur noch besiegelt. Zunächst 1940 durch die Einberufung des Vaters, der sich nach der Maxime „Right or wrong, my country" wiederum freiwillig gemeldet hat, wegen Freimaurerei vom lokalen Wehrbezirkskommando zunächst abgelehnt wird, um dann an der Ostfront eingesetzt zu werden.

---

[103] Eines der latenten Binnenprobleme des bürgerlichen Familienentwurfs, die Solidarbeziehung der Ehegatten gegen den Handlungs - und Verpflichtungsdruck der Mutter-Kind-Beziehung aufrechtzuerhalten, führt im vorliegenden Fall nach der Geburt des dritten Kindes zur Entstehung zweier unvermittelter Teilsysteme. Kempowski erinnert sich: „Als Sohn sieht man seine Mutter vielleicht zu ideal, aber ich finde, sie war eine wunderbare Frau, liberal, liebevoll, nicht zu Exzessen aufgelegt. Im Grunde ließ sie uns ziemlich in Ruhe. Manchmal war sie etwas zu gefühlvoll, ich will nicht sagen 'kitschig'. Ihre Aggressionen reagierte sie an Vater ab. Das hatte wohl Gründe, die man als Kind nicht kapiert" (Kempowski 1990, 381). Siehe dazu allgemein Kapitel 4.

[104] Das Passungsverhältnis von biografischer Disposition des Vaters und politischer Programmatik hat auf einer allgemeinen Ebene Geiger schon diagnostiziert: „Unter *Ideologie* seien verstanden: Lebens- und Weltdeutungen oder Gedankengefüge, die sich auf enger abgesteckte Gegenstandsbereiche, z.B. auf die Wirtschaft oder einzelne wirtschaftliche Tatsachen beziehen. Gemein ist diesen umfassenden sowohl als gegenständlich begrenzten Ideologien, daß sie als Doktrin oder Theorie auftreten. sie sind also mitteilbar, sind mögliches Lehrgut, können gepredigt und verbreitet werden. Die *Mentalität* dagegen ist geistig-seelische Disposition, ist unmittelbare Prägung des Menschen durch seine soziale Lebenswelt und die von ihr ausstrahlenden, an ihr gemachten Lebenserfahrungen". Und ferner: „Mentalität ist *Lebensrichtung* - Ideologie ist *Überzeugungsinhalt* (Geiger 1987, 77f.).

Der Vater, der über die anfänglichen Zweifel an seiner nationalen Zuverlässigkeit tief gekränkt ist, nimmt die riskante Aussicht, als Soldat für die nationale Ehre zu kämpfen, ein zweites Mal als eine Chance zur Stütze seine prekären sozialen Identität wahr, die Mutter sucht in ihrer Orientierungslosigkeit einen moralischen Kompromiß in der Konzentration auf deutschnationale Empfindungen und bemüht sich um die Kontinuität des Familienlebens unter den schwerer werdenden äußeren Bedingungen, die Söhne finden trotz ihrer Teilnahme an den Aktivitäten der Hitlerjugend - in der Marine - HJ - unter dem Schirm der sozialen Abschließung der Familie in der Exzentrik des Jazz eine für bürgerliche Jugendliche verbreitete Form der Distanz zum Regime, allgemein: zur Realität. Bemerkenswert ist die Wahlverwandtschaft zwischen der „improvisatorischen Unmittelbarkeit“ (Adorno) des Jazz, der Eleganz und Überlegenheit als dem ihm eigentümlichen Stilprinzip, und der väterlichen Clownerie, die eine Unsicherheit in der Selbstdefinition mühsam verdeckt[105].

Das Gemeinsame ist die Flucht in die Esoterik, die parodistische Distanz zum offiziellen politischen Betrieb, der sich in seiner paramilitärischen Struktur bis in die mittlerweile verstaatlichten Freizeitaktivitäten der Jugendlichen durchzusetzen beginnt. Robert, der das Realgymnasium nach der mittleren Reife verlassen hat, wird im Jahr 1942 eingezogen und wegen einer schon in früher Kindheit erworbenen Beinkrankheit als untauglich wieder entlassen. Daraufhin beginnt er in Stettin eine Lehre als Schiffahrtskaufmann, die er allerdings abbrechen muß, als er im Jahre 1944 erneut einberufen wird. Im Jahr 1943 tritt Ulla aus dem Familienverband aus (s.o.) und beide Söhne, Robert im Jahr 1944 und Walter als Kurier und Flakhelfer im Februar 1945, werden einberufen.

Die befreiende Wirkung des Kriegsendes wird jedoch überschattet durch die Nachricht vom Tod des Vaters, der 47jährig 1945, zwei Wochen vor der Kapitulation der deutschen Wehrmacht, an der kurischen Nehrung gefallen war, ebenso wie einige Jugendfreunde beider Söhne.

Diese Vorgänge erschüttern die für die Familie strukturtypische Selbstgenügsamkeit, die sich als ein Familienmythos in dem beschwörenden Kommentar der Mutter zum Kriegsende – „Den Krieg haben wir gewonnen, die Kirche und die guten

---

[105] Eine Vorstellung vom Ausmaß dieser generationstypischen ästhetischen Aversion gegen das Naziregime ermöglicht die umfangreiche Plattenliste des Bruders Robert, die u.a. folgende Interpreten enthält: Louis Armstrong, Count Basie, Bing Crosby, Joe Daniels, Jimmy Dorsey, Tommy Dorsey, Duke Ellington, Ella Fitzgerald, Nat Gonella, Benny Goodman, Jack Hilton, Mills Brothers, Django Reinhardt, Artie Shaw, Joe Venuti, Fats Waller, Chick Webb (vgl. Kempowski, 1990, 420 ff.).

Kräfte!" - noch einmal zur Wehr setzt. Die Nachkriegszeit ist eine Zeit anomischer Situationen und die im Lebensentwurf der Familie latent angelegten zentrifugalen Tendenzen rücken in den Vordergrund. In der Folge verstellen sich nicht nur die Möglichkeiten eines beruflichen Neuanfangs in der Reederei, vielmehr erleben beide Söhne einen sozialen und moralischen Orientierungsverlust, der ihre biografischen Optionen nach der rasch erfolgenden Enteignung des väterlichen Unternehmens durch die russische Besatzungsmacht sowie angesichts der Hindernisse, die im parteipolitisch „umgedrehten" Schulsystem Kindern aus dem Bürgertum gemacht werden, zusätzlich einschränkt.

Es entsteht nun der Zwang, der umfassenden moralischen Desillusionierung eine Perspektive entgegenzusetzen, die zugleich den schmerzlichen Verlust eines Fokus für die adoleszente Auseinandersetzung mit dem Elternhaus zu überbrücken vermag.

Walter Kempowski beginnt nach dem Krieg im Jahre 1946 eine Lehre als Drukkereikaufmann, er vollzieht hiermit gleichfalls den Bruch mit der beruflichen Tradition des Vaters. Wie eine nachträgliche Bestätigung des nur normativ wirksamen Vatervorbilds, aber zugleich auch in verzweifelter Reaktion auf den Verlust des väterlichen Identifikationsobjekts, entwickelt sich hingegen bei beiden Söhnen ein Interesse an der Reederei, deren Enteignung sie im Rostock der Nachkriegszeit miterleben.

Die Familie verfolgt die Aktivitäten der russischen Besatzungsbehörde, deren Ungereimtheiten und Schiebereien beim Auflösen und Übereignen verbliebener Frachtkontingente Robert auf die Spur kommt. Er verschafft sich die Frachtbriefe, die handfeste Beweise für die Ungerechtigkeit enthalten, der jüngere Bruder Walter bringt sie als Kurier in den Westen, wo sie den Amerikanern überreicht werden sollen. Dieser späten brüderlichen Solidarität und Sorge um den Stolz des väterlichen Namens macht die Verhaftung beider Brüder im Jahr 1948 und die anschließende Verurteilung zu 25 Jahren Haft im Zuchthaus Bautzen ein Ende. In die Anklage wegen Spionagetätigkeit wird die Mutter Grete Kempowski ebenfalls eingeschlossen, sie wird zu 10 Jahren Zwangsarbeit verurteilt. Der lange Haftaufenthalt erzwingt den Verzicht auf die stille Hoffnung, an die unternehmerische Vergangenheit anzuschließen - abgesehen davon, daß die politischen Umstände diesen Rückgriff nicht mehr zugelassen hätten. Im Jahr 1956 werden beide Söhne amnestiert und ziehen zur ebenfalls 1955 frühzeitig haftentlassenen Mutter nach Hamburg, wo sie auf verwandtschaftliche Solidarität des mütterlichen Familienzweigs rechnen können.

Roberts Biographie sei kurz eingeblendet. Der erste Sohn der Familie erscheint zwar als der Stammhalter der Familie und wird an einem Realgymnasium eingeschult, übernimmt jedoch die intellektuell und sozial auf den Status des Firmennachfolgers ausgerichteten Verpflichtungen halbherzig, weil sie zwar äußerlich durch einen Stolz des Vaters auf den Reederberuf getragen werden, jedoch im Alltag der Familie ihre Authentizität immer wieder einbüßen. Robert, der das Kriegsende als 22jähriger erlebt, gelingt es nicht, an die berufliche Tradition des Vaters anzuschließen - diesem Schritt standen objektive Hindernisse, allen voran die Enteignung des Unternehmens, entgegen, aber auch die inneren Widerstände infolge seiner familienstrukturellen Plazierung und der schwachen Identifikationsneigung.

Seine Berufswahl als Bankkaufmann sowie der Umstand, daß eine Familiengründung nach kurzer Zeit gescheitert ist, besiegelt den historischen Prozeß sukzessiver Erosion eines mittelständischen, an Besitz geknüpften Unternehmerstolzes. Seine spätere berufliche Laufbahn als Angestellter, als Bankbevollmächtigter einer deutschen Großbank bringt die wirtschaftsbürgerliche Tradition noch schwach zum Ausdruck, vermag jedoch nicht zu verhindern, daß keine der in der Kempowski-Familie milieuhaft repräsentierten Subkulturen weitergetragen wird bzw. sich in der nächsten Generation stabilisieren konnte. In pragmatischer Orientierung erfolgt sein Beitrag zum westdeutschen Wiederaufbau, auf den sein Sozialstolz gegründet ist und der den für seine Lebensbilanz typischen resignativen Zynismus aufzufangen vermag. Robert, der wie sein Bruder Walter infolge des langen Haftaufenthalts einen zusätzlichen desintegrierenden Bruch zu bewältigen hat und sich in dieser Hinsicht vom Schicksal der „skeptisch" gewordenen Generation unterscheidet, erfährt den Eintritt in die Nachkriegszeit als eine Chance, ohne Larmoyanz neu anzufangen[106].

Da ihm die Anerkennung als politischer Häftling verweigert wird und finanzielle Ausgleichszahlungen nicht zuerkannt werden, sieht sich Walter in den fünfziger Jahren zu einer nochmaligen beruflichen Anstrengung gezwungen. Vermögenslos geworden, holt er 1957 das Abitur nach und studiert an der pädagogischen Hochschule in Göttingen mit dem Ziel, Lehrer auf dem Land zu werden. Schon während der Haftzeit in Bautzen - in einer Sozialsituation mit der ständigen Gefahr psychischer Desintegration, und zugleich mit einer extremen Freisetzung von Zeit für

---

[106] Zur Generation der Flakhelfer schreibt Bude: „Zu erkennen ist das Bild einer Jugendgeneration, die 1945 nach dem Zusammensturz deutschen Größendrangs ihren kleinen Frieden im persönlichen und privaten Dasein sucht. Darin liegt eine Hinwendung zu einer gewissen Begrenzung und Bescheidenheit. In den Erfordernissen des einfachen Lebens, nicht in den Verstiegenheiten ideologischer Systeme liegt für sie das Maß aller Dinge. Innerlich unbeteiligt an den politischen Debatten der Nachkriegszeit geht diese „skeptische Generation" mit einem verbissenen Pragmatismus an die Arbeit des Wiederaufbaus. Illusionslos, anpassungsgeschickt, zupackend stellt sie sich dem Lebenskampf" (Bude 1987, 45). Ich komme darauf zurück.

Lebensbilanz und Selbstreflexion. Vor allem in Gesprächen mit dem Halt gebenden Bruder Robert, entsteht das Motiv, die Demütigung, die dem Statusverlust seiner von der politischen Geschichte des Landes eingeholten Familie einen traumatisierenden Höhepunkt setzt, literarisch zu sublimieren. Verbunden damit entwickelt sich die Neigung, Spuren und Dokumente des Erlebten zu sammeln und zu archivieren.

Im Zuge erster literarisch-dokumentarischer Versuche reift der Entschluß, Schriftsteller zu werden. Er wird gegen ein mögliches Scheitern durch den Eintritt in den Lehrerberuf abgesichert. Die Wahl dieser Option ist im Hinblick auf die Sinnstruktur des Familienhandelns gleichermaßen aufschlußreich. Die Doppelexistenz als Lehrer und als reportierender Archivar eines bürgerlichen Lebens verspricht zweierlei: Eine historische Dimension in der biografischen Selbstreflexion aufzuzeigen, die der Geschichte dieses Milieus gefehlt und die es gegen die moralischen Perversionen seiner Umgebung blind gemacht hat. Darüber hinaus ermöglicht der Lehrerberuf, eine moralische Lehre für zukünftige Generationen zu sichern und zugleich an einer verläßlichen Internalisierung des bürgerlichen Werthorizontes zu arbeiten.

Die Korrektur „ganz von vorn“, gleichsam in unverbildeten Verhältnissen, zu der die Wahl des beruflichen Standortes in kleinräumiger sozialer Umgebung sich stimmig fügt, ist für Walter Kempowski die biografische Schlußfolgerung aus der für seine Generation typischen Desillusionierung und Skepsis.

„Als ich 1960 fortging, war ich mir übrigens bewußt, daß ich ein ‘sonniges’ Kapitel meines Lebens beendet hatte. Ich machte sogar noch eine Fotoserie von meiner zweiten Heimatstadt. - Politik spielte damals keine große Rolle in meinem Leben. Ich hatte mich in Rostock politisch engagiert und hatte dafür büßen müssen: Gemessen an der Nazizeit und am Zuchthaus kam mir die Adenauerzeit goldrichtig vor.“[107]

Seine literarischen Objektivationen enthalten die Geschichte der eigenen Familie und sind selbst noch Ausdruck der Indifferenz eines gegen die moralischen Zumutungen der Zeitkultur normativ geschlossenen Familienkosmos. Sie entstehen aus der Einstellung heraus, die Sachen für sich sprechen zu lassen - fernab von einer expliziten Sinnzuschreibung oder moralischen Zurechnung. Die berufliche Aufspaltung des *Sammelns* und *Lehrens*, in den Schriftsteller- und in den Lehrerberuf, greift das latente Thema seiner Erfahrung auf, sie antwortet auf die Sinnstruktur der Familienbeziehungen, in denen er aufgewachsen ist, im Syntheseverzicht und im Verzicht auf Realitätsdeutung. Seine literarischen Objektivationen sind insofern selbst noch Ausdruck der Indifferenz eines gegen den ideologischen Angriff der Zeitkultur naiv

[107] Kempowski (1990, 262).

geschlossenen Familienkosmos. Sie entstehen aus der Einstellung heraus, die Sachen für sich sprechen zu lassen - fernab von einer expliziten Sinnzuschreibung oder moralischen Zurechnung. Besonders Kempowskis Wahrnehmung der Schriftstellerei macht das deutlich. Sie bietet ihm vornehmlich einen Ort umfassender familienbiografischer Reflexion und ist von daher im Hinblick auf den Stil primär autodidaktisch konzipiert. Ihr haftet von vornherein das Kleinräumige an, das auch seinen Wunsch, ein Lehrer zu werden durchzieht.

Einen vorläufigen Abschluß und konsistent mit dieser Dualität der Orientierung findet Walters Biografie in der Familiengründung, hierbei insbesondere in der Anbindung an das christliche Milieu. Die Partnerwahl Walters fügt sich dem Entschluß zu einem umfassenden biografischen Neubeginn konsistent ein. Er heiratet eine Tochter aus dem protestantischen Pfarrhaus und trifft in seiner Frau auf eine Lebenswelt, der sich die Funktion zuschreiben läßt, die für seine Generationserfahrungen typischen Zweifel an der objektiven „Gottlosigkeit" des selbstgefälligen bürgerlichen Lebensentwurfs zu lindern und die unschuldige Naivität, derer sich die Familie über die Jahre zur Lebensbewältigung bedient hatte, nachträglich zu korrigieren. Gleichzeitig bleibt er damit im Heiratsmuster seiner Eltern, für die schon die Komplementarität von Güte (von seiten Margaretes) und sozial hilfloser Skurrilität (von seiten Karls) ausschlaggebend war.

Bemerkenswert an diesem Sozialtypus von Schriftsteller ist die gesuchte Marginalität, aus der heraus die Texte entstehen. Kempowskis Entschluß, im literarischen Werk ein im eigenen Bildungsprozeß nicht erfahrenes synthetisches Urteil nachzuholen und einer nur nominellen Zugehörigkeit zum Bürgertum durch intellektuelle Innovation zum Durchbruch in aktive Bürgerlichkeit zu verhelfen, erfolgt nicht nur in einer nachbürgerlichen Zeit, vielmehr aus der Sozialposition des autodidaktisch gebildeten Intellektuellen heraus, fernab vom Kulturbetrieb.

Deutlich wird diese Statustransformation an den Geselligkeitskreisen. Sie entstehen nämlich im Zuge der literarischen Aktivitäten Kempowskis. Literaturseminare besorgen einen halbprofessionellen Ersatz für naturwüchsig entstehende soziale Vernetzungen, sie bringen in ihrer volkshochschulartigen Organisiertheit die Selbstdestruktion des bürgerlichen Milieus im Nachkriegsdeutschland jedoch eher zum Ausdruck als daß sie sie aufzuhalten vermögen. „Der Konflikt meines Lebens hat sich in nichts aufgelöst und das ist das eigentliche Ende meiner Geschichte", lautet die Reflexion, die diese Verspätung aufgreift. Sie spielt auf die Deutungsprobleme an, die die unzureichend bestandenen Belastungsproben seines Herkunftsmilieus für seine Lebensgeschichte erzeugt haben. Der Konflikt bezieht sich auf das Mißverhältnis von privatem Lebenskosmos und faktischer Familienauflösung und auf die Frage nach den Gründen für die Brüchigkeit eines privaten bürgerlichen Lebensentwurfs.

Ich werde weiter unten auf die Struktur der literarischen Erfahrungsverarbeitung zu sprechen kommen[108], hier genügt der Hinweis auf den weitgehenden Verzicht auf Epik, die intellektuelle Sublimation bleibt spezifisch gehemmt. Dabei ist die Schwierigkeit, im Stil oder in der literarischen Tradition eines Zola oder Balzac die eigene Familiengeschichte als eine allgemeine Geschichte zu schreiben, über die spezifisch konventionelle Sozialsituation erklärbar, in die Kempowski eingerückt ist[109]. Der Pädagogenberuf mit dem tätigkeitstypischen Glauben an die Wirkung guter Absicht verstellt die Wahrnehmung und verlangt einfache Übersetzungen, deren Ergebnisse dann nicht zufällig Kulturpessimismus statt scharfer historischer Analytik sind.

Die bürgerliche Familie als sozialisatorisches Milieu

Eingespannt in die Zeit vom ausgehenden 19. Jahrhundert bis in die Gegenwart vollzieht sich eine Generationenfolge, die einen komplexen Prozeß der Fusion verschiedener Fraktionen des Wirtschaftsbürgertums abbildet. Im historisch-sozialen Raum zweier von der Schiffahrt und vom Seehandel lebenden norddeutschen Unternehmerfamilien aus Hamburg und Rostock verfolgen wir die familienstrukturellen Voraussetzungen und Folgen einer *Partnerwahl zweier Personen, die in ihrem Milieu unzureichend integriert sind,* sowie die *intergenerationelle Fortentwicklung einer Nachfolgeproblematik.* Beides wirkt sich hemmend auf die Konsolidierung des Milieus aus, das dabei seinerseits unter dem zeittypischen Modernisierungsdruck in Desintegration geraten ist. Die Familie der nachwachsenden Generation hat das Problem, sich aus der Marginalsituation nicht lösen und gleichfalls als sozialisatorisches Milieu nicht konstituieren zu können. Sie pflegt eine Binnenkommunikation,

---

[108] Natürlich handelt es sich auch um ein Stilprinzip des Schriftstellers, gleichwohl läßt es sich in unsere Deutung stimmig einfügen. Die biografische und generationstypische Kontextuierung der deutschen Nachkriegsprosa wäre aus der hier verfolgten Perspektive aufschlußreich. Man trifft auf jeweils unterschiedliche Ausdrucksgestalten spezifisch bürgerlicher Erfahrungsverarbeitung, bestimmt vom „Situationspathos der Nachkriegszeit" (Baumgart), durch das die Kontinuitätslinien allerdings eher verstellt werden. Auffallend ist die durchgängig starke Verhaftetheit im bürgerlichen Horizont, die die großen Linien literarischer Selbstvergewisserung durchzieht und die den Anspruch auf Allgemeinheit jeweils perspektivisch bricht. Siehe dazu aus literaturkritischer Sicht den instruktiven Versuch von Baumgart (1986) über Heinrich Böll, Wolfgang Koeppen und Arno Schmidt, deutlich zeigt sich dieser Zusammenhang auch im Verhältnis von Werk und Person bei Gabriele Wohmann, in deren Werk eine spezifische Kulturbrechung durch die Herkunft aus dem Waldenser Puritanismus hinzukommt.

[109] Dabei ist anzumerken, daß die Intention einer literarischen Verarbeitung zunehmend in den Hintergrund gerückt ist und der eigenwilligen Perspektive historischer Dokumentation Platz gemacht hat.

die fragmentarisch bleibt und entsprechende Trübungen des Familiengedächtnisses nach sich zieht. Infolgedessen können die politischen und sozialen Strukturbrüche, die sich in der Außenwelt abspielen, nicht begriffen werden.

Die väterliche Funktion verblaßt und tritt die Aufgabe, sozialmoralische Standards den Kindern gegenüber zu konturieren, an außerfamiliale Instanzen und an den Lauf der Ereignisse ab. Das triviale Kontinuieren des Alltags vermag demgegenüber die Schwächung der Familiensolidarität nicht aufzuhalten. Für die heranwachsende Generation bleibt die Frage nach der Instanz eines Familiengedächtnisses offen und unbeantwortet, beim jüngsten Sohn setzt dies jedoch ein hohes Innovationspotential frei. Am Ende eines im einzelnen komplexen familialen Anpassungsprozesses, dessen Thema die Auseinandersetzung mit und die Überwindung von eng gezogenen ständischen Grenzen innerhalb der wirtschaftsbürgerlichen Welt bilden, steht mit der Person des Lehrers und Schriftstellers Walter Kempowski der Eintritt in die Subkultur des Bildungsbürgertums[110].

Der Kontinuitätsbruch des Milieus begründet das Besondere der Konstellation, in der sich die Familie nach dem kollektiven Ehrverlust des Bürgertums am Ende des Zweiten Weltkriegs befindet. Der historische Trend zur Entkonfessionalisierung der Sozialmoral schwächt den für die deutsche Familie typischen Strukturkonservatismus und macht sie zeitgeist- bzw. moden- und parolenabhängig. In der Familie Kempowski ist dieser Vorgang der Erosion eines christlichen Weltbilds schon weitgehend zu seinem Ende gekommen und hat einem schlichten, empörten oder kichernden Zurkenntnisnehmen der Realität Platz gemacht[111]. Parallel dazu zieht sich ein Merkmal der bürgerlichen Familie über die verschiedenen Stationen des

---

[110] Die Bewegungsrichtungen möglicher Transformationen des sozialen Status sind hier vereinfachend mit „Eintritt" und „Austritt" unterschieden. Die relative Konstanz einer Milieuzugehörigkeit entscheidet sich wesentlich mit der Partnerwahl. Dazu Kapitel 4.

[111] Dazu auf allgemeiner Ebene ein Hinweis Geigers auf die Konventionalität der bürgerlichen Kirchenzugehörigkeit gegen Ende der 20ger Jahre. „In diesem Bevölkerungsteil (gemeint ist der alte Mittelstand - T.A.) haben wir ein Beispiel dessen, was man mit einem Terminus der Geologen als sozialgeschichtliche Verwerfung ansprechen darf: Strukturen, die im sozialgeschichtlichem Nacheinander auftreten, finden sich im gesellschaftlichen Jetzt bei verschiedenen Bevölkerungsteilen im Nebeneinander. So wirken im alten Mittelstand die ständischen Schichtungen der frühkapitalistischen Epoche als Querdifferenzierungen nach: ständische Sitte und Lebensauffassung haben sich bewahrt und leisten der Durchsetzung des hochkapitalistischen Klassenprinzips zähen Widerstand. (..) Damit steht natürlich im engsten Zusammenhang, daß die Familie überhaupt als Lebensrahmen den auflockernden Einflüssen modernen Lebens im Besitzmittelstand am stärksten widerstanden hat, daß also die Familien- und Heimkultur im besten sowohl als im spießigen Sinne noch weitgehend den gesamten Lebensduktus bestimmt. Das äußert sich dann auch besonders darin, daß im Altbürgertum *Religiosität* als Haltung und *Kirchlichkeit* als konventionelles Attribut ihren zentralen Ort noch immer haben" (Geiger 1932, 85).

historischen Wandels und die Strukturbrüche der politischen Ordnung als konstant hinweg.

Im Alltagsgespräch tragen bewußte und unbewußte Strategien der Exkommunikation von Umwelt dazu bei, einen Lebensstil illusionsloser Positivität zu pflegen. Träger dieser familientypischen Strategien ist die Gattenbeziehung, die hinsichtlich ihrer Solidaritätsmuster unterschiedliche Ausdrucksgestalt annimmt. War sie noch in der Großelterngeneration mütterlicherseits in einer normativ durch konventionelle Christlichkeit vermittelten Grenzziehung zwischen Familie und Beruf auf die Pflege des familialen Binnenraums konzentriert, in der Großelterngeneration väterlicherseits fragmentiert, verblassen bei den Eltern Kempowski im Zuge der äußeren Entwicklung der Lebensumstände und der dem Sog des nationalen Pathos folgenden intellektuellen und moralischen Leere die Wertbezüge und lassen als einzigen Sinn der Daseinsführung die Fürsorge für die Kinder übrig, der gegenüber die Ehebeziehung der Eltern zur Konventionalität schrumpft.

Die moralische Indifferenz, die dem deutschen Bürgertum in seinem Verhältnis zum Nationalsozialismus zugeschrieben wird, und die - wie gerade der vorliegende Fall zeigt - mit einem aufopferungsvollen Einsatz der Mutter für die Familienmitglieder durchaus verträglich ist, tritt bei Kempowskis in Gestalt einer im einzelnen unterschiedlich motivierten Naivität der Selbstreflexion sowie einer Diskurse aufbrechenden bzw. sie verunmöglichenden lakonischen Brechung auf. Sie ist Ausdruck und Träger der fassadenhaften Kommunikation im Alltag der Familie, die eine gemeinsame Wirklichkeitskonstruktion erschwert und den Realitätsbezug des Lebens verschwimmen läßt. Ihre interaktiven Voraussetzungen sind die Asymmetrie in der Partnerbeziehung der Eltern, die normative Dominanz des Vaters sowie die faktische Dominanz der Mutter, die ohne wirksame Stütze durch den Mann die Realität als Zumutung und Bedrohung wahrzunehmen gezwungen wird.

Der Paternalismus, den noch Parsons als strukturtypisch für die deutsche Familie diagnostiziert hat[112], ist in dieser Familienkonstellation dynamisch schon dementiert und zeigt sich als dünne Hülle eines sozialen Insuffizienzgefühls. Vergleichsweise geringe äußere Sozialkontakte, der Verzicht auf familienübergreifende Geselligkeitskreise sind die ergänzenden Merkmale eines normativ auf den Binnenraum konzentrierten Familienlebens, das sich faktisch jedoch zunehmend in Einzelbeziehungen auflöst, zum Vater eher statusorientiert formalistisch, zur Mutter personorientiert.

Diese spezifische Version von Privatheit, der die Kinder mit Strategien der Flucht, Anpassung oder Suche nach Authentizität zu begegnen versuchen, macht die

[112] Vgl. hierzu Parsons (1964, 260 ff.).

Geschichte der Kempowskis zu einem exemplarischen Fall angestrengter, von sozialer Statusinkonsistenz überschatteter bürgerlicher Selbstbehauptung in einer Zerfallsepoche des Bürgertums. Sie durchzieht eine Sukzession von Bewältigungsversuchen sozialer Marginalität: Auf eine Formel gebracht, lösen *gelebte Marginalität - erlittene Marginalität - und sublimierte Marginalität* im Generationenwechsel einander ab. Der Biografieentwurf des jüngsten Sohnes schließt nun nicht einfach unvermittelt an eine religiöse Sinnstiftung an, sondern vollzieht einen komplexen Übergang in die Welt der Gebildeten.

Sein zentrales Thema wird das Familiengedächtnis, die Erinnerung an ein Milieu, dessen geblendeter Optimismus ebenso wie dessen plötzliches Verschwinden eine ständige intellektuelle Herausforderung werden. Getragen von dem Motiv, über die Strukturbrüche des Politischen und Privaten hinweg biografische Kontinuität zu sichern, geht es ihm von nun an um die nachgeholte Selbstthematisierung der Familie.

Sozialität als Zumutung: Privater Lebenskosmos und Dimensionen bürgerlicher Selbstreflexion

Die familiengeschichtlich kontextuierte Biografie Walter Kempowskis eröffnet die Chance, sie in einen weiter gespannten Rahmen zu stellen und aus der Zuspitzung auf die Nachkriegssituation zu lösen, für die sie zweifellos auch signifikant ist. Wie wir gesehen haben, läßt der in der Familientradition angelegte widersprüchliche Kern sich reproduzierender und transformierender Elemente von gehobener und niedriger Bürgerlichkeit die Familienkonstellation gegen Ende des Zweiten Weltkriegs zu einem typischen Fall der sich neu formierenden Bundesrepublik Deutschland werden.

Das experimentell-provisorische der politischen Neuordnung koinzidiert mit im einzelnen sehr unterschiedlichen Lebensläufen der Geschwister, für die ein spezifisch distanziertes Verhältnis zur eigenen Geschichte charakteristisch ist. Ihnen liegt ein umfassender Orientierungsverlust zugrunde, dem Schelsky in seiner Studie über die „Skeptische Generation“ eine erste Deutung gegeben hat, die Ende der achtziger Jahre, also mit ihrem allmählich einsetzenden Abschied, durch Bude eine erweiterte Interpretation erfahren hat. Beide Studien beziehen sich auf zwei Seiten des generationstypischen Deutungsmusters, Schelsky akzentuiert die aktivistische Selbstwahrnehmung, Bude hingegen die latente Sinnstruktur des unsicheren Lebensgefühls. Schelsky diagnostizierte vor allem einen konkretistischen Wirklichkeitsbezug, eine „auf das Praktische, Handfeste, Naheliegende, auf die Interessen der Selbstbehauptung und - durchsetzung gerichteten Denk - und Verhaltensweise.“[113] Selbstdementierung, Selbstauffüllung und Selbstverflüchtigung sind die in Budes Untersuchung über den Jahrgangstypus der Flakhelfer unterschiedenen Dimensionen der „Lebenskonstruktion“. Sie antworten auf das Strukturproblem dieser Generation, „angesichts von Vaterlosigkeit, Sprachlosigkeit und Geschichtslosigkeit in der empfänglichen Phase ihrer Adoleszenz ein ‘Gefühl für das eigene Dasein’ zu finden.“[114]

Während Schelsky über die Bestimmung zeittypischer Deutungsmuster hinaus die Frage diskutiert, ob sich im Habitus der Skepsis eine besondere Modalität des Umgangs mit der Moderne herausgebildet habe, interessiert hier vielmehr die Frage nach der Entwicklungsgeschichte bürgerlicher Lebensformen und Einstellungen, also die Frage nach den milieutypischen Wurzeln der Skepsis. In der Sozialgeschichte des deutschen Bürgertums liefert der Fall Kempowski ein Beispiel für einen abrupten Übergang in das bildungsbürgerliche Milieu, und zwar zu einem historischen Zeitpunkt, zu dem dessen strukturelle Existenzbasis sowie dessen übergreifender sozialmoralischer Geltungsanspruch zerfallen ist. Der Übergang von Besitz zu Bildung wird durch eine politisch bedingte epochale Zäsur erzwungen, also weder durch eine akademische berufliche Tradition noch durch eine entsprechend wirksame kulturelle Tradition familiengeschichtlich vorbereitet. Von daher haftet ihm Statusunsicherheit als Strukturmerkmal an, es ist ein Aufstieg mit Vorbehalt.

Die Zäsur suggeriert allerdings eine Diskontinuität, die das Kontinuierliche des bürgerlichen Habitus verdeckt, dem wir uns im folgenden widmen wollen. Im Gestaltwandel der Familie vom großväterlichen Rostocker Kontor bis zu dem Literaturseminare veranstaltenden Dorfschullehrer und Schriftsteller enthüllt sich eine schrittweise Milieutransformation, der die altmittelständischen Wurzeln bemühter Bürgerlichkeit im Kempowskischen Lebensentwurfs freilegt. Seine reproduktive Basis ist der Binnenraum der Familie. Das im Trivialdiskurs schlummernde Geheimnis der bürgerlichen Familienkommunikation liegt darin, daß das *Soziale als eine Zumutung an die eigene Selbstgewißheit*[115], als Zumutung an die unbefragte Evidenz der eigenen guten Intention, gedacht wird. Gerade die besondere Ahistorizität des Familiendialogs zusammen mit der Tendenz, auf Realität empört oder im Duktus kindlichen Staunens zu reagieren, die gegen die äußere Wirklichkeit verblüffend unbeirrte Konzentration auf das Eigenlogische der Familie lassen die

[113] Schelsky (1975, 77).

[114] Bude (1987, 182).

[115] „Soziales“ ist hier nicht konkretistisch gemeint, sondern bezieht sich in einem anspruchsvollen Sinn auf eine Grundlage der menschlichen Daseinsgestaltung. Ich komme in Kapitel 4 darauf zurück.

Attraktivität und den Identifikationswert dieses Modells privater Lebenspraxis stimmig erscheinen - gleichsam als Entwurf der Banalität des Guten[116].

Aus der Dreigenerationenperspektive betrachtet zeigen sich die Voraussetzungen für diese Kontinuität. Hiernach reproduziert sich eine familienstrukturtypische Marginalität, „Schichtabtrünnigkeit" (Geiger)[117], zuletzt im Lebensentwurf des Intellektuellen aufgefangen und seiner deklassierenden Wirkungen beraubt. Findet die in jedem Familienzyklus die der jüngeren Generation angesonnene Innovationsverpflichtung beim Vater eine durch seine Stellung im Familienverband begründete, schon gehemmte Anknüpfung an die väterlichen Vorgaben, so erfährt sie durch die Biografie Walters eine intellektuelle Sublimierung. Die Welt des Vaters taucht im eigenen Lebensweg nur noch als die Verpflichtung auf, zu sammeln, was der Fall war und zwar mit dem mütterlich naiven Staunen über den Realitätsdruck, den der Lauf der historischen Ereignisse erzeugt. Die Geschichtlichkeit des eigenen Lebens bleibt dabei eigentümlich unbegriffen, den Ereignissen wird eine magische Kausalität zugeschrieben, zugleich wird ein bürgerlicher Traum eingelöst von der Gleichzeitigkeit aller Ereignisse, die ohne Geschichte aneinanderrücken. Durch das Sammeln wird - in Fortsetzung der natürlichen Lust des Großvaters an den Kuriosa, die das Leben als Spuren hinterläßt - eine in sich sinnvolle Welt erzeugt, für Walter Kempowski erweist es sich in seiner sozialen Logik als doppelt konsistent. Es suspendiert von der Sinnfrage und liefert zugleich ein unerschöpfliches Reservoir an Erinnerungsfragmenten, aus dem sich der lakonische Kommentar seine Plausibilitäten holt.

Versucht man, dieser konzentrierten Aufmerksamkeit auf Vergangenes auf die Spur zu kommen, stößt man, wie Hahn gezeigt hat, auf eine religiöse Bedeutungsdimension, die zur Sinnstruktur des Sammelns gehört.

„Der Vergleich mit der Religion zeigt demgegenüber wohl ebenfalls funktionale Äquivalente; denn gerade daß etwas, obwohl es zu nichts dient, doch nicht als sinnlos erfahren wird, verknüpft es mit religiösen Erfahrungen, deren tieferer Sinn ebenfalls in der Bannung

---

[116] In einer Verfilmung für das Zweite Deutsche Fernsehen unter der Regie von Eberhard Fechner hat die literarische Technik ein „wahrheitsgetreues" Ausdrucksmedium gefunden und den Schriftsteller Kempowski populär gemacht.

[117] In der schon erwähnten Studie zur Soziologie der Intelligenz bestimmt Geiger typologisch verschiedene Ausdrucksformen künstlerischer Karrieren und Standortbestimmung. Hierbei kommt es jeweils auf das Verhältnis von kulturellem Selbstverständnis des Herkunftsmilieus und den Stilmerkmalen der ästhetischen Sphäre an, in die eine Person auf- bzw. absteigt. Geiger unterscheidet Formen der „Schichtabtrünnigkeit" (Geiger 1949, 120 ff.).

der Absurdität besteht... Es ist eine Welt à part, eine geschlossene Sinnprovinz' (Schütz), innerhalb derer zwar die Sinnfrage suspendiert ist, von der sich aber kein Sinn für das ganze Leben ergibt."[118]

Geschichte wird eine Miniaturlandschaft, in der Schicksal und Versöhnung unvermittelt nebeneinanderstehen, ohne synthetische Leistung der Person und ohne in einen übergreifenden Sinnzusammenhang vermittelt zu sein. Sozialität und ihre je spezifische historische Erscheinungsform erscheint hierbei als eine Provokation der erreichten Selbstgewißheit, der am ehesten dadurch begegnet wird, daß sie in ein Museum verwandelt wird, in dem man selbst als ein kenntnisreicher Besucher umherwandelt. Die Detailverliebtheit und Sammelleidenschaft des Schriftstellers, der seine Generationserfahrungen in einem immensen Zettelkasten[119] - als Frachtgut gleichsam - den kommenden Generationen zur Reflexion anbietet, so als wolle er auf gut Glück die verlorene Einheit der Erfahrung wiederfinden, greift eine Sinnstruktur des bürgerlichen Familienkosmos auf und bezieht aus ihr Antriebe für den eigenen Lebensentwurf. Überdies zeigen sich Spuren des Dilettantischen, in dem die historische Selbstreflexion des Bürgertums stets befangen war und aus dem es nach Goetheschem Vorbild den koketten Stolz des Schon-Bescheid-Wissens bezogen hat[120].

Die eigenen lebensgeschichtlichen Erfahrungen als etwas Museales zu stilisieren, schließt an einen - heroischen - bürgerlichen Universalismus an, in der Generation von Walter Kempowski gemildert zu der Form einer schmerzhaft lapidaren Einsicht in die Kontingenz des Lebens[121]. Zugleich reproduziert sich in dem exzentrischen

---

[118] Hahn (1992, 72).

[119] Der Zettelkasten birgt im übrigen auch das Geheimnis des großen Sammlers in der Soziologie der Nachkriegszeit, Niklas Luhmann. Siehe dazu ein instruktives Interview mit dem bezeichnenden Titel „Biographie, Attitüden, Zettelkästen" (Luhmann 1987, 125 ff.).

[120] Der Dilettantismus zählt zu den Strukturmerkmalen des bürgerlichen Habitus, jedenfalls in seiner deutschen Version, deren Typik lebenspraktischer Klugheit so eng an die Entwicklung der Wissenschaften angelehnt ist. Dies führt Koselleck (1990) auf einer allgemeinen Ebene aus: „In Anbetracht der Spezialisierungen in den Wissenschaften und der virtuosen Leistungen in den Künsten gehört ein gewußter und gekonnter Dilettantismus zur Bildung. Er schafft eine Schutzzone der Autonomie, die für Kunst und Wissenschaft allemal beansprucht wird"(ebd., 36). Im Hinblick auf den Fall Kempowski wird man sorgfältiger zwischen einem selbstreflexiven und einem naiv bornierten Dilettantismus zu unterscheiden haben.

[121] Im Prätenziösen und Defensiven zeigen sich im übrigen die Unterschiede zur Kontingenzerfahrung anderer Generationen und anderer nationaler intellektueller Milieus, etwa dem englischen. Siehe dazu Rortys Ausführungen über das Verhältnis von Kontingenz und Ironie (Rorty 1989, 127 ff.).

Bann, in dem Kempowski sich in seine eigene Familiensaga sowie als Amateurhistoriker in die Familiengeschichten zahlreicher Zeitgenossen einrichtet[122], die habituelle Eigenbrötlerei, mit der die väterliche Linie sich am Rande des lokalen Milieus arrangiert hat. Die Lakonie als die Weisheit des sozialen Aufsteigers wird Material eines selbst gebastelten Einstiegs in das Bildungsbürgertum, das man als staunendes Publikum um sich versammelt und unter dessen Zustimmung die Reflexion auf die Historizität der eigenen Existenz verzichtbar wird[123].

Das Bemerkenswerte an der Biografie Kempowskis zeigt sich in der Sinnstruktur seines Syntheseversuchs. Sein *Eintritt in das Bildungsbürgertum* entfaltet sich - im Kontrast zur eigenen Selbstdeutung, als Chronist des Milieus aufzutreten und in diesem Sinne sich beinah ein Leben lang mit Geschichte beschäftigt zu haben - als ein *Austritt aus der Geschichte,* hier verstanden als ein Verzicht auf jedes historisches Urteil[124]. Gerade in dieser Version von Wahrnehmung sozialer Wirklichkeit repräsentiert die Generationstypik der Kempowski-Biografie eine für die deutsche Bürgerlichkeit typische Tendenz.

Die von seiner Generation als Realitätstüchtigkeit in Anspruch genommene Skepsis - die seit der Formulierung von Schelsky zu einer Abkürzung für das kulturelle

---

[122] Mittlerweile verfügt Kempowski über ein umfangreiches familiengeschichtliches Archiv, das er der Universität Hannover zur Auswertung übergeben hat.

[123] In diesen Generationszusammenhang gehört etwa auch der „Abschied vom Prinzipiellen" des Philosophen Odo Marquard, in dessen autobiografischen Skizzen es heißt: „Soweit diese Generation wirklich skeptisch war, habe ich an ihrem Schicksal teilgenommen: durch Wende zur Skepsis. (...) Ich kam - solide ausgebildet - einzig in Weltfremdheit - (nach Kriegsende und kurzer Kriegsgefangenschaft) retardiert in die geschichtliche Wirklichkeit der skeptischen Generation hinein und schaffte - zusätzlich gebremst durch die akademische Entlastung von den Lebensfristungsnotwendigkeiten des Tages - zunächst nur die eine Hälfte ihres Generationspensums: also nicht den realitätstüchtigen „Konkretismus", sondern n u r die Skepsis" (Marquard 1981, 5 f.). Die „Skeptische Generation" liefert, historisch kontextuiert, nicht jedoch nicht zwangsläufig einen ersten Ausbruch aus dem Realitätsdefizit, das der deutschen bürgerlichen Sozialmoral zugeschrieben wird, vielmehr knüpft sie kontinuierlich an die historisch sedimentierten Sinnstrukturen der deutschen Sonderwegsentwicklung an - bei gleichzeitiger Akzeptanz der äußeren Rahmenbedingungen der Existenz, der Institutionalisierung liberalstaatlicher Demokratie im Nachkriegsdeutschland.

[124] Die von der literarischen Kritik bis auf wenige Ausnahmen enthusiastisch aufgenommenen Veröffentlichung „Echolot - Ein kollektives Tagebuch" von Kempowski (1993), in der er Tagebuchaufzeichnungen, Briefdokumente, also protokollierte Realität aus den für die deutsche Kriegssituation entscheidenden Monaten Januar und Februar des Jahres 1943 zusammengestellt hat, fügt sich, unabhängig von ihrer öffentlichen Resonanz, dem hier herausgearbeiteten Muster stimmig ein.

Selbstverständnis der bundesrepublikanischen Gründergeneration geworden ist - knüpft, wenn man sie in die Kontinuitätslinien bürgerlicher Realitätswahrnehmung stellt, an eine spezifische Form historischer Blindheit an, deren Kritik und Überwindung durch die genaue Dokumentation ihren Voraussetzungen (Thema der Romane) und in ihren Folgen (Thema der Dokumentationen wie „Echolot") Kempowskis Lebensthema wird[125]. Schließlich begründet die Skepsis dieser Generation die für die Bundesrepublik vielfach beschriebene Machtvergessenheit ihrer politischen und kulturellen Eliten, deren formatives Potential sich im politischen Provisorium des Nachkriegsdeutschland als funktional erwiesen hat, aber im Kern die Gestaltungsarmut der bürgerlichen Mentalität fortsetzt. Es erweist sich über den Generationstypus hinaus, daß die Funktionsschwäche, die sich beim deutschen Bürgertum im Zuge der Nationverspätung einstellt, auf eine modernitätsverweigernde Sozialmoral zurückzuführen ist, so als solle die historische Mission des bürgerlichen Lebensduktus, die einzigartige Verbindung von Exklusivität und Universalismus, an ihrer Durchsetzung und Entfaltung gehindert werden.

Im Lichte der Fallrekonstruktion wird man die Ursachen in einem Familienmodell suchen müssen, das die Möglichkeit der Realitätserfahrung ausblendet. Nun könnte man gerade in den Strukturen der Privatheit des Familienlebens einen möglichen Grund sehen. Demgegenüber sehen wir ihn paradoxerweise in der *mangelnden Konstitution von Privatheit*, deren familialer Kern, die Gattenbeziehung, die äußere Realität gerade in dem Maße zulassen könnte, in dem sie ihrer Autonomie und wechselseitigen Solidarität gewiß ist. Die Bürgerlichkeit der Familie in Deutschland, dies zeigt der Fall Kempowski, ist um den Preis einer charakteristischen *Schließung der Wahrnehmung* zur Autonomie gelangt. Infolgedessen verdampft die besondere Dignität des Sozialen zum fremden Äußeren, dem man angestrengt zu entkommen versucht oder das man staunend aufnimmt, das man entweder dämonisiert oder durch individuelle Moralansprüche zu bewältigen versucht.

Es ist das Milieu, in dem nicht Humor, sondern der Witz entsteht als eine Antwort auf eine Existenz ohne Verfehlung und ohne Tröstung, gebunden an einen durch Statusinkonsistenz vermittelten Habitus spröder Abgrenzung gegen Regression.

---

[125] In diesem Sinne auch Bude (a.a.O., 47), der die in unserem Zusammenhang einleuchtende These vertritt, Schelsky habe in seiner Generationsstudie die Schwächen in Stärken umgedeutet.

Rostock als geistige Lebensform ?

Abschließend sei die herausgearbeitete Familienkonstellation mit dem Verhältnis von Familienstruktur, Sozialmilieu und literarischer Erfahrungsverarbeitung bei Thomas Mann verglichen, dem „ersten“ Chronisten deutscher Bürgerlichkeit, auf den sich Kempowski im übrigen in seiner Selbstdeutung mehrfach bezieht. Was unterscheidet „Lübeck als geistige Lebensform“ von „Rostock als geistiger Lebensform“? Auch im Falle Kempowski stößt man auf die Verfallsgeschichte einer Unternehmerfamilie, genauer gesagt: auf die Geschichte einer Transformation des altmittelständischen bürgerlichen Milieus, mit einer Nachfolgeproblematik als historisch-genetischem Ursprungskontext, eingelagert in eine Funktionsschwäche des sozialisatorischen Systems. Demgegenüber ist die Biografie Thomas Manns durch das Nachfolgeproblem in einer seigneuralen Großkaufmannsfamilie kontextuiert.

In beiden Fällen erscheint der Solidarzusammenhang der Familie, insbesondere die affektive Qualität der Gattenbeziehung, durch Fragmentierung und Rückzug auf isolierte Eltern-Kind-Beziehungen bedroht, in beiden Fällen verblaßt die strukturierende Kraft einer familienübergreifenden, den Stolz der Einzelpersonen bestimmenden Idee, wenngleich in einem Fall das ausgeprägte soziale Exklusivitätsgefühl die Selbstwahrnehmung der nächsten Generation dauerhafter strukturiert.

Die Kinder, die in derartigen Familienwelten aufwachsen, sind mit dem Problem konfrontiert, den Fokus für biografische Konsistenz zu verlieren, zumal dann, wenn außerfamiliale kompensatorische Bezugssysteme nicht oder nicht nachhaltig genug eingerichtet werden oder wenn sich eine ausgleichende Geschwistersolidarität nicht ausbilden kann. Diesbezüglich zeigen sich deutliche Unterschiede beider Autoren, angefangen von der Stellung in der Geschwisterreihenfolge bis hin zur Komplexität und kulturellen Reichhaltigkeit des erweiterten Verwandtschaftssystems sowie zur affektiven Struktur der Mutter-Kind-Beziehung[126].

Verliert die Familie ihren einheitsstiftenden Mythos, werden die sozialmoralischen Orientierungen nur unvollständig internalisiert, bleiben konventionell bzw. erzeugen die biografische Disposition zum Austritt aus dem Milieu bzw. zur Selbst-

[126] An dieser Stelle erweisen sich weitere Typusunterschiede zwischen den Autoren und dem sozialisatorischen Milieu, dem sie jeweils ihre Impulse verdanken: In der Familie Mann erfährt die Mutter-Kind-Beziehung auf der Grundlage der behutsam konservierten mütterlichen Herkunftsphantasien eine eigene Strukturierungskraft, konkurrierende Sinnwelten entstehen zu lassen, bei Kempowski leitet sie das vom Sohn übernommene Staunen ein.

mythologisierung der eigenen Person. Vergleicht man die literarische Technik beider Chroniken des deutschen Bürgertums, so liegt zwischen Ironie und Lakonie der entscheidende Unterschied. Während im Werk Thomas Manns die familienbiografischen Erfahrungen in stets neuen Projektionen erzählt und vor allem in ihren motivischen Voraussetzungen reflektiert werden, fehlt bei Kempowski die motivische Kontextuierung völlig.

Die Selbstvergessenheit des Bürgertums in ihren Voraussetzungen und Folgen zu zeigen, ist das literarische Programm Thomas Manns, seine Explikation eröffnet den Weg zur ironischen Distanz. Lübeck als geistige Lebensform beschreibt er am Beispiel des Hans Castorp wie folgt:

> „...aber was ist in seinem Herzen? Nicht „Natursinn", der irgendwie Zugehörigkeit bedeutete. Nein, Furcht, Ehrfurcht meineswegen, religiöse Scheu, physisch-metaphysisches Grauen und noch etwas mehr: Spott, wirkliche Ironie gegenüber dem übergewaltig Dummen, ein mokantes Achselzucken angesichts gigantischer Mächte, die ihn in ihrer Blindheit zwar physisch vernichten können, denen er aber noch im Tode menschlichen Trotz bieten würde. Wer davon erzählt, in diesem Geiste erzählt, meine Damen und Herren, ist ein Erzähler von städtischer, von bürgerlicher, von - im allgemeinen Sinn - lübeckischer Lebensform."[127]

Demgegenüber durchzieht Kempowskis Werk, das eine Form der Selbstvergessenheit nachzeichnet, das lakonische Eingestelltsein auf die Kontingenz menschlicher Erfahrungen, denen nichts hinzuzufügen sei. Darin kommt ein historischer Gestaltunterschied zwischen beiden Autoren zum Ausdruck, der zwei unterschiedliche Stufen des Abschieds vom Bürgertum reflektiert. Aus der Sicht der soziologischen Strukturanalyse erscheint es zwingend, daß die für die Familie typische Selbstisolierung mit der schon legendären, zitathaften Form symbolischer Kompensation in der Konversationsform („Wie isses nun bloß möglich" - „Eigentlich unerhört") den Hintergrund für die beeindruckende Resonanz der Romane Kempowskis in den späten siebziger Jahren der Bundesrepublik abbilden. Das Familiengespräch erscheint in seiner literarischen Fassung in Gestalt kollagierter Dialogsequenzen, die ohne übergreifende situative Kontextuierung, aber auch ohne Deutung innerer Zustände der Sprecher, dem Druck der äußeren Realität entgegengehalten werden. Kempowskis lakonische Selbstvergessenheit ist die komfortable Begleitmelodie eines von der Historizität freigesetzten Nachkriegsdeutschlands geworden.

---

[127] Thomas Mann (1983, 46 f.).

Das Werk erweist sich als ein beeindruckendes Beispiel für die Dialektik von Sublimierungsprozessen, die den Generationenwechsel durchzieht. Zum einen schreibt es in der Unschuld und Leichtigkeit, in der der Lebensweg dreier Generationen sowie die Tagebucheintragungen von Zeitgenossen verarbeitet werden, die Verspieltheit fort, die soziales Privileg des Bürgerlichen darstellt. Zum anderen gibt sie gerade in der mitschwingenden Bemühtheit eine mögliche Antwort auf die Frage, wie das deutsche Bürgertum der Moderne begegnet: ohne einen der verläßlichen Statussättigung vorbürgerlicher Milieus vergleichbaren generationenübergreifenden Stolz, aber einem unerbittlichem Willen, mit einer eigenen Leistungsanstrengung die positive Privilegiertheit der sozialen Lage zu rechtfertigen und den Anschluß an das von der älteren Generation ererbte herzustellen.

Daten zur Familiengeschichte

Familie Collasius (Hamburg)

Vater: August Wilhelm(1863 - 1946) - Kaufmannslehre, Auslandsaufenthalt in Afrika, übernimmt die Firma seines Vaters
Mutter: Martha Hälssen (?)
Kinder: Hertha (1892- ?)
Richard (1894-?)
Margarethe (1896-1969)
Lotti (1900- ?)

Familie Kempowski, Robert William (Rostock)

Vater: Robert William (1865-1939), Reeder
Mutter: Anna (1872-1927), Kindergärtnerin-Hausfrau
Kinder: Elisabeth (Sylvia) (1893-?)
Karl(1898-1945)

Familie Kempowski, Karl

Vater: Karl (1898-1945), Reeder
Mutter: Margarete (1896-1969)
Kinder: Ursula (1922), Studium der Anglistik
Robert (1923), Bankkaufmann
Walter (1929), Lehrer/Schriftsteller

3.4 Rückzug in die Autarkie in vorbürgerlichem Milieu: Konturen eines Familieninzestes[128]

Der Inzest wird in den seltensten Fällen unmittelbar nach seinem ersten Auftreten bekannt. In der Familie Johannes und Hildegard Benek, die hier vorzustellen ist,verschweigt ihn die älteste Tochter Christiane über mehr als zehn Jahre. Ihre beiden jüngeren Schwestern Petra und Nadine, deren beiläufig gegenüber einer Freundin geäußerte Enthüllungen zur Strafanzeige gegen den Vater geführt haben, ziehen bei einem ersten richterlichen Überprüfungsverfahren ihre Schilderung als unzutreffend und der Phantasie entsprungen wieder zurück und riskieren daraufhin, wegen einer Falschaussage gerichtlich belangt zu werden. Derartige Vorgänge sind im Umfeld des Inzestes typisch. Das Geheimnis sowie das Kommunikationsverbot gehören ebenso zur Inzesterfahrung des Kindes wie die ängstlichen Retouchen noch an seiner späten Offenlegung[129].

Beides verweist auf besondere Bedingungen des Familienhandelns, die die Frage beantworten können, warum den erlittenen Qualen nach der sexuellen Usurpation die Verschwiegenheit folgt. Denn im Kontext der familienspezifischen Solidarität kommt die Bekanntgabe des praktizierten Inzestes einem Verrat gleich und zieht den Vorwurf der Familienmitglieder auf sich, die Auflösung der Familie betreiben zu wollen. Markiert der Inzest den Zusammenbruch elementarer Solidaritätsnormen des

---

[128] Im folgenden handelt es sich um die Fallstudie aus einem gemeinsam mit L. Biback-Diel, H. Oberle und E. Seyfarth durchgeführten Begleitforschungsprojekt zur „Familienhilfe", einer sozialpädagogischen Interventionsform, die seit mehr als fünfzehn Jahren als Betreuung von sogen. Problemfamilien praktiziert wird (Allert/Biback-Diel/Oberle/Seyfarth 1994). Der Text der Veröffentlichung wurde vollständig überarbeitet und um theoretische Schlußfolgerungen ergänzt. Viele Einsichten in die Formenvielfalt von Familie, Verwandtschaft und Milieu verdanke ich der Kooperation mit der „Sophienpflege Tübingen e.V." und mit dem Jugendamt der Stadt Tübingen, deren Mitarbeitern an dieser Stelle ausdrücklich zu danken ist.

[129] Vgl. dazu Rijnaart (1988). In einer Aktennotiz zur Pflegschaftsübernahme für die beiden jüngsten Töchter Petra und Nadine des hier darzustellenden Falles heißt es: „Zunächst sei bemerkt, daß bereits im Mai dieses Jahres gegen den Vater Anzeige wegen sexuellen Mißbrauchs der drei Töchter erstattet worden ist. Diese Anzeige wurde damals aber wieder zurückgenommen und das Ermittlungsverfahren danach eingestellt. Nunmehr ging bei der Polizei erneut wegen der damaligen Sache Anzeige gegen den Vater ein. (...) Im November fand nun die richterliche Vernehmung der Töchter durch Herrn Richter Gundolf beim Amtsgericht statt. Es ging dem Richter darum herauszufinden, ob nun die jetzigen Angaben stimmen bzw. weshalb damals die Anzeige zurückgezogen worden ist, zumal Petra und Nadine zusammen mit einem Jungen nach der ersten Anzeige von zu Hause ausgerissen, die erste Nacht in einer Scheune bei Rdorf geschlafen und sich anschließend zum Vater nach Augsburg begeben haben."

Familienverbands, so löst paradoxerweise sein Bekanntwerden das Bemühen aus, deren Geltungskraft zu beschwören. Die soziologische Beobachtung ist herausgefordert, hinter dem Mythos familialer Verbundenheit und hinter der im öffentlichen Diskurs dramatisierten Täter-Opfer-Komplementarität eine Funktionsproblematik in der Struktur innerfamilialer Beziehungen aufzuzeigen.

Nun ist die Analyse manifester inzestuöser Übergriffe durch den Umstand erschwert, daß die Sinnstruktur des inzestuösen Handelns ubiquitär ist und zur normalen Kommunikation im Familienverband gehört. Deshalb ist es nicht einfach, jeweils die Differenz zwischen „normalen" Vorgängen und interaktiv manifestierten Überformungen zu bestimmen[130].

Die Aufmerksamkeit der Analyse richtet sich zunächst einmal auf die Vorfrage nach den Bedingungen, die den Ausfall des Tabus oder seine partielle Errichtung begünstigen können. Hierbei kommt es systematisch zur Entfaltung von Prozessen, die von ihrer Sinnlogik her inzestuös sind. Die interaktionslogischen Komponenten der Phantasie, mit dem geliebten gegengeschlechtlichen Elternteil vereint zu sein und den gleichgeschlechtlichen Elternteil beseitigen zu wollen, bilden eine Voraussetzung dafür, daß Kinder die Fähigkeit entwickeln, außerhalb des partikularen Rahmens der eigenen Familie eine Objektbeziehung aufzubauen.

Der Inzest kommt demnach einer Entwicklungsphantasie entgegen, die in der Familie als einem Kommunikationsraum mit körperbetonten und affektiv diffusen Beziehungen zunächst einmal normal ist. Dies erklärt im Falle des manifesten Inzestes nicht nur die Bereitschaft zur Hingabe, sondern auch die Bereitschaft zur Verschwiegenheit. Schließlich entsteht eine neue affektive Dyade, genauer gesprochen wird die affektive Zuneigung aus dem Handlungskreis der Eltern-Kind-Beziehung in ihrer Qualität aufgewertet und in eine exklusive Beziehung übersetzt, der gegenüber die faktisch existierende Gattendyade in ihrer Bedeutung herabgesetzt wird. Die im Normalfall eingerichtete affektive Konkurrenz der Mutter als Rivalin, verliert ihre belastenden Aspekte vor allem dann, wenn die Mutter sich entweder selbst zurückzieht oder zurückgedrängt und im Ergebnis schließlich entmachtet wird. Die Tochter in der neu etablierten Dyade trifft daraufhin genau auf die Handlungszumutungen, die konstitutiv sind für die besondere Affektivität in einer intimen Dyade, nämlich exklusive Kommunikation und affektive Selbstgenügsamkeit. Das Schweigen des von einem Inzest betroffenen Kindes ist nicht allein der Angst vor

[130] Dies zeigt sich an der in jüngster Zeit zunehmenden öffentlichen Diskussion über den Anteil infantiler Verführungsphantasien bei der Bekanntgabe eines manifesten inzestuösen Übergriffs (Siehe zu diesem Aspekt sexueller Übergriffe auf Kinder die Arbeiten von Levold 1994, 1997).

der Familienauflösung oder vor der Kriminalisierung des Vaters geschuldet, die das Kind sich nicht zurechnen lassen möchte, vielmehr bringt es eine im Rahmen der Intimbeziehung selbst konsistente Handlung zum Ausdruck. Sieht man den Inzest vor dem Hintergrund normaler psychischer Vorgänge in der Familie, so läßt sich sein tatsächliches Auftreten angemesser als eine soziale Abweichung rekonstruieren, die auf eine Verschiebung innerfamilialer Basisdifferenzierungen zurückzuführen ist.

Im Horizont der Fallstudie interessiert der Inzest nicht im Hinblick auf die Diskussion über die moralische Perversion der Kindesmißhandlung, wir wollen uns auch nicht beteiligen an der im einzelnen oft schwierigen Zurechnungsfrage, zu der die Frage nach dem Anfang bzw. der Initiative der Verführung gehört, vielmehr versuchen wir, den Akt sexueller Gewalt als Ausdruck einer Kommunikationslogik zu bestimmen. In dieser Betrachtungsweise zeigt sich der Inzest als die Übertreibung einer kommunikativen Dimension des Familienhandelns, als eine zugespitzte Form der Selbstabschließung, die zu Lasten der Autonomie der Mitglieder geht. Die Fallrekonstruktion beginnt mit einem kurzen Porträt, daran schließen sich die phänomenologische Beschreibung der Interviewsituation sowie die Auslegung objektiver Daten zur Familiengeschichte an.

Erster Blick auf die Familie Benek

Familie Benek ist eine bei Beginn der Familienhilfe (im Herbst 1985) erst seit vier Monaten im Landkreis X. ansässige Familie mit drei Töchtern und drei Söhnen im Alter von 13 bis 24 Jahren, wohnhaft in einem angemieteten Einfamilienhaus am Ortsrand einer Gemeinde, die wiederum an der Peripherie des Jugendamtsbezirks liegt[131].

Die Familie lebt seit mehreren Jahren von Sozialhilfe und ist über Jahre hinweg durch Schulschwierigkeiten aller Kinder, sowie zunehmend durch Gesetzeswidrigkeiten und Straftaten vor allem der Söhne, den Jugendämtern verschiedener Bezirke bekannt. Sie zählt zu den Problemfamilien, die in der Sprache der Sozialarbeit die „Uraltfälle“ genannt werden, eine Umschreibung, die die Regelmäßigkeit handhabbar macht, in der die Sozial-und Jugendbehörden unterstützend eingreifen müssen.

Hildegard Benek, 44 Jahre alt, ist seit ca. einem Jahr Alleinerziehende, nachdem ihr Mann Johannes die Familie verlassen hat, um bei seiner neuen Freundin unterzutauchen und sich einer Strafverfolgung wegen sexuellen Vergehens an seinen Töchtern zu entziehen. Johannes Benek ist 46 Jahre alt, gelernter Melker und hat in

[131] Die Angaben sind anonymisiert.

den vergangenen Jahren in zahllosen Arbeitsverhältnissen Hilfsarbeitertätigkeiten verrichtet.

Zu Beginn der Familienhilfe befinden sich zwei der Söhne wegen mehrerer Delikte in Haft. Hildegard Benek hat die Scheidung eingereicht und für das Frühjahr 1986 ist nach einer Strafanzeige von ihr ein gerichtliches Verfahren gegen den Vater anberaumt. Die Familiensituation ist, gegenläufig zu den turbulenten Auflösungserscheinungen, bestimmt durch die einen Monat zurückliegende Geburt einer unehelichen Tochter der zweitjüngsten fünfzehnjährigen Tochter Petra. Das Baby zieht als Hoffnungsträger alle Aufmerksamkeit der Familie auf sich.

Charakteristisches Merkmal der Familie Benek sind nicht allein die notorische Sozialauffälligkeit der Kinder, besonders die Schulschwierigkeiten bei den Töchtern und in Form von Raubüberfall die Schwerkriminalität bei den Söhnen, sondern auch eine langjährige berufliche Instabilität des Vaters und der Söhne, deren Zukunft wegen mangelnder Ausbildungsabschlüsse ungesichert erscheint. Der häufige Arbeitsplatzwechsel, verbunden mit einem häufigen Wohnortwechsel, haben die Familie zu Wanderern werden lassen. Es kommen wiederholte längere Abwesenheiten beider Eltern hinzu, bei der Mutter krankheitsbedingt, beim Vater durch die Arbeitssuche erzwungen.

Das Jugendamt ist infolge der Problemdefinition des vormals zuständigen Sozialarbeiters auf die Familie aufmerksam geworden. Der Diagnose, es handele sich um einen aussichtslosen Fall mit der Maßgabe, sukzessive eine Familienauflösung vorzunehmen und vorrangig für eine Heimeinweisung Petras in ein Mutter-Kind-Heim zu sorgen, hält der mittlerweile zuständige Sozialarbeiter des Nachbarbezirks die Einschätzung entgegen, es gebe noch Handlungsspielräume. Entsprechend dieser Diagnose befürwortet er als gleichsam letzten Versuch die Inanspruchnahme einer Familienhelferin[132].

Im Zentrum des Familienhilfeeinsatzes soll die Betreuung der jungen Mutter stehen sowie, in nächster Zukunft, deren Schwester, deren Entwicklung bei aller Problematik der Familiensituation insgesamt noch für vergleichsweise aussichtsreich eingeschätzt wird. Familie Benek erhält über einen Zeitraum von ca. zwei Jahren Familienhilfe. Im Rahmen der soziologischen Evaluation dieser Betreuungsform werden Interviews verabredet.

---

[132] Bei dieser Interventionsform im Bereich der Sozialarbeit handelt es sich um eine mittlerweile institutionalisierte Form der flexiblen Betreuung von Problemfamilien. Historisch betrachtet, antwortet sie auf die Transformation des Sozialarbeiterberufs und die hierbei notorischen Überlastung der sogen. Außendiensttätigkeit. Familienhilfe ist eine Hilfe vor Ort, die sich dem Lebensrhythmus der Klienten weitgehend anpaßt, um auf dieser Grundlage Hilfezumutungen aussichtsreicher plazieren zu können. Siehe dazu auch Allert/Biback-Diel/Oberle/Seyfarth (1994).

Zerfließende Grenzen im Interview

Wir haben die Familie Benek dreimal interviewt, wobei wir die Gespräche im wesentlichen mit Hildegard Benek als dem für die Außenkontakte der Familie zuständigen Familienmitglied geführt haben[133]. Den Vater Johannes Benek, der zu Beginn unseres Kontaktes schon seit über einem Jahr nicht mehr im Hause wohnte und der zum Zeitpunkt des letzten Gesprächs nach längerem Haftaufenthalt zwar wieder auf freiem Fuß war, aber nach der mittlerweile erfolgten Scheidung bei seiner neuen Frau untergetaucht war, haben wir nicht kennengelernt.

Von den sechs Kindern waren jeweils die beiden jüngeren Töchter anwesend, zum Zeitpunkt des ersten Gesprächs waren die Söhne Heinrich und Carl inhaftiert, der mittlere Sohn Paul hielt sich in seiner Dachwohnung des Mehrfamilienwohnhauses der Familie auf, die älteste Tochter Christiane, die mit einem Freund zusammen in einer eigenen Wohnung lebte, war bei keinem der Gespräche anwesend. Beim letzten Besuch waren wiederum die beiden jüngeren Töchter und ebenfalls der mittlerweile wieder freigelassene Sohn Carl zugegen.

Im äußeren Erscheinungsbild fällt die Familie durch die Tendenz auf, die Grenzen zwischen Innen und Außen zwar zu markieren, dies jedoch mit einer konturlosen und verschwommenen Selbstdarstellung zu verbinden. In dieses Bild fügen sich auch die umständlichen und mehrere Male erfolglosen Verabredungen stimmig ein. Ist das erste Gespräch noch unter dem Druck der Ereignisse, sowie im Schlepptau der als Neuigkeit empfundenen Familienhilfe vergleichsweise leicht zu vereinbaren, so gestalten sich die folgenden Besuche schon während ihrer Anbahnung schwierig. Vereinbarte Gesprächstermine werden nicht eingehalten bzw. kurzfristig abgesagt. In der Interviewsituation bestätigt sich der Eindruck einer bis zur Diffusheit gehenden Offenheit des Gesprächsrahmens, der mit der kommunikativen Distanz, in der man uns begegnet, scharf kontrastiert.

Beim ersten Mal zeigt sich Frau Benek zögernd bereit, die Familiensituation zu schildern. Hierbei kommen die ihr peinlichen Episoden der konflikthaften Beziehung zum Ehemann zur Sprache, daß ihr eine durch die Wissenschaft übertriebene Aufmerksamkeit auf ihre Familiensituation lästig sei, betont sie ausdrücklich. Teilnahmslos und in einer stimmlichen Neutralität, als ginge sie das Erzählte eigentlich gar nichts an, nimmt sie den Anlaß als Gelegenheit wahr, sich selbst als allein, verlassen und getäuscht darzustellen. Daß bei aller Distanz ein Kontakt zur Familie überhaupt aufrechterhalten werden konnte, verdankt sich dem Umstand, daß mit dem einen Monat alten Baby ihrer zweitjüngsten Tochter Petra ein positiv besetzbares

---

[133] Die Interviews führte ich zusammen mit Elisabeth Seyfarth.

Familienereignis im Vordergrund steht, das unangenehme Aspekte der eigenen Geschichte zu relativieren hilft, und die bittere Enttäuschung über den Ehemann vergessen läßt.

Hildegard Benek, eine dickleibige und erschöpft aussehende Frau, wirkt in den Gesprächen schwerfällig und behäbig, ihre Erzählungen trägt sie klagend vor. Sie versucht dabei, vor allem ihre Belastung durch die Kinder herauszustellen, wobei erkennbar wird, welchen Trost sie in ihrer Lebensführung dadurch gefunden hat, Großmutter geworden zu sein. Die Gesprächssituation ist diffus und zähflüssig und wird von Frau Benek auch nicht minimal strukturiert. Das gleichzeitige ständige Kommen und Gehen der Kinder stört sie ebensowenig wie das laufende Radio im Hintergrund oder die Geräuschkulisse, die durch die zum Flur geöffnete Tür eindringt.

Beim Abschlußgespräch geht es nicht anders zu. Diesmal noch gesteigert dadurch, daß die Tür des Zimmers auch dann nicht geschlossen wird, als Handwerker auf dem Flur mit beträchtlichem Lärm Bohrarbeiten vornehmen.

Zum äußeren Bild der Lebensführung gehört die starke Überheizung der Wohnräume, in der die größtenteils schon erwachsenen Kinder sich leicht bekleidet, in Unterwäsche, aufhalten und sich nicht scheuen, in dieser ungewöhnlichen Aufmachung vor den Besuchern aufzutreten. Bei ihrem sporadischen Erscheinen - wortlos am Fenster stehend oder für einige Minuten neben der Mutter auf dem Sofa sitzend, ohne daß dies irgendwie, von ihnen selbst oder von der Mutter kommentiert worden wäre - unterstreichen sie deutlich ihre Gleichgültigkeit gegenüber den Interviewern, verfolgen allerdings besonders sorgfältig die Äußerungen der Mutter. Sie übernehmen die Rolle schweigender Protokollanten des Gesprächs, aber so, als wären sie nur an Stichproben interessiert.

Um sich von der Eigentümlichkeit der Familienbeziehungen ein Bild machen zu können, ist der Blick auf den Umgang mit den fremden Besuchern aufschlußreich. Zwar werden wir aufmerksam registriert, aber weder in unserer Rolle wahrgenommen - es hat den Anschein, als seien unsere Besuche von der Mutter nicht angekündigt gewesen - noch als Fremde begrüßt. Unsere Anwesenheit nimmt somit die Gestalt eines Ereignisses an, das zugleich sozial nicht strukturiert wird, die rhetorischen Figuren, die normalerweise ein Gespräch mit Zäsuren versehen, bleiben aus. Paradoxerweise hat gerade die Indifferenz, die ja dadurch unterstrichen werden könnte, daß man uns wie lästige Vertreter behandelt und knapp abfertigt, den Eindruck hinterlassen, nachhaltig in die Zone der Privatheit eingedrungen zu sein.

Die im Zeitraum der Familienhilfe aufgetretenen, zum Teil erheblichen Veränderungen des Familiengefüges, haben in der Außendarstellung keine Spuren hinterlassen. Im Schlußgespräch treffen wir die nämliche Zähflüssigkeit und Zurückhaltung an, die allenfalls durch Klageepisoden durchbrochen werden. Am Ende hat der resignative Ton eher noch zugenommen, nachdem die Entwicklung ihrer Tochter und ihrer Enkelin hat deutlich werden lassen, daß Frau Benek als alleinstehende Frau in der Fürsorge für das Enkelkind keine dauerhafte und in die Zukunft gerichtete soziale Identität würde ausbilden können. Im Gegenteil ist ihre Angst, von den Kindern verlassen zu werden, ein wichtiges Thema unserer Unterhaltung beim Abschiedsgespräch.

Zieht man die Erfahrungen aus der Interviewsituation zusammen, so bleiben folgende Merkmale identifizierbar. Die minimale soziale Strukturierung erfolgt durch die Mutter, bei gleichzeitiger kommunikativer Indifferenz der übrigen Familienmitglieder. Hildegard Benek fällt es schwer, leicht erinnerbare biografische Daten, beispielsweise das Geburtsjahr ihrer Kinder, genau anzugeben. Wenn sie auf die im Hause wohnenden Kinder zu sprechen kommt, muß sie sich beim Nachdenken darüber, um wen es sich dabei handelt, mehrmals korrigieren. Sowohl in der Struktur ihres Sprechens als auch in der inhaltlichen Ungenauigkeit ihrer Aussagen bezüglich der Familiengeschichte fällt eine aus Indifferenz und bitterem Pessimismus genährte Tendenz zum Verunklaren der Sinnbezüge auf.

Nimmt man die Erfahrung hinzu, bei der Absprache von Terminen auf verbindliche Zusagen nicht rechnen zu können, so deutet das Bisherige darauf hin, daß der Zusammenhalt untereinander im Alltag nur lose gesichert ist und eine labile Einheit darstellt, die sich klar identifizierbaren sozialen Strukturierungen entzieht. Zwar vertritt die Mutter die Familie nach außen, versieht diese Funktion hingegen in einer Form abwesender Anwesenheit, so als sei ihr diese Aufgabe nicht mehr als eine lästige Pflicht geworden.

Die soziale Herkunft des Vaters

Johannes Benek stammt aus dem Sudetenland, er ist 1939 geboren als zweitjüngstes Kind einer zwölfköpfigen Familie. Sein Vater, Jahrgang 1906, ist Zeit seines beruflichen Lebens Melker gewesen, und zwar zunächst im Sudetenland, später nach der kriegsbedingten Flucht der Familie in den Westen, im süddeutschen Raum mit dem Rheingau als erster Station, gefolgt von einer kleinen Ortschaft im Südschwarzwald.

Herr Benek ist der jüngste Sohn der Familie. Über die Ausbildung und weitere berufliche wie familiale Entwicklung seiner neun Geschwister liegen nur sporadische Informationen vor. Die Familie seines Vaters flüchtet gegen Ende des Zweiten Weltkriegs in mehreren Stationen in den Westen, und zwar in der damals bei Großfamilien üblichen Form einer schrittweisen Wanderung. Nach einem Aufenthalt in der ehemaligen DDR trennt sich die Familie voneinander. Sechs der zehn Kinder, und zwar die ältesten, entschließen sich, in der als Durchgangsstation gedachten Gegend zu bleiben. Der Großvater Gustav Benek zieht zusammen mit seiner Frau und mit den jüngsten Kindern weiter in den Westen. Hierbei wiederholt sich das für Flüchtlingsfamilien typische Bild, in mehreren Etappen vorzugehen. Er sucht zunächst eine Anstellung und eine Bleibe für die Familie, diese zieht nach einem halben Jahr nach. Angesiedelt hat sich die Familie im Rheingau, wo Gustav eine Anstellung als Melker auf einem großen fürstlichen Gut angeboten bekommt, die er als eine Chance wahrnimmt, sich im vergleichsweise vertrauten sozialen Gefüge eine neue Position aufzubauen.

Johannes Beneks Kindheit ist somit nicht nur durch die kriegsbedingte soziale Desorientierung, sondern auch durch eine komplizierte und schmerzhafte Reorganisation seiner Herkunftsfamilie geprägt, in der die paternalistische Pietäts- und Treueverpflichtung gegenüber dem Familienoberhaupt Halt und Orientierung gibt. Die Autorität seines Vaters wird hierbei umso bedeutsamer, je weniger die Familie qua Lebensduktus eine Bereitschaft zur Mobilität und Assimilation an neue Lebensumstände mitbringt. Die in der alten Heimat erworbenen sozialen Deutungsmuster der vormodernen Sozialwelt, die Traditionalität des erlernten Berufs sowie der Kinderreichtum lassen die Übernahme alternativer Orientierungen unwahrscheinlich werden.

Der Beruf des Melkers gehört zu den angesehenen Tätigkeiten in einem gutsherrschaftlichen oder großbäuerlichen Betrieb. Ihm obliegt nicht nur die Versorgung und Bearbeitung des gesamten Viehbestandes, sondern er ist in der Regel auch mit den Tierkrankheiten und den Maßnahmen für ihre Behandlung vertraut. Im Hinblick auf die hohe ökonomische Bedeutung der Viehhaltung verkörpert er somit einen umfassend informierten und verantwortungsvollen Sachverständigen der Tierpflege. In das Abhängigkeitsgefüge eines Hofes ist der Melker als ein ranghoher Mitarbeiter eingebunden und dabei in seiner Lebensplanung von dessen Schicksal abhängig.

Von daher muß für den Vater der vielköpfigen Familie die Verpflanzung in eine neue Umgebung eine schmerzhafte biografische Zäsur bedeutet haben, zumal der Weg in den Westen mit dem Preis der Auflösung der Familie zu zahlen war. Möglicherweise steht schon hinter der Entscheidung, sich im Zuge der erzwungenen Umsiedlung in den Westen zu teilen, der Gedanke, zukünftig als Melker Anstellungsprobleme zu bekommen. Wie immer auch das biografische Kalkül ausgefallen sein mag, es steht zu vermuten, daß der familiale Loyalitätsdruck auf die jüngeren Kinder, die zusammen mit den Eltern weitergezogen sind, besonders hoch gewesen sein muß.

Mit der Anstellung im Rheingau erfährt Gustav Benek das Schicksal einer Vertriebenenfamilie aus landwirtschaftlichen Verhältnissen. Die Familie versucht, vermittelt durch die berufliche Tätigkeit des Vaters wieder an den früheren Lebenszuschnitt anzuschließen. Trotz der berufsbedingten Inflexibilität ist die Suche nach einer vergleichbaren Beschäftigung erfolgreich. Diese Weichenstellung soll sich für den weiteren Lebensweg von Johannes Benek als ausschlaggebend erweisen. Er lernt nämlich den Melkerberuf bei seinem Vater, dem es gelingt, seinen Sohn ebenfalls auf dem Gut im Rheingau unterzubringen. Johannes ist somit nicht nur im Hinblick auf seine tatsächliche berufliche Ausbildung, sondern auch im Hinblick auf die darin zugleich vermittelte Sozialmoral spezifisch vorgeprägt. Er erlebt einen Anfang im Westen, der die Vorstellung nährt, die neue Umgebung und die von ihr ausgehenden Veränderungszwänge ließen sich in der eigenen Lebensführung ignorieren. Nimmt man die spezifische Generationslagerung hinzu, nach der Johannes, der als Kind den Krieg erlebt hat und der als Jugendlicher die Nachkriegszeit als eine Zeit mit erheblichen Problemen der Existenzsicherung wahrnimmt, so erscheint er für eine illusionslose Sicht der Welt prädestiniert, aber ohne daß ihn die für die Aufbauzeit typische optimistische Eigeninitiative erfaßt. Die Wirkung des väterlichen Habitus macht die Biografie eines Bruders von Johannes deutlich. Dieser hat ebenfalls noch lange Zeit nach dem Krieg als Melker gearbeitet, nachdem auch er von seinem Vater angelernt worden war.

Wir finden typische Merkmale von nach Westen vertriebenen, vormals in vormodernen Sozialverhältnissen lebenden Familien auch bei Familie Benek. Dazu gehört die familiale Selbstgenügsamkeit, die in der hohen Kinderzahl der Herkunftsfamilie zum Ausdruck kommt, des weiteren aber auch die selbstverständliche Zumutung an die Söhne, den Traditionsberuf des Vaters zu ergreifen. Der Schritt, die angestammte Umgebung zu verlassen, führt nicht etwa zur Idee, im Zuge der Neuansiedlung ein neues Kapitel in der Biografie der Kinder aufzuschlagen und diese darin zu stützen, sondern bekräftigt das Bemühen, die verlorengegangene Tradition an anderer Stelle weiterzupflegen. Der Bildungsweg der nächsten Generation ist in den partikularistischen Kontext der väterlichen Arbeit eingebunden.

Die erfolgreiche Suche nach einer neuen sozialen Verortung bringt infolgedessen den Sohn in eine nun auch objektiv erzwungene Abhängigkeit vom Vater. Wir wissen nicht, wie Johannes auf das Ansinnen reagiert hat, in die beruflichen Fußstapfen des Vaters zu treten, festzustellen bleibt, daß er durch die väterliche Auflage zu einem Träger der Familientradition wird und somit auch zu einem Träger der Hypotheken und Risiken, die mit der Übernahme des Melkerberufs in einer sozial und kulturell neuen Umgebung verbunden sind.

Die soziale Herkunft der Mutter

Nun zur Vorgeschichte der im Jahre 1940 im Rheingau geborenen Ehefrau Hildegard Benek. Sie hat ihren Vater, der einundzwanzigjährig 1941 als Soldat gefallen ist, nicht erlebt. Bis zum Jahr 1947, als ihre Mutter einen Mann kennenlernt und 1949 heiratet, wächst sie mit ihrem 1939 geborenen Bruder vaterlos auf. Im Jahr 1950 wird eine Stiefschwester geboren. Für Hildegards psychische Disposition und Erwartungshorizont ist bedeutsam, daß sie eine Reihe von biografischen Erschütterungen hat verarbeiten müssen, die Vaterlosigkeit einerseits, aber vor allem die neue Familiengründung, die ihre Mutter und ihr Stiefvater mit der Geburt eines Kindes im Jahr 1950 besiegeln. Die wenigen Andeutungen über das Verhältnis zu ihren Geschwistern lassen vermuten, daß sie den Übergang in die Nachkriegszeit und den in der erneuten Familiengründung ihrer Mutter dokumentierten Optimismus als eine Kränkung erfahren hat.

Schließlich bedeutet für sie die Zäsur des Kriegsendes eine als ambivalent erfahrene Fürsorgeverpflichtung, als ältere Schwester für das neue Geschwister zu sorgen. Vor dem biografischen Hintergrund, in der neuen Familiensituation nur wohlgelitten zu sein, nimmt es nicht Wunder, daß Hildegard, die als junges Mädchen eine Ausbildung als Friseuse beginnt, ihre Familie früh verlassen möchte. Schon im Alter von fünfzehn Jahren lernt sie in Johannes Benek den Mann kennen, den sie fünf Jahre später auch heiraten wird.

Die frühe Heirat ist, zumal in dem Herkunftsmilieu, aus dem Hildegard stammt, nicht ungewöhnlich. Ihre Mutter, 1922 geboren, war ungelernt, ihr Stiefvater, 1920 geboren, war Kellner. Wir können annehmen, daß dies in der Nachkriegszeit normativ sogar eher zugelassen war als in der heutigen Zeit, in der es milieuübergreifend üblich geworden ist, jungen Mädchen zunächst den Abschluß einer Berufsausbildung anzusinnen. Die Hinweise aus den Daten zur Vorgeschichte sprechen dafür, daß Hildegard in ihrem Ehemann zugleich kindlichen Schutz gesucht hat und daß ihr die Ehe als eine Möglichkeit willkommen war, die eigene Herkunftsfamilie zu verlassen.

Erzwungene Wanderschaft

Als sie ihr erstes Kind erwartet, bricht Frau Benek ihre Ausbildung als Friseuse ab und trifft damit eine klare Entscheidung zugunsten der Mutterschaft. Dieser Verzicht, den sie später nicht rückgängig machen wird, bringt zum Ausdruck, daß sich die Vorkehrungen der Eheleute für die Familiengründung im Rahmen der Vorgaben der väterlichen Herkunftsfamilie abspielen. Die junge Familie wohnt zunächst in dem Anwesen, das Vater und Sohn Arbeit gibt. Hierin weichen die Beneks von dem üblichen Bild der Abhängigkeit junger Familien von der Schwiegermutter mütterlicherseits ab. Es handelt sich vielmehr um eine patrilokale Konstellation, die ihre vom normativen Traditionalismus gestützte soziale Kohäsion ausdehnt und mit ihrem Versprechen auf Verläßlichkeit und Sicherheit für die Zukunft auch die junge Familie einbindet. Diese ist im Haus Gustav Beneks willkommen, ihre Lebensführung wird problemlos in den existierenden Solidarzusammenhang eingefügt. Vor dem Hintergrund der psychodynamischen Ausgangssituation und dem kulturellen Erwartungshorizont von Hildegard Benek erscheinen Partnerwahl und Familiengründung als zwei konsistente Muster eines sozial und kulturell vormodernen Typus von Intimität und Familie. Der Traditionsrahmen des Melkerberufs und die Umgebung eines gutsherrschaftlichen Mikrokosmos stellen hierzu die Weichen in der formativen Phase der jungen Familie.

Dazu fügt sich stimmig die Tatsache, daß der erste der von der Familie wiederholt praktizierten Ortswechsel von einem Anstellungswechsel des Großvaters diktiert wird. Das große Gut im Rheingau gibt im Zuge einsetzender Rationalisierungsmaßnahmen den Viehbestand auf und macht Johannes` Vater arbeitslos und erzwingt eine erneute Suche nach Fortkommen und Unterkunft für den Familienverband. Der Sohn folgt seinem Vater in den Schwarzwald, wo dieser zunächst für sich selbst eine Anstellung findet und kurz darauf in demselben Betrieb seinem Sohn eine neue Stelle als Melker zu verschaffen versteht.

Aber gerade auf dieser zweiten Station ihres Lebens im Westen ereilt die Familie verspätet das typische Sozialschicksal von zugezogenen Landarbeiterfamilien. Es wird zunehmend schwierig, mit dem angestammten Beruf noch eine Arbeit zu finden. Die Schrumpfung des Arbeitsmarktes für Melker einerseits und die zugleich hartnäckige Orientierung an dem Berufsbild - also der Verzicht darauf, sich um eine berufliche Weiterentwicklung oder gar Umschulung zu kümmern - führen dazu, daß die Großfamilie sich auflöst und daß die junge Familie für eine eigenverantwortliche Existenz freigesetzt wird.

Der Abschied von der Herkunftsfamilie setzt eine Odyssee verschiedener Versuche in Gang, sich sozial zu verorten. Er macht die Familie Johannes und Hildegard Benek zu permanenten Ortswechslern. Ihre Wanderschaft auf der Suche nach Arbeit in einer Welt der Berufe, die sich zunehmend modernisiert, hat die bedeutsame Folge, Mobilität als ein Ethos entwickeln zu müssen, ohne daß sie von ihrem kulturellen Hintergrund her über entsprechende Voraussetzungen verfügen. Der Melkerberuf ist traditionsverhaftet und verträgt sich schon von seinem Tätigkeitsprofil her nicht mit Aktivismus. Aber diesen zu entfalten wird nun zu einer Überlebensbedingung der Familie. Die in der Chronologie der Ortswechsel dokumentierte äußerlich beeindruckende Mobilität hat die Suche nach familienbiografischer und individueller Konsistenz zum Hintergrund, macht jedoch ständig Kompromisse mit der Lebensführung notwendig, die ihr Bemühen belasten.

Nachträglich erweist sich die Entscheidung, dem eigenen Vater zu folgen, als eine folgenreiche Selbsttäuschung. Es wird immer schwieriger, den Prozeß des Abrutschens in eine chancenlose Position am Arbeitsmarkt aufzuhalten. Somit entwickelt sich bei den jungen Beneks, vor allem, nachdem ein Versuch, gemeinsam mit dem Vater einen landwirtschaftlichen Betrieb aufzubauen, gescheitert ist, das Muster beruflicher und allgemein sozialer Neuanfänge, die allein durch die Geburt weiterer Kinder mit dem Familienleben verklammert werden. In der hohen Kinderzahl zeigt sich sowohl die ungebrochene Kontinuitätserwartung als auch die Reaktion darauf, zwar an das frühere Leben nicht mehr anschließen zu können, aber sich doch wenigstens im Umkreis einer eigenen Großfamilie diese Möglichkeit zu suggerieren.

Die verschiedenen Stationen der Beneks sind zunächst durch wiederholte Arbeitsplatzverluste des Vaters zustandegekommen, vom Jahr 1978 an durch ständige Versuche motiviert, eine neue berufliche Existenz aufzubauen. Von diesem Zeitpunkt an arbeitet der Vater nicht mehr in seinem erlernten Beruf, den er auch schon im Südschwarzwald durch zusätzliche Hilfsarbeiten hatte ergänzen müssen. Er versucht sich im Gaststättengewerbe, landet schließlich, nach Gelegenheitsjobs, z.B. als Pferdeknecht, auf der schwäbischen Alb in verschiedenen Betrieben der Holzverarbeitung, wobei er stets nur in Anlerntätigkeiten angestellt wird[134].

---

[134] Entgegen der These von einem einfachen Partikularismus ländlicher sozialer Milieus zeigt dieser sich im Hinblick auf die Möglichkeiten der Sozialanpassung von orts- und milieu-fremden Zuwanderern differenziert. Chancen ergeben sich jeweils danach, wie das landtypische Beschäftigungsangebot sowie der Traditionalitätsgrad der Erwerbsstrukturen aussieht. Holzverarbeitende Betriebe spielen als Organisationszentren für soziale Randständigkeit eine nicht unerhebliche Rolle. Sägewerke sind die Bahnhöfe und Häfen des ländlichen Raumes, auf denen sich Zugereiste und dauerhaft provisorisch angesiedelte Personen treffen können. Schlachthöfe, aber auch der Garten- und Straßenbau enthalten Betriebsformen, die die Chance bieten, an vormoderne lebensweltliche Traditionen anzuschließen. Ein weiterer Kristallisationspunkt für Personen aus randständigen Milieus bilden Autoreparaturwerkstätten und Tankstellen sowie die Schaustellerei. Nischen dieser Art sind vor allem deshalb attraktiv, weil sie die Möglichkeit versprechen, personalisierte und zugleich transitorische Sozialkontakte aufzunehmen, sie fügen sich den betriebstypischen Binnenmilieus stimmig ein. Abgesehen davon bietet die „soziale Welt kleiner Betriebe" (Kotthoff/Reindl 1990) vor allem den Männern aus randständigen Familien eine Gelegenheit, den Traum praktisch werden zu lassen, ökonomisch selbständig und ohne die Monotonie der Büroarbeit für die Lebensführung zu sorgen.

Die Familie gerät dadurch ökonomisch, kulturell und sozial in die Randständigkeit, sie ist von außen gesehen geografisch mobil, bezahlt dies aber mit einem hohen binnendynamischen Preis, dem der zunehmenden sozialen Selbstgenügsamkeit und Abschließung nach außen.

Darüber hinaus kommt das Verhaftetsein in vormoderne Kulturtraditionen und Erziehungsnormen dieser Spirale einer zunehmenden Sozialisolierung entgegen. Keinem seiner Kinder erlaubt Vater Benek, den Kindergarten zu besuchen, den er für überflüssig hält, wobei er gegenüber der objektiven Möglichkeit, sich und seine Frau zu entlasten, sein negatives Urteil über die moderne öffentliche Erziehung höherstellt. Aber es zeigt sich daran nicht nur, wie traditionell er denkt, vielmehr weist die Konsequenz, mit der er sich durchzusetzen versteht, noch einmal daraufhin, daß das eheliche Entscheidungsmuster hinsichtlich der Erziehung der Kinder asymmetrisch ist und Korrekturen oder Alternativen durch den Partner nicht zugelassen hat. Nichts spricht jedenfalls dafür, daß Frau Benek sich mit einer eigenen Meinung durchgesetzt und darauf insistiert hätte, die Distanz ihres Mannes zum öffentlichen Schulwesen aufzubrechen.

Die genannten Probleme der Familie, sich in immer neuer Umgebung - stets partikularistisch strukturierte kleinräumige Gefüge - sozial zu verorten, neue Freundschaften zu finden und den Kindern zu einem Anschluß zu verhelfen, kommen als eine objektive Restriktion der Sozialanpassung erschwerend hinzu.

Die Beneks beziehen aus der sukzessiven Schwierigkeit, sässig zu werden, ein Material für die Aufrechterhaltung ihrer Binnenbeziehungen. Wird die Umgebung fremd bzw. wird die Familie infolge nur vorübergehender Aufenthalte in einem neuen sozialen Umfeld gar nicht erst heimisch, so verlieren die angebotenen Integrationsmedien wie die öffentliche Erziehung in Kindergarten und Schule oder auch die lokale Vereinskultur zunehmend an Attraktivität - begünstigt durch ein Weltverständnis, nach dem ein argwöhnisch gehüteter Familienmythos allen Familienmitgliedern hohe Loyalitätszwänge auferlegt. Keines der Kinder vermag die sozial und rechtlich vorgesehen Entwicklungsmöglichkeiten über den Schulbesuch effektiv und folgenreich als eine Chance für die eigene Autonomisierung wahrnehmen zu können.

Die Situation spitzt sich besonders während des Aufenthaltes der Familie in Rheinland-Pfalz zu. Die Schulprobleme, mit denen die Eltern konfrontiert werden, sind nicht etwa allein der von den Lehrern beklagte Leistungsabfall und die unzureichende Beteiligung, sondern vor allem das notorische Fernbleiben vom Unterricht, das die Eltern der mangelnden Aufmerksamkeit der Lehrer zuschreiben. Auch in den Auseinandersetzungen mit der Schulbehörde zeigt sich Familie Benek als ein Familienverband mit einer erheblichen Solidaritätszumutung an alle Familienmitglieder.

Die vom Schulamt oder vom Jugendamt gemeldeten Vorfälle, bei den Söhnen häufen sich kleinere, später größere kriminelle Delikte, bieten immer wieder Anlässe, entweder rigide strafend einzugreifen und die Kinder durch erzieherische Härte einzuschüchtern oder umgekehrt die Kinder vor den Zumutungen der modernen pädagogischen oder fürsorgerischen Einrichtungen in Schutz zu nehmen. Durch ihre Eltern im Prinzip in ihrer Einstellung gedeckt, nehmen die Kinder ihrerseits die Schule daraufhin höchstens als eine Möglichkeit wahr, sich aus dem strengen Elternhaus zu entfernen. Dadurch wird der Aufbau einer kohärenten Sicht der sozialen Umgebung nachhaltig geschwächt.

Bemerkenswert und für die Familienstruktur aufschlußreich ist in dem Zusammenhang, daß selbst die Sonderschule, in der alle Kinder über kurz oder lang aufgenommen werden müssen, nicht mit einem erfolgreichen Abschluß beendet werden kann. Der älteste Sohn Heinrich, der im Hinblick auf die Ausbildung aufgrund seiner relativ guten Noten eine Ausnahme zu werden schien, kann zwar während der vergleichsweise langen Ortsansässigkeit in Rheinland-Pfalz die Hauptschule abschließen, scheitert aber kurz darauf in einer Metzgerausbildung, die er abbricht, weil abermals ein Ortswechsel der Familie ansteht.

Die Kinder trifft somit das soziale Stigma, im doppelten Sinne Gescheiterte zu sein. Als Kinder aus einer randständigen Familie erfahren sie die soziale Ächtung ihrer Umgebung und müssen gleichzeitig erleben, daß sie in ihrer eigenen Lebensgeschichte die Struktur einer hochselektiven und fragilen Sozialintegration fortsetzen.

Der Aufenthalt der Familie in Rheinland-Pfalz täuscht im übrigen eine Phase gelungener Verortung nur vor. Die zahlreichen Wohnungswechsel innerhalb der Stadt - die Mutter erinnert sie nur pauschal als „bestimmt über zehn“, in den Unterlagen des Jugendamtes sind sie im einzelnen gar nicht registriert - unterstreichen den Eindruck aus den Interviews. Die ehelichen Auseinandersetzungen spitzen sich zu, nachdem der Vater zum ersten Mal für längere Zeit, manchmal für ein halbes Jahr, nicht nach Hause zurückgekehrt ist. Familiengeschichtlich treten demnach erhebliche Beziehungsprobleme in dem Moment auf, wo Johannes Benek seine sinkenden beruflichen Chancen durch Gelegenheitsjobs sowie durch weitere Versuche, im Gaststättengewerbe Fuß zu fassen, zu kompensieren versucht.

Auch wenn zu den Hintergründen der Familienkrisen keine Informationen vorliegen, dokumentieren doch die objektiven Daten der Familie, daß die Streitigkeiten in der Episode in Rheinland-Pfalz ihren ersten Höhepunkt erreicht haben müssen. Aus dieser Zeit stammen wiederholte Abwesenheiten nicht nur des Vaters, sondern auch der Söhne, auch Hildegard Benek schildert diese Phase als eine problematische Zeit nicht endender Streitereien, während der sie allerdings die erotischen Eskapaden ihres Mannes zu tolerieren sich angewöhnt. Noch ihre Formulierung in der Antwort auf die Eingangsfrage im Interview: „Wie sind Sie hierher gekommen?“ - „Durch meinen Mann“ - Frage: „Beruflich?“- „Nein, mein Mann tut gern amal so neberaus hopse“, läßt im Verharmlosen noch den Stolz darauf mitschwingen, einen Mann mit einer starken erotischen Ausstrahlungskraft geheiratet zu haben.

Nun wird unter den genannten Bedingungen das Familiengefüge nicht einfach anomisch. Signifikant für die Struktur der Kommunikation ist das physische Verlassen des Handlungsraumes, das vor allem vom Vater praktiziert und das später von den Kindern übernommen wird. Unmittelbar nach ihrer Strafanzeige gegen den Vater verschwinden, wie ausgeführt, Petra und Nadine zusammen mit einem Freund nach Augsburg, wo sie ihren Vater vermuten (siehe Anmerkung 2). Die Nichtanwesenheit wird in zunehmendem Maße das Ausdrucksmittel, über das die Familie Enttäuschungen und Belastungen kommuniziert, wobei sich jeweils zeigt, daß die Ungewißheit über den Zeitpunkt der Rückkehr ebenso dazu gehört wie die Gewißheit, *daß* der „Desertierte“ zurückkommen wird. Die abstrakte Zuversicht, daß niemand abhanden kommen könne, rechtfertigt den Verzicht auf irgendwelche, speziell auf die Einzelperson gerichtete Engagements oder Initiativen, die jeweils Entlaufenen zurückzuholen.

Gerade in dem Maße, in dem sich alle daran gewöhnen, daß die Familie Enttäuschungen durch transitorische Abwesenheit verarbeitet, wird die Unvollständigkeit zu einer Normalform des Familienverbands. Die sozialräumliche Präsenz, die man als eine Minimalbedingung der Kommunikation unter Anwesenden zu betrachten hat, erscheint unter den fallspezifischen Bedingungen in das Maximum an Fürsorglichkeit und Zuneigung verkehrt, das man füreinander aufzubringen in der Lage ist.

Der Kern der Familienbeziehungen beginnt sich damit abzuzeichnen. Beneks gehören zu den Wanderern, ihre Mobilität nimmt auf die inneren und äußeren Belastungen, die mit derartigen Veränderungen verbunden sind, keine Rücksicht. Die Sinnstruktur transitorischer Präsenz bestimmt zunehmend auch das Erscheinungsbild der innerfamilialen Beziehungen. Nach der Logik des Ortswechsels nehmen die Familienmitglieder untereinander ihre wechselseitigen Verpflichtungen wahr. Sie werden gleichgültig gegenüber der Frage, ob man etwas gemeinsam unternimmt oder jeder seiner Wege geht, ob man zum Abend erwartet wird oder nicht. Mobilität wird somit das Signum auch des inneren Gefüges der Familie - und das Kommen und Gehen von Personen, das uns als Interviewer während der Gespräche mit der Familie irritiert hat, die Unentschiedenheit hinsichtlich der Frage, ob jemand anwesend ist oder nicht, erweist sich nachträglich als der Ausdruck einer spezifischen Struktur der Kommunikation.

Der Familienverband verändert seine Gestalt und nimmt objektiv und in der Wahrnehmung seiner Mitglieder die Form einer Einheit an, in der anstelle eines affektiv begründeten Solidarität untereinander die Minimalform einer „hauskommunistischen Verbrauchsgemeinschaft" (Max Weber) übrig bleibt. Man begegnet sich in einer gläsernen Präsenz der Personen und unter der Sanktionsdrohung von außen, die einen ad hoc gewährten Schutz vor Verfolgungen auslöst[135]. Während auf der einen Seite die Desertionen des Vaters an der Tagesordnung sind und ihn dadurch zu einem Fremden werden lassen, erfolgt gerade in dieser Phase der erste inzestuöse Kontakt zur ältesten Tochter Christiane, den diese allerdings erst Jahre später berichten wird.

Als die Familie nach Baden-Württemberg umzieht, verschärft sich die Situation. Den vorläufigen Höhepunkt bildet das endgültige Verschwinden des Vaters. Ausschlaggebend wird die Strafanzeige der Töchter, die sie auf Betreiben ihrer Brüder wieder zurückziehen, die dann aber von der Mutter in dem Moment ernsthaft weiter verfolgt wird, als ihr klar geworden ist, daß ihr Mann nicht mehr in den Familienverband zurückkehren wird. Weiterhin gerät die Familie in neue Beziehungskrisen, als sich die Geburt des Enkelkindes ankündigt und als nach der dramatischen und von dessen Eltern erzwungenen Rückkehr des Kindsvaters, eines fünfzehnjährigen Türken, in die Türkei, die ohnehin geringen Chancen schwinden, daß diese Geburt die Gründung einer eigenen Familie einleiten könnte.

Es kommt hinzu, daß die sonderpädagogischen Einrichtungen sukzessive die Fürsorge für die zwei jüngeren Töchter aufgeben. Der jüngste Sohn wird vorübergehend von der weiteren Teilnahme am Schulunterricht ausgeschlossen, die therapeutische Heimgruppe als die letzte pädagogische Chance, die man den Töchtern angeboten hatte, erklären ihre Hilflosigkeit ebenso wie die mittlerweile verstärkt auf den Plan getretenen Vertreter von Sozial- und Jugendämtern.

Faßt man den Lauf der Ereignisse zusammen, so stehen vor allem zwei Phänomene im Zentrum. Einerseits das Karrussel der Wohnungssuche, die zum Teil über berufliche Anpassungsprobleme motiviert, zum Teil durch familiendynamische Prozesse bestimmt ist, und andererseits die Tatsache, daß die Kinder über keine Berufsausbildung bzw. über eine nur geringe oder unvollständige Schulausbildung

---

[135] Das hat auf einer allgemeinen Ebene Simmel in seiner Soziologie des Raumes herausgearbeitet. Der Grad der Seßhaftigkeit hat Auswirkung auf die Binnenkohäsion und auf die Außenkontakte eines Verbandes. Unter den spezifischen Strukturbedingungen der Raumwahrnehmung kommt es zur Ausbildung von Handlungstypen wie dem Vagabunden, dem Wanderer, dem Fremden und dem Abenteurer (Simmel 1908, besonders 499ff.). Wanderschaft kann demnach zum Verlust interner Differenzierung führen und eine besondere Aufmerksamkeit auf die Grenzziehung nach außen auslösen.

verfügen. Dieser Befund allein reicht schon aus, von einer extremen Form sozialer Desintegration zu sprechen, der eine hohe interne familiale Desorganisation korrespondiert. Nimmt man den Umstand hinzu, daß alle Familienmitglieder von der vorübergehenden Abwesenheit als einer Möglichkeit Gebrauch machen, Ambivalenzen aus dem Weg zu gehen und Kritik und Auseinandersetzung zu meiden, und nimmt man weiterhin den Vater-Tochter-Inzest als den Befund hinzu, der die Sozialauffälligkeit der Familie hat auf dramatische Weise rechtserheblich werden lassen, so treten zwei wichtige familiendynamische Konsequenzen der umfassenden Sozialisolierung deutlich vor Augen.

Ein Überschreiten der elementaren Statusgrenzen des Familienlebens im Verein mit einer bedrohlichen Intimität nistet sich unter der Bedingung extremer sozialer Isolierung der Familie sowie individueller Vereinsamung der Personen ein. Aus dieser Vereinsamung vermögen die einzelnen Familienmitglieder nur über den Weg manifester Normabweichung auf sich aufmerksam machen. Nur durch den Sanktionsdruck der Polizei oder der Strafverfolgungsbehörden wird die Solidarverpflichtung kurzfristig abgerufen.

Erst wenn beispielsweise die Polizei im Zuge einer großangelegten Suchaktion eingreift und auf die Abwesenheit der Schwestern aufmerksam macht, zeigen die Söhne eine Reaktion, die entfernt an ihren Mitgliedschaftsstatus in einer Familie denken läßt. Entweder begnügen sie sich dann mit einer kurzatmigen Kritik und verurteilen die Eskapaden ihrer Geschwister oder sie demonstrieren eine überzogene Solidarität. Vergleicht man die biografische Entwicklung der Söhne und der Töchter, so ergibt sich bei aller äußeren Unterschiedlichkeit ihrer Lebensführung in der Struktur der Nichtablösung vom Elternhaus eine gemeinsame Klammer. Die Kinder erfüllen damit faktisch, selbst wenn sie situativ ihr Interesse an einer Schulausbildung bekunden und sich und ihren Lehrern immer wieder die Illusion verschaffen, sie hätten in der Welt außerhalb der Familie Tritt gefaßt, den Wunsch des Vaters, der sich als Bestandteil eines illusionären Familienmythos durchgesetzt hat. Sie bleiben an das Haus gebunden. Die über die Schule nicht erreichte Sozialintegration hat die Kehrseite einer intensiven Bindung an ein Elternhaus, das gleichsam als Mythos kontrafaktisch immer wieder bemüht wird und zugleich im faktischen Verhalten überhaupt keine substantielle Basis hat, es sei denn, die Geschwister können einen eigenen Vorteil daraus beziehen. Typisch dafür ist die oben erwähnte Episode. Als Petra die sexuellen Übergriffe ihres Vaters den Eltern einer Freundin berichtet und als die Brüder von den Aktivitäten der daraufhin alarmierten Polizei erfahren, setzen diese ihre Schwester derart unter Druck, daß sie daraufhin eine mittlerweile erfolgte

Anzeige wieder zurückzieht[136]. Daß sie eine derartige Reaktion schon befürchtet haben mögen, wäre ein weiterer Grund für ihr kurz darauf erfolgtes Verschwinden nach Augsburg.

Vor allem für die beiden jüngsten Töchter ergibt sich hinsichtlich der Schulaktivitäten ein ähnliches Erscheinungsbild. Ihre wiederholte Abwesenheit und ihr tagelanges Untertauchen in *peer groups* unterlaufen die Glaubwürdigkeit jedes Bemühens, das sie, wenn sie wieder einmal zurückgekehrt oder von der Polizei zurückgebracht sind, bekunden. Durch die Kriminalität bei den Söhnen und die Schulverweigerung bei den Töchtern erreichen die Kinder jedoch nicht nur eine permanente Aufmerksamkeit der Mutter, sondern muten sich auch untereinander Unterstützung und Sorge für den anderen zu - dies jedoch immer in der Zielrichtung, sich letztlich im Kontext der Familie, vor allem der Mutter, der Zustimmung des anderen zu vergewissern.

Während sich die pädagogischen Institutionen sukzessive zurückziehen - die Schulen schließen die Söhne von der weiteren Teilnahme am Unterricht aus, eine therapeutische Heimgruppe, die als letzte pädagogische Station für die Töchter ausgedacht war, erklärt ihre Hilflosigkeit - beweist der Familienverband eine zähe und bindungsfähige Struktur, wobei er sich transformiert in eine Versorgungsgemeinschaft, in der sich die Familienmitglieder trotz hoher Bindung einander fremd werden. Allmählich gehen sie der Erfahrungen verlustig, die den Unterschied zwischen Privatheit und Fremdheit in menschlichen Austauschbeziehungen in seinen Voraussetzungen und Folgen strukturieren helfen. Nur provisorisch anwesend zu sein, erweist sich hierbei als der räumliche Ausdruck ihrer fragmentierten Wahrnehmung von Verpflichtungen. Der lässige Umgang mit der Residenzregel bringt nach außen zum Ausdruck, daß sich in den Binnenbeziehungen eine Moral der Verbindlichkeit aufgelöst hat. Zusätzlich ist das Ganze noch über die mythische Funktion des Vaters und dessen unbefragter Deutungshoheit bestimmt, dessen Position gleichsam erfahrungsimmun symbolisch aufrechterhalten wird. Ihm wird die Kraft zugeschrieben, aufräumen zu können, wenn er mal wieder nach Hause komme.

Im Fall Benek zeigt sich das Komplement des Inzestes, die Vermeidung von Autonomie, selbst noch zu Zeiten, als der Vater als der Auslöser gar nicht mehr anwe-

---

[136] Zu der hier festgestellten Deutung der innerfamilialen Solidaritätsverpflichtung gibt es Parallelen zu Interpretationen aus familientherapeutischer Sicht: „Die Beziehungen in der Familie werden gleichzeitig als bedrohlich und lebensnotwendig erlebt und sind daher tief ambivalent. Dies gilt sowohl für die ehelichen Beziehungen als auch für die Beziehung zwischen Eltern und Kindern“ (Wedekind/Georgi 1990, 80).

send ist. Frau Benek ist nach dem Auszug ihres Mannes einerseits der zurückgebliebene Schutz für die Kinder, sie verkörpert andererseits auch die Affektionen, die den Kindern eine autonome biografische Entwicklung erschweren, denn der Zugang der Kinder zu ihr ist instrumentell, aus der stillen Enttäuschung darüber entstanden, daß die Mutter keinen wirkungsvollen Schutz gegen die väterlichen Attacken geboten hat.

Im Zuge dieser Entwicklung erfolgt auch die Verallgemeinerung der manifest inzestuösen Beziehungen auf die Geschwisterbeziehung. Als ginge es darum, der Freudschen Hypothese von der Urhorde aus „Totem und Tabu" nachträglich Evidenz zu verleihen, teilen sich nach dem Auszug des Vaters die Söhne die Töchter und es kommt zu multiplen inzestuösen Kontakten unter den Geschwistern, die erst dadurch zu einem Thema unter den verbliebenen Familienmitgliedern werden, daß die um Offenlegung bemühte Intervention der Familienhelferin mit insistierenden Nachfragen erfolgreich ist.

Das Aufbrechen der geschlossenen Welt

Damit komme ich zu den Versuchen des Jugendamtes, der Familie in einer erheblichen lebenspraktischen Krise Beistand zu leisten. Der Zeitpunkt des Einsatzes einer Familienhelferin fällt in eine Phase hoher Turbulenz der Familienbeziehungen. In den Monaten zuvor war es zu massiven Straftaten der Söhne Heinrich und Peter gekommen. Heinrich ist nach einem schweren Diebstahl zu fünf Monaten Gefängnis verurteilt worden, der siebzehnjährige Peter sitzt in Untersuchungshaft ein und muß voraussichtlich nach einer Gewalttägkeit gegenüber homosexuellen Jugendlichen mit einer Jugendstrafe wegen schweren Raubes und schwerer Körperverletzung rechnen. Diese Vorgeschichte hat sich zu einer Reihe von Gründen für den Einsatz einer Familienhilfe aggregiert, wobei pragmatische und familiendynamische ausschlaggebend sind.

Was unmittelbar vorausging, gehört zur typischen Not der modernen Sozialarbeit. Der für die Familie zuständige Mitarbeiter des Jugendamts sieht durch die Komplexität der Problemsituation bei den Beneks die Grenzen seines Zeitbudgets und letztlich die Grenzen seiner Belastbarkeit. Aber auch die Tendenz, sich gegenüber den Jugendhilfebehörden abzuschotten und in demonstrativer wie trotziger Autonomie zu verharren, hat es unmöglich erscheinen lassen, sinnvoll mit der Familie zu arbeiten. Vor allem Petra entzieht sich notorisch den Bemühungen des Sozialarbeiters.

In der Wahrnehmung des Jugendamtes ist Petra, nicht nur wegen ihrer offenkundigen Depressivität, sondern auch aus familiendynamischen Gründen das Familienmitglied, dem man glaubt, sich verstärkt widmen zu müssen. Die Schwierigkeiten liegen auf der Hand. Die übliche Praxis, den Kindern, die vom Lebensalter her in der Lage wären, das Elternhaus zu verlassen, dadurch zu helfen, daß man ihnen Unterstützung bei der Berufswahl, bei der Wohnungssuche etc. gewährt, erscheint gefährdet. Vielmehr muß die Familienhilfe damit rechnen, daß die Familie sich gerade um das Enkelkind solidarisch nach außen abschließt, zumal sich nach der Bekanntgabe und gerichtlichen Verfolgung des Inzestes mit diesem die einzigen positiven Hoffnungen verbinden.

Nach dem Urteil des Jugendamtes ist die dreizehnjährige Tochter gleichfalls gefährdet, die in den letzten Monaten besonders auffällig geworden sei. Sie übernachtet bei Freunden aus der peer group eines früheren Wohnortes der Familie, mit denen sie größere Fahrten in süddeutsche oder norddeutsche Großstädte unternimmt, wo sie, wie schon erwähnt, ihren verschwundenen Vater glaubt finden zu können.

Ausschlaggebend für die Suche des Jugendamtes nach einer intensiven Hilfe für die Töchter sind die Folgen des mittlerweile gerichtskundig gewordenen Inzestes. Der Sozialarbeiter hält das Kernproblem der Familie für ein Problem, dessen behutsame Thematisierung er einer Frau eher zutraut, zumal er angesichts des massiven Schweigens der Familienmitglieder seine eigenen Eingriffsmöglichkeiten in seiner Eigenschaft als für den Bezirk Verantwortlicher für erschöpft hält.

Dem widerspricht nicht, daß er bei der Familie einen guten Ruf genießt. Ja, es gelingt ihm, den Einsatz einer Familienhelferin plausibel zu machen. Anstehende Schulden hat er zu regulieren geholfen, nicht erledigte Rechnungen werden dank seiner Intervention übernommen, die Stiftung „Mutter und Kind“ ebenso wie die „Caritas“ greifen angesichts der neuen Familiensituation der Familie finanziell unter die Arme[137].

Die Kehrseite seiner Bemühungen vermag der Sozialarbeiter realistisch und pragmatisch gelassen einzuschätzen, hat sich doch im Laufe ihrer langjährigen Kontakte zum Sozialamt und zum Jugendamt bei den Beneks ein Wissen über die instrumentell geschickte Inanspruchnahme staatlicher Hilfe angesammelt. Hildegard Benek formuliert - in unbewußter Übereinstimmung mit dem Weltbild ihres Mannes - infolgedessen rigoros ihre Ansprüche, wobei ihr die pauschale kulturelle Deutung, nach der die moderne Gesellschaft für die Übel dieser Welt die Verantwortung trage, entgegenkommt.

[137] Es handelt sich dabei um ein Programm zur wohlfahrtsstaatlichen Bewältigung familialer Risiken, das von der Landesregierung Baden-Württemberg zu Beginn der achtziger Jahre eingerichtet wurde. Es kommt dabei, wie Schultheis zeigt, zu „Fatale(n) Strategien und ungeplante(n) Konsequenzen beim Aushandeln „familialer Risiken“ zwischen Mutter, Kind und „Vater Staat“ (1988, 371ff.).

Vor dem Arbeitsbeginn der Familienhelferin sind die diagnostischen und prognostischen Überlegungen der beteiligten Berufe durchaus ambivalent. Dies gilt insbesondere vor dem Hintergrund einer professionellen Kontroverse über das weitere Vorgehen nach wiederholten, auch in anderen Bezirken gescheiterten Versuchen. Die Jugendamtskollegen des früher zuständigen Bezirks übergeben die Familie als unheilbar zerrüttet und empfehlen, Petra und Nadine in einem Mädchenheim unterzubringen.

Diese Option ist hinsichtlich für Petra schon ernsthaft erwogen worden, so daß der zuständige Sozialarbeiter sich in die schwierige, aber berufstypische Situation gestellt sieht, zum einen eine problematische Familiensituation realistisch einschätzen zu müssen, zum anderen sich dennoch für eine professionell möglicherweise nicht mehr zu verantwortende „sanfte" Lösung stark zu machen. Es kommt hinzu, daß er den Einsatz der Familienhilfe auch gegen die Skepsis weiterer Professioneller begründen muß. Mittlerweile fordert die ungeduldig gewordene Schulleitung harte Maßnahmen, da das Lehrerkollegium negative Auswirkungen des Schulschwänzens auf andere Schulkinder befürchtet.

Die Familienhelferin beginnt ihre Arbeit in einem Rhythmus von drei Besuchen pro Woche. Die schon vorab diagnostizierte Skepsis vor allem der Kinder gegenüber einer Hilfeform, die nach ihrem Urteil einer bezahlten Freizeitbeschäftigung ähnelt, bekommt die Familienhelferin gleich zu Anfang zu spüren, kann dies jedoch dadurch geschickt unterlaufen, daß sie sich in starkem Maße an praktischen Aktivitäten von Hildegard Benek beteiligt und ihr in Haushaltsdingen unter die Arme greift. Eine zu enge Koalition mit der Mutter vermeidet sie dadurch, daß sie zugleich den Töchtern, die durch ihr Schulschwänzen den Anschluß an den Lernstoff zu verlieren drohen, bei den Hausaufgaben hilft. Mit dieser Unterstützung überzeugt sie auch Frau Benek, die ohnehin die Neigung hat, die Familienhilfe in eine willkommene Sorge um die Töchter umzuleiten.

Dieses Ansinnen nimmt die Familienhelferin auf, zumindest nachdem die Gespräche mit Frau Benek über deren Situation und über mögliche Zukunftsperspektiven erschöpft sind. Man wiederholt sich und tritt auf der Stelle.

Wenn es auch in der ersten Phase der Intervention den Anschein hat, als habe die Familienhelferin leichte Hand, die gesetzten Interventionsziele zu verfolgen, wird zunehmend ein Strukturmerkmal des Familiensystems wirksam, das für den weiteren Verlauf entscheidend wird. Die räumliche Abwesenheit des Vaters und der inhaftierten Söhne führt keineswegs dazu, daß sich die Situation beruhigt. Die Abwesenden sind stillschweigend anwesend. Nach der im Frühjahr 1985 erfolgten Scheidung und erst recht nach dem Haftaufschub, der ihm gewährt wird, nachdem er mittlerweile Vater von Zwillingen geworden ist, hält Johannes Benek sich im Umkreis der Familie auf. Er versteht es, in räumlicher Hinsicht zu markieren, was qua Kommunikationsstruktur immer schon vorliegt. Es fällt der Familienhelferin auf, daß Frau Benek über die Lebensführung ihres ehemaligen Mannes bestens informiert ist und daß sie ihre Kinder offenbar geschickt einsetzt, um sich Informationen über ihn zu verschaffen. Dies bezieht sich hauptsächlich auf Informationen über die neue Partnerin des Mannes, die im übrigen so alt ist wie die Tochter Christine. In der Aufmerksamkeit aller Familienmitglieder steht als eine Fernwirkung des paternalistischen Familienkonzepts die Sorge um den Vater obenan. Man trauert ihm mehr oder weniger offen eingestanden nach. Die Ausflüge, vor allem der jüngsten Tochter Nadine, werden ungeschminkt mit dem Ziel begründet, den Vater zu suchen und sich mit ihm zu treffen. Die Familienhelferin erfährt, daß Herr Benek ständig anrufe, seine Frau damit bedrohe, sie umzubringen und ihr vorhält, für den moralischen Verfall der Familie verantwortlich zu sein.

Die Familienhelferin vermag die interaktive Wirksamkeit dieses abwesenden Vaters und seine hohe affektive Bedeutung vor allem für die Töchter, aber auch für die Söhne, nicht zu kontrollieren und gerät sukzessive in einen Strudel von Aktivitäten, deren Tempo und Handschrift von der Familie bestimmt werden. Sie ertappt sich bei einer Betriebsamkeit, etwa wenn es darum geht, die wieder einmal verschwundene Tochter suchen zu helfen, wohlwissend, um was es bei derartigen Ausbrüchen geht. All dies läßt den Einsatz der Familienhilfe in ihrer eigenen Wahrnehmung sinnlos werden. Ständig verspürt sie, daß sich etwas bewegt, sie kann dies jedoch nicht „greifen". Die Satellitenexistenz des Vaters knüpft nahtlos an die Sinnstruktur der Familienbeziehungen, an die Indifferenz gegenüber räumlicher und zeitlicher Anwesenheit an, ohne daß Chancen zu einer wirksamen Korrektur sichtbar würden.

Um so erstaunlicher ist die Tatsache, daß es gelingt, in einer Zeit beinahe blinden Ausgeliefertseins an die täglichen Überraschungen - Kinder, von denen es geheißen hat, sie seien endgültig ausgezogen, tauchen plötzlich wieder auf, ein ehemaliger gemeinsamer Freund der Eheleute Benek aus ihrer Zeit in Rheinland-Pfalz steht eines Tages überraschend an der Tür und wird als „kameradschaftlicher Begleiter" kommentiert, der in die unteren Wohnräume des Hauses eingezogen sei - das Zentralproblem der sexuellen Übergriffe zu einem Thema zu machen. Dabei wird nicht nur der Inzest zum ersten Mal offen angesprochen, sondern es kommen Einzelheiten des Familienlebens ans Tageslicht, von denen alle überrascht sind.

Hierbei ist bemerkenswert, daß die Familienhelferin zum einen durch ihre Unbefangenheit dem Thema gegenüber beeindruckt, aber auch von der aufrichtig vorgetragenen Emanzipationsphilosophie ihrer eigenen beruflichen Bezugsgruppe profitiert. Ihre offen geäußerte Überzeugung, nach der sie den Inzest nicht allein als eine moralische Verwerflichkeit kritisiert, sondern als einen skandalösen Übergriff auf die moralische Autonomie der Frau, nötigt vor allem den betroffenen Töchtern Respekt ab. Vor allem beeindruckt sie die Standhaftigkeit, in der ihr Leben mit einer alternativen Deutung konfrontiert wird, die die Kollision mit dem Familienmythos zum Thema macht.

Nun ist es zwar angesichts der gleichbleibenden Distanz des Familienverbands zur Außenwelt nie zu einem Aufbrechen des Familienmythos gekommen, dennoch ist es erstaunlich, daß überhaupt eine Auseinandersetzung in Gang gesetzt wurde. Dies mag damit zusammenhängen, daß der Familienmythos, an dessen Zähigkeit die Arbeit der Familienhelferin zu scheitern drohte, eben ad hoc bemüht wird, aber die Kraft doch nicht besitzt, die Identität dauerhaft zu strukturieren. Mit einem beharrlichen Einklinken in einen fragmentierten Alltag und in die Logik provisorischer sozialer Kontakte hat die Familienhelferin somit den Anstoß dazu gegeben, sich über die Zukunft der Töchter ernsthaft Gedanken zu machen[138]. Ihre kleinen Erfolge gegen die Übermacht des Verleugnens, die aus longitudinaler Perspektive und im Hinblick auf die Chancen der Strukturtransformation des Familiensystems weiter zu verfolgen wären, leiten über zu der Frage nach dem weiteren Verlauf und vorläufigen Abschluß der Intervention. Hierzu bedarf es einer differenzierten Betrachtung, vor allem im Hinblick auf die Töchter.

Begünstigt durch eine vergleichsweise stabile Freundschaft mit dem Vater des Babys, einem jungen Türken, den sie hat heiraten wollen und mit dem sie gegen Ende der Familienhilfe verstärkt Anstrengungen unternimmt, eine Wohnung zu finden, gibt die Entwicklung der Tochter Nadine zu der Vermutung Anlaß, ihr werde die Trennung von der Mutter gelingen. Nadine, für die die Familienhelferin ebenso umfangreiche und aufwendige Berufsausbildungsmöglichkeiten ausgedacht und auch zu arrangieren begonnen hat, bereitet sich zwar auf einen Abschluß an der Sonderschule vor, ist jedoch nach wie vor gefährdet, weil sie die Loyalitätsverpflichtung zur Mutter hoch internalisiert hat und weil die schulische Entwicklung bis zur Prüfung noch mit erheblichen Unwägbarkeiten verbunden ist.

Hildegard Benek, die in zunehmendem Maße ihre Einsamkeit spürt, versucht vor diesem Hintergrund, den moralischen Druck auf die Töchter, auf die sie einen größeren Einfluß auszuüben vermag als auf die Söhne, zu erhöhen[139].

---

[138] Ähnliche Befunde liefert auch die instruktive Studie von Thorman (1983).

[139] Unter den familientypischen Bedingungen der Umkehr der Funktionen sind derartige Anstrengungen mit einem viel höheren psychischen Aufwand verbunden. Siehe dazu auch Hirsch: "Die Rollenumkehr betrifft also nicht nur die Aufgabe, anstelle der Mutter Sexual-

Möglicherweise gelingt der Ablösungsprozeß der beiden jüngsten Töchter eher dadurch, daß sich in der Partnerschaft des Sohnes Heinrich wieder neue Enkelkinder ankündigen, auf die Frau Benek einen geradezu verbrieften Pflegeanspruch zu haben glaubt. Gegen Ende der Familienhilfe sind zwei Söhne wieder näher an das Elternhaus gerückt und scheinen bereit, eigene Partnerbeziehungen und möglichen Nachwuchs aus diesen Beziehungen der Loyalität zur Herkunftsfamilie, deren nur oberflächliche Hüterin die Mutter ist, zu opfern. Jedenfalls zeigt sich die Mutter bei aller Einsicht in das Ende ihres Ehelebens zuversichtlich, es demnächst mit noch mehr als nur einem Enkelkind zu tun zu bekommen.

Es kommt für die Zukunft insofern in entscheidendem Maße darauf an, welche Qualität die elterlichen Partnerbeziehungen annehmen, in die die Enkelkinder hineingeboren werden. Folgt sie dem asymmetrischen Muster von Ehe, das die Eltern Benek praktiziert haben und dessen Solidaritätszwang generationsübergreifend wirksam und das auch durch die erfolgte moralische Verfehlung des Vaters nicht außer Kraft gesetzt worden ist, oder setzen sich beim Übergang von der Herkunftsfamilie zur eigenen Zeugungsfamilie Vorstellungen von ehelicher Symmetrie durch? Dies würde zwar die Logik des vormodernen Familienverbands nicht zwangsläufig in Frage stellen, wäre aber eine wichtige Voraussetzung auf dem Weg dorthin.

Autarkie auf Kosten von Autonomie oder: Lot und seine Töchter

In der Familie Benek erfährt die Normalstruktur der Familienbeziehungen eine erhebliche Verwerfung. In deren Zentrum steht ein Zerfall der Ehebeziehung, der nach dem Bekanntwerden des Inzestes in dem Entschluß der Mutter, sich scheiden zu lassen, zu einem Höhepunkt kommt. Dieser Entwicklung widerspricht nicht, daß Frau Benek auch nach der erfolgten Scheidung ihren Alltag so arrangiert, als würde ihr Mann jeden Moment zurückkommen.

Bemerkenswert an der Familie ist die Tatsache, daß das innerfamiliale Dreieck in allen seinen Positionen systematisch verschoben ist. Nicht nur ist die Elterndyade auf eine asymmetrische Abhängigkeitsbeziehung reduziert, in der die Mutter bedin-

---

partnerin für den Vater zu sein, sondern schließt die Haushaltsführung und die Sorge um die jüngeren Geschwister ein, oft in einem so frühen Alter, daß die unter diesen Umständen entwickelten Fähigkeiten sich als wenig dauerhaft erweisen und bei Belastungen oder nach Trennungen wieder aufgegeben werden. Die Verantwortung für die Familie liegt also nicht nur darin, stillzuhalten und kein Wort der Mutter oder jemanden sonst vom Inzest zu verraten, weil sonst die Auflösung der Familie droht, sondern schon viel früher in viel größerem Umfang in der Übernahme der Rolle der Mutter durch das Kind" (1987, 130).

gungslos den Entscheidungen und Lebensgewohnheiten des Vaters folgt, vielmehr greift der praktizierte Inzest die Funktionslücke auf, die der Rückzug der Mutter aus der affektiv solidarischen Beziehung zu ihrem Mann hinterlassen hat und der allen Familienmitgliedern neue Positionen zuweist.

Allen Familienmitgliedern ist die Verkehrung ihrer Affektionen gemeinsam sowie der Umstand, daß ihnen Ambivalenz und Krise nur ein Anstoß zum Verlassen des Familienverbandes sind, nicht hingegen Voraussetzung für Auseinandersetzung und letztlich eigene Autonomisierung. Biografiekonstitutiv für die Kinder ist ein elementares Mißtrauen gegen die Verläßlichkeit sozialer Regeln und Wertzuschreibungen. Die hohe soziale Isoliertheit der Familie Benek, die bisherige Hilfeversuche oder auch strengere Interventionen hat scheitern lassen, zahlt sie mit einem hohen Preis. Die Handlungsautonomie der Kinder ist auf vielfache Weise gefährdet[140].

Der Inzest erscheint somit als Ausdruck einer konturlosen familialen Kommunikation. Er besiegelt eine systemisch vorbereitete Substitution, die real zu vollziehen gleichwohl auch in den Augen der Beteiligten normativ tabuisiert ist. Daß jedoch die Wirkungskraft des Tabus verblaßt, ist nicht etwa mangelnder Wertverinnerlichung zuzurechnen, sondern wird durch die Logik der Familienbeziehungen vorbereitet. In dem Maße, in dem aufgrund der Isolierung der Familie deren faktische Kontakte nicht mehr nach der grundlegenden Unterscheidung zwischen diffusen und spezifischen Orientierungen strukturierbar sind, in dem Maße verliert diese Unterscheidung auch in den Binnenbeziehungen ihren orientierenden Wert. Vordergründig werden die abhängigen Kinder sexuell instrumentalisiert, in unserem Fall alle drei Töchter durch den Vater, später durch die Söhne. Voraussetzung für diesen endogamen Inzest bildet hingegen die Entwertung der interpersonellen Moral familialer Beziehungen auf der Grundlage einer Transformation der Zuneigung in einen quasi berufsmäßigen Umgang nach dem Muster von Rollenbeziehungen.

Verschiebt sich die Triade dergestalt, daß die Töchter zum Gattensubstitut werden, so verschiebt sich zugleich die innerfamiliale Positionszuweisung aller Beteiligten, und zwar hinsichtlich ihrer an den Generationsstatus und an den Geschlechtsstatus gebundenen primären Funktionen. Entsprechend wird die Mutter ihrerseits affektiv zu einem Kind, sie entzieht damit zwangsläufig der Schutz und Fürsorge-

---

[140] Soziologisch ist die Zirkularität der innerfamilialen Interaktion das auffallendste Merkmal: der Familienverband ist gleichsam sich selbst überlassen, ohne Außenkontakte. Die psychodynamische Seite des realen Inzestes behandelt Hirsch (1986), der gleichfalls herausarbeitet, daß der Manifestation des realen inzestuösen Kontaktes eine latente Bahnung vorausgeht. Implizit wird das Angebot zur Tabuüberschreitung ständig kommuniziert, und zwar durch die affektive Insuffizienz der elterlichen Dyade als eine ihrer zentralen familienstrukturellen Ursachen.

funktion die Basis, wird zugleich auch hinsichtlich ihrer erotischen Bedeutung in der Beziehung zum Ehemann entwertet, und zwar in dem Maße, in dem die Tochter im Zuge der Umkehrung zu einem Gattensubstitut aufgewertet wird. Die Schrumpfung von Handlungsmöglichkeiten in der inzestuösen Familie folgt sozialer Isolierung, die wiederum den Zerfall innerfamilialer Grenzen begünstigt.

Will man nun die Zuspitzung des Familiendramas weiterhin aufschlüsseln, so tritt eine spezifische soziohistorische Ursprungskonstellation als Rahmung vor Augen. Die als unmittelbare Folge der politischen und militärischen Niederlage des nationalsozialistischen Deutschlands eintretende Schrumpfung des Territoriums hat bekanntlich in jeder regionalen und weitgehend konfessionell geprägten Heimatkultur des sich neu bildenden Stammlandes erhebliche Konfrontationen mit Populationen eingeleitet, die ihrerseits traditionell, zumeist vormodern bäuerlich oder handwerklich orientiert waren und die in der Massenhaftigkeit, wie sie für die unmittelbare Nachkriegssituation typisch war, die Bundesrepublik Deutschland zu einem Einwanderungsland besonderer Art gemacht haben[141]. Sieht man die Beneks in diesem Licht, so erweisen sie sich als eine spezifische Typusvariante sozialer Entwurzelung. Es handelt sich nicht etwa um zugezogene Innovateure, die sich in beruflichen oder kulturellen Nischen eine neue, optimistische Zukunft aufbauen wollen und von daher die Anpassungsprobleme mit der Zuversicht des Pioniers und aktivistischen Einwanderers zu lösen verstehen. Der Familienverband verfügt nicht über die Voraussetzung, aus der Not der Vertreibung und des Verlustes des vertrauten sozialen Umfeldes die Tugend aktivistischer Lebensführung zu machen.

Die Einwanderungssituation während der ersten großen Immigrationswelle, in der die Beneks in den Westen gelangen, ist von einer kollektiven nationalen Deprivation überschattet, die sich in vielen Fällen dadurch verschärft, daß der Ortswechsel mit Personenverlusten im Familienverband oder Aufspaltungen vormals verwandtschaftlicher Solidargemeinschaften einhergeht.

Aus der Heimat vertrieben worden zu sein und sich auf der fragwürdig gewordenen Basis eines durch die Politik des Nationalsozialismus pervertierten nationalen Zugehörigkeitsgefühls in neuer Umgebung anpassen zu müssen, ist für die Binnenstruktur der Familie mit einem umfassenden Umbruch der „symbolischen Ortsbezogenheit" (Treinen) verbunden gewesen. Dieser kollektive *Heimatverlust* kann als eine der historischen Rahmenbedingungen für die Auflösung betrachtet werden und bildet die Grundlage für die soziale Schließung und Insolierung[142].

---

[141] Hierzu das instruktive Standardwerk zur Vertriebenenproblematik von Lemberg/Edding (1959). Für das folgende siehe auch die Arbeit von Lüttinger (1986, S. 20-36).

[142] In der öffentlichen Selbstdarstellung von Vertriebenenorganisationen läßt sich dieser Zusammenhang an den immer wieder rituell bekräftigten Zugehörigkeitsmerkmalen beobachten.

Das kollektive Ausscheren aus dem gesellschaftlichen Verpflichtungskanon, etwa durch Gettobildung oder durch Massenauswanderung, ist infolge des Milieuzerfalls ebenso unwahrscheinlich geworden wie auch die sich selbst versorgende familiale oder großfamiliale Außenseiterexistenz kaum eine Chance hat, auf Dauer in der modernen Gesellschaft zu reüssieren. So trägt die Familie Benek die Bürde einer doppelten Marginalität als Hypothek ihrer Lebensplanung. Im vormodernen Milieu sozial vereinsamt, haben sich die objektiven Anpassungsprobleme des Herkunftsmilieus individualisiert und dadurch in ihren Sozialfolgen verschärft. Nichtseßhaftigkeit etwa als Familienkonzept ist kaum realisierbar und allenfalls noch im Milieu der Schausteller und des Kleinzirkus anzufinden. So tritt deutlich eine Diskrepanz zwischen den objektiven sozialen Daseinsbedingungen und den im Sozialisationsprozeß erworbenen Handlungsdispositionen zum Vorschein. Diese Diskrepanz disponiert die Familie zu Trägern einer Philosophie der Modernisierungsverweigerung. Faktisch gehört sie zu den Verlierern im Prozeß der Modernisierung. Beneks haben den Anschluß an die Zeit verpaßt, laufen ihm hinterher oder begeben sich in eine mythisch beschworene vergangene Welt. Die Familie muß die Widerständigkeit erworbener Kulturmuster und Lebensgewohnheiten bewältigen, ihr gegen die Verhältnisse gerichteter Autonomieentwurf hat in den durch Knappheit bedingten anomischen Verhältnissen einen unsicheren Halt[143].

Die Familienmitglieder reagieren nun auf die Not, sich in einer modernisierenden Sozialstruktur neue Verkehrskreise erschließen zu müssen, mit einer perversen Tugend, indem sie den Austausch, die soziale Kommunikation verweigern. Der Inzest bringt auf der manifesten Ebene zum Ausdruck, was sich im Zuge der berufs-

---

[143] Man kann natürlich einwenden, gerade in einer durch die Nachkriegssituation ohnehin einem beschleunigten sozialen Wandel ausgesetzten Bundesrepublik trifft der Zwang zur Sozialanpassung auf jedermann zu. Für dem vorliegenden Fall gelten hingegen vergleichsweise ungünstige Voraussetzungen, die zum Teil darin liegen, daß der kulturelle und soziale Sprung, der der Familie abverlangt wird, vor dem Hintergrund ihrer Familiengeschichte zu groß ist, zum Teil daran, daß sie zugleich mit erheblichen familieninternen oder partnerspezifischen Belastungen zurechtkommen muß. Die Ursprungskontexte, denen sich auf allgemeiner Ebene dieser Sozialabstieg verdankt, lassen sich systematisch unterscheiden. Denn auch der Gestrandete bleibt von seiner *Sozialdisposition* her ein spezifisch kulturell und sozialmoralisch sozialisierter Gestrandeter und somit unterscheidet sich die Familie aus einem erodierenden Handwerkermilieu erheblich von einer abgestiegenen Landfamilie, die Weltsicht einer Familie mit ethnisch bedingter Sozialentfremdung (durch Flucht oder Vertreibung) wird noch einmal spezifisch gebrochen im Unterschied zu einer Familie aus homogener kultureller Umgebung, aber beruflicher Abstiegsentwicklung. Dies gilt vor allem für archaische Traditionszusammenhänge, die durch die kriegsbedingten Bevölkerungsverschiebungen gerade im Nachkriegsdeutschland nicht so selten sind und deren ungelöste Folgeprobleme bei Modernisierungsverlierern massiert auftreten.

bedingten Mobilität im Solidarzusammenhang der Familie ereignet hat, nämlich die Reduktion auf eine Versorgungsgemeinschaft sowie der faktische Verzicht auf Intimität. Das Durchbrechen des Tabus signalisiert die Verweigerung von Exogamie, also den Verzicht auf die Abgabe der Töchter. Dahinter steht hingegen der Verzicht auf die Regel der Gabe als einer elementaren Regel menschlicher Austauschbeziehungen. Der Inzest indiziert somit einen kollektiven Rückzug aus dem universalen gesellschaftlichen Spiel, dem Spiel des Gebens und Nehmens. Er inszeniert, nach einer Formulierung von Lévi-Strauss, den Traum, „man könne das Gesetz des Tauschs überlisten, man könne gewinnen, ohne zu verlieren, genießen, ohne zu teilen.“[144]

Die Schrumpfung von Handlungsmöglichkeiten zahlt die inzestuöse Familie mit sozialer Isolierung wie umgekehrt die soziale Isolierung den innersystemischen Auflösungsprozeß vorantreibt. Es handelt sich um eine Zirkularität, in der die Diffusheit der Kommunikation und die unklaren Sinnbezüge noch einmal von einer anderen Seite her deutlich machen, worum es geht: um die Vermeidung des Tausches und die Vermeidung von Kommunikation[145]. Der Familienentwurf ressentimentgeladener Abgrenzung von den Institutionen der modernen Gesellschaft hat eine fragile und zugleich aggressive Form autarker Selbstbehauptung zur Grundlage. In ihr versucht die Familie die Grenze zur Außenwelt zu ziehen und merkt nicht, daß sie übertreibt. Es gibt Lebensbedingungen, die diese Übertreibung nahelegen. Ihr Preis ist die Karikatur von Selbständigkeit, ein Sich Abkapseln gegenüber der Historizität der umgebenden sozialen Ordnung, und im Ergebnis die Autarkie des Systems.

Ich schließe die Fallrekonstruktion mit dem Hinweis auf eine sinnstrukturelle Parallele zur Familienkonstellation eines klassischen Inzestes ab, von dem im Alten Testament die Rede ist. Bekanntlich geht der inzestuöse Kontakt von Lot mit seinen beiden Töchtern auf eine spezifische Ausdrucksform der Nichtanwesenheit seiner Frau zurück. Auf der Flucht der Familie ist diese die einzige, die den göttlichen Rat, nicht zurückzublicken, nicht befolgt und sich stattdessen zurückwendet. Sie bleibt zurück und erstarrt daraufhin zur Salzsäule.

---

[144] Lévi-Strauss (1981, 663).

[145] In der sinnstrukturellen Parallelität von Exogamievermeidung und der Vermeidung einer klar strukturierten Sprache kommt das Besondere des vorliegenden Falles zum Ausdruck. Man stößt auf eine Konstellation, die die Befunde aus den Verwandtschaftsuntersuchungen von Lévi-Strauss bestätigen und die zugleich deutlich macht, daß derartige Vorgänge nicht etwa auf exotische Kulturkreise, auf einen Pygmäen-Stamm auf der malaiischen Halbinsel, beschränkt sind, sondern qua Sinnstruktur der Interaktion auch in Familienformen der Gegenwart wirksam sein können.

Die Familie zieht gleichsam unvollständig weiter, dabei hinterläßt der leere Platz der Mutter dynamisch die Chance zu ihrer Substitution. Die Schlüsselstelle in unserem Zusammenhang ist nicht etwa die Faktizität des Inzestes, sondern die familiale Konstellation, die ihm vorausgeht. Es ist bemerkenswert, daß der Blick zurück der Nichtanerkennung einer göttlichen Weisung gleichkommt. Fragt man sich, welcher Rationalität die Weisung ihre Dringlichkeit verdankt, so wird man auf das Prinzip der Realitätsgerechtigkeit verwiesen, dessen Befolgung in dem konkreten Fall bedeutet, die Flucht aus der Stadt zügig und ohne Zögern vorzunehmen, um das Überleben zu sichern. Gemessen daran, verhält sich Lots Frau objektiv nicht realitätstüchtig, denn sie hält mit dem Blick zurück die Flucht auf. Warum? Entweder, weil sie infantil staunend dem Schrecken der brennenden Stadt eine in der Situation unzulässige Aufmerksamkeit widmen will, weil sie neugierig mit der Frage beschäftigt ist, wie ernst die göttliche Drohung zu nehmen sei oder weil sie in der Hektik des Aufbruchs eine Phase der begleitenden Reflexion auf die Vorgeschichte des entstandenen Situation einschieben möchte. In der Handlungswirkung machen diese alternativen Motivierungen keinen Unterschied. Auf jeden Fall macht Lots Frau sich einer riskanten Verzögerung schuldig, aus ihrer Nachlässigkeit wird Fahrlässigkeit. Die Parallele zum vorliegenden Fall erschließt sich, wenn man die räumliche Metaphorik der Geschichte in eine zeitliche übersetzt und das Zurückblicken als eine situationsunangemessene zeitliche Rückschau auf die Vergangenheit liest. Diese ist nicht etwa als solche unzulässig, vielmehr gehört sie konstitutiv zur menschlichen Lebenspraxis. Wird jedoch realitätsblind auf sie zurückgegriffen, rächt sich dies in der Einschränkung von Optionen. Unter dem Handlungszwang einer Krisensituation zeigt sich dies in der Geschichte des Alten Testaments darin, daß überlebenswichtige soziale Funktionen, in diesem Fall die mütterliche Fürsorge, ausfallen. Hier ist ein Aspekt thematisch, der zur Rekonstruktion der Familie Benek stimmig paßt, nämlich die Parallelität von Verantwortungsentzug und Substituierbarkeit der Personen.

Der wenig später erfolgende Inzest vollzieht sich im Kontext extremer sozialer Isolierung. Lot ist geflohen und befindet sich in einer Höhle, der normalen Sozialkontakte verlustig gegangen. Aber die Parallelität geht noch weiter. Im Alten Testament heißt es, die Töchter seien gleichsam entschuldigt. Sie haben für die Aufrechterhaltung des Verwandtschaftsgefüges sorgen und somit die Funktion anmahnen wollen, der die Mutter nicht hat entsprechen können. In der systemischen Betrachtung zeigt sich somit der Inzest auch in der kulturgeschichtlich prominenten Vorlage als Bestandteil einer kommunizierten Struktur, einer Wechselwirkung, die zum Ziel hat, die Familienbeziehungen auf Dauer zu stellen. Diese objektive Wirkung einer

Kontinuitätssicherung ist in der biblischen Version vorformuliert, aber auch hierbei reduziert sich im Anschluß an die These von der Autarkie auf Kosten der Autonomie die Bestandssicherung auf die geschlechtliche Zeugung von Nachwuchs, also von Stammesmitgliedern, auf die die Aufgabe erst zukommt, sich die entsprechende soziale Identität durch Eintritt in Kommunikation erst anzueignen. Die Geburt und allgemein die körperliche Präsenz sind dazu nicht mehr als eine Voraussetzung.

Daten der Familie

Johannes Benek: geb. 1939 in O., Sudetenland, jüngster Sohn aus einer Familie mit zehn Kindern

Herkunftsfamilie von Johannes Benek:

Vater:	Geb. 1906, Beruf Melker
Mutter:	Geburtsdatum unbekannt
Geschwister:	9 Geschwister, 8 davon sind älter als Johannes Benek,eine Schwester ist jünger

Gegen Kriegsende Flucht der Familie in die ehemalige DDR
Teilung der Familie während der Flucht: die ältesten Geschwister bleiben, die übrige Familie zieht mit den vier jüngsten Kindern nach Hessen. Zunächst sucht der Vater eine Anstellung, nach einem halben Jahr zieht die Restfamilie nach. Der Vater von Johannes Benek findet eine Anstellung als Melker auf einem großen Gutsbetrieb

Zur Biografie von Johannes Benek:

Melker, bei seinem Vater gelernt
Verurteilt zu zweieinhalb Jahren Haft wegen sexuellen Mißbrauchs aller drei Töchter
1986 Scheidung und erneute Heirat, Haftaufschub nach der Geburt von Zwillingen von seiner zweiten Ehefrau (geboren 1964)

Herkunftsfamilie von Hildegard Benek:

Vater:	geb. 1920, 1941 gefallen
Mutter:	geb. 1922, 1949 zweite Ehe der Mutter
Stiefvater:	geb. 1920, Beruf Kellner, später Geschäftsführer im Hotelfachbetrieb
Bruder:	geb. 1939 - Beruf Bäckermeister
Stiefschwester:	geb. 1950 - ungelernt, verheiratet, wohnhaft in Hessen

Zur Biografie von Hildegard Benek: geb. 1940 in P.,Hessen

Friseusinnenlehre, abgebrochen nach der Geburt von Sohn Heinrich
1961 mehrere schwere Krankheiten
1984 Operation, viermonatiger Krankenhausaufenthalt

Partnerschaft/Familiengeschichte

1955	Kennenlernen der Eheleute
1960	Heirat
1961	Geburt des Sohnes Heinrich
1962	Geburt des Sohnes Paul
1964	Geburt der Tochter Christiane
1968	Geburt des Sohnes Carl
1969	Geburt der Tochter Petra
1971	Geburt der Tochter Nadine

Wohnorte der Familie

1960-1962	in Hessen (Geburt Heinrich und Paul)
1962-1964	in Baden-Württemberg (Geburt Christiane.)
1964-1970	anderer Ort in BW (Geburt von Carl und Petra)
1970-1971	weiterer Ort in BW (Geburt von Nadine)
1971-1978	Rheinland-Pfalz, in diesem Ort mehrere Wohnungswechsel (Ehekrise, Vater-Tochter-Inzest mit Tochter Christiane 1974)
1978-1983	Ort in BW (Vater aushäusig)
1983	weiterer Ort in BW
1984	weiterer Ort in BW (Vater verläßt die Familie, Anzeige durch beide Töchter)
1985	weiterer Ort in BW (Ehescheidung)

3.5 Auf der Suche nach der Familie: Zum mobilen Immobilismus eines jugendlichen Autocrashers

Eine Kindheit im „Aus der Vorstädte“

Im Zuge des sozialen Wandels, der Erosion traditioneller Sozialmilieus und dem Bedeutungsverlust familialer Solidaritäten, verlieren institutionalisierte Lebenslaufmuster an Geltungskraft und die Wahrscheinlichkeit steigt, daß die Personen vorübergehend oder auf Dauer in die Zuständigkeit professioneller Hilfesysteme geraten. Zum einen nimmt die Bedeutung von Organisationen und Institutionen zu, denen die Betreuung von Personen und die Behandlung ihrer Ansprüche obliegt. Zum anderen hat die höhere Institutionalisierung von Hilfe für lebenspraktische Notsituationen nun keineswegs die Bereitschaft zur Folge, sich dauerhaft mit den entsprechenden Einrichtungen zu identifizieren und soziale Zumutungen zu tolerieren, die mit der modernen verberuflichten Hilfe verbunden sind.

Fluktuierende Bindungen und Bereitschaften breiten sich aus, dadurch öffnet sich der soziale Austausch leichter dem Rückzug der Person, ermöglicht aber zugleich Unzuverlässigkeit. Auf beiden Seiten der Hilfebeziehung kann vor diesem Hintergrund temporäres Engagement und Selbstmotivierung entstehen, rasch läßt sich wieder abbrechen, was eben erst aufgebaut wurde, wobei die Kumulation flüchtiger Bindungen sich zu schwer zu kontrollierenden Folgen für Person und Gesellschaft aggregieren können.

Bezeichnet dies einen allgemeinen Entwicklungstrend im Spannungsverhältnis von beruflich kontrollierten und privaten Handlungszusammenhängen, so ergeben sich erhebliche Anpassungsprobleme für Personen, die auf moderne Lässigkeitszumutungen nicht vorbereitet sind. Fragt man nach den soziogenetischen Ursachen, so trifft man auf Fälle, bei denen die primärsozialisatorische Erfahrung den souveränen Umgang mit dem handlungspraktischen Unterschied zwischen diffuser und spezifischer Interaktion getrübt bzw. verhindert hat. Kinder und Jugendliche aus „Familien in Auflösung“[146] sind besonders gefährdet. Die Familien, in denen sie aufwachsen, haben in ihrer Binnenstruktur einen Grad der Desorganisation und Anomie erreicht, der eine dynamische Selbstentfaltung triadischer Beziehungsmuster nicht zuläßt und damit eine der strukturellen Voraussetzungen für die Identitätsentwicklung verletzt. Lässigkeit zeigt sich in derartigen Konstellationen als das äußere Erscheinungsbild wechselseitiger Indifferenz und Ablehnung, mit der im Binnengefüge der Familie der Zustand sozialer Desintegration kommuniziert wird. Je nach Entwicklungsstand werden Kinder und Jugendliche von Erosionserscheinungen des Familiensystems unterschiedlich erfaßt. Erste Anzeichen zeigen sich als Verhaltensauffälligkeiten in den Einrichtungen der vorschulischen oder schulischen Erziehung. Ist das Familienproblem einmal über Schul- oder Lernschwierigkeiten der Kinder definiert, geraten diese in die komplexe Abfolge von Zuständigkeiten, mit der die moderne verberuflichte Hilfe auf Dysfunktionen im Solidarverband der Familie reagiert.

In der Adoleszenz kommt als erschwerend hinzu, daß sich die Sozialidentität der Jugendlichen in einer Entwicklungsphase hoher leibseelischer Irritationen als per se

---

[146] Nach einer Klassifikation von Wirsching/Stierlin (1982), die sich auf Familienstrukturen aus der Familientherapie bezieht und eine besondere Schwere der Beeinträchtigung autonomer Lebensführung bezeichnet.

transitorisch erweist. Sie legt Verhaltensweisen mit potentiell anomischen Folgen nahe. Im Abenteurer, im Vagabunden, im gehemmten Rebellen, im Weltflüchtigen und im Grübler greifen Jugendliche auf Muster der Selbstwahrnehmung zurück, die sie auf ihre Handlungswirkungen hin experimentell einsetzen und erproben und die in ihrer Tendenz zu demonstrativer Selbstbehauptung kaum zugestandene Regressionswünsche oberflächlich überlagern. Aber die Anpassungsprobleme verschärfen sich, wenn dem jugendlichen Ausdruckswunsch das Aufwachsen in fragmentierten Familienbeziehungen vorausgeht.

Zur Besonderheit der folgenden Fallgeschichte gehört, daß die umfassende soziale Desintegration des Familienverbands mit einer Desorganisation des Kommunikationsraumes einhergeht und daß schon in der frühen Lebenssituation des im folgenden Kevin Bloomke genannten Jugendlichen weder der Rückgriff auf milieueigene noch auf verwandtschaftliche Stützen möglich gewesen ist. Dies zieht in der Fallrekonstruktion die Aufmerksamkeit auf Aufenthaltsorte und Kontaktkreise nach sich, die über die üblichen biografiegenerierenden Stationen hinausweisen. Die familiensoziologische Perspektive erweitert sich erzwungenermaßen um Konstrukte, die sich auf die Heterogenität von Einflüssen auf das Leben eines Jugendlichen beziehen. Genau hierin jedoch liegt die allgemeine Bedeutung des Falles. Er erzählt eine Geschichte über die kumulative Wirkung immer wiederkehrender Strukturmerkmale aus verschiedenen Umwelten des Familiensystems. Diese greifen die Fragmentierung des sozialisatorischen Rahmens auf und tragen, obwohl im einzelnen unterschiedlich motiviert, zur Reproduktion der Fallstruktur bei - einem familiendynamisch motivierten Prozeß sukzessiver Selbstentfremdung, der in wechselnden Interaktionsszenarien die Erfahrung der Nähe und deren Gegenteil, der Abgrenzung wiederholt.

Äußerer Anlaß der Fallstudie ist das Autocrashing - eine in den Großstädten moderner Industriegesellschaften zu beobachtende Form jugendlicher Risikosuche, die kurzfristig die Aufmerksamkeit der Massenmedien auf sich gezogen hat, deren allgemeine Bedeutung darin liegt, daß sie das professionelle Kräftefeld der Jugendhilfe vor besondere Herausforderungen stellt. Im Lichte der Fallrekonstruktion zeigt sich, daß derartige Exaltationen mit einer monströsen Exotik nichts zu tun haben. Sie kommunizieren angesichts der Auflösung bindender Milieus einen komplex motivierten jugendlichen Wunsch nach sozialem Austausch und Anerkennung.

Es gehört zur soziologischen Rekonstruktion von Biografien, daß alternative biografische Optionen stimmig erst vor dem Hintergrund einer nachgewiesenen Reproduktionsgesetzlichkeit bezeichnet werden können. Das Reservoir an Entfaltungsmöglichkeiten liegt im Spielraum dessen, was an irreversiblen Ereignissen unverrückbar zur biografischen Hypothek der Person gehört, dennoch darf man sich die zukünftige Entwicklung nicht als vollständig determiniert vorstellen[147]. Insofern ist die Fallrekonstruktion geeignet, das allgemeine Verhältnis von reproduzierenden und transformierenden Merkmalen eines soziogenetischen Kontextes in seiner Wirkung auf den Bildungsprozeß des Kindes exemplarisch sichtbar zu machen. Dazu gehört des weiteren, daß die Möglichkeiten, therapeutisch oder sozialpädagogisch zu intervenieren, verschiedentlich eingeblendet werden.

Auch zu diesem Fall ist eine Bemerkung zum Datenkorpus und zu den methodischen Schwierigkeiten der Analyse vonnöten. Im folgenden ziehe ich das vorläufige Resümee einer laufenden Untersuchung, die die Analyse sozial- und familienstruktureller Grundlagen jugendlicher Verkehrskreise im Großstadtmilieu zum Thema hat. Das Material stammt aus unterschiedlichen Quellen. Zum einen handelt es sich um die sozialbiografischen Daten zum Familienhintergrund, die in der Akte des Jugendamts festgehalten, laufend fortgeschrieben und, beginnend mit dem Zeitpunkt der Inanspruchnahme öffentlicher Erziehung, um Angaben zu Betreuungsort und Betreuungsdauer ergänzt werden. Zum anderen bezieht sich die Fallrekonstruktion auf Beschreibungen, die aus der Perspektive der Betreuer in unterschiedlichen Situationen, zu wechselnden Anlässen verfaßt worden sind. Die Einweisung in eine Einrichtung, die abschließende Beurteilung eines zu Ende gehenden Aufenthaltes, all dies bewirkt zeitliche Zäsuren in der Fallgeschichte, die in Form von Kommentaren und Kurzdiagnosen in der Routine professioneller Kontakte weitergereicht werden. Hierbei entsteht allmählich eine bunte Mischung aus Konkretion und Analytik, Protokollnotizen mit wörtlicher Rede sowie psychologisch-klassifizierender Zuschreibung. Es wäre verfehlt, derartige Fallbeschreibungen als subjektiv abzutun, methodisch zu disqualifizieren und ihnen den Rang fallexplikativer Informationen abzuschreiben. Methodisch gilt es auch ihnen gegenüber die allgemeine Maxime zu befolgen, die unsortierten Evidenzebenen stimmig in eine rekonstruierte Fallstruktur zu übersetzen. Dies soll im folgenden geschehen, und zwar, nachdem ich auf der Grundlage der sozialbiografischen Daten den Informationen, die durch beruflich eingeschliffene Wahrnehmungs- und Deutungsroutinen nicht zu verstellen sind, eine erste Fallstrukturhypothese aufgestellt habe[148].

---

147 Das hier anklingende Verhältnis von Emergenz und Determination wird in der soziologischen Tradition zuerst von George Herbert Mead in der I-me-relationship auf den Begriff gebracht. Die Thematik diskutieren auf allgemeiner Ebene so unterschiedliche Ansätze wie die Systemtheorie (Luhmann 1984, Kap. 8) und die objektive Hermeneutik (Oevermann 1991, 267 ff.).

148 Die Angaben sind zeitlich und sachlich anonymisiert.

Zuwendung nach Gelegenheit

Den Kern des Familiensystems, in dem Kevin aufwächst, bilden Gattenbeziehungen der Mutter mit wechselnden Partnern. Die Nachkommenschaft umfaßt vier Stiefgeschwister, die auf drei verschiedene Vaterschaften zurückgehen[149]. Kevin wird als erstes Kind geboren von einer Frau, die zum Zeitpunkt seiner Geburt 28 Jahre alt ist und deren Mann wenige Jahre älter ist. Die Eltern Kevins sind nicht verheiratet, er wird m.a.W. als uneheliches Kind geboren.

Versucht man nun, die Ausgangsdaten auf hypothetische Verläufe zu beziehen, so ergeben sich folgende Möglichkeiten. Eine Frau, die im Alter von 28 Jahren ihr erstes Kind zur Welt bringt und die zugleich zu diesem Zeitpunkt nicht verheiratet ist, stammt entweder aus einem gut situierten sozialen Milieu, in dem es infolge langer Ausbildungszeiten üblich ist, die Entscheidung zur Familiengründung hinauszuzögern (a) oder es hat sich, unabhängig von der Milieuzugehörigkeit, eine in der Qualität der Partnerbeziehung liegende oder/und organisch begründete Verzögerung erfolgreicher Zeugungsbemühungen ergeben (b) oder sie folgt, wiederum unabhängig von der Milieuzugehörigkeit, einem Entwurf von weiblicher Identität, in dem die Entscheidung für oder gegen eine Mutterschaft ambivalent besetzt ist und in dem sich infolgedessen die Opposition von Elternschaft und Partnerschaft als ungelöstes Problem der sozialen und psychischen Selbstdefinition ständig reproduziert (c).

Nach der erstgenannten Option, einem bürgerlichen Modell, wäre es zwar vorstellbar, daß die Familiengründung hinausgeschoben wird, allerdings wäre dies kaum mit dem Ledigenstatus bei Geburt des ersten Kindes verträglich. Vielmehr ließe sich als konsistent erwarten, daß das lange Hinausschieben der Mutterschaft mit einer lebenszyklisch späten Eheschließung und Familiengründung abgeschlossen wird. Ebenfalls unwahrscheinlich bleibt die zweite Möglichkeit. Auch hier wäre das Unverheiratetsein mit dem späten Geburtszeitpunkt unverträglich. Die Konstellation

[149] Die Konstellation erfüllt in einem rein äußerlichen Sinne die Minimalbedingung für das Vorhandensein einer Kernfamilie nach dem parsonianischen Modell: „Als Mindestkriterien für die Kernfamilie schlage ich vor, daß erstens zwischen Mutter und Kind eine solidarische Beziehung bestehen muß, die über eine Reihe von Jahren andauert und in ihrer Bedeutung über eine rein körperliche Fürsorge hinausgeht; zweitens, daß die Frau als Mutter dieses Kindes in einer besonders gearteten Beziehung zu einem Manne außerhalb ihrer eigenen Abstammungsgruppe stehen muß, der soziologisch der 'Vater' des Kindes ist, und daß diese Beziehung die 'Ehelichkeit' des Kindes und seinen Status innerhalb des weiteren Verwandtschaftssystems begründet" (Parsons 1964c, 110f.). Als entscheidend kommt natürlich auch nach Parsons die Bedingung hinzu, daß die Beziehungen sich als affektive Beziehungen konstituiert haben müssen.

b) ist stimmig nur denkbar, wenn aus normativen Gründen parallel zur verzögerten Mutterschaft auch eine Eheschließung hinausgeschoben wird. Damit rückt in der hypothetischen Rekonstruktion der Sinnhorizont der dritten Option c) in den Vordergrund.

Zur dritten Möglichkeit bieten sich zwei Versionen an: Entweder liegt dem eine Teilhabe an einem avantgardistischen Sozialmilieu zugrunde (z.B. Studentenschaft), das sich in der Regel normativ und faktisch flexibler als die Normalbevölkerung verhält. Die späte Geburt eines ersten Kindes sowie der Verzicht auf eine Heirat des Kindsvaters könnte einer Emanzipationsidee geschuldet sein, die ausdrücklich die Einlösung des bürgerlichen Normalmodell des Familiengründung dementiert. Die zweite Version deutete demgegenüber auf ein Sozialmilieu hin, in dem die traditionellen normativen Vorgaben für Partnerwahl und Familiengründung durch die Not des Lebens, durch Schicksalsschläge wie Krankheit oder durch familiengeschichtlich tradierte Werterosion an Verbindlichkeit eingebüßt haben und in dem eine Mutterschaft ohne entsprechende Einbindung in eine formal kodifizierte Ehe nicht als inkonsistent betrachtet wird.

Erst das weitere Datum, nach dem Kevins Vater, der sich um die rechtliche Anerkennung seines Status offenbar nicht bemüht hatte, nach beinahe zwei Jahren den Familienverband verläßt, macht die darin zum Ausdruck kommende Instabilität in der Intimbeziehung der Eltern und somit die Geltung der dritten Möglichkeit wahrscheinlicher. Die Mutter heiratet zwei Jahre nach Kevins Geburt und bekommt in einem Abstand von zwei Jahren zwei weitere Kinder. Im Zuge der Familienerweiterung erfolgt ein Ortswechsel in die Großstadt, wo die Mutter einen Gaststättenbetrieb eröffnet. Diese Vorgänge besiegeln das Scheitern des ersten Versuchs einer Familiengründung, dessen Dokument und Überbleibsel Kevin geworden ist.

Die Heirat der Mutter, die Geburt zweier Stiefgeschwister sowie der beruflich, auch aus der Logik der neuen Partnerschaft heraus, erzwungene Umzug in das großstädtische Innenstadtmilieu sind mit einer Reihe von innerfamilialen Strukturverschiebungen verknüpft, die unabhängig von der Eigenwahrnehmung der Familienmitglieder die Biographieentwicklung Kevins in spezifischer Weise rahmen. Die Familienkonstellation - der Partnerwechsel eines Elternteils und infolgedessen eine Stiefelternschaft - ist zunächst als solche nicht ungewöhnlich und verweist auf eine hohe Stabilität des Familiengründungsmotivs. Zwar bieten sich verschiedene Möglichkeiten psychosozialer Integration für die Mitglieder des erweiterten Familienverbands an, dennoch stellt sich das Problem unklarer Grenzziehung nach innen und nach außen[150].

---

150 Kohaus-Jellouschek weisen auf unterschiedliche Strukturen der Lebensorganisation und Entwicklungsgeschichte von Stieffamilien hin. Die von ihnen aufgeführten Problemberei-

Zugespitzt geht es um Ausschluß oder Einschluß des vergangenen Lebensabschnitts, um die Frage also, ob und in welchem Ausmaß die Vorgeschichte affektiv und kognitiv in die neue Familientriade integriert wird. Allein die Tatsache, daß im vorliegenden Fall die zweite Partnerschaft zu einer Eheschließung führt, schließt zwar die oben genannte Möglichkeit aus, daß Ilona Bloomke in normativer Distanz zum bürgerlichen Familienmodell steht. In dem Maße jedoch, in dem ihre erste Ehe mit der Geburt weiterer Kinder verbunden ist, wird das Scheitern der ersten Lebensgemeinschaft zu einem nicht nur normativen, sondern vor allem dynamischen Problem. Unabhängig von der Chance, den vorausgegangenen Partner- bzw. Vaterverlust zu verarbeiten,wird nachträglich der erste Versuch disqualifiziert und gegenüber der nun erfolgenden Heirat in seiner Bedeutung herabgesetzt. Ein Einschluß Kevins würde bedeuten, die Familiengrenzen neu zu ziehen. Kevin könnte in die Position des ältesten Geschwisters einrücken, das die Sorge und Verantwortung für seine Stiefgeschwister übernehmen oder mit den Eltern teilen könnte[151]. Der Statusgewinn ließe ihn vergleichsweise komplikationslos an den Aktivitäten der neuen Familie teilhaben.

Als ältestes Kind akzeptiert zu sein, könnte ihn die Enttäuschung über den Verlust des leiblichen Vaters leichter ertragen lassen. Voraussetzung für einen derartigen Positionswechsel wäre eine hohe Anpassungsflexibilität und affektive Toleranz der Gattenbeziehung, insbesondere der Mutter, die ja durch das erste Kind an ihre erste gescheiterte Beziehung erinnert wird, aber auch des Stiefvaters, für den die erzieherischen und affektiven Erwartungen an die Aufmerksamkeit auf seine leiblichen Kinder im Zentrum stehen und der in seine Zuwendung die Sorge um den Stiefsohn mit aufzunehmen hätte. Über den Wunsch, ihre Beziehung über die gemeinsame Sorge um das Wohl aller Kinder zu definieren, müßte unter den Eheleuten Einigkeit herrschen.

Hinweise auf eine derartige Integrationsleistung als einer objektiven Möglichkeit des Familienverbandes gibt es in der Fallgeschichte nicht. Im Gegenteil sprechen die Befunde für eine scharfe Grenzziehung zwischen der Vorgeschichte und der neu gegründeten Familie. Kevins Anwesenheit erinnert seine Mutter an einen Mann, mit dem sie nichts mehr zu tun haben will und den er, Kevin, als eine konturierte Person

---

che sind auch für den vorliegenden Fall zu unterstellen: "a) Überhöhte Ansprüche und Idealvorstellungen, b) Unklarheiten in Bezug auf die Grenze der Stieffamilie nach außen, c) Die Beziehung zum außerhalb lebenden Elternteil, d) Probleme mit den Grenzen innerhalb der Stieffamilie, e) Schwierigkeiten in der Bestimmung der Rolle, Funktion und Aufgabe des Stiefelternteils" (Kohaus/Jellouschek 1988, S. 137ff.).

[151] Zur Logik von Geschwisterbeziehungen siehe die instruktive Arbeit von Toman (1987, besonders S. 56ff.).

nicht kennenlernen konnte. Mehr noch: Weder eine besonders intensive Zuwendung durch die Mutter - als ein Kontrast zur enttäuschenden Partnerbeziehung ein denkbarer Zwischenschritt auf dem Wege zu einer umfassenden Integration aller Familienmitglieder i.o.S.- noch eine schonende und mit Blick auf eine gemeinsame familiale Zukunft optimistische Duldung, vielmehr affektive Distanz der Mutter sowie soziale Ächtung, Drohung und körperliche Züchtigung durch den Stiefvater kennzeichnen das Sozialisationsklima im neuen Haushalt. Außerdem sind beide Eltern häufig abwesend. Die Konstellation, in der sich Kevins Leben abspielt, folgt dem bei Stierlin beschriebenen Modell der radikalen Ausstoßung, das sich dem im ersten Familienverband erfahrenen Ausschluß aufschichtet[152].

Zum weiteren Verlauf der Familiengeschichte gehören die Scheidung der Eltern bzw. Stiefeltern sowie das Zusammenleben der Mutter mit einem Mann, der Vater des vierten Kindes wird. Wiederum böte sich die oben genannte Möglichkeit, Kevin als ältestes Kind in das Geschwistersystem zu integrieren, nach einer nochmals gescheiterten Partnerbeziehung an, zumal die Mutter in ihren Kindern die gleichsam minimalen Stützen einer von ihr offenkundig erwünschten Familiensolidarität betrachten könnte und weil auch umgekehrt für die Kinder die objektive Intransparenz ihrer Herkünfte und die Fragmentiertheit der Familienbeziehungen symbolisch durch eine Gemeinschaft der Geschwister kompensierbar wäre.

Auch diese Wende im Familienleben bleibt nur eine hypothetische Konstruktion. Im Gegenteil erfolgt ein erneuter Versuch, eine Familie zu gründen, für den jedoch die soziale Ausgrenzung der Vorgeschichte charakteristisch ist. Das bekräftigt die Vermutung, daß die Partnerbeziehungen der Mutter durch hohe Solidaritätserwartung bei gleichzeitig geringer Toleranz für Spannungen motiviert sind bzw. auf flüchtige Bereitschaft und wenig stabile Zuneigung der Partner aufbauen. Denn in keiner der drei Beziehungen gelingt es, eine verläßliche Gattensolidarität einzurichten und auf das Verhältnis zu den Kindern ausstrahlen zu lassen. Nachträglich betrachtet, schält sich als primäres Motiv des Kinderwunsches von Frau Bloomke der Wunsch nach Geborgenheit in einer paternalistisch strukturierten Paarbeziehung heraus, einer Geborgenheit, an der sie zu zweifeln beginnt oder durch das Verhalten der Männer zu zweifeln gezwungen wird in dem Moment, in dem die beziehungsspezifische Dauerhaftigkeit der Bindung Realität wird.

---

[152] Stierlin (1978, 1989) erfaßt die Dynamik von Ablösungsprozessen in der Adoleszenz mit dem Konzept des Beziehungsmodus, das sich auf Strukturmuster innerfamilialer Kommunikation bezieht. Demnach hat die extreme Ausstoßung, vor allem dann, wenn sie in den ersten dreieinhalb Lebensjahren des Kindes vorkommt, mit hoher Wahrscheinlichkeit schwere psychische Störungen zur Folge.

Dies würde erklären, warum die Mutter beharrlich an dem Wunsch zu heiraten festhält, wobei die offenkundige Unverträglichkeit mit dem Zeitpunkt des lebensgeschichtlich späten ersten Versuchs uninterpretiert bleiben muß. Die Möglichkeit, hieran weitere Vermutungen anzuschließen, ist im Rahmen des vorliegenden Datenmaterials begrenzt, immerhin bleibt im äußeren Bild eine hohe normative Bedeutung von Familie bei faktischer innerer Segregation des Familienverbandes. Gleichsam enttäuschungsimmun scheint der Neuanfang stets von Frau Bloomke auszugehen und wird jeweils mit der Geburt weiterer Kinder gekrönt, aber ohne daß diese selbst angesichts der immer wieder zerfallenden Partnerschaften in ein solidarisches Geschwistersystem im Schatten oder gar im Kontrast zur Gattenbeziehung eingebunden worden wären.

Für das Muster fragmentierter Geschwisterbeziehungen spricht die Wahl der Vornamen der Kinder. Parallel zu den drei Versuchen der Familiengründung tragen die Kinder Vornamen aus jeweils drei europäischen Ländern, Kevin einen englischen, die beiden folgenden Geschwister jeweils einen französischen und das jüngste Geschwister einen deutschen Namen, wobei der Anfangsbuchstabe für alle vier Kinder gleich bleibt[153].

Selbst wenn unbekannt bleiben muß, ob dies möglichen Herkunftsländern der Väter oder mit ihnen assoziativ in Verbindung gebrachten Wertpräferenzen geschuldet ist, so bleibt im Lichte der Fallrekonstruktion der in der Namensgebung zum Ausdruck gebrachte Modernismus mit einer erst in der Abfolge der Namen indizierten Ortlosigkeit der Kinder signifikant. Daß allein der identische Anfangsbuchstabe eine affektive Gemeinsamkeit beschwört, die die objektive Disparatheit der familialen Lebensführung überbrücken soll, schließt sinnlogisch an die bisher erarbeitete Strukturanalyse des Familienverbands an.

Im weiteren Verlauf der Geschichte gerät Kevin in dem Maße, in dem der familienbezogene Optimismus seiner Mutter durch die Geburt von Kindern bekräftigt wird, in vielerlei Hinsicht in den Hintergrund:

a) die Position des Ältesten mit stellvertretender Verantwortung für die jüngeren Geschwister wird ihm verweigert, b) sein leiblicher Vater bleibt ihm unbekannt und die neuen Partner der Mutter akzeptieren ihn nicht, c) die neue Partnerschaft der Mutter sowie deren Doppelbelastung durch Gastwirtschaft und Haushalt mit zwei kleinen Kindern lassen in der Zeit von 1983-1987 eine Lebenssituation sozialer Isolierung entstehen, die Kevin schon in einer frühen Phase seiner Lebensgeschichte zu einem Marginalen machen. Weder von einer affektiv solidarischen Elternbezie-

---

[153] Aus forschungsethischen Gründen verzichte ich darauf, die Vornamen der Geschwister zu benennen.

hung noch von den disparaten leiblichen Eltern gestützt, kristallisiert sich die Sozialdisposition auferlegter Einsamkeit heraus, die die Suche und die Wanderschaft als zentrale Motive seiner Lebensführung auslösen[154]. Die in den ersten ärztlichen Gutachten diagnostizierten psychophysischen Retardierungen, vor allem eine angeborene Sehschwäche, ein Stigmatismus, sowie Haltungsschäden, bringen die psychosoziale Orientierungsunsicherheit noch auf der somatischen Ebene zum Ausdruck. Zieht man ein erstes Resümee, so ergibt sich eine biografische Disposition, in die der tiefgreifende Verlust elementarer Vertrauensbeziehungen eingeschrieben ist.

Vor dem Familienhintergrund objektiver Marginalität und explizitem Ausgestoßensein gerät, wie eine gute Fee, die Nachbarin Sigune Schneider in das Geflecht der Beziehungen. Sie fühlt sich moralisch verpflichtet, der Familie zu helfen und vor allem das älteste Kind „von der Straße" zu holen. Sigune Schneider versorgt Kevin mit Essen und Spielzeug und richtet ihm in ihrer eigenen Wohnung ein Zimmer ein. In einer sachlich und sozial komplexen Phase des Familienlebens, die durch den Gaststättenbetrieb und seiner den typischen Arbeitsrhythmen entgegengesetzten Zeitstruktur belastet ist, nimmt Kevins Mutter dieses Angebot dankbar auf. Frau Schneider ist alleinstehend und kinderlos.

Trotz ihrer beruflichen Verpflichtung als Außendienstmitarbeiterin einer Putzmittelfirma und einer dadurch erzwungenen zuweilen mehrtägigen Abwesenheit gelingt es ihr, einen Kontakt zu dem vierjährigen Kind aufzubauen. Diese Station in der biografischen Entwicklung Kevins ist nicht hinreichend begriffen, wenn man nur nach der affektiven Dimension des Hilfsangebotes fragt. Das pädagogische Engagement, zu der die objektiv miserable Lage der Familie, die Sympathie zu Kevin und dessen Mutter Anlaß geben, verdankt sich nämlich in seiner Intensität dem kulturellen Horizont der Rudolf-Steiner-Pädagogik, deren Weltbild zu einem wichtigen Pfeiler in der Daseinsgestaltung von Frau Schneider geworden sind.

---

[154] Die Formulierung entnehme ich einer Arbeit von Geiger. Er unterscheidet „freiwillige und auferlegte Einsamkeit" und zeichnet das Bild des einsamen Kindes: „Im Kindschulalter vollzieht sich die Ausdehnung des sozialen Aktionsradius über die familialnachbarschaftliche Intimsphäre in den Bereich distanzierter (‚öffentlicher') Sozialbezüge. Ein Trauma, gerade an dieser entscheidenden Schwelle empfangen, kann das soziale Lebensschicksal nachhaltig bestimmen, den Verschüchterten dauernd in wesentlich intime Bezüge zurückverweisen. Der Gemeinspruch ‚Hausbengel – Gassenbengel' trifft den Schüchternen in dieser sozialen Orientierung: in fremder Umgebung scheu und zaghaft, verschlossen und überbescheiden, wird er in vertrautem Kreise vielleicht angeregt-lebhaft, ja keck. Häufig ist der Schüchterne in besonderem Grad vergesellschaftungsbedürftig, sein Zärtlichkeitshunger wächst in dem Maße, wie die sozialen Intimkreise seiner Jugend (Familie usw.) zerflattern" (Geiger 1962, 272).

Von hierher ist der Fluchtpunkt, den Kevin nach kränkenden Erfahrungen im Haus seiner Mutter aufzusuchen sich angewöhnt, noch einmal anders einzuschätzen, zumal die während der Schulzeit intensiver werdenden Kontakte dazu führen, daß die Nachbarin später auch eine Pflegschaft übernehmen wird[155]. Sigune Schneider macht sich die Integration des Kindes in eine bewußt zu dessem Milieuhintergrund als Gegenkultur begriffene Philosophie zu einer vorrangigen Aufgabe. Das für Kevin im Haus nebenan bereitgestellte Zimmer ist mit den farblichen essentials, die für die Waldorf-Pädagogik verpflichtend sind, sowie mit entsprechendem Mobiliar und Spielzeug eingerichtet. Konsistent mit diesem Bemühen gerät Kevin im Alter von elf Jahren, als er- sorgfältig vorbereitet von seiner Pflegemutter - in einer Rudolf-Steiner-Schule eingeschult wird, zum ersten Mal auch offiziell in ein alternatives pädagogisches Umfeld.

Vor dem Hintergrund der sozialisatorischen Bedeutung von Frau Schneider, die als autodidaktisch geschulte Waldorfianerin von ihrer pädagogischen Mission überzeugt ist und die deren Sinn durch die alltäglich vorgeführte desolate Situation ihres Schützlings bestätigt findet, sei in wenigen Hinweisen zum pädagogischen Konzept aufgezeigt, in welche kulturellen Spannungen Kevins Lebenswelt eingebunden ist[156].

Man stößt auf eine für die Fallrekonstruktion aufschlußreiche Ambivalenz. Im Unterschied zu einer spezialisierten, frühzeitig differenzierten Erziehung bemüht sich die Waldorf-Pädagogik um eine ganzheitliche Perspektive, die auf die reifungs-

---

[155] Nach einer mündlichen Information der Betreuerin handelt es sich um eine Frau, die sich mit Leib und Seele der Waldorf-Philosophie verschrieben hat. Konsistent mit der für diese verbindlichen radikalpazifistischen und humanistischen Deutung menschlicher Lebensführung fühlt sie sich durch die Schicksalslage Kevins herausgefordert, dem allgemeinen moralischen Verfall durch tatkräftige Unterstützung eines Einzelfalls entgegenzuarbeiten.

[156] Eine kultursoziologische Rekonstruktion der Steinerschen Philosophie sowie die Analyse ihrer typischen Trägergruppen im vormodernen und modernen Deutschland kann hier nicht vorgenommen werden. Die gegenwärtig zu beobachtende zunehmende Institutionalisierung von Bildungsangeboten freier Waldorfschulen vollzieht sich parallel zur Kritik am staatlichen Schulwesen. Im Zuge dieses Vorgangs entsteht ein sektiererisches Kulturmilieu, das sowohl Teilen des fragmentierten deutschen Bildungsbürgertums als auch Teilen eines von traditionellen Bindungen freigesetzten, sozial desintegrierten Kleinbürgertums eine Heimat bietet. Sozialhistorisch bemerkenswert ist die Wertambivalenz des mit Waldorf assoziierten Avantgardismus sowie die Wiederauflage der altprotestantischen Zivilisationskritik. Beide Motivlagen, der besondere moralische Anspruch sowie die Kritik an der großstädtischen Lebensform und ihren Folgen, finden sich bei Patenschaften der hier vorliegenden Art wieder. Der Gestus, Rudolf Steiners Philosophie praktisch werden zu lassen, fügt der kulturell mehrfach gebrochenen Schichtung des Falles einen Hauch Jahrhundertwende hinzu.

bedingten Stadien kindlicher Interpretationskapazität, etwa i.S. Jean Piagets, elastischer reagiert. Dazu gehört das Bemühen, die Kinder auf den primär praktischen und weniger reflexiven Umgang mit Erfahrungsgegenständen vorzubereiten.

Im Lichte der für Kevin typischen Ausstoßungsproblematik ist die pädagogische Strategie konsequenter Affektsublimierung entscheidend. Als Kehrseite des Plädoyers für einen behutsamen und fallsensiblen Umgang kommt es zu skurrilen Formen der Aggressionskontrolle und Triebsublimierung, die im erzieherischen Alltag den Kindern zugemutet werden. Entsprechend werden Gewalt und grelle Exaltiertheit der Selbstdarstellung scharf sanktioniert. Infolgedessen rücken die Spontaneität infantiler Äußerungen und ein unbefangener Umgang mit der Naturwüchsigkeit, Unvorhersehbarkeit sozialer Prozesse im Horizont des mönchischen Habitus als dem stillschweigenden erzieherischen Ideal in den Hintergrund.

Die philantrophische Hingabe an das Kind als dem geheimen Träger einer Sozialutopie i. S. einer rousseauschen Unverbildetheit von Seele und Geist, der methodisch disziplinierte Affekt bleiben eigentümlich objektlos, obwohl - etwa durch die Eurythmie oder die zurückhaltende Zartheit der Pastelltöne unterstrichen - versucht wird, sich den Triebwünschen und Affekten der Kinder besonders beherzt zu widmen.

Wie bestimmen die genannten Bedingungen Kevins psychische Disposition und Sozialwahrnehmung? In dem Maße, in dem er von seiner leiblichen Mutter abgelehnt wird, und in dem diese ihn nicht nur vernachlässigt, sondern ihm aus Furcht vor einem schlechten Vorbild für seine Stiefgeschwister den Zutritt zur Wohnung verweigert, und in dem sich die Nachbarin als reales Elternsubstitut anbietet, gerät Kevin in eine mehrfach determinierte Ambivalenz, als deren Thema sich die Alternative zwischen Einschluß und Ausschluß reproduziert und die zu folgendem Dilemma führt:

Vertraut er sich Sigune Schneider an, geht er das Risiko ein, den Abschied, der sich infolge der familiendynamischen Position in seiner Familie sowie infolge der bewußt betriebenen Marginalisierung durch seine Mutter und den Stiefvater als Konsequenz aufdrängt, nicht nur zu vollziehen, sondern auch noch zugerechnet zu bekommen. Verbleibt er hingegen in seiner Familie, reproduziert sich das Muster alltäglicher Hänseleien, obendrein verstärkt durch eine Entfremdung von der Nachbarin. Deren psychische Attraktivität liegt darin, daß sie Kevin den familiendynamisch vollzogenen Ausschluß aus seiner Familie zu bewältigen hilft und ihm gegenüber zugleich in affektiv neutraler Einstellung verbleibt.

Hierin liegt die Quelle der Enttäuschung und der Grund für den nur partiell und situativ vollzogenen Abstand von der Mutter und den Stiefgeschwistern. Kevins

Dilemma gewinnt an Schärfe in dem Maße, in dem der gesinnungsethische Eifer den praktischen Problemen der Lebenswältigung, bedingt durch die gelegentlich mehrtägige berufsbedingte Abwesenheit, geopfert wird und letztlich den Spielraum der Sorge um Kevin einschränkt. Andererseits ist unverkennbar, daß der Kontakt von der moralischen Idee getragen ist, den Einfluß auf seinen Lebensweg primär als Erfolgsnachweis einer pädagogischen Philosophie einzusetzen. Ihre Form der Zuwendung läßt die Nachbarin nicht nur kulturell mit Kevins Mutter konkurrieren, sondern sie belastet zugleich die Freundschaft zwischen beiden Frauen, deren Tragfähigkeit ohnehin bei jeder neuen Partnerschaft von Frau Bloomke ins Wanken gerät.

In einer Situation struktureller Abwesenheit väterlicher Vorbilder - sein leiblicher Vater ist Kevin nur aus Geschichten bekannt, und sein Stiefvater bedroht ihn mit körperlicher Züchtigung - entsteht eine zweiseitige Abhängigkeit von mütterlichen Erwartungen, die in einer Rivalität zwischen Mutter und Nachbarin begründet sind und mit folgender Besonderheit von einer Stiefelternkonstellation abweichen: Während dort die in der Regel eintretende psychische Fragmentierung in positive und negative Anteile eindeutig ist, bleibt Kevins Verhältnis zur Mutter und zur Nachbarin unentschieden.

Denn beide „Mütter" können ihre psychodynamischen Positionen tauschen und dabei Wechselbäder der Gefühle dem Kind gegenüber erzeugen. Sie stehen nicht in einem besonderen, übergreifenden quasi-familialen oder verwandtschaftlichen Solidaritätsverhältnis zueinander und werden zu langfristiger, d.h. auf die Zukunft des Kindes bezogener Konsistenz nicht veranlaßt. Die Position der Nachbarin erinnert nur schwach an die Sinnstruktur einer Patenschaft, da sie sozial undifferenziert bleibt und in Rivalität mit der Mutter gerät. Die initiale Familienerfahrung Kevins ist demgemäß nicht durch die dynamische Einheit in der Differenz väterlicher und mütterlicher Vorbilder bestimmt. Sie bildet sich auch nicht um den Fokus der für die frühkindliche Entwicklung zentralen Polarität der Geschlechter, vielmehr gerät er frühzeitig in eine Konstellation, in der er als Dritter in wechselnden Dyaden mit zwei Müttern die Polarität von Zuwendung und Ablehnung, psychodynamisch formuliert, von Gut und Böse, erlebt. Infolgedessen vollzieht sich Kevins altersgemäße Suche nach der väterlichen Funktion im Schatten einer fragilen und widersprüchlichen mütterlichen Stützung.

Diese Rahmung strukturiert Kevins Handlungen gegenüber seiner Umgebung, seine Wünsche sowie die Kriterien seiner Selbstdefinition und läßt die unruhige Frage entstehen, wie aufrichtig menschliche Beziehungen sein mögen. Diese Frage beschäftigt ihn in einem Maße, das über die bei Heranwachsenden übliche übertriebene Aufmerksamkeit auf Vertrauen und moralische Konsistenz der erwachsenen Umgebung weit hinausgeht.

Seine Handlungen und Erlebnisse spiegeln die zufällige Gelegenheit je wechselnder Gunstbezeugungen. Extrem personalisierte und deshalb fragile Sozialkontakte bilden die Erfahrungsgrundlage für seine mißtrauische und zugleich naiv vertrauende Einstellung zu anderen Menschen.

Faßt man das bisherige zusammen, so ergibt sich das Bild einer Familie, die im Zuge ihrer Neugründung schon ihre Selbstauflösung betreibt. Zentrales Merkmal ist die affektiv verblaßte Partnerbeziehung der Eltern, die ihrerseits weder Möglichkeiten haben, auf verwandtschaftliche Solidarität zurückzugreifen noch in der Lage sind, eine gemeinsame Perspektive für die Familie verläßlich zu entwerfen.

Die familienbiografischen Daten dokumentieren, daß sich Kevins Eltern, zumindest seine Mutter, mit der Übersiedlung in die Großstadt gewünscht haben, den Horizont der heimatlichen Verhältnisse zu verlassen. Sie geraten offenbar im Zuge der Mobilität in ökonomische oder soziale Not und überschätzen ihre eigenen Fähigkeiten, sich an neue Lebensverhältnisse anzupassen, offenkundig haben sie auf eine partnerschaftliche Solidarität nicht zurückgreifen können. Wer wie sie daraufhin in der Inanspruchnahme sozialstaatlicher Transferleistungen einen Ausweg suchen muß, hat einen weiteren Status- und Ehrverlust hinzunehmen.

Vor diesem Hintergrund sprechen die Versuche der Mutter, durch Neugründung die Rahmenbedingungen eines normalen Familienlebens aufrechtzuerhalten, zwar für eine starke Familienorientierung, allerdings geht ihr Bemühen mit einem nachhaltigen Entzug der Aufmerksamkeit für die Kinder aus der jeweils vergangene Partnerschaft, besonders für Kevin einher. Daß es dabei nicht gelingt, die naheliegende Integration der Stiefgeschwister geradezu zum Fokus einer Kontinuitätserwartung zu machen, deutet darauf hin, daß die beschleunigte serielle Monogamie durch den intensiven Wunsch nach einem Partner überlagert ist, für den die Nachkommenschaft eher als eine Konzession erscheinen muß. Wenn die Mutter angesichts der ohnehin unsteten Lebensführung auf das Freundschaftsangebot der Nachbarin eingeht, so spricht dies für den Wunsch, soziale Desintegration zu vermeiden, wenngleich die mit den neuen Anfängen jeweils verbundene Konzentration auf den eigenen Familienkosmos derartige außerfamilialen Kontakte schwächt.

Betreuung nach Gelegenheit

Wie sehen die Stationen öffentlicher Betreuung aus, die weitere Weichen in Kevins Leben stellen? Einleitend stelle ich dazu einen Ausschnitt aus dem zusammenfassenden Bericht einer Sozialarbeiterin voran. Er umspannt die Lebenssituation während des ersten Aufenthaltes Kevins in einem heilpädagogischen Kinderheim im Alter von acht Jahren, in das er, wie es heißt „aufgrund massiver Verhaltensauffälligkeiten“, eingewiesen wird und erstreckt sich auf den Zeitraum kurz vor einem Verkehrsunfall mit tödlichem Ausgang, an dem er im Alter von dreizehn Jahren beteiligt ist und der die Überlegungen der Jugendbehörde beschleunigen wird, ihn in eine pädagogische Einrichtung im Ausland einzuweisen.

„Kevin ist ein Junge, der nicht sagt, was Sache ist. Wenn er einem gegenüber sitzt, schaut er starr an einem vorbei, er schaut seine Gesprächspartner nicht direkt an. In seinen Erzählungen macht er sprachlich sehr große Umwege, die die Grenzen zwischen realem Leben und phantasierten Geschichten verwischen. Die Betreuer stehen vor dem ständigen Problem, zwischen aufrichtigen und erfundenen Geschichten zu unterscheiden. Kevin ist ein Kind, das pendelt zwischen einem öffentlichen Raum, der von Angehörigen der Hamburger Jugendszene (Punks u.a.) aufgesucht wird, zwischen einer Nachbarin, der früheren Freundin seiner Mutter, und zwischen dem Heim. Er hält sich gern auf Schrottplätzen auf, trifft sich gern mit Obdachlosen auf der Straße, deren Jargon er übernommen hat. Als Heiminsasse entwickelt er eine Vorliebe für kleine Sprengstoffbasteleien, mit denen er Erwachsene zu erschrecken versucht, die er nicht leiden mag. Im Kinderheim erhält er Einzelunterricht, nachdem seine Beteiligung am Schulunterricht als für die anderen Kinder unzumutbar definiert wurde. Im individuellen Kontakt mit dem Lehrer legt er den Schwerpunkt seiner Aufmerksamkeit auf Würfelspiele, das Bauen von Labyrinthspielen sowie auf Wettfahrten mit Spielzeugautos. Er klebt gern Autobilder auf, aber alles, was mit der Schule zu tun hat, haßt er.

Im Kontakt mit anderen Kindern aus dem Heim kommt es zu massiven Auseinandersetzungen, die die Einweisung in eine Klinik nach sich ziehen. Während des sechswöchigen Aufenthaltes suchen die Betreuer nach einem überschauberen Lebenszusammenhang für den Jungen und bemühen sich um Möglichkeiten zu einer intensiven Betreuung...

Im Alter von 12 Jahren fährt Kevin zum ersten Mal mit einem gestohlenen Auto in dem Kinderheim vor, in dem er zuletzt untergebracht war. Die Recherchen der sogleich verständigten Polizei ergeben, daß er auf seiner Fahrt mehrere fremde Autos beschädigt hatte. Mit dieser Aktion beginnt Kevins Eintritt in die delinquente jugendliche Subkultur, vor allem initiiert durch Autodiebstähle. Kevin dringt auf das Gelände von Autofirmen vor, bricht Autos auf, die er solange fährt, bis das Benzin ausgeht. Es kommt sogar wiederholt vor, daß er sich unmittelbar anschließend neue Fahrzeuge beschafft. Bei gelegentlichen inflagranti-Festnahmen durch die Polizei, für die er allmählich zu einem Wiederholungstäter wird, setzt Kevin noch eins drauf und prahlt gegenüber den Beamten mit Geschichten über gestohlene Autos, die er unmöglich entwendet haben kann. In seinen Gesprächen mit den Erwachsenen macht er aus seiner Begeisterung für das Autofahren keinen Hehl: ein ständig mit sich herumgeführtes Schlüsselbund mit mehreren Zündschlüsseln wird demonstrativ auf den Tisch gelegt. Vor seinem Betreuer simuliert er, akustisch präzise, Motorengeräusche verschiedener Automarken. Begleitet er Erwachsene auf einer Autofahrt, läßt er sich über die Fahrweise anderer Autofahrer über die technische Ausstattung von Automodellen aus. Kleinste Unsicherheiten beim Schalten, z.B. im unteren Drehzahlbereich, moniert er sofort und macht umgehend Verbesserungsvorschläge. Unnützes Blinken, etwa dann, wenn ein Auto, das auf das Blinksignal reagieren könnte, nicht in der Nähe ist, kritisiert er heftigst (...).

Außerhalb der Straße sucht Kevin die Nähe zu seinen Betreuern, in deren Obhut er sich ausruht, viel schläft und spielt. Während dieser Ruhepausen tauchen Phantasien auf, seinen Stiefvater zu töten, die Geschwister vor dem Zugriff seiner Mutter und deren Partner zu retten. Auf seine Zukunft befragt, meint Kevin, die würde er sicher nicht mehr erleben, er könne sich nicht vorstellen, daß sein Verhalten unbestraft bliebe. Andererseits träumt er von einem friedlichen Kommuneleben und stellt sich vor, mit Freunden zusammen die versunkene Stadt „Atlantis" zu heben oder er spricht von einem zukünftigen Familienleben mit Frau und Kind. Die Abwechslung, also die Orientierung zur Straße hin, kündigt sich auf folgende Weise an. Kevin verweist gegenüber den Betreuern zunächst auf wichtige soziale Verpflichtungen, denen er nachkommen müsse, Schulden zahlen, jemanden helfen oder „einen wichtigen Termin" einhalten. Verweigert jemand die Erlaubnis, droht Kevin mit Selbstverletzung. Die sich häufenden Eskalationen führen dazu, daß den Ausflügen Kevins nicht wirkungsvoll Einhalt geboten wird. Je mehr er seinen Betreuern entgleitet, desto häufig wird der Kontakt zu Kindern aus der Bahnhofsszene. Die *peer group* wird die neue Bezugsgruppe, in der um das erfolgreiche Stehlen leicht aufzubrechender, aber auch möglichst teurer Automodelle gerungen wird. Auf seinen nächtlichen Fahrten kommt es mittlerweile zu Verfolgungsjagden mit der Polizei mit gelegentlich lebensgefährlichen Unfallfolgen (...).

Nach einer Klinikeinweisung wegen diagnostizierter Suizidgefahr und einer kurz darauf folgenden Entlassung eskaliert die Situation weiter. Kevins ausschließlicher Aufenthaltsort wird die Straße, er hält sich mit Tabletten wach, die Sozialkontakte zur Jugendlichenszene schrumpfen, nachdem er dort wegen eines Gelddiebstahls geächtet wurde. Das bevorzugte Auto, mit dem Kevin wie schlaftrunken durch die Straßen fährt, ist ein Wohnmobil."[157]

Kevin entwickelt eine Vorliebe für Glücksspiele und läßt sich vom Labyrinth faszinieren. Er wird ein exzellenter Bastler, der von seinen Betreuern und zuneh-

---

[157] Der ausführliche Bericht ist enthalten in Birtsch/Kluge/Trede (1993, 5 ff.).

mend von seiner peer group bewundert wird. Der Schrottplatz wird sein bevorzugter Aufenthaltsort. Hiermit versucht er, seine Erfahrungen mit fragmentierten Sozialkontakten zu sublimieren und sie in einen subjektiv konsistenten Identitätsentwurf zu übersetzen. Daß ihn Glücksspiele zu interessieren beginnen, wundert nicht, nachdem seine bisherigen Beziehungen ihn mit bodenlosen Kontingenzen konfrontiert und seinen Eindruck bestätigt haben, es auch in der Welt des Sozialen mit Glücksspielen zu tun zu haben. Es ist die Sinnstruktur seiner Sozialerfahrung, die er hier wiederfindet und die ihn nun hoffen läßt, sich dem unberechenbaren Schicksal überlassen zu können.

Aber ähnelt seine Lebensgeschichte nicht dem in der Jugendhilfe beinahe alltäglichen Bild? Ist Kevin nicht der juvenile Abenteurer, der das Risiko sucht, und der sich gegenüber dem Leben, wie Simmel schreibt, „extraterritorial" verhält[158]? Zweifellos ist die „Unerschütterlichkeit gegenüber jedem Dementi durch die Tatsachen" (Simmel) und der Treueschwur auf das Glück außerhalb der Sozialität, die man für korrupt hält, etwas Jugendtypisches. Es kommt jedoch bei Kevin etwas Charakteristisches und Folgenreiches hinzu. Seine extrem personalisierte Wahrnehmung sozialer Beziehungen hat eine Vorgeschichte aus seiner pathogenen Familiensituation und bedeutet mehr als der Bestandteil eines passageren Entwicklungsprozesses. Sie bildet die Substanz seiner personalen Identität und überschattet die Art und Weise, wie er außerfamiliale Solidarbeziehungen handhabt[159].

Die Zeitspanne zwischen den beiden in jeder Lebensgeschichte auftretenden dramatischen Generationenkonflikten - der ödipalen Krise und der Pubertät - ist für Kevin mit verschiedenen Heimaufenthalten und pädagogischen Sonderbehandlungen erfüllt. Auch hierbei zeigen sich die Spuren, die die besondere Familienkonstellation in seine Biografie eingeschrieben hat.

Sein Mißtrauen gegenüber der Aufnahme sozialer Kontakte hat sich früh gebildet, zugleich liefert es eine der Grundlagen für die ständige Überlastung professioneller pädagogischer Betreuung, von der im folgenden die Rede ist. Wird die Ambivalenz zu einer durchgängigen Interaktionserfahrung, ohne daß sie durch eine soziale Zuversicht aufgefangen wird, so ist der soziale Austausch latent durch Vorsicht und

---

[158] „Eben da, wo die Kontinuität mit dem Leben so prinzipiell abgelehnt wird oder eigentlich nicht erst abgelehnt zu werden braucht, weil von vornherein eine Fremdheit, Unberührsamkeit, ein Außer-der-Reihe-Sein vorliegt - da sprechen wir von Abenteuer" (Simmel 1986, 25).

[159] Vor dem Hintergrund von Fallerfahrungen aus Erziehungsheimens charakterisiert B. Muss (1973, 75f.) den Familienhintergrund psychopathischer Kinder auf einer allgemeinen Ebene und arbeitet vor allem die Desorganisiertheit der Binnenbeziehungen heraus.

Mißtrauen bedroht, er wird überschattet von der impliziten Ankündigung oder dem faktischen Vollzug symbolischer oder offener Desertion.

Vom neunten Lebensjahr an gerät Kevin dauerhaft in den Zuständigkeitsbereich helfender Berufe, die sich seiner Problematik annehmen. Ich begnüge mich für das folgende allein mit dem Hinweis auf die Anzahl der Stationen. Die objektiven Daten indizieren hinlänglich das Tempo wechselnder Versuche. Es geht um eine Vielzahl von Integrationsbemühungen. Sie reichen von der Einzelbetreuung über die Betreuung in sogen. offenen Heimen bis hin zur geschlossenen Station in der kinderpsychiatrischen Klinik.

Ihr wechselnder Rhythmus - einmal handelt es sich um mehrere Wochen Aufenthalt, ein anderes Mal um einen Tag - liefert im Lichte der Fallgeschichte das entscheidende Datum. Er folgt einer Logik von Versuch und Irrtum, die jedoch an Kevins Familienerfahrung unmittelbar anknüpft. Nun ist bei diesem Zusammenspiel von Struktur der Betreuung und der biografisch bestimmten Mißtrauensbereitschaft die Frage zweitrangig, ob und inwieweit sich die Betreuer über die Abfolge im klaren sind. Auch ohne die jeweilige Entscheidungsbegründung zu kennen, läßt sich sogar vermuten, daß jede einzelne Entscheidung subjektiv konsistent an die unmittelbar vorliegende Entscheidungsprämisse anschließt und mit bestem Wissen und Gewissen getroffen wurde. Entweder nachträgliche Zuständigkeitskorrekturen, die professionelle Belastbarkeit des Personals oder persönliche moralische Impulse bilden vor dem Hintergrund eines situativ gegebenen Handlungsdrucks plausible, nachvollziehbare Rechtfertigungen für den Wechsel der Betreuungsverhältnisse ab. Es gehört zur spezifischen Logik seiner Beziehung zu Erwachsenen, daß Kevin die Grenze des Umgangs immer wieder überschreitet und erst aus der schärfsten Sanktion, dem Ausschluß aus der jeweils rezenten Beziehung, einen Gewinn zieht.

Deutlich zeigt sich dies, als eine körperliche Auseinandersetzung zwischen Kevin und seinem Erzieher derart eskaliert, daß dessen ärztliche Behandlung notwendig wird.

In die gleiche Richtung gehört die Entscheidung eines Erziehers, Kevin im Anschluß an dessen Aufenthalt in der geschlossenen Psychiatrie zunächst in den eigenen privaten Haushalt aufzunehmen, ihn nach wiederum eskalierenden gewalttätigen Auseinandersetzungen zunächst zurückzubringen, um jedoch wenig später den Kontakt mit dem Jungen wieder aufzunehmen.

Die dynamische Komplementarität von Einschluß und Ausschluß zeigt sich auch an der folgenden Sequenz: Kapituliert etwa das zuständige heilpädagogische Kinderheim vor den Desertionsdrohungen Kevins, erfolgt die Aufnahme in die Kinderpsychiatrie, deren Behandlungs- und Sanktionsroutinen Kevin zu weiterem

Rückzug oder grellem Protest veranlassen und den mitleidigen Entschluß der Pflegemutter auslösen, sich schonend und tröstend Kevins anzunehmen. Den kurz darauf beginnenden Auseinandersetzungen weiß diese nicht anders zu begegnen als durch einen Antrag auf Wiederaufnahme Kevins in die Klinik, die sich daraufhin ihrerseits in ihrer Fallzuständigkeit überfordert sieht und den Jungen in ein weiteres Kinderheim überweist. Die Zirkularität eigendynamischer Prozesse, die sich dem Spiel zwischen verdeckter Drohung und verdeckter Konformität bei faktisch hoher Konfliktbereitschaft auf beiden Seiten verdankt, läßt sich ohne Mühe den objektiven Daten entnehmen[160].

Was hier als Fallbesonderheit immer wieder hervorsticht, ist die zyklisch angelegte Reproduktion von Kooperationsansinnen und Kooperationsentzug mit jeweils wechselnden Partnern, wobei, wie sich an der dynamischen Position der Nachbarin erweist, die Laienpädagogik in der entstandenden Zirkularstruktur eingeschlossen ist. In all diesen Beispielen tritt das Passungsverhältnis von Fallstruktur und Handlungslogik der verberuflichten Hilfe besonders anschaulich vor Augen. Die okkasionelle Rationalität des Rahmenwechsels ist entscheidend. Sie entsteht als eine objektive Handlungswirkung, außerhalb der strategisch-pädagogischen Planung einzelner Betreuer, und zwar in einer Logik, für die jeweils die personalisierte Zuwendung in Form demonstrativer guter Absicht typisch ist.

Folgenreich nachgedacht, wird angesichts des hochdifferenzierten und selbst für die betroffenen Berufe häufig unübersehbaren Hilfeangebotes, aus dem unter Handlungsdruck eine Option ausgesucht werden muß, eher über das, was die einweisende und zuvor zuständige Einrichtung mit dem Klienten versucht hat, also auf die Instanzen, die sich in früheren Phasen mit dessen Auffälligkeit beschäftigt haben. Die unsichtbare Akte, die den Klienten begleitet und die wechselnden Aufenthalte protokolliert, enthält entsprechend häufg die Geschichte beruflicher Mißerfolge. Sonst würde man es nicht, in anderer Umgebung, mit anderen Personen, noch einmal neu versuchen. Komplementär dazu entsteht daraufhin in der neuen Situation folgende Ambivalenz. Der vorausgegangene Versuch disponiert zu zwei Formen unangemessener Fortschreibung der Behandlung. Die eine ist der kontrastive Heroismus, "Wir (oder ich) schaffe(n) es nach all dem Dilletantismus meiner Vorgänger", die andere ist der serielle Zynismus, „Nach dieser Vorgeschichte ist jede Intervention zum Scheitern verurteilt."

[160] Allgemein gilt, wie Mayntz und Nedelmann gezeigt haben, daß eigendynamische Entwicklungen bei ambivalenten Handlungsorientierungen wahrscheinlich sind. „Je mehr dem einen Pol der Ambivalenz entsprechend gehandelt wird, desto stärker wird notwendigerweise der andere Pol vernachlässigt, und dieser wird in der nächsten Handlungssequenz zum Bezugspunkt der Handlungsorientierung" (Mayntz, Nedelmann 1987, 664).

Unter derartigen Bedingungen kann sich leicht Mißtrauen und Korruptionsverdacht gegenüber dem Nachbarbereich ausbilden und zwar auch ohne daß dies im kollegialen Austausch ausdrücklich mitgeteilt wird. Bemerkenswert am Fall Kevin ist der Umstand, daß der Verdacht nicht allein in der dyadischen Situation zwischen Kevin und seinen Betreuern erhoben wird. Vielmehr bewegen sich die immer schon um den Fall konkurrierenden Einrichtungen in einer Interaktionstriade mit okkasionellen Koalitionen. Die für Triaden typische Position des ausgeschlossenen Dritten kann dabei wechseln und tut es auch mit der Folge, daß die Frage nach der affektiven Belastbarkeit von Beziehungen, deren existentielle Zuspitzung für Kevin zu einer Überlebensfrage geworden ist, nach wechselnden Opportunitätsgesichtspunkten beantwortet wird. Das aufmerksam verfolgte Verhältnis von gespielter und authentischer Zuwendung, dessen Folgen Kevin zu spüren bekommen hat, das ihn aber auch strategisches Geschick - anschaulich in den Geschichten, die er größtenteils erfindet - hat entwickeln lassen, bleibt unter wechselnden Kontextbedingungen konstant.

Über die konkrete Fallbesonderheit hinaus decken derartige Vorgänge eine Strukturproblematik auf, die für das System multiprofessionell organisierter pädagogischer Betreuung typisch ist. Es geht um die Konkurrenz der Zuständigkeiten, deren Voraussetzungen wie deren interaktive Folgen. Im Lichte der Fallgeschichte sind dazu einige allgemeine Bemerkungen zwischenzuschalten[161].

Da die Kompetenzallokation im Bereich der Sozialarbeit prinzipiell diffus ist und in der modernen Gesellschaft in heterogene Zuständigkeiten künstlich diversifiziert ist, kommt eine Reflexion auf die kumulative Wirkung von jeweils „am Ort" und in der Situation vielleicht sinnvollen Entscheidungen nicht zustande. Trotz eines hohen Legitimationsdrucks für das eigene Vorgehen, der sowohl in der Außendarstellung der Sozialarbeit als auch im kollegialen Kontakt wirksam wird, und der dazu führt, über das eigene Tun entweder für die eigene Behörde oder für einen selbst sorgfältig Protokoll zu führen, ergeben sich doch wenig Anlässe, die Kriterien des eigenen Tuns in übergreifender Perspektive zu reflektieren.

Im Ergebnis entsteht ein Praktizismus, der die Entscheidungen hinter allen Betreuungsepisoden bestimmt und der eine soziale Struktur der Flüchtigkeit erzeugt. Zu den Faktoren, die hierbei im einzelnen wirksam werden und die sich, wie gezeigt,

---

[161] Die Mikrostruktur schnell wechselnder Betreuungsverhältnisse gerät somit in die Gefahr, Träger einer institutionell erzeugten Karriere zu werden. Dies wird in der neueren Armutsforschung zunehmend diskutiert, aber als eine Begleiterscheinung des verberuflichten Helfens nicht genügend reflektiert. Es handelt sich hierum den Mechanismus der Externalisierung von Folgeproblemen des eigenen Tuns. Siehe dazu Ludwig (1992).

in der Fallgeschichte exemplarisch verdichten, muß folgendes hinzugefügt werden[162].

Die deutlich erkennbare Zirkularität von Aufnahme-Eskalation-Ausstoß-Neuaufnahme gibt einen ersten Hinweis, denn der Aufnahme neuer Beziehungen wie dem Abschied aus gegebenen Beziehungen gehen regelmäßig Krisen voraus, in denen die Erwachsenen an eine Belastungsgrenze geraten und in denen Kevins Verhalten sich als unzumutbar zeigt und in denen er die Sanktionsdrohung, sei es die Aufkündigung der Verständigungsbereitschaft, Verbote oder geschlossene Verwahrung, unterläuft.

Das in jedem einzelnen Betreuungsversuch formulierte Kooperationsansinnen stößt auf strukturelle Grenzen, aber warum? Liegt es an mangelnder Hingabebereitschaft der Betreuer, an Motivationsverlust im Bereich der helfenden Berufe? Sicherlich nicht - es sei denn, man behauptet eine durchschnittlich geringere intrinsische Motivation für den Beruf der Sozialarbeit.

Fragt man nach den Hintergründen für die hier aufscheinende Problematik, so stößt man auf eine erhebliche Diversifikation von Hilfeangeboten, die im einzelnen auf sich verändernde Bedarfslagen flexibel reagieren kann[163]. Entscheidend ist hierbei auf einer allgemeinen Ebene die in der Tätigkeit institutionalisierte Synchronizität von polizeilichen und therapeutischen Kriterien der sozialen Kontrolle, wobei

---

[162] Wichtige Überlegungen werden in der Professionalisierungsdebatte angestellt. Jüngste Vorschläge (Dewe/ Ferchhoff/Radtke 1992), das soziologische Professionskonzept für die Bestimmung von „Sozialarbeit als Beruf" heranzuziehen, laufen implizit auf die Zumutung heroischer Sonderbegabungen hinaus, wobei es doch darauf ankäme, den Heroismus als persönliche Einzelleistung durch die Entwicklung eines realitätsgerechten Berufsstolzes zu überwinden. Um diese wichtige Diskussion sinnvoll führen zu können, bedarf es einer genauen Reflexion auf das, was unter Professionalität zu verstehen ist. Vielversprechend ist der Ansatz von Gildemeister (1992), der auf die parsonianische Professionstheorie und deren Weiterentwicklung durch Oevermann (1983) zurückgeht. Der vorliegende Fall legt das Urteil nahe, daß es auf Kompetenzen weniger ankommt als auf die zeitliche und soziale Struktur des Kontextes, in dem Kompetenzen zur Anwendung kommen. Helfen als Beruf konzentriert sich im Kern auf die Maximierung von Zeithorizonten, was nicht zu verwechseln ist mit der sanften Magie, die bekanntlich darauf setzt, daß Zeit Wunden heile. Das genau nicht. Wer hilft, hilft mit *Zeit und Konsistenz* der Kommunikation. Von der konstitutiv gefüllten Zeit als einer Ressource hätte eine soziologische Theorie des modernen Helfens auszugehen.

[163] Vgl. hierzu Luhmann (1982) über den Wandel des Helfens. Es ist hier nicht der Ort, Handlungschancen und Berufsprofil des verberuflichten Altruismus zu diskutieren, die sich im Gefolge der historischen Durchsetzung von „Helfen als Beruf" ergeben haben und die bei Luhmann sachlich unterbestimmt bleiben. Siehe im Anschluß an die systemtheoretische Sicht dazu auch neuerdings Baecker (1994).

jeweils das eine Kriterium im Schatten des anderen zur Geltung gebracht wird. Dies induziert einen Strukturwiderspruch, der die Begegnung mit dem Klienten in Gestalt einer Vertrauensproblematik durchzieht, und erzwingt die verdeckte Drohung als Handlungsstrategie[164].

Die Inanspruchnahme heterogener Rationalitäts - und Entscheidungskriterien wird dadurch, daß Hilfe im Schatten der Kontrolle angesonnen wird, erzwungen. Anomische Kooperationen unter den einzelnen Berufsgruppen sind typische Folgen dieser Konstellation. Wie sich im Fall Kevin zeigt, stehen die verschiedenen Personenkreise, die sich um den Jungen kümmern, in einem scharfen Wettbewerb um die Sanktionsmacht.

Die Schärfe des Wettbewerbs hat etwas mit der Kontexteigentümlichkeit des beruflichen Handelns zu tun, denn Gegenstand der Rivalität ist die Frage, a) welche Gütekriterien des Handelns fallbezogen in Anspruch zu nehmen seien und b) ob die jeweilige Kompetenz - Erzieher, Ärzte, Sozialarbeiter, Psychologen - diesen Kriterien wirkungsvoll zum Durchbruch verhilft. In der Konkurrenzsituation werden nun die beiden oben genannten Kriterien gegeneinander ausgespielt und zwar so, daß sich heroische Übertreibung der therapeutischen Komponente und pragmatische bis zynische Übertreibung der Kontrollkomponente einander abwechseln - sei es innerhalb einer Einrichtung zwischen verschiedenen Kompetenzen oder sei es zwischen einzelnen Einrichtungen.

Im Ergebnis entsteht ein berufliches Handeln nach wechselnden Opportunitätsgesichtspunkten, die in ihrer wechselseitigen Verweisung nicht erkannt und thematisiert werden. In ihnen reflektiert sich die berufstypische Institutionalisierungsschwäche der Sozialarbeit, die Diffusheit als Interaktionsform systematisch erzeugt. Wer auf eine geschlossene Unterbringung verzichtet, ist naiv, wer sie befürwortet, wird der Domestikation geziehen. Dieser internen Konkurrenz der Perspektiven und Konzepte widerspricht nicht, daß bei aller internen Fragmentierung der Zuständigkeiten und mangelnder Synthese des Entscheidungsprozesses sich gemeinsame Wertpräferenzen ergeben können, die in einer Oppositionsstellung gegenüber Staat und Bürokratie, gelegentlich dem Kapitalismus, allgemeiner gesprochen: gegenüber einem externalisierten Dritten, zum Ausdruck kommt.

Zurück zur Fallgeschichte Kevin Bloomkes. Demolierte Heimeinrichtungen, körperliche Gewalt an Heiminsassen und an den Betreuern sowie die Selbstverletzung mit zerbrochenen Glas- oder Spiegelscheiben, versteckte und offene Betrugsmanö-

---

[164] Vgl. die Studie von Sahle (1987).

ver gehören zu Kevins Versuchen, die Aufrichtigkeit seiner Umgebung jeweils neu auf die Probe zu stellen. Seine Erfahrungen haben ihn hypersensibel werden lassen. Dem wiederholten Kooperationsansinnen stellt er gleichsam den Aufrichtigkeitsappell entgegen, dessen Bedingungen er jedoch so hoch setzt, daß ein Scheitern beinah zwangsläufig folgt. Mit verletzenden Provokationen oder Täuschungstricks inszeniert er seinen Korruptionsverdacht, ohne zu bemerken, daß er dadurch den minimalen Kredit verspielt, an dessen Existenz er zu zweifeln gelernt hat[165].

In einer zirkulären Struktur erzeugt die Abfolge von guter Absicht bei gleichzeitig hohen Gratifikationserwartungen an Kevin und infolgedessen hoher Enttäuschungsbereitschaft bei den Betreuern ständig neue Evidenz für ihren Verdacht, von Kevin hintergangen zu werden. Die Kurzfristigkeit, mit der der erwartete Interventionserfolg eintreten soll, behindert langfristig den Aufbau von enttäuschungsfesten Solidaritätsmustern.

Im professionellen Milieu der Betreuer trifft Kevin auf eine spezifische Form der Bastelei, deren Sinnstruktur seinen Sozialerfahrungen entgegenkommen. Sie folgt nach der Analyse von Lévi-Strauss einer Logik von Versuch und Irrtum. Man kann beliebiges versuchen, von dem nur weniges eine innere logische Konsistenz aufweist. Basteln ist ungeschichtlich und diskontinuierlich - es folgt einem Denken, „das Ordnungen erzeugt, das sich selber aber nicht mitdenkt."[166]

Unbeschadet der Tatsache, daß sie auf unterschiedlichen Entstehungskontexten beruhen, verzahnen sich, wie sich hier zeigt, die Handlungseffekte zweier Zugehörigkeiten. Die biografische Situation Kevins hinterläßt eine ungelöste Vertrauensproblematik. Die Situation zunehmender Abhängigkeit vom System des verberuflichten Altruismus antwortet auf die psychodynamisch angelegte Unfähigkeit, Ambivalenz zu tolerieren.

In der Synchronizität von Zuwendung und Ablehnung reproduziert sich eine Erwartungsunsicherheit, die im Falle der helfenden Berufe nicht etwa auf Intention oder strategische Kalküle der Akteure rückführbar ist, sondern als ein eigendynamischer Kontexteffekt festgehalten werden muß. Zwei von ihren Entstehungsbedingungen her unterschiedliche soziale Strukturschwächen lassen somit in ihrer kumulativen Wirkung anomische Situationen entstehen, deren äußere Erscheinung die Bastelei und deren innere Repräsentanz das Fragment darstellt.

Von hierher wird verständlich, daß Kevin von den Personen, die ihm als Träger des objektiv provisorischen Betreuungsarrangements gegenübertreten, immer wieder

---

[165] So berichten die Betreuer von seiner Furcht vor dem Einschlafen, die er mit dem Argwohn begründet, man würde ihn, während er noch schlafe, der Polizei ausliefern.
[166] Ricoeur (1973, 53), der Lévi-Strauss hier kommentiert. Vgl. auch Lévi-Strauss (1968).

beeindruckt ist, zumal die Phasen heroischen Einsatzes für seine Belange ständig für Abwechslung sorgen. In der Aggregierung der Einzelkontakte jedoch läuft sein Verhältnis zu den einzelnen Vertretern des pädagogischen Systems auf eine Fortschreibung hinaus und zwar mit der fallspezifischen Konsequenz, die Aufrichtigkeitsfrage unbeantwortet zu lassen und umgekehrt das fragile Vertrauen der Erwachsenen zu untergraben.

Erlebnisse nach Gelegenheit

Wie erklärt sich nun Kevins Faszination durch das Auto, die aufscheint, als er beginnt, mit Gleichaltrigen Kontakt aufzunehmen? Kevin entdeckt die Straße und den öffentlichen Raum. Er wird nicht etwa drogensüchtig oder manifest kriminell, ebensowenig ist von Gewalttätigkeiten gegenüber ethnischen Minderheiten die Rede[167]. Seine biografische Hypothek liegt in einem fundamentalen Vertrauensbruch, der alle Sozialkontakte zu Erwachsenen durchzieht und der noch nicht einmal durch Kontakte zu den Geschwistern kompensierbar ist, zu denen die Mutter ihm den Zutritt verweigert. Somit bleibt die abstrakte Welt der Straße ein Schauplatz von Begegnungen, die die Vereinsamung zu verklären helfen und ihre Voraussetzungen zugleich bekräftigen.

Fragt man nach den besonderen Handlungsbedingungen im öffentlichem Raum, besonders der Straße, so zeigt sich eine eigentümliche Konturlosigkeit, die sich Kevins Disposition stimmig fügt. Die Straße stellt einen Interaktionsraum eigener Art dar. Ein- und Austrittsbedingungen sind durch keinerlei vorgängige soziale Selektionen gesteuert. Dies ermöglicht, wie die Analysen von Erving Goffman gezeigt haben, eine Maximierung von *encounters*, deren Voraussetzungslosigkeit eine hohe Offenheit und hohe Umweltsensibilität erzeugt. Der öffentliche Raum bietet sich an als Bühne für episodische Sozialität, er ist der typische soziale Ort

---

[167] In einer komparativen Analyse von Fallgeschichten wären die Bedingungen herauszuarbeiten, die für die Typik verschiedener Verläufe maßgebend sind. Wie kommt es zu Unterschieden in den Ausdrucksformen des jugendlichen Verhaltens ? Welche Kontextbedingungen erzeugen eine Weichenstellung zur skrupellosen Bandenkriminalität, zum politischen Extremismus, zur Drogensucht oder eben auch zur harmlosen, grenzenlosen Verliebtheit in das jeweils andere Geschlecht? In welcher Hinsicht gleichen sich bzw. unterscheiden sich die Optionen von Mädchen und Jungen? Die Spezifizität des Falles Kevin verweist auf Motivierungen, die speziell auf die Autofaszination hinauslaufen. Siehe aus psychoanalytischer Sicht eine vergleichbare Fallgeschichte bei Goldschmidt und Muck (1978).

flüchtiger sozialer Kontakte und eröffnet von seinen Strukturmerkmalen her eine maximale Chance zur Selbstdarstellung, Einzigartigkeit, Risikobereitschaft und persönlichem Mut, vor allem für Personen, die von dem, „where action is" (Goffman), angezogen werden[168].

Allerdings kommt etwas hinzu, das besonders für die Großstadtsituation folgenreich ist. Während sich der öffentliche Raum der Metropole nur noch in der Phantasie des Intellektuellen der blasierten Beobachtung des Flaneurs darbietet, durchziehen ihn faktisch zwei Normkontrolleure, die scharfe Grenzen in den Freiraum für die oben skizzierten Exaltationen ziehen. Die Polizei und die organisierte Kriminalität sind zunehmend die dominanten Akteure auf der Bühne. Von ihnen gehen Sanktionsdrohungen aus, die die Lust am Risiko einerseits steigern, andererseits zu einem ernsten Spiel mit gelegentlich tödlichen Folgen werden lassen[169]. Im Bereich der organisierten Kriminalität bedient man sich dabei des naiven und zugleich ein-

---

[168] Nach Goffman handelt es sich bei „action" um Aktivitäten, die um ihrer selbst willen unternommen werden. Goffman arbeitet die Gemeinsamkeit mit dem Glücksspiel heraus. „Das Ausmaß an *action* - sein Ernst und seine Echtheit - hängt davon ab, wie sehr diese Eigenschaften im Vordergrund stehen, und ist hinsichtlich der Bemessung den gleichen Ambiguitäten unterworfen, die schon im Falle des Risikos beschrieben wurden. *Action* scheint am ausgeprägtesten zu sein, wenn alle vier Phasen eines Spiels - Abstimmungs-, Entscheidungs-, Veröffentlichungs- und Schlußphase - sich in einem Zeitraum ereignen, der kurz genug ist, um in einer ununterbrochenen Anspannung von Aufmerksamkeit und Erfahrung enthalten zu sein. Hier überläßt man sich dem Augenblick und setzt seinen zukünftigen Besitz aufs Spiel, auf ein Ergebnis, das in den nächsten Sekunden in prekärer Weise aufscheinen wird. In solchen Augenblicken wird meist ein besonderer affektiver Zustand hergestellt, der sich in Form der Erregung darstellt" (Goffman 1971, 203). Vgl. hierzu die Studie von Bitner (1972) über das Skid-Row-Quartier.

[169] Die für Großstadt-Suburbs typische anomische Konstellation machen Dubet/Lapeyronnie (1994) zum Gegenstand einer eindrucksvollen Studie. Feuilletonistisch dramatisiert, aber anschaulich dazu die Beschreibung des Frankfurter Bahnhofsviertels in der FAZ vom 26.9.1993: „Häufig passiert der späte Heimkehrer eine Polizeirazzia, die sich bis vor die Haustür erstreckt. Minuten später sind die Verdächtigen, die eben noch mit dem Gesicht zur Wand standen, schon wieder mit Handel und Wandel beschäftigt. Das Repertoire der zu Fuß, im Streifenwagen oder Einsatzwagen unermüdlich patrouillierenden Ordnungskräfte ist beschränkt: körperliche Durchsuchung, Kontrolle der Papiere, die Macht angedrohter Repression. Kaum ein Dealer läßt sich in flagranti ertappen, denn Geld- und Warenkreislauf sind strikt getrennt. (...) Doch weder sozialarbeiterische Anflüge noch Verhaftungen ändern etwas daran, daß die nach Hunderten zählende Straßenszene ihren mobilen Drogenbasar rund um die Uhr (..) betreibt. Ununterbrochen redend, streitend, kämpfend, bettelnd bewegen sich die Pulks nach den hektischen Gesetzen des Schwarzmarktes und der internationalen Drogenbörse....". Soziologisch interpretiert ist die sozialräumliche Konfiguration bei Miller (1968).

fallsreichen jugendlichen Dilletantismus, der instrumental für die Verfolgung eigener Ziele eingesetzt wird[170].

In unmittelbarer räumlicher Nachbarschaft des öffentlichen Handlungsraums ist der Sonderfall Straßenverkehr mit eigenen Erwartungsstrukturen versehen. Beide Kontexte sind mit Regeln eigener Art scharf voneinander abgegrenzt, bei der Straße verschiebt sich infolge des hohen technisch bedingten Gefährdungspotentials der Verkehrsmittel das typische Handlungsprofil und es wird nicht etwa Offenheit, sondern der Zwang zur Ambivalenzvermeidung wichtigstes Prinzip. Der Austausch der Verkehrsteilnehmer ist weitgehend durch signalgesteuerte Kommunikation kontrolliert, bei der vielfach ausdeutbare Situationen auf ein Minimum reduziert werden[171].Ampeln, Verkehrszeichen u. dgl. haben einzig und allein den Sinn, Mehrdeutigkeit zu reduzieren und Kontingenzspielräume im Verhalten der Verkehrsteilnehmer klein zu halten.

Die Sinnstrukturen beider Orte, der Bahnhofsvorplatz und die Straße als Verkehrsweg, kommen der Sozialerfahrung Kevins entgegen. Beispielhaft zeigt sich dies an seinem Ärger über das in seinem Urteil überflüssige Blinken bei einem Fahrtrichtungswechsel, wenn ein Adressat für das entsprechende Signal nicht existiert.Kevin, der immer wieder Kommentare zum Fahrstil seiner Erzieher abgibt, reklamiert hier ein Regelverständnis, nach dem die generalisierte Regelanwendung als unsinnig erscheint und ihre Abstraktion von einem spezifischen Geltungsbereich als störend verstanden wird.

An seiner Kritik zeigt sich indirekt sein Fixiertsein auf die Eindeutigkeit als einer für ihn wichtigen Komponente von Austauschbeziehungen, die er im Straßenverkehr eingelöst sieht und deren Ausbleiben er scharf rügt. Das größte Ärgernis wird ihm deshalb ein Verhalten, das sich außerhalb der quasi-mechanischen Steuerung durch die Verkehrsregeln bewegt. Zeigt jemand eine bevorstehende Änderung seiner Fahrtrichtung an, ohne daß ein Informationsempfänger dies als Mitteilung dekodieren könnte, füllt sich die Kommunikation mit Bedeutungsüberschuß und Mehrdeutigkeit, die ihn irritiert.

Kevins Kommentare zum Verkehrsverhalten machen deutlich, daß sich das Autofahren für ihn als ein Austausch mit Menschen darstellt, der von seiner Logik her einen ersten Kontrast zur langen Vorgeschichte ambivalenter Sozialkontakte ver-

---

[170] Abgesehen von der Attraktivität des öffentlichen Raumes für alle möglichen Formen der psychischen Perversion. Im Großstadtmilieu ist dies derzeit die Pädophilie.

[171] Siehe hierzu meine Arbeit über die Soziologie des Straßenverkehrs (Allert 1988) sowie Burkhart (1994), der die Steigerung des kulturellen Lebensgefühls durch den Automobilismus zum Thema macht.

spricht und von daher an psychodynamischer Attraktivität gewinnt. Das Entscheidungsproblem hinsichtlich des Verhältnisses von Handeln und Intention - Warum blinkt jemand, wenn er doch niemanden hinter sich hat? - Handeln und Motiv, oder: Aufrichtigkeit und Unaufrichtigkeit ist unter dem verkehrsspezifischen Signalzwang gleichsam getilgt, ohne daß ein Kontakt vollends aufgegeben würde. Im Gegenteil wird der Kontakt mediatisiert durch das Auto, mit dem sich Distanzen erzielen und reduzieren lassen.

Für das Verständnis des weiteren Verlaufs der Geschichte ist eine weitere Vignette aus dem Fallbericht daraufhin zu befragen, wie sie an das herausgearbeitete Muster anschließt. In Kevins Vorliebe für Automarken kommt es zu einer spezifischen Reihenfolge von Fahrzeugmarke und Fahrzeugtypus. Welcher Motivierung unterliegt das zu Beginn seiner Straßenaufenthalte bevorzugte Modell „Manta" der Firma „Opel", wie entsteht die Vorliebe für einen „Ford-Scorpio" und worin liegt das Geheimnis des Wohnmobils, in dem Kevin in der Zeit vor seinem folgenschweren Verkehrsunfall von der Polizei wiederholt übermüdet aufgefunden wird?

Die Antwort auf diese Frage erschließt sich erst, wenn wir kurz auf die *peer group* zu sprechen kommen, in der Kevin sich bewegt und die wir im Hinblick darauf verfolgen wollen, ob sie substitutive oder komplementäre Orientierungen bereithält. Die Einzelheiten aus dem Bericht, dem zufolge Kevin nach einer begeisterten Aufnahme zunehmend in seiner peer group geächtet wird, schließen stimmig an das Strukturmuster seiner Biographie an. Mit Autos der Marke „Manta", die zum bevorzugten Diebesgut in der jugendlichen Subkultur werden, sichert sich Kevin einerseits die von ihm gewünschte und unter seinesgleichen hoch geschätzte Mobilität. Andererseits vermag er hiermit den Solidaritätsrahmen seiner Altersgruppe einzuhalten. Über diese Automarke hat man sich schnell verständigt, mit dem Namen verbindet sich die Erfahrung eines technisch leicht, ja spielerisch zu bewerkstelligenden Autodiebstahls - sie symbolisiert das ticket für den Eintritt in die peer group. Kevin, der von seiner „street corner society"[172] mit dem Spitznamen „Manta" gerufen wird[173], demonstriert demnach durch die Wahl dieser Automarke seine Zugehörigkeit zur jugendlichen Subkultur und unterstreicht sein Ansehen als ein Experte, der Autos im Vorbeigehen zu Knacken versteht.

Sein Geschick beim Beschaffen von Fahrzeugen, seine Risikobereitschaft im Straßenverkehr stellt er wiederholt in waghalsigen Unternehmungen unter Beweis,

---

[172] In Anlehnung an die gleichnamige Studie von William Foote Whyte (1993) über jugendliche Straßenbanden im Chicago der dreißiger Jahre.

[173] Zur Bedeutung des Spitznamens siehe auch das Kapitel „Die Gang und der Einzelne" bei William Foote Whyte (1993, 259 ff.).

scheitert allerdings auch hierbei infolge einer unklaren Wahrnehmung milieutypischer Angemessenheitsregeln. Kevin bestiehlt nicht nur ein Mitglied aus der jugendlichen Autoknackerszene, sondern er zieht durch seinen exzessiven Diebstahl eine zu große Aufmerksamkeit der Polizei auf sich. Damit gefährdet er die sozialräumliche Existenzgrundlage der Jugendlichenszene sowie ihre Kohäsion. Das ist vor dem Hintergrund unserer Rekonstruktion bemerkenswert, weil sich hieran sein durchgängiges Problem reproduziert, sich nicht an Regeln halten zu können und die Grenzen einzelner Verkehrskreise zu überschreiten. Selbst unter seinesgleichen gerät er somit an Toleranzgrenzen und wird ausgestoßen.

Daß er sogar in seiner Altersgruppe als ein Außenseiter, „ein Verrückter", wie es heißt, marginalisiert wird, bekräftigt nicht allein die soziale Isolierung, sondern versieht daraufhin das Auto subjektiv mit einem zusätzlichen Sinnhorizont. Es bietet Kevin eine mobile Fluchtburg in der Situation seiner umfassenden Obdachlosigkeit an. Dem Solidaritätsverlust durch die peers folgt die Wahl einer neuen Automarke, deren Symbolik hier nicht weiter ausgedeutet werden soll. Es genügt die Tatsache, daß die Marke gewechselt und damit der Übergang in eine affektiv neutrale Sozialwelt symbolisiert wird. Der „Ford", in dem Kevin von nun an in riskanten Manövern durch die nächtlichen Straßen Hamburgs rast, wird zunehmend seine Heimat, ein symbolischer Ersatz für die als unzuverlässig erlebten Sozialbeziehungen. Ohne fahrtechnisch geschult zu sein, begibt er sich in Situationen, in denen er sich und andere gefährdet, beispielsweise durch Spritztouren, zu denen er Gleichaltrige einlädt, aber auch etwa dadurch, daß er einen auf einem Bahnübergang angehaltenen Wagen erst kurz vor der Durchfahrt des Zuges startet.

Im lebensgeschichtlichen Verlauf dreht sich zunehmend das Verhältnis von manifestem und latentem Verhalten um. Die verdeckte Drohung wird in der Aggressivität seiner Fahrweise manifest, latent - im abgeschirmten Raum des Fahrzeugs - bleibt hingegen der Wunsch nach Kontaktaufnahme zu anderen Menschen, und dieser Wunsch erklärt auch, weshalb er nicht etwa ein Obdachloser wird oder jemand, der sich regressiv in eine außersoziale Welt zurückzuziehen versucht. Die Frage nach der Aufrichtigkeit sozialer Kontakte bleibt für ihn strukturell ungelöst und veranlaßt ihn ständig, also auf der Suche nach der Familie, Antworten zu suchen[174]. Psychodynamisch erfüllen seine Fahrten die Funktion, sich in einer

---

174 Riesman sieht darin etwas allgemeines: „Der Autofahrer ist vollständig von einem außersozialen Objekt umgeben, von physischem Kontakt mit anderen abgeschlossen und doch völlig von ihnen abhängig und mit ihnen verknüpft, selbst wenn er nicht Stoßstangen-Haschen spielt. Der Verkehr ist ein Strom, in den er eintaucht, gewissermaßen ohne naß zu werden"(1966, 226). Ein kulturpessimistisches Szenario entwirft, im Anschluß an Virilio, Breuer: „Mit der Revolutionierung des Transport- und Kommunikationswesens schrumpfen die Entfernungen, alles ist gleich nah, in Reichweite; der Globus verwandelt sich in ein Kontinuum, in welchem alles brutal zusammengeschoben ist, in dem es keine Grenzen,

Karikatur von mütterlicher Geborgenheit im geschützten Raum des Autos auf die hektische Suche nach dem Vater zu begeben. Die später erfolgende Wahl eines Wohnmobils fügt sich zumindest sinnlogisch dieser Deutung, verspricht doch dieser Fahrzeugtypus die Synthese der Motivierungen, die in der bisherigen Rekonstruktion benannt werden konnten: Heimat und Geborgenheit bei gleichzeitig hoher Mobilität als eine Grundlage eigenkontrollierter, ambivalenzfreier Kommunikation mit anderen Menschen[175]. Die Überdetermination seines Fahrverhaltens führt schließlich zur Beeinträchtigung seiner Realitätskontrolle - vorübergehend verliert er das Gefühl für Schwerkraft und Gewicht als den zwei wesentlichen Stützen menschlicher Raumorientierung. Die Irrfahrten im Auto, auf denen die Fußgänger- und Fahrzeugbereiche zunehmend austauschbar werden, werden sinnfälliger Ausdruck einer anomischen Situation und versprechen einen quasi-psychotischen Erlebnisrausch, vor dem Hintergrund seiner Erfahrungen mit wechselnden pädagogischen Bemühungen: Erlebnisse ohne Pädagogik[176]. Seine Distanz zur Spontaneität symbolvermittelter

---

keine Distanzen, keine Differenzen mehr gibt.(...) Die technologische Geschwindigkeit erfordert nicht bloß die Abwesenheit von Hindernissen, sondern die Abwesenheit von Materie schlechthin; ihr idealer Raum ist, (...), das Vakuum. Die fortgeschrittenen Technologien streben nach völliger Transparenz, nach Aufhebung von Schwerkraft und Gewicht" (Breuer 1992, 147). Nach Breuers soziologistischem Entwurf wäre Kevin zu den Avantgardisten einer Gesellschaft des Verschwindens zu zählen.

[175] Die psychodynamische Seite ähnelt der Konstellation, die Argelander in seiner Studie über den „Flieger" als narzißtische Störung analysiert, die gleichfalls durch den Rückzug in ein Verkehrsmittel - in diesem Fall das Flugzeug - führt, jedoch als Disposition intellektuell sublimiert wird: „Als Flieger kann er die mannigfaltigsten Unternehmungen starten, ohne daß ihm etwas passieren kann. Der Unterschied zum ichfremden Agieren der Identifizierung mit dem Aggressor, andere indirekt fallenzulassen, besteht darin, daß das Fliegen die Form einer echten Ichleistung mit Erweiterung der Ichkapazität annimmt. (...) Der Patient kann offensichtlich sehr gut fliegen und kennt dabei keine Furcht vor realen Gefahren, weil er sie durch seine Kontrolliertheit, Wachheit und minuziöse Erfassung wichtiger Details spielend meistern kann. Die von innen motivierte Angst, fallengelassen zu werden, wird durch die neutralisierte narzißtische Wendung aufgehoben" (Argelander 1972, 98).

[176] Im Horizont der vorliegenden Untersuchung liegt das Problem gegenwärtiger Jugendpolitik nicht im mangelnden Erlebnis, sondern in der mangelnden Konsistenz in der Selbstdarstellung der Betreuer. Dies hängt, wie hier nur angedeutet werden kann, mit zwei Entwicklungen im professionellen Kräftefeld ursächlich zusammen: dem Generationswechsel im Personal sowie dem Professionsverständnis der Hilfeberufe. Zum Verzicht auf Konsistenz als einem Muster erwachsener Selbstdarstellung schreibt Paris kritisch: „Das grundsätzliche Risiko eines solchen Lebenskonzepts ist freilich offensichtlich: Wenn Überzeugtheit als soziale Falle, als Selbstblockierung von Lebenschancen erscheint, die man sich gern offenhalten will, ist die Gefahr groß, sich in immer nur vorläufigen Lebensentwürfen und Ad-hoc-Orientierungen zu verzetteln und zu einer dauerhaften Konturierung der eigenen Persönlichkeit und des Selbst gar nicht mehr zu gelangen. Man entscheidet

sozialer Interaktion steigert sich zu hochriskanten Touren, als deren Höhepunkt er in einen Verkehrsunfall mit tödlichen Folgen verwickelt wird[177]. Kevin verliert dabei seinen gleichaltrigen Freund, als der Wagen wegen zu hoher Geschwindigkeit außer Kontrolle gerät.

Aufmerksamkeit nach Gelegenheit

Bevor ich die Kette der Ereignisse weiter verfolge, sei eine Reflexion auf alternative Möglichkeiten der biografischen Entwicklung erlaubt. Sie sind als hypothetische Stationen zu verstehen, an denen strukturtransformierende Prozesse hätten initiiert werden können. Sie bekommen vor dem Hintergrund der fallspezifischen Lebenswelt mit ihren objektiven Entfaltungsmöglichkeiten einen konkreten Sinn.

Hierzu gehört die Erinnerung daran, daß Kevin eine außerordentliche Experimentierfreude entwickelt hat, daß er über eine differenzierte Beobachtungsgabe und Nachahmungskunst verfügt und als ein exzellenter Bastler bewundert wird. Folgende Optionen liegen von daher im Bereich des Möglichen.

a: die Ausbildung zum Stuntman
b: die Ausbildung zum Automechaniker

Beide Möglichkeiten beziehen sich auf die Chance, seine Motivkonstellation sozial angepaßt in eine Berufsrolle zu übersetzen und die verselbständigten Exaltationen in eine sachhaltige Tätigkeit einzubinden. Sie greifen den Umstand auf, daß Kevin eine auf die Welt des Autos bezogene technische Fertigkeit und Gestaltungsphantasie entwickelt hat. Ist der Stuntman eine berufliche Laufbahn, die das Aufsuchen von Extremsituationen sowie die Simulation von Handlungsvorlagen sublimiert, also im Doublieren der künstlich hergestellten Aufrichtigkeit eines Handelns, wie sie schon für den Schauspielerberuf typisch ist, noch einmal steigert, so verspricht der Beruf des Automechanikers eine direkte Inanspruchnahme der technischen Phantasie des Tüftlers und Bastlers. Dessen Innovationskraft liegt ja gerade darin, daß er nichts Unmögliches unversucht läßt.

---

sich, ortientiert sich um, läßt sich in etwas hineinziehen, steigt aus oder ein. Die Identität fasert aus oder wird gar nicht aufgebaut" (Paris 1990, 10).

[177] Der Tübinger Staatsanwaltschaft (Christian Solte) danke ich für den Hinweis auf einen vergleichbaren Fall, der die Sinnstruktur der hier in Rede stehenden Motivierung noch prägnanter zum Ausdruck bringt. Hierbei handelte es sich um strategisch geplantes Autocrashing eines jungen Mannes, der von Beruf Bestatter war.

Ein Tüftler im Bereich der Automechanik, der Kevin auf eine entsprechende Tätigkeit behutsam vorbereitet, wäre demnach eine denkbare Alternative. Man könnte des weiteren an das Schulen technischer Kompetenzen im Bereich des Autorennsports oder des Autotestens denken; es handelt sich um Sozialwelten, die sich im Bannkreis des technisches Potentials von Fahrzeugen herausgebildet haben und in denen die Autofaszination sublimiert wird. All dies läge gleichfalls im Bereich realistischer biografischer Optionen und wäre geeignet, die pathologisch gewordene Disposition aufzufangen. Es ist nicht abwegig, hierbei sogar an die Lebensgeschichte prominenter Erfinder und Ingenieure zu denken[178]. Wenn Kevin in einem Auto der Marke „Ford", seinem zeitweiligen Lieblingsmodell, nachts durch die Stadt rast, weiß er nicht, wie geistesverwandt er dem Bastler Henry Ford ist, der Ende des letzten Jahrhunderts unter den belastenden Arbeitsbedingungen seines bäuerlichen Elternhauses den Anstoß für technische Neugier und Erfindungsgeist entnimmt und der als Jugendlicher - zum Leidwesen seiner Eltern - mit lebensgefährlichen Basteleien seiner technischen Phantasie freien Lauf gelassen hat[179]. Der Gedanke an diesen Kontrastfall soll zeigen, daß die biografische Belastung sowie die ihr korrespondierende symbolische Kompensation, die Kevins verzweifelte Leidenschaft ausmacht, nicht als solche außergewöhnlich ist oder gar Fatalismus als eine Verhaltenskonsequenz auslösen muß[180].

---

[178] Auf einer allgemeinen Ebene ist hier die Psychogenese von Risikobereitschaft angesprochen. Luhmann schreibt dazu: „Es wäre interessant, nach Ausnahmen zu forschen und deren soziale Bedingungen zu kontrastieren mit einem Wandel von Zukunftsvorstellungen in Richtung auf zunehmende Risikoempfindlichkeit. Ein Beispiel ist der Erfinder im Kontext des Fortschrittglaubens. Man könnte auch an die Heroisierung der frühen Fliegerei (Lindbergh) denken, bei der man davon ausgehen konnte, daß die Flieger nur ihr eigenes Leben aufs Spiel setzen und nicht durch Herunterfallen das von anderen" (Luhmann 1990, 113).

[179] Wichtige Hinweise zur Lebensgeschichte von Henry Ford enthält dessen Autobiografie (Ford 1923). Die Komplementarität von Bastler und Ingenieur hat Lévi-Strauss am „Wilden Denken" theoretisch interessiert. Im Horizont der vorliegenden Fallstudie macht der Spannungsbogen zwischen Basteln und Erfinden auf die Selbsttransformationschancen von Biografien aufmerksam, die nur bei oberflächlicher Betrachtung Welten auseinander liegen. Entscheidend für die Frage, welche Version der Neugier folgenreich in das biografische Strukturmuster inkorporiert wird, ist das Ausmaß an begleitender Reflexion.

[180] Von einem vergleichbar ungewöhnlichen und vermeintlich aussichtslosen Fall mit „einer Kette von falschen Einschätzungen, fehlgeschlagenen Hilfsmaßnahmen und eine(r) unerwartete(n) Lösung" berichtet Lindemann (1992, 220ff.). Das pädagogische Bemühen um einen durch mehrere psychiatrische und erzieherische Einrichtungen „wandernden" delinquenten Jugendlichen ist soziologisch besonders eindrucksvoll, weil es in der Konzeption an die konstruktivistische Wissenssoziologie von Berger/Luckmann (1970) anschließt.

An den eben genannten Möglichkeiten zeigt sich, daß erst im Lichte der Reproduktivität des Falles die Transformationschancen, die von entsprechenden pädagogischen oder therapeutischen Interventionen aufzugreifen wären, bestimmbar sind. Es gehört hingegen zur eigendynamischen Entwicklung von Kevins Biografie, daß es nicht gelingt, sie kommunikativ relevant werden zu lassen und der mittlerweile erreichten Struktur entgegenzusetzen.

Stattdessen kommt die Wirkung eines weiteren Handlungskontextes hinzu, der im folgenden genauer zu bestimmen ist. Dazu sei ein Zitat aus meiner ersten telefonischen Bekanntschaft mit Kevins Geschichte an den Anfang gestellt. Auf die Frage nach dessen Aufenthaltsort im Anschluß an den schweren Verkehrsunfall antwortete die zuständige Sozialarbeiterin: „Im Moment ist er im Ausland."

Befragt man die Sinnstruktur dieses Textes daraufhin, in welchen Situationen eine derartige Äußerung stimmig angeschlossen werden könnte, so erschließt sich eine weitere Entwicklung im Verhältnis von biografischem Muster und sozialer Umgebung. Bei genauer Betrachtung ist nur eine Sequenz denkbar: Die Person, über deren Aufenthaltsort Auskunft gegeben wird, nimmt eine herausgehobene soziale Stellung ein, deren Bedeutung beim Nachfragenden als bekannt unterstellt wird. Gegenüber der Formulierung „Im Moment ist er in Frankreich (oder irgendein spezifiziertes Land)" oder gegenüber der Formulierung „Im Moment ist er in Paris (oder ein spezifizierter Ort)" oder auch gegenüber Formulierungen mit zeitlich präzisen Angaben („Er ist für zwei Jahre im Ausland", „... am Wochenende..." o.ä.), die auf a) eine Ausbildung oder b) eine zeitlich befristete Berufstätigkeit schließen ließen, transportiert allein die Kombination von extremer zeitlicher Befristung („Im Moment") und räumlicher Unbestimmtheit („Ausland") eine präsupponierte Zugehörigkeit zu Elitepositionen aus Wirtschaft, Politik, Sport oder Kultur.

Nur für Prominenz wird eine ubiquitäre Präsenz unterstellt, die man nicht aus den Augen verliert. Deshalb kann nur auf Prominente - deren allgemeine kulturelle Bedeutung gerade nicht mit zeitlichen und lokalen Indikatoren kommuniziert werden muß - zutreffen, daß sie im Ausland sind und zwar für einen Moment.

Der textanalytische Exkurs führt auf eine weitere Station im Lebensweg Kevins und macht zugleich deutlich, wie sehr sich auch für die Betreuer die Relevanzen verschoben haben. Im Anschluß an den Verkehrsunfall gerät sein Fall in die massenmedial kontrollierte Öffentlichkeit. Somit tritt er in einen dritten Handlungsraum ein, in dessen spezifische Routinen und Zuschreibungen er nun verstrickt wird. Kevin wird ein vielfach porträtierter Fall, sein Foto erscheint in regionalen und überregionalen Presseorganen und in kurzer Zeit wird er ein nationales öffentliches Thema. Wiederum greifen eine systemeigene Kommunikation, nämlich der Skandal, und die Struktur des biografischen Musters so ineinander, daß eine weitere Bühne für die pathologische Selbstinszenierung eingerichtet wird.

Um nun das Passungsverhältnis von Öffentlichkeit und biografischer Disposition genauer zu bestimmen, gehe ich kurz auf Strukturmerkmale massenmedial konstruierter Aufmerksamkeit ein[181]. Und hier ist an erster Stelle die Aktualitätsorientierung zu nennen. In der beruflichen Praxis des Journalisten steht a) eine spezifische Form der Verpflichtung zur Neugier oben an, sie unterscheidet sich von der Neugier des Wissenschaftlers, deren Ziel die Erkenntnisbildung ist, dadurch, daß sie b) durch eine synchrone Aktualitätsverpflichtung nur zeitdruckbestimmt eingelöst wird und c) infolge der Marktkonkurrenz der Medien um Unterhaltsamkeit zur strukturtypischen Übertreibung gezwungen wird. Die für den Beruf unhintergehbare Handlungsproblematik, die darin besteht, daß drei widersprüchliche Maximen: Wahrheitsverpflichtung - Aktualitätsverpflichtung - Unterhaltungsverpflichtung zur Synthese zu bringen sind, erzeugt eine Tendenz, Ereignisse zu skandalisieren. Der Journalismus transformiert Ereignisse in Skandale und macht sie in dieser spezifischen „Verpackung" zu einer Realität eigener Art und zu einem Thema für Nachbarsysteme, vor allem für das politische System[182]. Im Zuge massenmedial konstruierter Wirklichkeit entsteht demnach Prominenz als der für die öffentliche Aufmerksamkeit typische soziale Status, an dessen Bedeutsamkeit, ist er einmal erfolgreich etabliert, wiederum der Journalismus partizipiert.

Mit Prominenz bezeichnet man bekanntlich einen sozialen Status, dessen Erwerb zwar mit Kompetenz, Einkommen oder gesellschaftlicher Funktion kovariieren kann, aber nicht zwangsläufig daran gebunden ist. Im wesentlichen handelt es sich um eine artifizielle Konstruktion öffentlicher Bedeutsamkeit, dem trotz historischer Entfernung von der Welt des Adels ein Äquivalent zum aristokratischen „noblesse oblige" entspricht. Prominent ist man nämlich nur solange, wie man im Gespräch bleibt, also wiederum von den Abhängigen der Prominenz, den Journalisten, abhängig ist. Der Status verpflichtet seinen Träger zu Aktivitäten, die ihm die Dauerpräsenz in journalistischen Medien versprechen. Hält man also die implizite Skandalverpflichtung nicht ein, zerfällt der Status und verliert, so rasant er entstanden sein mag, ebenso rasant seine Kapitalisierungschancen.

Kevin ist für Aufstieg und Zerfall massenmedial vermittelter Reputation ein eindrucksvolles Beispiel. Zwar kann er auf Kompetenzen nicht rekurrieren, über außergewöhnlichen Reichtum verfügt er ebensowenig, gleichwohl ist er prominent

---

[181] Zur systemspezifischen Realitätskonstruktion siehe Luhmann (1996).

[182] Siehe hierzu Allert (1990).

geworden. Die Zeitungen reißen sich um seine Geschichte[183]. Bereitwillig läßt er sich von der künstlichen Aufregung um seine Person anstecken, abgesehen davon, daß er auf den sozialen Status eines Prominenten von seiner Psychodynamik gut vorbereitet ist, wenn man an die Selbstbeschreibung denkt, die er im Kontakt mit seinen Betreuern gepflegt hat. „Wichtige Termine", so erinnern wir uns, waren die knappe Antwort, mit der Kevin begründete, wenn er wegen Verspätungen oder Abwesenheiten zur Rede gestellt wurde. Nun gehören Verabredungen mit Zeitungsleuten, die ihn porträtieren möchten, dazu.

Aber nicht nur das. Im Anschluß an die öffentlich skandalisierte Geschichte, zu der vergleichbare Fälle aus der Hamburger Jugendszene pauschal aufaddiert werden, entspinnt sich in der Hamburger Bürgerschaft eine von der politischen Opposition inszenierte Auseinandersetzung, zu deren Höhepunkten die mehrfach wiederholte Rücktrittsforderung an die zuständige Jugendsenatorin gehört[184]. Ist ein Konflikt aus dem professionellen Alltag der Sozialarbeit einmal in der hier rekonstruierten Zirkularität eskaliert, so daß er auf mehreren Foren ausgetragen wird und zwar so, daß sich die Betreuer infolge der öffentlichen Dramatisierung durch Journalisten und Politiker unter einem verschärften Handlungszwang sehen und ihrerseits beginnen, den Fall als einen prominenten Fall zu betrachten, so bleibt wenig Spielraum für die Wahl pädagogischer oder therapeutischer Alternativen. Die Konfliktlogik der politischen Arena, der Antagonismus des Parteienstreits, wirkt vielmehr auf den Kontext der Konfliktentstehung zurück und diktiert den Beteiligten die Polarität des

---

[183] In dem Magazin „DER SPIEGEL" wird öfters darüber berichtet, darüberhinaus wird ein jugendpolitisches Streitgespräch unter bundesweit bekannten Jugendpolitikern arrangiert, das „Hamburger Abendblatt" greift die Kostenseite des Themas auf und kritisiert sowohl den Diebstahl von Autos als auch das „laissez-faire" moderner Sozialarbeit.

[184] Die vielfach determinierte öffentliche Erregung, die sich aus verschiedenen Wertbezügen speist, ist umso stärker, je leichter sich die zugrundeliegende Regelverletzung als Munition im alltäglichen Interessenkampf der Politik verwenden läßt. Auch im vorliegenden Fall hat der politisch instrumentalisierte Skandal mit dem Anlaß nichts mehr zu tun, aber er erfüllt eine wichtige Funktion, da er als Material in den binär codierten politischen Konkurrenzkampf eingespeist werden kann. Es bleibt einer umfassenden Analyse vorbehalten, die Dramatisierung sowie die strategisch kalkulierte Transformation in die Eigenlogik des politischen Systems aufzuzeigen, denn noch die in den politischen Handlungsraum übersetzte Dichotomie, mit der konkurrierende Gesinnungsmilieus aus der Wählerschaft angesprochen werden sollen, gehört zur fallspezifischen Reproduktionsgesetzlichkeit. Das ferne Echo im Parlament, in dem der Fall Kevins zur Neuauflage eines jugendpolitischen Grundsatzstreits nach der Formel „Menschen statt Mauern" politisiert wird, zählt zur Struktur der Abweichung, mit der Kevin die Erwachsenen auf einen weiteren Schauplatz lockt, um im Schatten des Parlamentsdisputs seinen Sensationen nachgehen zu können.

Entweder-Oder auf[185]. Genau diese krasse Polarität hat sich hingegen, geht man auf die verschiedenen strukturgenetisch wirksamen Kontextebenen zurück, als einer der Gründe für die Verfestigung der Situation erwiesen. Im biografischen Muster erweisen sich die Zeitungsartikel mit großformatigen Fotos sowie die Parlamentsdebatten als konsistente Anschlüsse an den Zwang, der Fragmentiertheit der eigenen Sozialerfahrung beizukommen, schließlich werden auf diese Weise eine Vielzahl von Personen, dynamisch betrachtet die ganze Welt, zum Adressaten der Aufrichtigkeitsfrage. Parallel dazu hat sich die Ausgangslage, man darf nicht vergessen: eine von ihrer familienstrukturellen Genese her betrachtet nicht ungewöhnliche, aber zunehmend eigendynamisch zugespitzte Vertrauensproblematik eines Jugendlichen, mittlerweile zu einer dreifach besetzten Diskussion über die Schuldzurechnung entwickelt, bei der die Situationskontrolle vom professionellen System der Betreuer auf andere Bühnen und andere Akteure übergegangen ist.

Ausweglos wird die Angelegenheit infolgedessen vor allem für die Betreuer, die nicht nur am Ende ihrer Kräfte sind, sondern die sich der ständigen öffentlichen Skandalisierung ihres beruflichen Handelns nicht gewachsen zeigen - spätestens in dem Moment nicht mehr, als die vorgesetzte Behörde die Politisierung des Falles mit der Maßgabe beantwortet, Kevin müsse aus den Schlagzeilen der Tagespresse verschwinden. Insofern kommt der weiter unten zu behandelnde Entschluß, ihn in eine Einrichtung im Ausland zu überweisen, nicht überraschend.

Von seiner Logik her durch die Gesetzmäßigkeiten des politischen Handlungsraums und dem Vermeiden von Angriffsflächen für die politische Opposition bestimmt, ist der erneute Wechsel des Betreuungssettings dynamisch einer magischen Kontrolle der Situation zu vergleichen, die immer dann erfolgt, wenn Handlungsspielräume extrem eingeschränkt sind. In seiner berühmten Analyse magischer Handlungen bezeichnet Marcel Mauss die Magie als einen Induktionsschluß, der unter dem Druck einer Handlungskrise entsteht und der im Prinzip der Falsifikation entzogen ist: „Die magischen Urteile sind wirklich imperativische Vorschriften, die einen positiven Glauben an die Objektivität der von ihnen gebildeten Verkettungen von Ideen implizieren“.[186] Im nachträglichen Kommentar der Sozialarbeiterin wird diese Sinndimension angesprochen, wenn es zu der Entscheidung lapidar heißt: „Niemand wußte, wie man ihn stoppen kann“ - Kevin ist zu dem Objekt geworden,

---

[185] Mit Kevins Fall und seiner öffentlichen Dramatisierung werden Entscheidungszwänge herbeigeführt. So beschließt der Hamburger Senat nach einer Krisensitzung ein Bündel von Maßnahmen zur Verbesserung der Situation sogen. „Bahnhofskinder“. Diese Entscheidung ist wiederum den Zeitungen zu entnehmen.

[186] Vgl. Mauss (1974, 157).

mit dem er sich in seiner Verzweiflung identifiziert hat und in dessen magischem Bann nun seine Geschichte nicht nur beobachtet, sondern auch verhandelt wird. Ohne daß noch ernsthaft professionell verantwortbare Alternativen überlegt werden können, wird er aus dem Verkehr gezogen, zu dessen sich selbst und andere gefährdenden Bestandteil er geworden ist.

Die telefonische Information über den momentanen Auslandsaufenthalt Kevins bewegt sich aber nicht allein stimmig im Sinnhorizont der Prominenz. Alle Beteiligten sind vielmehr erleichtert und davon überzeugt, daß eine sozialräumliche Zäsur in der hektischen und immer neu eskalierenden Betriebsamkeit von Betreuungsversuchen erfolgreich sein wird. Die Einweisung Kevins in eine Einrichtung besonderer Art, die in ländlicher Umgebung Kindern mit vergleichbaren Vorgeschichten einen umfassenden Lebenshorizont anbietet, steht aufgrund ihres magischen Hintergrunds von Anfang an unter erheblichem Erfolgszwang. Entsprechend erleichtert und enthusiastisch sind die ersten Berichte über seine Aufnahme.

Im Lichte der Fallrekonstruktion stellt sich die Frage, wie das biografische Muster und das alternative sozialisatorische Milieu ineinandergreifen und in welcher Hinsicht objektive Chancen der Strukturtransformation vorliegen. Es handelt sich um eine in freier Trägerschaft organisierte und staatlich anerkannte jugendpädagogische Einrichtung für Kinder und Jugendliche aus desorganisierten Familienverbänden, die vor ca. fünfzehn Jahren von einem ehemaligen Polizisten und dessen Ehefrau, die seitdem die Leitung übernommen haben, gegründet wurde. Derzeit werden ca. vierzig Kinder von einem dreißig Personen umfassenden Mitarbeiterstab, zu dem Lehrer, Pädagogen und Psychotherapeuten gehören, betreut. In strategisch gewähltem Kontrast zur Welt der Großstadt folgt das neue und wegen seiner familienbetriebsartigen Binnenorganisation und einer flexiblen Schulpädagogik international anerkannte Integrationsangebot dem Strukturmuster einer charismatischen Gemeinschaft[187].

Das Rationalitätsmuster der Betreuung, auf das Kevin hierbei stößt, enthält nicht mehr die Gelegenheitsvernunft von ad hoc, aus Ausweglosigkeit entstandenen Entscheidungen, sondern die charismatische Vernunft außergewöhnlicher personaler Begabung, die durch ein quasi-großverwandtschaftliches Milieu gestützt wird. Als Verkehrssprache der größtenteils jugendlichen Klienten, die aus verschiedenen europäischen Staaten überwiesen werden, ist Englisch verpflichtend, die Schwerpunkte der pädagogischen Betreuung liegen zum einen in der konzentrierten Über-

[187] Zur Omnipräsenz des Journalismus gehört es, daß auch hierüber berichtet wird, so etwa in der berufstypischen Skandalisierung mit der Überschrift: „Monster im Ziegenstall" („DER SPIEGEL", 28, 1993).

nahme handwerklicher und bäuerlicher Tätigkeiten, zum anderen in der ausgiebigen Beschäftigung mit Bildungsgütern: Literatur, Malerei und klassische Musik.

Der entscheidende soziale Strukturunterschied zu pädagogischen *settings*, in denen Kevin sich bisher aufgehalten hat, liegt in der charismatischen Gemeinschaft begründet, für die gegenüber der berufsrollenspezifischen Interaktion die personalisierte Interaktion nach Maßgabe unitarischer Rollen typisch ist. Bisherige Berichte, die über Kevin und seinen Erfahrungen mit dem pädagogisch-therapeutischen Gestaltwandel vorliegen, reichen zu einer abschließenden Beurteilung nicht aus, allerdings fallen einige sinnstrukturelle Affinitäten der neuen Situation zu den biografischen Dispositionen Kevins auf. Hierzu gehört die für seine Person eigentümliche und in den oben interpretierten Vornamen für seine Stiefgeschwister symbolisierte Ortlosigkeit. Die gleichsam leere, material ungefüllte Nationalität Kevins erhält durch die Integration in die englisch sprechende Solidargemeinschaft einen nachträglichen Sinn. Die erste Ansichtskarte an seine Mutter schreibt er in englischer Sprache.

Aber auch der kulturelle Kontrast zwischen dem anstrengenden Leben im Großstadtmilieu und dem nun häufigen Konzertbesuch oder dem gemeinsamen Konzertieren schließen an eine Erinnerungsspur seiner Vorgeschichte an. Die Pastellfarben der Waldorfpädagogik, die tagtraumartig anrührenden Klänge der Eurhythmie haben Kevin während seiner Aufenthalte bei der Pflegemutter gerade aufgrund ihres Kontrastes zu seiner eigenen Lebensführung beeindruckt und auch kulturelle Spuren der Bindung hinterlassen[188]. Die Elemente ästhetischer Bildung und intellektueller Sublimierung von Affekten tauchen auch in der neuen Einrichtung unter veränderten Kontextbedingungen wieder auf.

Ob es gelingt, mit einer derartigen Intervention die stets von Fragmentierung bedrohten Identitätsanteile zu synthetisieren und in einen biografisch konsistenten Entwurf von Personalität zu übersetzen, darf dennoch bezweifelt werden. Die Entscheidung ist nicht nur hoheitsrechtlich bedenklich, vielmehr besiegelt sie die bisherige immer nur lose Koppelung mit sozialen Stützmilieus. Sie folgt der Struktur der Ausschließung über die nationalen Milieugrenzen hinaus und ist infolgedessen mit einer erheblichen Zukunftsungewißheit verbunden. Darüberhinaus bildet die charismatische Gemeinschaft, wie den Analysen von Max Weber zu entnehmen ist, eine soziale Strukturform, die außeralltägliche Leistungen auf Dauer stellen muß, um ihr Bewährungsversprechen, in diesem Fall die erfolgreiche soziale Integration

[188] Kevin, so berichten seine Betreuer, entwirft, auf seine Zukunft befragt, phantasievolle Abenteuerreisen, zu denen eine Expedition zur legendären versunkenen Stadt „Atlantis" gehört. Mehrfach hat er sich gewünscht, zur Strafe für seine lebensgefährlichen Auto-Exkursionen in ein Land gebracht zu werden, in dem er inkognito existieren könne.

delinquenter Jugendlicher einlösen zu können. Sie hat eine hohe Asymmetrie der Austauschbeziehungen zur Voraussetzung und steht infolge dieser fragilen Konstruktion unter einem beständigen Zwang, ihr Binnenmilieu gegen Außenkontakte zu stabilisieren[189].

Aber daß sich die okkasionelle Rationalität leicht verändern kann in die Handlungstypik charismatischer Sozialorganisationen, daß andererseits die das Charisma tragende personalisierte Beziehung den Dispositionen Kevins entgegenkommt, und daß schließlich das in seiner beruflichen Identität erheblich verunsicherte sozialpädagogische System eine Neigung hat, dem suggestiven Avantgardeanspruch innovativer Methoden zu erliegen, mag zum vorläufigen Abschluß der Fallrekonstruktion und der soziologischen Aufmerksamkeit auf das „Wie" einer komplexen Betreuungskarriere ausreichen[190]. Das öffentliche Spektakel, das die Einweisung begleitet, ist vor dem Hintergrund der diversen fallspezifischen sich zirkulär stimulierenden Kontexte ein Hinweis darauf, daß ein professionell geschützter Umgang mit Kevins Fall unwahrscheinlich geworden ist.

Odysseus in der Großstadt

Die Hochgeschwindigkeitsabenteuer Kevins zeigen sich als ein Aggregationseffekt. Seine jugendliche Risikosuche erinnert an den kühnen Mut, der in seiner ernsthaften Version Personen nur in sozialen Sondersituationen wie Krieg, Naturkatastrophen zugemutet wird. Gegenüber den Helden in Uniform, den Helden des Kriegsschauplatzes jedoch riskiert der jugendliche Held des Autocrashing sein Leben nicht aus Konformität gegenüber einer überpersonalen moralischen Instanz, etwa der Nation oder dem König, sondern aus Konformität gegenüber hoch internalisierten Kriterien personaler Einzigartigkeit und charakterlicher Größe, das in der frühen Kindheit entsteht, in der Gleichaltrigengruppe gepflegt und bekräftigt wird und das in den Strukturen des öffentlichen Raumes eine herausragende Bühne zur Bestätigung erhält.

Durchgängig ist das hohe Ausmaß an Selbsttäuschung, das bis zu einem hochgradigen Verlust an Realitätskontrolle reichen kann. Genau genommen handelt es sich um einen biografischen Immobilismus, der sich im riskanten Aufsuchen extrem

---

[189] In diesen Zusammenhang gehört die jüngst bekannt gewordene Entscheidung, zu einer für ca. ein Jahr geplanten Weltumseglung aufzubrechen.

[190] Auf der Grundlage des gegenwärtig vorliegenden Materials zum Fall ist es nicht möglich, die These zu diskutieren, nach der jede pädagogische Interaktion mit einer charismatischen Komponente arbeitet. Systematisch zu Struktur und Funktion charismatischer Intervention im Rahmen der Sozialarbeit siehe dazu meine Arbeit über „Charisma und Erzählung. Zwei Formen der Intervention in der sozialen Arbeit" (Allert 1992).

gefährdender Situationen sein Gegenteil zu suggerieren versucht. Im Rausch der Autojagden bietet sich Kevin ein Mittel, das die Misere seiner lebensgeschichtlichen Unbeweglichkeit in einen für ihn selbst sowie für seine Mitmenschen kostenreichen Stolz transzendiert. Dieser Immobilismus beruht auf dem Zusammenwirken dreier Handlungslogiken, die sich wechselseitig bestärken, eigendynamisch ineinandergreifen und anomische Situationen erzeugen, deren äußerlich sichtbares Merkmal das riskante Abenteuer darstellt.

Die Zufälligkeit der familialen Zuwendung, die diskontinuierliche Betreuung durch das pädagogische System sind durch unterschiedliche Kontextbedingungen motiviert, sie aggregieren sich zu einer Schrumpfung der Zeitperspektiven für anschlußfähiges Handeln. Als Kern des sich konstant reproduzierenden Strukturmusters ergibt sich eine hoch ambivalente Disposition und Selbstwahrnehmung, die in der Kommunikation im Auto und durch das Auto ihre folgenreiche Zuspitzung finden, so daß die lebensgeschichtliche Kontinuität zunehmend durch die ereignisvermittelte fragile Existenz als Prominenter ersetzt wird.

In seinen Sozialkontakten nutzt Kevin drei Systeme als Interaktionsarenen für die Artikulation von Anerkennungswünschen, Ruhe und Auflehnung. Akteure und Zuschauer, Komparsen und Publikum sind in ihren Rollen sogar austauschbar. Sie helfen ihm mit jeweils unterschiedlichen Tröstungen über die biografische Ausweglosigkeit und die Empfindung tiefer Verzweiflung hinweg. Sie sind die Quelle ständig neuer Enttäuschungen, aber zugleich auch kurzfristiger Ermutigungen, die er bereitwillig aufsucht, immer wieder aufs neue probierend und als eine Ablenkung dankbar aufgreifend.

Zu den drei Handlungslogiken zählen a) das psychosoziale System Familie, b) das Bezugssystem der Betreuerberufe, c) das System der öffentlichen Meinung. Sie tragen in ihrer Eigengesetzlichkeit zu kumulativen Wirkungen auf den Bildungsprozeß bei.

Zu a) Mit der familiengeschichtlichen Ausgangskonstellation erfolgt eine erste Bahnung biografischer Optionen. Kevin hat die ersten Lebensjahre in desolaten Familienzusammenhängen verbracht. Hier wie in den meisten vergleichbaren Fällen extremer Risikosuche handelt es sich um Kinder aus dem Armutsmilieu der Großstädte, für das fragmentierte, sozial desintegrierte Familienbeziehungen typisch sind. Häufig führt nicht etwa eine Notlage als solche, sondern die Synchronizität der Probleme die Familie auf die schiefe Bahn. Der Zwang, aus der Armut heraus der Familie eine Lebensgrundlage zu sichern, läßt in der Regel eine affektive Zuwendung zu den eigenen Kindern nicht zu, wobei in diesen Milieus gerade die Geburt weiterer Kinder als ein Versprechen auf eine bessere Zukunft begriffen wird.

zu b) Auffußend auf dem familienstrukturell begründeten Ausschluß und der radikalen Marginalisierung stößt man auf die Strukturmerkmale des professionellen pädagogischen Systems, also auf die nach Kompetenzen und Konzepten, nach Schulen, pädagogischen Vorlieben und Moden diversifizierten Einrichtungen, die der verberuflichte Altruismus in der modernen Gesellschaft hervorgebracht hat und immer weiter hervorbringt. Hierzu gehört die besondere Qualität einer durch Berufsrollen künstlich hergestellten und zugleich unsichtbar gemachten Zuwendung zum Klienten. Sie setzt eine elementare Vertrauensbereitschaft immer schon voraus, über die Kevin jedoch genau nicht verfügt.

zu c) In Ergänzung zum primärsozialisatorischen Milieu und der adoleszenten Subkulturzugehörigkeit tritt die öffentliche Meinung als ein weiterer Aktor im Szenario des Autocrashing auf. Und wiederum kommt es durch ein kontextspezifisches Strukturmerkmal, die für den Journalismus typische Ereignisfixiertheit und die massenmediale Thematisierung von Skandalen, zu einem Zusammenspiel von reproduktivem biografischem Muster und Rahmung.

So triumphiert Kevin über die List, mit der er die Akteure aus den drei Systemen auf Nebenschauplätze führt und in die Leere laufen läßt, der er selbst zu entrinnen versucht. Genau darin liegt die Vergleichbarkeit zu Odysseus, dem listenreichen, verschlagenen und ebenso unerbittlichen Einzelgänger, dessen Leben - wie das Leben Kevins - einer Irrfahrt gleichkommt, einem beständigen Zwang, sich in Abenteuern zu behaupten, aber außerhalb der Möglichkeit, die Abenteuer zu identitätsstiftenden Erfahrungen zu synthetisieren[191]. Das Abenteuer bleibt gegenüber der Person, in Anlehnung an eine Formulierung von Georg Simmel, „extraterritorial“, eine nicht begriffene Übertreibung - ebenso wie sich im Kontrastsystem der pädagogischen Betreuung eine nicht begriffene Übertreibung als kontextspezifisches Muster

---

[191] Die sinnlogischen Parallelen von den erträumten Aufenthalten Kevins in der Stadt Atlantis zur mythischen Vorzeit wären weiter zu ziehen als hier angedeutet wird. Was die affektive Dynamik in seinem Verhältnis zur Mutter und zur nebenan wohnenden Nachbarin angeht, bilden Scylla und Charybdis die Vorbilder; zum Typus des Handelns siehe auch Adorno: „Der Listige überlebt nur um den Preis seines eigenen Traums, den er abdingt, indem er wie die Gewalten draußen sich selbst entzaubert. Er eben kann nie das Ganze haben, er muß immer warten können, Geduld haben, verzichten, (...) und wenn er durch die Meerenge steuert, muß er den Verlust der Gefährten einkalkulieren, welche Scylla aus dem Schiff reißt. Er windet sich durch, das ist sein Überleben, und aller Ruhm, den er selbst und die anderen ihm dabei gewähren, bestätigt bloß, daß die Heroenwürde nur gewonnen wird, indem der Drang zum ganzen, allgemeinen, ungeteilten Glück sich demütigt“ (Adorno 1981, 76).

ständig wiederholt: die Übertreibung der guten Absicht[192], an die sich im System der Massenmedien die Prominenz als Ergebnis der Übertreibung von Aufmerksamkeit anschließt.

Aus dem daraus entstehenden Zirkel gleichzeitiger sozialer Unterstrukturiertheit - die Kooperationsbemühungen sind von stabilen Solidaritätsmustern nicht gestützt - und personalisierter Kontaktaufnahme - im System der Betreuung häufen sich heroische Zuwendungen, die jeweils auf die Mißerfolge vorheriger Entscheidungen antworten - findet Kevin nur einen Ausweg: das Auto und den Straßenverkehr. Nur das Handeln in diesem Sozialraum verspricht (im Gegensatz zur Droge oder zum Alkohol) die aufrechtzuerhaltende Kommunikation bei gleichzeitiger Tilgung ihrer Mehrdeutigkeit. Der Preis, den er bezahlt, ist die extreme Selbst - und Fremdgefährdung, abgesehen davon, daß die im Rampenlicht der Öffentlichkeit aufgestellten Scheinwerfer schnell wieder abgebaut sind.

Als mögliche Anpassungen an anomisch strukturierte Lebenssituationen diskutiert Robert K. Merton in seiner berühmten Anomietheorie die Innovation oder Rebellion, die Resignation oder den Ritualismus. Die vorliegende Fallrekonstruktion deckt eine weitere Anpassungsform auf: die hochritualisierte Resignation. Der Mobilismus der jugendlichen Risikosuche zeigt sich demnach als Ausdruck eines komplex motivierten Systems psychischer Stagnation, eines mobilen Immobilismus[193].

Die Lebensgeschichte Kevins belegt eindrucksvoll das Sozialschicksal eines Menschen, der in einem sozial desintegrierten Familienmilieu aufgewachsen ist und der auf die institutionelle Regelung des Lebenslaufs angewiesen ist. Dieser verläuft keineswegs unstrukturiert, sondern vollzieht sich im Rahmen spezifischer Bezugsgruppen- bzw. Milieumitgliedschaften mit je eigenem Transformationspotential, das jedoch vor dem Hintergrund des früh ausgebildeten Musters der Ausstoßung nicht wirkungsvoll aufgegriffen werden kann.

Es spricht einiges dafür, daß derartige Lebensläufe die umfassende Sozialstrukturtransformation moderner Gesellschaften begleiten. Die für die Moderne vielfach

---

[192] Von dieser Komplementarität im Widerspruch her zeigt sich im Lichte der Fallrekonstruktion, eine Kehrseite der Erlebnispädagogik, die im professionellen Milieu der Sozial- und Jugendarbeit nicht unumstritten ist. Sie lebt vom kurzfristigen kathartischen Rausch kommunikativ nicht übersetzter Erfahrung und setzt auf die einzigartige Wirkung der Sensation. Vgl. dazu die instruktive Fallstudie und sorgfältige theoretische Reflexion von Sommerfeld (1993).

[193] Die Formulierung spielt auf eine Arbeit von Lepsius (1964) an, der den Immobilismus als eine Reaktion auf Anomiepotentiale sozialer Makrostrukturen rekonstruiert hat und dessen theoretischer Perspektive die vorliegende Fallanalyse wertvolle Anregungen verdankt.

beschriebene funktionale Differenzierung läßt Muster der Biographieentwicklung entstehen, deren äußere soziale Gestalt das Provisorium darstellt. Der vorliegende Fall macht auf soziale und psychische Folgen eines Lebenszuschnitts aufmerksam, bei dem die disparaten Erfahrungen nicht in ein konsistentes Selbstbild haben übersetzt werden können und infolgedessen statt souveräner Handhabung eine pathologische Abhängigkeit von Kontingenzen resultiert. Übrig bleibt das schmerzreiche Ausprobieren von immer neuen Kostümen der Vereinsamung.

Biografien dieser Art bedürfen sorgfältiger und objektiver Beobachtung aus einer longitudinalen Perspektive. Erst wenn es gelingt, die Voraussetzungen jugendlicher Biografien im desintegrierten Großstadtmilieu zu bestimmen, mag ein Durchbrechen des Teufelskreises eines nur temporären Bemühens und dessen nachträglicher Zurücknahme gelingen, und zwar so, daß die für die soziale Arbeit grundlegende Dualität von Verzeihen und Drohen, von Güte und Strafe, von Therapie und Kontrolle in eine Form von Betreuung übersetzt werden kann, die Konsistenz und Langfristigkeit verspricht und professionell verantwortet werden kann.

Wohn-und Aufenthaltsorte während der Betreuung

1983	Umzug der Familie aus einer ländlichen Ortschaft in ein Innenstadtviertel Hamburgs, wo die Mutter eine Gaststätte betreibt. Kennenlernen der späteren Pflegemutter Kevins, die im Nachbarhaus wohnt.
1987	Einschulung in eine Sprachheilschule
1988	Überweisung in ein heilpädagogisches Kinderheim
1989	Entscheidung über eine Pflegschaft für Kevin. Der Mutter wird das Aufenthaltsbestimmungsrecht entzogen, nachdem Kevin während der Beurlaubung aus dem Heim wiederholt von derem neuen Lebenspartner und Vater der beiden Stiefgeschwister geschlagen wurde.
3.1990	Aufnahme in eine kinderpsychiatrische Einrichtung (Klinik A)
4.1990	Vorzeitige Entlassung aus der Klinik zur Pflegemutter
9.1990	Erneute Klinikaufnahme, die von der Pflegemutter veranlaßt wird
9.1990	Klinik sieht keine Möglichkeit zur angemessenen Betreuung, nachdem Kevin die Einrichtung demoliert hat
10.1990	Pflegemutter setzt die Klinikaufnahme durch. Holt Kevin kurz darauf zur Beurlaubung ab
10.1990	Aufnahme in die Kinderschutzstelle
4.1991	Aufnahme in ein Kinderheim, in dem die ärztliche Aufnahmeuntersuchung mehrere körperliche Schäden: Haltungsschwäche, Rundrücken, Enkopresis, Sehschwäche diagnostiziert
8.1991	Zunehmende Schwierigkeiten im Heim. Kevin zerstört Spielzeug, demoliert Kinderspielplätze. Nach einer Auseinandersetzung mit einem Erzieher muß dieser ärztlich betreut werden

9.1991	Beurlaubung zur Pflegemutter
10.1991	Leibliche Mutter Kevins möchte das Sorgerecht abgeben
3. 1992	Gewalttätige Auseinandersetzungen im Heim führen zur Aufnahme in einer geschlossenen Kinderpsychiatrie
5.1992	Entlassung in den Haushalt des Erziehers eines Kinderwohnheims (B)
1.1993	Auflösung des Wohnverhältnisses mit dem Erzieher. Kevin zieht in eine Jugendwohnung, in der er von drei Erzieher/innen betreut wird
3.1993	Der für Kevin zuständige Erzieher kündigt das Betreuungsverhältnis
5.1993	Einweisung Kevins in die Klinik A. Entlassung am folgenden Tag
5.1993	Aufnahme in das Heim C und Wiederaufnahme durch den Betreuer aus Heim B
6.1993	Autounfall Kevins mit einem tödlichen Ausgang für den befreundeten Beifahrer
6.1993	Einweisung Kevins in eine pädagogische Einrichtung im Ausland

Die Eltern

1947: Geburt des Vaters
1951: Geburt der Mutter
1940: Geburt der späteren Pflegemutter Kevins, Frau Sigune Schneider

Die Geschwister

1979: Geburt Kevin
1981: Geburt der Stiefschwester
1985: Geburt des Stiefbruders
1989: Geburt der Stiefschwester

3.6 Zusammenfassung

Aus dem Reichtum an Generalisierungsmöglichkeiten im Spannungsfeld von Biografie, Familie und Sozialmilieu will ich mich auf vier Dimensionen konzentrieren.

Zunächst zeigt sich, daß die Entfaltung von Partnerschaften und die Gründung von Familien faktisch durch übergenerationell wirksame Abhängigkeiten bestimmt werden. Keineswegs nur an der sozialen Peripherie der Gesellschaft, etwa im subproletarischen Sozialmilieu, im Bauerntum oder im Adel, deren komplex vernetzte Familienkonfigurationen bekannt sind, erweist sich die private Lebensführung als ein dynamischer Anschluß an tradierte Muster der Binnenkommunikation. Zwar sind Sanktionszuständigkeit und Sanktionsanspruch der „Geber-Gruppe" (Lévi-Strauss) verblaßt und unbestreitbar ist statt der Verwandtschaft die Familie zum zentralen Ort der Konstitution und Selbstthematisierung der Person geworden. In den hier vorgestellten Fällen tritt jedoch deutlich vor Augen, wie im Geltungsbereich dieses historisch durchgesetzten normativen Konzepts die Strukturmuster der Familienkommunikation eine vierfache Brechung erfahren. Von daher erschließt sich die Besonderheit einer Biografie über das Involviertsein in diese innere Strukturiertheit des „Familiengedächtnisses“ (Halbwachs).

Hierzu gehören zum einen die *Grenzziehung zwischen Familienwelt und Außenwelt*, zum anderen der *Austausch zwischen Herkunftsfamilie und Zeugungsfamilie*. In den konnubial vermittelten Auf- und Abstiegsbewegungen der Milieus nimmt schließlich drittens die *wechselseitige Attraktion in der Elternbeziehung sowie deren Autonomie im Verhältnis zu den Kindern* eine herausragende Stellung ein. Sie erleichtert, hindert oder verzögert den reproduktiven Zyklus menschlichen Lebens.

Als vierte Brechung erscheint das Ausmaß an Selbstreflexion und die relative Rücksicht auf die *Gleichursprünglichkeit von Alltäglichem und Außeralltäglichem*. Die Qualität des Familiengesprächs entscheidet somit exemplarisch darüber, *wie das Soziale repräsentiert* wird und in welcher Hinsicht es als eigenlogisches Phänomen der Wirklichkeitsauffassung verstanden und weitergegeben wird. Die Studien verweisen nicht nur auf ganz unterschiedliche Weise auf die allgemeine Bedeutung dieser Dimension von Sozialität, deren begrifflicher Ausdruck bekanntlich zu den Grundpfeilern der Weberschen Theorie zählt, vielmehr führen sie im Kosmos der privaten Lebenswelt exemplarische Möglichkeiten vor, auf die sozialen Grundlagen der eigenen Existenz zu reflektieren. In der Definition der Situation tauchen sie dabei als anekdotisch, kurios, moralisch affizierend, historisch vergleichbar oder einfach körperlich inszeniert auf. Der prominente soziale Ort für die Artikulation derartiger Deutungsmuster ist die Familie, in der sie von den Beteiligten en passant artikuliert und, eingebettet in die Selbstverständlichkeiten alltäglichen Umgangs, bemüht werden.

Die Systematik dieser Brechungen herauszuarbeiten, wäre an anderer Stelle zu bewerkstelligen, die Frage nach der Struktur der Liebeskommunikation wird uns weiter unten beschäftigen, im Horizont der Fallstudien begnüge ich mich mit folgenden Resümees.

1. Die Familiengeschichte Weber führt anschaulich die Folgeprobleme einer Form bürgerlicher Sozialwahrnehmung vor, für die ein spezifisch gehemmtes Verhältnis zur Affektivität typisch geworden ist. Die Ebene intimer Kommunikation im Binnenraum der Familie erscheint hierbei als eine Größe, der man allenfalls in Gestalt einer Konzession an die Irrationalität von Naturprozessen begegnet, der jedoch weder in der Elternbeziehung noch in der Eltern-Kind-Beziehung ein Platz eingeräumt wird.

Betrachtet man die Ehe der Eltern von Max Weber, so zeigt sich der Paternalismus als die Konfiguration, die die Bindung Helenes an ihren späteren Mann vorbereitet hat. Mit der Geburt des ersten Kindes Max steigert sich die Handlungsanforderung an die junge Mutter, durch die Konfrontation mit dessen lebensbedrohender Krankheit und den Verlust zweier Töchter. Diese Ereignisse schränken die Chancen ein, die anfängliche Vitalität der Liebesbeziehung zu ihrem Mann während der langen Zeit konstanter Sorge um die Kinder aufrechtzuerhalten. Das sozialisatorische Milieu, das zwar durch die berufsbedingte Öffnung der Verkehrskreise sowie durch ausgeprägte verwandtschaftliche Kontakte den Kindern im „extended family system" vielfältige außerfamiliale Orientierungsalternativen anbietet, wird zentral durch die mütterliche Sorge bestimmt.

Bemerkenswert ist die Gehemmtheit gegenüber der Naturwüchsigkeit intimer Beziehungen. Hierin kommt eine spezifisch protestantische Moralauffassung zum Ausdruck, die stimmig zur familienstrukturellen Ausgangslage paßt. Max, der den moralischen Zugang der Mutter zu Problemen der Erziehung in dessen aktivistischem Aspekt zwar stets bewunderte und gegenüber seinen Geschwistern stellvertretend übernahm, jedoch zugleich in dessen affektiver Unbestimmtheit die Einsamkeit des unerreichten Kindes zu spüren bekommen hat, bleibt gegenüber beiden Eltern in einer affektiven Distanz, die zu überbrücken die intellektuelle Anstrengung ermöglichen soll.

Somit wird Distanz bei konstanter Selbstzurechnung des Verhaltens die Ausgangsbedingung für die spätere Intellektualisierung, und zwar sowohl im Habitus der Person Max Weber als auch im Entwurf seiner Theorie. Das ihm verhaßte lutherische Weltbild, seine heroische Strenge ist die spezifische Antwort auf die Begabungszumutung, als die Max, zusätzlich motiviert durch die Primusstellung in der Geschwisterreihe, das sozialisatorische Klima seines Elternhauses erfährt.

Die Familienkonstellation, vor allem die Position des ältesten Sohnes, bestimmt Maxens Partnerwahl, in der sich die hohe Loyalität zur Herkunftsfamilie reproduziert. Sie vollzieht sich im Kontext des großverwandtschaftlichen Partikularismus, fügt sich einem Arrangement und entwickelt in der Folge eine zwar normativ symmetrische, faktisch hingegen wechselseitig karitative bzw. pädagogische Form der Paarbeziehung. Die Kommunikation in der Partnerbeziehung unterliegt einer spezifischen Hemmung, die zwar nicht den wechselseitigen Respekt infolge des bei beiden Partnern hoch internalisierten Autonomieentwurfs und einem gemeinsamen Interesse am intellektuellen Erschließen der Welt beeinträchtigt hat, jedoch mit dem Preis affektiver Distanz und Angestrengtheit zu bezahlen ist. Die Distanz zur Naturwüchsigkeit sozialer Interaktion, die den Umgang kennzeichnet, scheint noch in dem späten gemeinsam jedoch nicht mehr realisierten Bemühen durch, die Kinder von Max Webers Schwester zu adoptieren.

2. Die Familie Einstein ist wie viele jüdische Familien in ihrer sozialen Existenz in einem erheblichen Ausmaß von besonderen geschichtlichen Voraussetzungen geprägt. Hierzu gehört als generationenübergreifende Ausgangsbedingung das Leben in der Diaspora, verbunden mit der Tradition einer innovationsoffenen Anpassungsbereitschaft, die im Ortswechsel ihren Ausdruck findet.

Unter diesen Bedingungen bildet sich eine Form der Sozialintegration heraus, für die ein betonter und zugleich defensiver Gruppenzusammenhalt charakteristisch ist. Familienstrukturell bedeutsam ist hieran die scharfe Grenzziehung zwischen Binnenmoral und Außenmoral mit der Folge, daß sich im Binnengefüge der Familie eine hohe soziale Kohäsion ergibt, die wesentlich von der solidarischen Gattenbeziehung der Eltern getragen wird. Das Verhältnis zwischen Eltern und Kindern ist in die jüdische Gemeinschaft und in das dort gepflegte Zusammengehörigkeitsgefühl eingebunden. Die Transposition des religiösen Kultes in den alltäglichen Lebenszusammenhang bewirkt eine scharfe Trennung mütterlicher und väterlicher Einflußsphären, die noch in solchen Familienkonstellationen wie denen der Einsteins, die der Orthodoxie des Glaubens abgeschworen haben und jeweils im lokalen Milieu sozial vernetzt sind, deutlich wird. Infolge der traditionell starken Ausrichtung auf Intellektualität und Erkenntnissuche entsteht ein sozialisatorisches Klima, das der Entfaltung künstlerischer und wissenschaftlicher Begabungen förderlich ist, allerdings um den Preis einer abstrakten Wertverinnerlichung, der gegenüber lebenspraktische und konkret gemeinschaftliche Verpflichtungen nachrangig werden.

Diese Konstellation treffen wir in der Biografie Albert Einsteins an. Die wechselseitige intellektuelle Faszination im neutralen Diskursmilieu der Universität begründet die Zuneigung und spätere Heirat mit seiner ersten Frau Mileva. Die Affektivität des Paares ist durch eine wissenschaftliche Kollegialbeziehung eingeleitet und erweist sich als wenig belastbar, als die Anforderungen der Elternschaft hinzukommen. Die Ehe gerät in dem Moment in eine Anpassungskrise, in dem die ausschließlich im Wissenschaftskontext erfahrene Symmetrie des Verhältnisses durch die Geburt von Kindern und darüberhinaus durch äußere Ereignisse, vor allem durch die zunehmend asymmetrische Verteilung von beruflichen Gratifikationschancen und kulturellem Status, herausgefordert wird.

Die intellektuell vermittelte Zuneigung der Ehepartner verblaßt somit in dem Moment, in dem sie in der Öffnung auf leibhaftige Dritte unter einen lebenspraktischen Beweiszwang gestellt wird.

Einsteins hohe abstrakte moralische Sensibilität und Reflexionsfähigkeit, was die Moral menschlicher Beziehungen angeht, ermöglichen ihm, sich der Belastung in diffusen Sozialkontakten zu entziehen und vergleichsweise ambivalenzfreie Beziehungen aufzusuchen. Die Abfolge der biografischen Schritte, die Heirat einer milieufremden Kollegin, die Scheidung und Trennung von der eigenen Familie sowie die spätere Heirat seiner Cousine, wird vor diesem Hintergrund als eine Sequenz von Ambivalenzvermeidung stimmig interpretierbar. Sie erscheinen als der Preis für das Konzentriertsein auf die intellektuelle Sublimierung von Inkonsistenzen, die ihm im Bezugsrahmen seines wissenschaftlichen Weltbildes begegnet sind.

Die Herkunft beider Partner aus traditionalen Sozialmilieus, die auf den Solidarzusammenhang der Familie großen Wert legen, erklärt, warum es zur Familiengründung gekommen ist. Die Übernahme der Elternfunktionen bricht sich jedoch gerade an dem Lebensentwurf, der ermöglichen sollte, den traditionalen Partikularismus zu überwinden.

3. Auf einen weiteren Typus familialer und biografischer Synthese von Strukturen der Sozialität macht die Konstellation in der Familie Kempowski aufmerksam. Die weichenstellenden Vorgänge liegen in der Vorgeschichte der Partnerwahl der Eltern einerseits sowie in den äußeren Bedingungen der Lebenssituation andererseits. Hierbei wird die Sozialdisposition der Marginalität, die für den zugereisten Großvater Robert William Kempowski noch Bestandteil eines positiv gefaßten Identitätsentwurfs war und die Lebensführung als abwechslungsreich und zugleich erfolgreich getragen hat, zu einer biografischen Problematik des Sohnes Karl, der Marginalität als Hypothek in seine Ehebeziehung mitbringt. Die Beziehung seiner Eltern steht in einem hohen Maße unter dem Zwang, der Logik des beruflichen Handelns des Vaters den Primat einzuräumen.

Die Kinder aus der Ehe von Robert William sind nicht etwa in die Selbstverständlichkeit dieses Lebenskompromisses einbezogen worden, sondern führten gegenüber der absorbierenden Elternbeziehung ein Eigenleben mit nur oberflächlicher Orientierung an einer Einheit des Familienverbandes. Die Eltern verschließen sich gegenüber den Ansprüchen der Kinder, der Sohn Karl ist infolgedessen mit der impliziten Zumutung, die Marginalität gleichfalls als Lebensentwurf zu übernehmen, überfordert. Hierin liegt eine der Ausgangsbedingungen für die Reproduktion eines Affektivitätsmusters in der Ehe mit seiner Frau Margarete. Die Eheleute stimmen bei unterschiedlicher Motivierung darin überein, ihre eigene Beziehung als auch die Familienbeziehungen insgesamt nach außen abzuschließen. Bei Margarete verdankt sich diese Tendenz einer für ihre Lebensgeschichte und Frauen ihrer sozialen Herkunft typischen unbefangenen Weltauffassung, von der aus die Außenwelt staunend beobachtet wird. Für Karl kommt seine Verlegenheit, die psychischer Ausdruck der internalisierten Marginalität wird, der Selbstabschließung entgegen.

An dieser Familienkonstellation ist die bürgerliche Version von Privatheit bemerkenswert. Sie zeigt sich vor allem in der Wahrnehmung von Sozialität. Diese erscheint im Familiengespräch als Kuriosum, als eine Konstellation von Ereignissen, denen man sich staunend zuwendet oder die man im Hinblick auf ihre Hintergründe ignoriert. Sie ist jedenfalls als eine Demonstration willkommen, die Grenze zwischen Familie und Welt so zu ziehen, daß das, was außen geschieht, durchgängig als eine Zumutung an die trotzig der Realität entgegengehaltene Selbstgewißheit erscheint. Das Sammeln von Kuriosa tritt in der Lebensgeschichte des jüngsten Kindes als Wunsch auf, aus den desintegrierenden Folgen der relativen Weltindifferenz des Elternhauses eine Konsequenz zu ziehen. Der familientypischen Schließung der Wahrnehmung antwortet die Idee einer peniblen literarischen Ereignisdokumentation. Am Ende steht die Verberuflichung eines biografischen Konzepts der familiengeschichtlichen Selbstthematisierung. Hierin trifft sich der persönliche Identitätsentwurf mit einem Spezifikum des deutschen bürgerlichen Habitus, der Selbstmusealisierung von eigenen Milieuerfahrung.

4. Das Leben der Familie Benek entfaltet sich im historischen Rahmen einer von Vertreibung und Mobilität diktierten Problematik sozialer Integration. Im Verhältnis der Generationen erfährt die Familie bedeutsame Verwerfungen der deutschen Sozialstruktur, die aufzufangen und behutsam in das Familiengespräch zu übersetzen, die Elternbeziehung überfordert ist. Die fragile affektive Solidarität im Gattensystem, das sich auf eine wechselseitige adoleszente Schutz- bzw. Treueerwartung gegründet hat und das sich in den ersten Ehejahren gegenüber den Erwartungen der Herkunftsfamilie von Johannes Benek nicht hat verselbständigen können, hat zur Folge, daß die orientierenden Strukturachsen des Familiensystems außer Kraft gesetzt werden, und in einem multiplen inzestuösen Übergriff kulminieren.

Im Binnengefüge weist die Familie Merkmale einer vormodernen paternalistischen Hausgemeinschaft auf, aber mit einem folgenreichen Unterschied zum historischen Vergleichstypus. Ebensowenig kann diese Familie auf ein innovationsoffenes Deutungsmuster zurückgreifen, wie es für andere wandernde Kulturen typisch ist. Zwar gilt die Pietätsverpflichtung, hingegen ist die elterliche Fürsorgeverpflichtung wirkungslos geworden. Unter den erschwerten Anpassungsbedingungen der Familie bei Eintritt in die Sozialstruktur Westdeutschlands erfährt die Gattenbeziehung eine Transformation, die die Mutter in die abhängige Position eines weiteren Kindes einrückt und den Vater zunächst in der Selbstdeutung bestätigt, einzig und allein für seine Familie verantwortlich zu sein, so wie es zur angestammten Tradition seines Herkunftsmilieus gehörte. Der allzuständige vormoderne Paternalismus mit der Autorität des Vaters und der „Solidarität nach außen und kommunistische(r) Gebrauchs- und Verbrauchsgemeinschaft nach innen" (Max Weber) geht jedoch nicht nur auf Distanz zur Umgebung, sondern verstrickt sich in dem Maße, in dem berufliche Mißerfolge des Vaters dessen Position schwächen, in Widersprüche. In der Folge verschiebt sich die Familientriade in eine Richtung, die die Töchter zu Gattensubstituten werden lassen.

Die Fragmentiertheit der Elternbeziehung sowie die Außenorientierung des Vaters, die sich zunehmend durchsetzt und zu einer immer nur transitorischen, und dabei nicht vorhersehbaren Anwesenheit führt, leitet Versuche ein, den Verpflichtungscharakter sozialer Beziehungen zu leugnen. Die Abgabe der Töchter und Söhne wird hinausgezögert bzw. ausdrücklich verweigert. Die Familie rückt in ihrer binnenstrukturellen Verfassung an ein soziales Extrem, sie praktiziert Autarkie auf Kosten der Autonomie der Mitglieder.

5. In der fünften Fallgeschichte stoßen wir auf Folgeprobleme einer gehemmten Zuwendung, die über den engeren Handlungsraum des Familiensystems hinausweisen. Am Beispiel einer Familie aus einem vorbürgerlichen Sozialmilieu mit einer armutsbedingten Tendenz zur Anomie läßt sich die Entwicklung einer Biografie verfolgen, die auf die uneingeschränkte Solidarität eines Familienzusammenhangs nicht hat zurückgreifen können. Die mangelnde Vorbereitung auf den kompetenten Umgang mit außerfamilialen Beziehungen läßt den Jugendlichen Kevin Bloomke in Kontexte geraten, die seine früh angelegte ambivalente Einstellung zu Menschen ignorieren, kurzfristig aufgreifen oder magisch kontrollieren.

Hierbei ist strukturgenetisch bemerkenswert, daß die rasch aufeinander folgenden Familiengründungsversuche der Mutter einem Muster folgen, bei der die Partnerwahl jedes Mal mit einer extremen Schließung der Beziehung einhergeht und die Position des ältesten Kindes, das qua Position in der Geschwisterreihe objektiv an die „Ausgangssituation" erinnert, jedesmal erneut geschwächt wird.

Die wechselnden Partnerschaften seiner Mutter erscheinen aus der Perspektive des Kindes jeweils als eine Ausgrenzung, so daß der sozialisatorisch bedeutsame Solidarzusammenhang einer Familie für das heranwachsende Kind an Verläßlichkeit einbüßt. Die Stiefkindkonstellation ist deshalb so folgenreich, weil Kevin den trotz ihrer negativen Erfahrung unerschütterlichen Optimismus seiner Mutter zwar erfährt, jedoch miterleben muß, daß die neuen Partner ihre Zuwendung auf seine Person nicht ausstrahlen lassen. Als Ausgeschlossener beginnt er daraufhin die Odyssee eines marginalisierten Menschen, der die verschiedenen betreuerischen Stationen, die er als hektische Bemühtheit um sein Schicksal erlebt, nicht etwa als Individuierungschancen nutzen kann, sondern als wiederholten Beweis für seine soziale Exklusion begreift. Die grelle Exaltiertheit seiner Eskapaden, die in abenteuerlichen Fahrten im Wohnmobil einen prägnanten Ausdruck finden, folgen einer infantilen Sehnsucht nach familialer Geborgenheit, der er doch immer wieder entrinnt, weil er in einem selbstreferentiellen Prozeß der Wahrnehmungsselektion ihr jeweiliges Erfülltsein an zu hohen Maßstäben mißt. Seine Enttäuschungsangst, im mobilen Immobilismus einer Straßenjungenexistenz folgenreich inszeniert, wird schließlich in einem jugendpolitisch legitimierten Milieuwechsel in Gestalt einer pädagogischen Landkommune aufgefangen. Hier findet er einen brüchigen Halt um den Preis einer hohen sozialen Isolierung und der Fügsamkeit gegenüber einer charismatischen Gruppensituation.

4. Wie die Familie entsteht: eine strukturtheoretische Skizze[1]

Welche Konsequenzen sollen aus den in manchem heterogenen und kontingenten Fallanalysen gezogen werden und welchen Perspektiven hat eine Soziologie der Familie zukünftig Rechnung zu tragen? Das sind Fragen an die Aussagekraft der Einzelstudien, die im folgenden auszuloten sind und die ich abschließend zum Anlaß nehme, Konturen einer *strukturtheoretisch* angelegten Familiensoziologie zu diskutieren.

Will die theoretische Reflexion im Anschluß an Max Webers Diktum, „daß die Sozialwissenschaften nicht aus dem Bannkreis der ‚Kulturprobleme‘ ihrer Gegenwart heraustreten können“, von Gegenwartsfragen ihren Anfang nehmen und dennoch eine Bedeutung für die Analyse früherer Epochen beanspruchen, so geht es um eine Abstraktionsleistung, die der Sache gerecht wird und die - wie immer bei Theorien - Vergleiche ermöglicht. Familien bilden Kommunikationssysteme eigener Art. Von anderen Sozialsystemen unterscheidet sie eine hohe Interaktionsdichte, ein besonderes Verhältnis zur historischen Zeit, eine hohe Leibgebundenheit ihres alltäglichen Austauschs sowie eine hohe Personorientiertheit der Beiträge. Zur hohen Komplexität dieses Handlungsraums gehört des weiteren, daß seine Wirkungsgesetze weder an die leibhaftige Präsenz der Personen gebunden ist noch umgekehrt die leibhaftige Absenz von Personen nicht heißen muß, daß eine entsprechende kommunikative Funktion nicht ausgebildet wird. Die Zuschreibung von Funktionen kann sich auf die Familie als Personenverband nicht oder zumindest nicht ausschließlich beziehen. Hier hat die Familiensoziologie einen differenzierteren Zugriff zu wählen. In den Worten von Lévi-Strauss, gilt es das Familienhandeln als eine „totale soziale Tatsache“ ins Bewußtsein zu heben. „Sie muß die eigentlich soziologische Dimension mit ihren vielfältigen synchronischen Aspekten, die historische oder diachronische Dimension und die physiologisch-psychologische Dimension zur Koinzidenz bringen.“[2]

Versucht man, dieser Perspektive zu folgen, ohne den Kategorienfehler der Rollentheorie zu wiederholen und ohne sich im Institutionalismus der Systemtheorie zu verfangen, dann muß man sich von der nominellen Einheit „Familie“ bzw. „Kleinfamilie“ lösen und die begriffliche Arbeit an der strukturellen Achse des Systems, an der *Affektivität in der Zweierbeziehung von Mann und Frau* beginnen.

---

[1] Erheblich erweiterte Fassung einer Arbeit zur Liebe des Paares (Allert 1996a), erschienen in „System Familie“.

[2] Lévi-Strauss (1974, 20).

Diese theoriestrategische Entscheidung ist schon bei Parsons angelegt, der ausführt, „daß das *eheliche Band* in einem ganz eigenartigen und in anderen Systemen nicht in gleicher Weise anzutreffenden Sinne den *strukturellen Grundstein des Verwandtschaftssystems* (Hervorhebung von mir - TA) in unserer Gesellschaft bildet.“[3] Diese Engführung auf die Ehe ist jedoch nicht zwingend. Sie ist als eine Frage nach den kommunikativen Voraussetzungen und dem dynamischen Potential der Liebe umzuformulieren. Damit kommen wir zu Simmel, in dessen Urteil die Liebe *„zu den großen Gestaltungskategorien des Daseienden gehört.“*[4] Das Sozialsystem Familie erschließt sich paradoxerweise über einen Umweg, über die Dynamik „vorfamilialer“ Affektion. Das erfordert eine Abstraktion von der anschaulichen quantitativen Bestimmtheit (Simmel) der Familie als Gruppe. Die Frage der Personenzusammensetzung wird erst in einem zweiten Schritt bedeutsam.

Daß es möglich ist, sich auf eine Strukturbestimmung der Intimität zu konzentrieren und die Erörterung ihrer handlungslogischen Merkmale an den Anfang zu stellen, hat, daran sei im Horizont der Fallstudien noch einmal erinnert, seinen Grund in der historischen Entfaltung von Familiensystemen, die mit der Autonomie des liebenden Paares und dem hierin möglichen Verzicht auf Kinder einen Höhepunkt erreicht hat. Die folgende Skizze knüpft an den Gedanken an, daß erst die höchste Entfaltungsstufe eines Phänomens dessen theoretische Durchdringung möglich macht und dessen interkulturell oder intertemporal spezifischen Ausdrucksgestalten zuschreibungsfähig werden läßt. Der in diesem Zusammenhang wichtige Befund betrifft das Verhältnis von Familie und Verwandtschaft, das in der Moderne normativ entkoppelt ist. Die multilineare Symmetrie in den Verwandtschaftsbeziehungen bedeutet nicht nur, daß die Loyalitäten zur Herkunftsfamilie der Partner geschwächt werden, vielmehr wertet dieser Vorgang die Liebe des Paares auf. Die Verpflichtung, sich zu lieben, tritt an die Stelle der Fügsamkeit gegenüber dem Arrangement, dem mehr oder weniger ausdrücklich verabredeten großfamilialen Kalkül in den Bahnungen von Schicht und Klasse. Das erhöht nicht nur den Semantikbedarf (i.S. Luhmanns) Liebender, sondern setzt vor allem eine Vielfalt sozialer Strukturmuster des Liebens frei, ja macht überhaupt auf die Liebe als Kommunikation aufmerksam.

Mein Interesse richtet sich auf den Nachweis, daß die *Struktur der affektiven Dyade die Öffnung zur bzw. Schließung gegenüber der Interaktionstriade* gleichermaßen zuläßt und daß sich die Vielfalt der Handlungsmuster in Paarbeziehungen aus dem dynamischen Potential des Dritten heraus erklären lassen. Diese Potentialität

[3] Parsons (1964c, 96).

[4] Simmel (1984, 19).

läßt sich zeigen, wenn man die Liebesbeziehung nicht von vornherein auf ihre reproduktive Leistung, auf den „tragischen Schatten“ (Simmel), den das Gattungsleben wirft, hin betrachtet, sondern ihre Merkmale gerade unabhängig von ihrem spezifischen Funktionsbezug herausarbeitet[5]. Das unterscheidet den folgenden Versuch von der Auffassung der „romantischen Liebe“ als einem historischen Deutungsmuster, die die strukturtheoretisch aussagekräftigen Anteile des Konzepts übersieht. Die romantische Liebe, die Idee affektiver Exklusivität und unbegrenzter Solidarität, macht auf die grundlegende Bedeutung dyadischer und triadischer Interaktion aufmerksam, die hier von großer Tragweite ist. Im Gegensatz zu Luhmanns lapidaren Urteil ... „So viel von Intimität, Intimbeziehungen und Ähnlichem gesprochen wird: Es gibt keinen theoretisch hinreichenden Begriff dafür“[6], scheint ein solches Vorhaben durchaus möglich, wenn man auf die Mikrostruktur diffuser sozialer Austauschbeziehungen abstellt und deren Bestimmung an den Anfang stellt[7]. Auf dieser Folie ergeben sich Anschlüsse an die Theorie von Lévi-Strauss,

---

[5] Die Furcht, mit einer derartigen Wende die Soziologie der Familie aus dem Auge zu verlieren, ist unbegründet. König (1969, 218) sieht schließlich schon, in Anlehnung an das Durkheimsche Kontraktionsgesetz, im Gattenpaar „die einzig permanente Zone der Familie (...)“. Im Kontext seiner zeittypischen pessimistischen Einschätzung der Familie wird der Vorgang der Entinstitutionalisierung als ein Übergangsphänomen interpretiert und mit der Hoffnung verknüpft, daß umfassende familiale Solidaritätsgefühle wieder in den Vordergrund treten würden. Der latente Widerspruch der folgenden Formulierungen, der bei König nicht aufgelöst wird, bildet den Ausgangspunkt der folgenden Überlegungen. “Wir haben nun schon früher sehen können, daß auf Grund bestimmter Entwicklungen (...) eine Form der Ehe entstanden ist, die nicht so sehr auf Familie ausgerichtet ist, sich vielmehr als eine rechtlich sanktionierte Form des Liebespaares darstellt. Diese Eheform gilt es nun, restlos von der Familie zu trennen, wenn man nicht die *Hinfälligkeit des Liebesverhältnisses* (Hervorhebung von mir - TA) in die Familie eindringen lassen will“ (König, a.a.O.143).

[6] Vielleicht wäre zu ergänzen, ... „wenn man von vornherein auf die historische Genese von Semantiken abzielt“. Luhmanns Studie ist ein Beweis dafür, daß eine derartige Zurückhaltung schon logisch unmöglich ist und deshalb ist es kein Zufall, daß die in der Systemtheorie verflachende Unterscheidung zwischen Struktur und Wissen doch zum Vorschein kommt: die romantische Liebe enthält die Bausteine für eine Theorie der Intimbeziehung. Das übersieht Luhmann systematisch. Zur Paarkommunikation siehe auch Kaufmann (1993).

[7] Luhmann schlägt bekanntlich, von Parsons herkommend, den Begriff der Interpenetration vor, und begnügt sich in „Liebe als Passion“ (Luhmann 1982) mit der Attributionstheorie. Diese reicht jedoch allenfalls aus, die bei personorientierten Sozialbeziehungen verschärfte Zurechnungsproblematik, die von der ständigen Spannung zwischen Handeln und Beobachten herrührt, zu erklären. Darüber hinausgehende Versuche bleiben bei Luhmann infolge der primär auf die Semantik abhebenden Perspektive ausgeblendet. Die nämliche Theorienthaltsamkeit bei gleichzeitig hohem Aufwand an Terminologie ist typisch für die

in dessen Arbeiten Formen der Verwandtschaft in ihrem Verhältnis zur Selbstreproduktion der Gesellschaft thematisch werden. Beide Autoren regen dazu an, die soziologische Diskussion der Liebe, die im beinah vergessenen Wortgebrauch als „Hingabe" angemessener bezeichnet wird, in den Sinnhorizont der *Gabe* (Mauss) zurückzuholen, aus dem sie entweder wissenssoziologisch verharmlost, psychologisch reifizierend oder feuilletonistisch schwärmerisch verbannt ist[8]. Daß hier die Mikrosoziologie in eine Nähe zum Strukturalismus gebracht wird, hängt mit dem gemeinsamen Interesse an Phänomenen sozialer Reziprozität zusammen, das Lévi-Strauss wie folgt formuliert:

> „Was aber ist diese Welt anderes als diejenige, deren annäherndes und niemals ganz gelungenes Bild das gesamte gesellschaftliche Leben zu konstruieren und zu rekonstruieren sich bemüht, diese Welt der Gegenseitigkeit, welche die Gesetze der Verwandtschaft und der Heirat in ihrer eigenen Sphäre mühsam aus Beziehungen herausschälen, die andernfalls dazu verurteilt wären, entweder unfruchtbar oder maßlos zu bleiben."[9]

Die Frage nach den allgemeinen Tauschregeln für den Übergang von der Deszendenz zur Allianz muß auch immer von der Innenseite her, von der Seite der Operativität, beantwortet werden. Ihr Medium ist die Liebe. Als Kommunikation ermöglicht sie beides, sie reguliert die Deszendenz und bereitet die Aufnahme von dauerhaften Beziehungen außerhalb des primären Handlungskontextes Familie vor. Für ein derartiges Bemühen liegt zunächst die Bezugnahme auf Simmel näher als die auf Freud. Bekanntlich sind die psychoanalytischen Beiträge zur Analyse der menschlichen Entwicklung sowie die in der Idee von Übertragung und Gegenübertragung formulierte Theorie der Objektbeziehung handlungslogisch unterbestimmt. Dahingegen widmet die Verwandtschaftstheorie von Lévi-Strauss, jenseits binär konstruierter polarer Strebungen, der Vielfalt affektiver Dispositionen wenig Aufmerksamkeit. Keineswegs sind diese Theorien unverträglich. Die programmatische Perspektive einer Synthese aufzuzeigen und Simmels Formalsoziologie als konzeptuelles Drittes einzuführen, ist das Ziel dieses Kapitels. Statt die angepeilte Systematik an

---

Anschlußversuche von Tyrell (1976, 1979, 1983, 1988b). Die familiensoziologische Diskussion findet in seinen Arbeiten die theoretisch gehaltvollste Artikulation des strukturfunktionalistischen Ansatzes vor, die allerdings in der Fixierung auf einen Institutionenbegriff darüber nicht hinausgefunden hat.

[8] Daß der Vorgang in eine komplexe Verpflichtungslogik von Geben, Nehmen und Erwidern eingebettet ist, geht im versozialwissenschaftlichten Wortgebrauch, nach dem es nur noch um „Beziehungen" geht, leicht aus dem Sinn (Mauss 1975, 117).

[9] Lévi-Strauss (1981, 655).

dieser Stelle durchzuführen, genügt es, die sachliche Komplementarität festzustellen, die darin liegt, daß bei allen drei Autoren das *Handeln in diffusen Sozialbeziehungen als komplexe Wechselwirkung* verstanden wird. Simmels Thema der formalen Struktur menschlicher Sozialität und der Kreuzung sozialer Kreise greift auf die Gabe und den Tausch als elementare Operationen zurück, und in deren Horizont wiederum kristallisieren sich die von Freud thematisierten Objektbeziehungen heraus, die zu Handlungsdispositionen internalisiert werden.

Im Horizont der Fallstudien muß sich die Arbeit an der Theorie mit einer programmatischen Skizze begnügen. Dazu beginne ich mit der Betrachtung der Liebesbeziehung als einer Ausdrucksform interaktiver Dyaden. Sie wird um diejenigen Dimensionen angereichert, die für die Analyse der Familie als Kommunikationssystem bedeutend werden. Auf dieser Grundlage geht es dann um die Frage nach der Rahmung und der Ontogenese des menschlichen Bildungsprozesses. Die abschließenden Bemerkungen zum Verhältnis von Familie, Verwandtschaft und Sozialmilieu greifen beispielhaft Entwicklungslinien der deutschen Situation heraus.

4.1 Die Konstitution der Dyade

Im strukturalistischen Horizont ist Simmel mit seinen mikrosoziologischen Arbeiten als Theoretiker der *elementaren Formen sozialen Lebens* zu bezeichnen. Das gilt für die Studie über das Abenteuer, das Geheimnis und die Diskretion, den Streit, die Über- und Unterordnung, die Koketterie[10], über Treue und Dankbarkeit, den

---

[10] Nehmen wir als Beispiel für eine strukturalistische Lesart Simmels die Koketterie, in der die für Intimbeziehungen konstitutive Synchronizität von Versagen und Gewähren Thema und als eine den Frauen zugeschriebene Interaktionsmodalität entworfen wird. Demgegenüber läßt sie sich ohne Mühe als eine materiale Qualität von Intimbeziehungen umschreiben. Koketterie kann dann a) sowohl eine reproduktive Struktur in einer empirischen Beziehung werden - im Extrem bis zur hysterischen Kommunikation, für die das gleichzeitige Ja und Nein konstitutiv ist, oder b) ein Bestandteil von Intimität werden, und zwar in der Bandbreite ihrer möglichen Verfeinerung, so wie Simmel sie beschreibt: schmeichlerisch, verächtlich oder provokant. Beides ist abhängig von der Frage, ob und in welchem Ausmaß die Koketterie als ein Bestandteil der Zuwendung und Abwendung verfügbar ist. Entscheidend ist Simmels Unterscheidung: Als Spiel differenziert die Koketterie die Struktur der Zuwendung, als Ernst erzeugt sie Abhängigkeit und Befangenheit. Derart übersetzt, zeigt sich, daß entgegen der Simmelschen Zuschreibung männliche Koketterie gleichermaßen möglich ist. Sie erweist sich als eine Modalität der Kommunikation. „Wo hier indes von Gewähren und Genuß, von Ja und Nein die Rede ist, bezeichnet dies die allgemeinen Formen jedes Verhältnisses, die sich mit den sittlich und ästhetisch höchsten wie niedrigsten Inhalten füllen“ (Simmel 1983, 99).

Schmuck, über die Soziologie der Sinne, besonders über den Blick. Hier liegen Argumente bereit, die vor allem für eine Grundlagentheorie sozialen Handelns furchtbar gemacht werden können, die von der sozialitätsstiftenden Funktion primärer Gemeinschaften ausgeht. Simmels Bedeutung für die Familiensoziologie ergibt sich von daher wie von selbst[11]. Seine Beiträge zur Soziologie der Geschlechterbeziehung und zur Soziologie der Liebe sind trotz der allgemein gestiegenen Aufmerksamkeit auf das Thema nur unvollständig rezipiert worden[12]. Auch hieran ist das differenzierte Panorama interpersonaler Grammatiken beeindruckend, das gleichsam nebenbei entsteht[13].

Das Grundgerüst seiner Soziologie interessiert im folgenden im Hinblick auf die Tragfähigkeit für die Analyse der Geschlechterbeziehung, wobei uns entgegenkommt, daß Simmel die psychosozialen Implikationen der Dyade, der „Zweizahl", vor allem an der Gattenbeziehung diskutiert[14]. Diese gerät dadurch dennoch nicht

---

[11] Hierin steckt eine Anspielung auf die strukturalistische Tradition, die Simmels Soziologie deutlicher akzentuiert als die üblich gewordene Bezeichnung als „Formalsoziologie", die auf Tenbruck zurückgeht (Tenbruck 1958). Daß die französische Version und die deutsche Version strukturalen Denkens gerade im Hinblick auf Mikroprozesse und deren Übersetzung in die konnubial bestimmte „Kreuzung sozialer Kreise" aufeinander zuarbeiten - ein Umstand, der im übrigen Durkheim früh auf die Arbeiten Simmels aufmerksam werden ließ (Gülich 1992) - ist für die Familiensoziologie bedeutsam.

[12] Der Einwand, Simmel sei den Frauen nicht freundlich gesonnen, sitze den Vorurteilen der Zeitkultur auf, romantisiere die Ganzheitlichkeit weiblicher Perspektive etc., läßt sich schwerlich entkräften, schließlich entstehen seine Schriften vor dem zeittypischen Hintergrund einer im damaligen Deutschland verbreiteten Skepsis gegenüber der Emanzipation der Frau. Diese jedoch positiv deutend und darüber hinaus mit einem idealisierenden Begriff von Weiblichkeit unterstützend, macht Simmel engagiert zu seinem Thema.

[13] Diese Lesart seiner Soziologie könnte dazu beitragen, *Simmel aus dem Schatten der Goffmanschen Mikroraumanalysen zu lösen* - eine Perspektive, die Luhmann, der Simmel umfangreicher rezipiert hat als es in den sporadischen Hinweisen zum Ausdruck kommt, klar erkannt hat. Simmels Modernität liege darin, daß er „in knappen, aber sehr subtilen Analysen (zeige), daß in der interpersonalen Beziehung Abstraktionszwänge wirksam werden, die ihrerseits wieder Konstitutionsbedingungen sind für das Entstehen von Individualität"(...) "Daß jede Person teils rein persönlich, teils sozial konstituiert wird und daß sie genau dies auch am anderen wahrnimmt, gilt ihm als Konstituens der Gesellschaft bzw. in der genaueren Terminologie: als Bedingung der Möglichkeit gesellschaftlicher Formen" (Luhmann 1981, 256). Die Rezeptionsgeschichte seines Werkes ist durchzogen von einer ambivalenten Einstellung und von einer bis in die Anfänge der deutschen Soziologie reichenden Überbetonung des Personalen. Erst in jüngster Zeit werden, im Zuge der Neuedition seiner Arbeiten, die „Strukturprinzipien" (Nedelmann 1984; 1992) seines Denkens herausgearbeitet.

[14] In der familiensoziologischen Literatur taucht Simmel bis heute mit Ausnahme der Arbeiten von Tyrell nur sporadisch auf. Handlungsfolgen, die eine Öffnung von der Dyade

systematisch in den Vordergrund. Im Gegenteil liegt der Vorteil der Argumentation gerade darin, deren formale Struktur ohne Rekurs auf die empirisch dominante Füllung der heterosexuellen Paarbeziehung zu entfalten.

Wenn Paare zusammenkommen, geht es um Kommunikation. Das gilt für jeden Moment, für Reden und Schweigen, für die Sprache der Körper, für Anwesenheit wie für Abwesenheit, für Tisch und Bett. Jede Liebesgeschichte kennt das Abzählen der Blütenblätter. In der Frage, wie kommuniziert wird, wird dieses Spiel ständig gespielt, auch ohne daß die Beteiligten sich ausdrücklich des Ritus bedienen. Liebende beobachten sich selbst und die Qualität ihrer Empfindungen. Den Personen wie der von ihnen verursachte Beziehungsqualität gilt ihre Aufmerksamkeit. Das hängt mit der Subjekthaftigkeit der Partner als Medium und zentraler Zurechnungsinstanz des ununterbrochenen Austauschs zusammen.

In seinen Ausführungen über die „quantitative Bestimmtheit der Gruppe" hebt Simmel als entscheidende Qualität der Dyade hervor, daß die Akteure in einem hohen Maß auf eine mit ihrer eigenen Person unmittelbar verknüpfte Strukturierungsleistung angewiesen sind[15]. Zweierbeziehungen gründen sich auf eine erhöhte Aktivität, eine Zumutung, für Dauer und Güte des Verhältnisses verantwortlich zu sein. Die Vorstellung, ohne ein eigenes Engagement die Rahmenbedingungen des Handelns zu verletzen und den Abbruch zu riskieren, verleiht den Dyaden „einen Ton von Gefährdung und von Unersetzlichkeit (...), der sie zu dem eigentlichen Ort einerseits einer echten soziologischen Tragik, andererseits einer Sentimentalität und elegischen Problematik macht."[16]

Eine wichtige Ausgangsbedingung für den Eintritt in eine Dyade liegt demnach in der Individualität der Beteiligten, die als ein Ergebnis von Bildungsprozessen in einer komplexen Brechung auf die Solidarform zurückwirkt. Die Reziprozität des

---

zur Triade nach sich ziehen, hat Schütze (1994) einprägsam analysiert, allerdings läßt sich ihre Schlußfolgerung, aus der Dauerproblematik triadischer Eltern-Kind-Beziehungen ein Argument gegen den parsonianischen Ansatz machen, nicht nachvollziehen. Die Perspektiven sind vielmehr ineinander übersetzbar.

[15] Simmels strukturalistische Programmatik wird in der Fußnote 1 ausgebreitet: „Jeder bestimmten Zahl von Elementen entspricht je nach dem Zweck und Sinn ihrer Vereinigung eine soziologische Form, eine Organisierung, Festigkeit, Verhältnis des Ganzen zu den Teilen usw. - die mit jedem dazukommenden oder abtretenden Element irgendeine, wenn auch nur unermeßlich kleine und nicht feststellbare Modifikation erfährt. Da wir aber nicht für jeden dieser unendlich vielen soziologischen Zustände, selbst dann, wenn er uns in seinem Charakter meßbar ist, einen besonderen Ausdruck besitzen, so bleibt oft nichts übrig, als ihn aus zwei Zuständen - der eine gleichsam mehr, der andre weniger besagend - zusammengesetzt zu denken" (Simmel 1908, 54).

[16] Simmel (1908, 60).

Gebens, Nehmens und Erwiderns ist nur unter der Bedingung persongebundener Kommunikation auf Dauer zu stellen. Nur wer sich hat, kann sich geben, wer die eigene Person in ihrem Verhältnis zur Welt betrachten und dies artikulieren kann, wird attraktiv für den Anderen. Es mag sein, daß erst Kuß und Umarmung das reflexive Verhältnis zur Geschichte der eigenen Besonderung auslösen, fortan ist jedoch die Reflexivität für das Gelingen der Zuneigung und für die Selbstfortsetzung der Kommunikation entscheidend.

Wie die Identitätstheorien im Anschluß an Mead und den symbolischen Interaktionismus herausstellen, erreicht jede Biografie eine Synthese aus den auf der Ebene der sozialen Identität auftauchenden Inkonsistenzen durch Individuierung[17]. Sie ist eine spezifische Lösung von Inkonsistenzproblemen, die sich aus der Tatsache ergeben, daß Handelnden in jeweils unterschiedlichen Handlungskontexten unterschiedliche und zumeist widersprüchliche Erwartungen zugemutet werden. An deren Folgen zerbrechen sie dann nicht, wenn es ihnen gelingt, eine übergreifende, Handlungskrisen vermittelnde Synthese stimmig zu vertreten[18]. Die personale Identität bezeichnet demnach eine prinzipiell erfahrungszugängliche und modifizierbare Selbstdefinition des Handelnden.

Liebe greift hierauf zurück und unterscheidet sich von allen anderen Formen der Interaktion dadurch, daß sie die Geschichtlichkeit bisheriger Erfahrungen, die leibgebundene Expressivität der Person in einem zurückgreift. Die Kehrseite dieser hohen Inanspruchnahme von Identität und hohen Gestaltungsoffenheit der Beziehungen zeigt sich darin, daß sie die Kontrolle über die Geltungsgründe gerade ungeregelt läßt und der Autonomie der sie tragenden Personen überantwortet. Das erklärt die hohe kommunikative Fragilität der Beziehung. Alles ist möglich als Bezug auf den Anderen, der Individualität ist die vielfach beschriebene Unbegrenzt heit der Aktivitäten geschuldet, und beweispflichtig ist derjenige, der verschweigt oder gar sich selbst als Geheimnis hütet. Bemerkenswert ist an der Liebe, daß die Exklusivität individueller Sichtweisen illegitim und übersetzungsbedürftig, aber zugleich, wie im folgenden gezeigt werden soll, erforderlich ist[19].

---

[17] Vgl. Mead (1968, 177 ff. und 1969, 213 ff.).

[18] Zur soziologischen Theorie der Subjektkonstitution aus der Perspektive Meads siehe die Arbeiten von Oevermann (1979, 1991).

[19] Hier stößt man auf den Simmelschen Gedanken einer in sozialer Interaktion schlechthin wirksamen Geheimnisbildung. Die interaktiven Folgen der Geheimnisbildung behandelt Simmel analog seiner Behandlung des Verhältnisses von Zweizahl und Dreizahl. Sachlich gehören beide Aspekte zusammen. Es spricht viel für die These, daß beides theoriegeschichtlich auf die Familie als gemeinsamen Ursprungskontext verweist. Vgl. zur Soziologie der Geheimnisbildung die handlungstheoretische Lektüre bei Nedelmann (1985, 1994).

In der Liebe des Paares, so kommt als ein weiteres Merkmal der Kommunikation hinzu, verlangen sich die Partner aufgrund des Entwurfscharakters ihrer Biografie eine hohe soziale Sensibilität im Umgang mit dem Problem der Aufrichtigkeit und des Vertrauens ab. Vertrauen wird immer vorausgesetzt, ohne daß seine Beweise eingeklagt oder ein für allemal abgenommen werden können. Die soziale Komplexität des Vertrauens in Liebesbeziehungen kommt darin zum Ausdruck, daß es zugemutet wird und dennoch über standardisierte Evidenzbeweise nicht demonstrierbar ist. Sogar die moderne, auf die Individualität und Bestätigung der Einzigartigkeit ausgerichtete Liebe kommt ohne das Gebot, aufrichtig zu kommunizieren, nicht zustande bzw. büßt im Falle von dessen Verletzung ihre Grundlagen ein. Deshalb bleibt die Frage, wie ernst es mit der Liebe gemeint ist, wie verläßlich die Schwüre von Treue sind, akut und wird in der Konsistenz des Handelns beantwortet, selbst wenn die Partner sich in einer naiven Routine mit der Differenz des Anderen arrangiert haben. Unsicher und zugleich auf Vertrauen angewiesen zu sein, mag dazu führen, daß die Partner sich einen außerhalb ihrer Individualität liegenden Eigenwert - die Idee der Ehe etwa oder die Zumutung von Treue als einer Pflicht - kreieren, an dem zu orientieren sie sich entschließen, um nicht in den destabilisierenden Sog reiner intimer Wechselwirkung zu geraten. Ungeachtet derartiger Rückgriffe auf normative Vorgaben oder rechtliche Stützen bleibt der Gestaltungszwang für das Paar bestehen[20]. Gerade die Qualität der Beziehung wird zum Maßstab, an dem Liebende prüfen, wie aufrichtig das Bekenntnis zum anderen ist. Und dieser Maßstab ist von außerhalb nicht zu beziehen. Von hierher wird die Krux der Eheratgeber deutlich. Der soziologische Beobachter kommt bei der Analyse des Liebens ohne eine konstruktivistische Perspektive nicht aus, aber würden Liebende sie

[20] Hier liegt der Grund für die mißverständliche Verwendung des Institutionenbegriffs in der Familiensoziologie. Nimmt das Paar den beziehungsspezifischen Gestaltungszwang so auf, daß es eine öffentliche Zeugenschaft in Form der rechtlich kodifizierten Eheschließung in Anspruch nimmt, so impliziert dies nicht mehr als eine Rückversicherung für den Fall der tatsächlichen Auflösung. Die institutionelle Qualität der Ehe tritt hingegen am Ort des Geschehens, im Binnenverhältnis der Liebenden, vollends in den Hintergrund und besitzt keinerlei Sanktionskraft gegenüber der Eigenlogik der intimen Kommunikation. Ja selbst das mit der Scheidung beginnende (Wieder)-Einrücken in einen institutionellen Bezugsrahmen, durch den die Partner sich als Rechtssubjekte in einer kontraktuellen Beziehung begegnen und als Eltern einen Parteienstreit um Umgangs- und Sorgerecht führen, läßt die historisch gewachsene Struktur des Verhältnisses unberührt. Siehe zur Problematik einer institutionalistischen Auffassung von Ehe und Familie die instruktive Arbeit von Honneth (1995), der in der philosophiegeschichtlichen Gegenüberstellung des Kantschen Rechtsbegriffs und des Hegelschen Sittlichkeitsbegriffs auf implizite Konzepte des gegenwärtigen rechtspolitischen Diskurses aufmerksam macht.

übernehmen, käme das einer Beziehungsfalle gleich[21]. Luhmanns These, Aufrichtigkeit lasse sich nicht kommunizieren, verkennt somit deren zentrale Funktion, es sei denn, man erklärt den virtuosen Umgang mit der Vermeidung von Aufrichtigkeit zum theoretischen Normalfall. Aber selbst hier würde noch der Satz gelten: *Aufrichtigkeit kann man nicht nicht kommunizieren*[22].

Die wechselseitige Zumutung, aufrichtig zu sein, macht gegenüber jeder Form eines rollenmäßigen Liebesbeweises, mithin gegenüber konventionalisierter oder auch pflichtfügsamer Zuwendung sensibel. Liebende begegnen sich vor diesem Hintergrund in Idealisierungen mit Spielraum für Überraschungen, ja hierin liegt eine wesentliche Grundlage ihres beziehungsspezifischen Optimismus. Idealisiert wird der Entwurf von Einzigartigkeit, der als prinzipiell zukunftsoffen konzipiert wird und dessen Anziehungskraft darin liegt, daß er latente Abhängigkeiten und psychosoziale Loyalitäten intransparent macht. Man liebt die Person, nicht deren Verwandtschaft. Ich komme darauf zurück.

Ohne das zur Geltung Bringen einer eigenen Geschichte der Besonderung, wird ein Strukturmerkmal von Zweierbeziehungen verletzt, die Historizität des eigenen Lebens und ihrer Abstimmung auf diejenige des Partners wird somit eine entscheidende Stütze des Verhältnisses. Sie initiiert den Prozeß der gemeinsamen Wirklichkeitskonstruktion und rückt das Zufällige des Zusammentreffens - warum gerade wir zwei? - in den Horizont des Verstehbaren.

---

[21] Und in die kann das Paar jederzeit, etwa beim Umgang mit schmutziger Wäsche, geraten. „Die Kunst besteht folglich darin, den Umstand der Erfindung und den konstruierten Charakter der Interaktionsregel zu vergessen und die Gewohnheit als gegeben und selbstverständlich anzusehen. Genauer, die Kunst besteht darin, das Schweigen zu brechen, wenn es gebrochen werden muß, und es anschließend vollständig wieder herzustellen“ (Kaufmann 1995, 235). Zum Konstruktivismus siehe Berger/Kellner (1965).

[22] Darin liegt gerade die nichthintergehbare Handlungsproblematik, daß die Aufrichtigkeitsfrage systematisch nicht getilgt werden kann, jedenfalls nur um den Preis des Verzichts auf das erste genannte Merkmal: die Exposition eines Entwurfs von Einzigartigkeit. Demgegenüber bezweifelt Luhmann die Kommunizierbarkeit und verweist kritisch auf die Bemühungen moderner Paartherapien um die Aktivierung des Gesprächs. „Dagegen sind, (...), heute therapeutische Vorschriften in Mode, die demgegenüber außerordentlich flach wirken, die einfach besagen: seid aufrichtig, und dann wird schon alles gut werden. Diese Rezepte im Visier, möchte ich eine Art Gegenappell oder einen historischen Gegenbeweis führen. Mir scheinen sie fragwürdig zu sein, so sehr sie mit unseren heutigen Moralvorstellungen übereinstimmen“ (Luhmann 1987, 64). Wenngleich der Skepsis gegenüber einer Tyrannei des Geredes zuzustimmen ist, bleibt doch erklärungsbedürftig, wie es systematisch zur Verwechslung kommen kann. Das kann die Systemtheorie nicht beantworten, da sie sich der Möglichkeit begeben hat, den Unterschied zwischen Gespräch und Gerede zu bestimmen.

Worin liegt nun das für jedes Paar gestellte Handlungsproblem, wenn wir den Gedanken hinzunehmen, daß die Beziehung wesentlich von der Individualität der Partner gestützt und kontinuiert wird?

Jede Intimbeziehung steht unter dem Zwang, die Differenz der Personen zu kommunizieren, ohne Gemeinsamkeit aufzugeben und die Gemeinsamkeit der Personen zu kommunizieren ohne den Verzicht auf Differenz. Diese allgemeine Zumutung erhält in der Intimbeziehung einen maximalen Entfaltungsraum und überflutet sie mit einem unerschöpflichen Potential von Geschichten. Die Biografie liefert das besondere „Material" der Differenzkommunikation.

Wenn auch die lebensgeschichtliche Besonderung der Person so trivial und selbstevident erscheint, daß eine kommunikative Anstrengung diesbezüglich den Partnern überflüssig vorkommt, so gilt doch, ihr in jeder Handlungssituation Ausdruck zu verleihen und für den Anderen erkennbar zu konturieren. Spiegelbildlich dazu ist die Gemeinsamkeit immer im Hinblick auf ihre Kehrseite, die Unterschiedlichkeit, thematisch und erzwingt den mitlaufenden Bezug auf den Anderen.

Wer sich verliebt, unternimmt dies im Hinblick auf eine nicht vorhersehbare Entwicklung, ja die jeweilige Lebensgeschichte bildet in ihrer prinzipiellen Offenheit ein wichtiges Material der Differenzkommunikation und ihrer Ergänzung, der Kommunikation von Gemeinsamkeit[23]. Der Zusammenhang mit der unhintergehbar notwendigen Exposition eines Entwurfs von Einzigartigkeit führt die Personen in der Unterstellung der Nichtsubstituierbarkeit zusammen, ein Gedanke, den Simmel mit der These von einer „soziologischen Tragik" intimer Beziehungen verbindet[24].

---

[23] Simmel bringt dies in der Formulierung zum Ausdruck, „daß Verhältnisse ihre Enge und Kraft eben an dem Ausbleiben von Differenzen zeigen (..) Daß in sehr intimen, den ganzen Lebensinhalt beherrschenden oder wenigstens berührenden Gemeinsamkeiten, wie etwa die Ehe ist, überhaupt keine Veranlassung zu Konflikten auftreten, ist ganz ausgeschlossen. Ihnen niemals nachzugeben, sondern ihnen schon von weitem vorzubauen, sie von vornherein durch gegenseitige Nachgiebigkeit abzuschneiden, ist keineswegs immer Sache der echtesten und tiefsten Zuneigung, kommt vielmehr gerade bei Gesinnungen vor, die zwar liebevoll, sittlich, treu sind, denen aber die letzte, unbedingteste Hingebung des Gefühls fehlt" (Simmel 1908, 207f.).

[24] Demgegenüber sind die Ausführungen von Giddens zu Intimbeziehungen unterbestimmt. Es zeigt sich auch hier der nämliche Irrtum. Die romantische Liebe wird als historischer Typus vom Typus der „partnerschaftlichen Liebe" abgegrenzt. Das ist theoretisch jedoch ungenau: „Im Gegensatz zur romantischen Liebe ist die partnerschaftliche Liebe nicht notwendigerweise monogam im Sinne sexueller Ausschließlichkeit. Die reine Beziehung wird - „bis auf weiteres" - dadurch zusammengehalten, daß die Beteiligten ausreichenden Nutzen aus ihr ziehen, so daß es „die Sache wert ist", sie fortzusetzen" (Giddens 1994, 74).

An zwei empirischen Extremfällen läßt sich dies anschaulich machen. Wird die Gemeinsamkeitskommunikation vereinseitigt, so gerät die Dyade an den Rand ihrer Belastbarkeit. Sie erliegt der Gefahr der „indiskreten rest- und schamlosen Hingabe, zu der die unbeschränkten Möglichkeiten intimer Beziehungen verführen" (Simmel) und begibt sich insofern ihrer eigenen Grundlagen, als die Differenz als eine *Differenz für und vor einem besonderen Anderen* hinfällig bzw. getilgt würde. Die für eine Paarliebe charakteristische Ausgrenzung gegenüber der Welt findet ihren übertriebenen Ausdruck in der symbiotischen *folie à deux*. Wird dagegen die Kommunikation von Differenz vereinseitigt, so laufen die Partner Gefahr, die Unterschiedlichkeit, aus der heraus sie sich kennen und lieben gelernt haben, in eine abstrakte Fremdheit zu überführen und ihrer beziehungsspezifischen Wirkung, der Neugier auf den partikularen Anderen, zu berauben. Das mündet in *emotional divorce*. Es ist wichtig zu sehen, daß infolge der Selbstwidersprüchlichkeit der beiden Kommunikationsmaximen beide Vereinseitigungen in der Dyade angelegt sind. Auf die besondere Bedeutung der libidinösen Besetzung der Körperlichkeit des Anderen komme ich noch zu sprechen.

Beiden Maximen gleichzeitig zu folgen, gelingt nur im Paradies, d.h. im theoretisch idealen Fall. Empirisch ist das nur annäherungsweise möglich. Die Muster und Verlaufsformen der praktischen Bewältigung, in denen sich Paare gegen Beruf und Arbeit, gegen die „Not des Lebens" (Freud) ausgrenzen, machen die Polymorphie der Liebe aus. Auch Adam und Eva werden ein Paar im hier gemeinten Sinn erst nach ihrer Vertreibung, nachdem sie sich in der Liebe als Einheit einer Differenz erkannt haben und zwar in der Auseinandersetzung mit der Allpräsenz eines Dritten[25].

Im genannten Kommunikationsproblem liegt einer der grundlegenden Faktoren für den *endogenen Wandel* von Intimbeziehungen. Die reziproke und nicht vollständig einzulösende selbstwidersprüchliche Zumutung wird unabhängig von dem Grad der Reflektiertheit, in dem die Beteiligten ihre Beziehung wahrnehmen, wirksam und hat mit Gebildetheit nichts zu tun. Man kann etwa mit Simmel fragen, „... ob das Maximum von Gemeinsamkeitswerten dadurch erreicht werde, daß die Persönlichkeiten ihr Fürsichsein gänzlich aneinander aufgeben oder gerade umgekehrt durch ein Zurückbehalten - ob sie sich nicht etwa qualitativ mehr gehören, wenn sie sich quantitativ weniger gehören"[26], aber hierbei eine Wahl zu unterstellen, verkennt das hier behauptete Dilemma.

---

[25] Siehe hierzu Allert (1996b).

[26] Simmel (1908, 268).

Worüber die Differenzkommunikation erzeugt wird, habe ich schon behandelt. Es geht jeweils darum, glaubwürdig und biografisch konsistent eine Differenz zum Anderen zu konturieren. Kriterien, die sich außerhalb der Liebesbeziehung als bedeutungsvoll, status- und prestigeträchtig und deshalb attraktivitätsfördernd erweisen, reichen dazu nicht aus. Hübsch, reich, klug und temperamentvoll zu sein, mag zu Beginn oder auch *in the long run* nicht ohne Bedeutung sein, derartige Qualitäten gelangen jedoch einzig in der Authentizität des Einzigartigkeitsentwurfs zur Geltung. Erst hier erfahren sie eine beziehungsspezifische Wertigkeit. Auch Königskinder können, wie allenthalben zu beobachten ist, trotz üppigem sozialem Herkunftskapital ohne diese Übersetzungsleistung zueinander nicht kommen.

Ob „Geborene“ oder „Geworfene“, entscheidend ist, daß Liebende sich in einer lebensgeschichtlich gesonderten Existenz exponieren, in der die genannten Merkmale eine Rolle spielen mögen, als Ausschmückung einer komponierten Individualität, aber nicht darüber hinaus.

Gerade in ihrer relativen Unabhängigkeit von äußeren Statuskriterien liegt im übrigen der Grund für eine Pluralisierung der Heiratskreise, die für die moderne Gesellschaft typisch geworden ist. Liebe kann in der einzig und allein entscheidenden Verklärung der Personalität des Partners Klassen- und Milieuschranken überwinden, weil sie den Fokus der Paarkommunikation auf eine extreme Steigerung von Differenz und Gemeinsamkeit legt.

> „Im Schutze der Ungewöhnlichkeit des Komplexes romantischer Liebe gleichen die Partnererwartungen sich an; und je befremdlicher ein Liebesgeschehen nach außen wirkt und je deutlicher es sich vom Normalverhalten absetzt, desto sicherer können die Verliebten sich wechselseitig gleiche Motive unterstellen, Differenz und Einstimmigkeit werden in ein neues Verhältnis wechselseitiger Steigerung gebracht.“[27]

Immer wird Individualität, und zwar als prozessuale Qualität, nicht als eine statische Größe, die einzige Ressource der Paarliebe. Aber erst und gerade in der Zuspitzung auf die Person wird sichtbar, daß wir es bei der Zuneigung immer schon mit einem dramatischen Aufeinandertreffen von Fremdheit und Kontingenz zu tun haben. Die in der Struktur des Verhältnisses eingebaute Nichterkennbarkeit des Anderen ist nicht etwa eine Anspielung auf die Blindheit, zu der die Liebe verurteilt, sondern auf die immer *nur relative* Selbstpreisgabe des Anderen, das „Geheimnis“ seiner Identität, die paradoxerweise mit der Individualitätszumutung zunimmt. Je mehr die Kommunikation des Paares die Selbstentwürfe der Person zur Grundlage hat, desto unsichtbarer wird die Liebe für die Liebenden selbst.

---

[27] Luhmann (1983, 185).

Die Fremdheit des Anderen, das belegt die Geschichte der Liebesbeziehungen eindrücklich[28], ist andererseits der Grund dafür, daß in der Liebe soviel erzogen wird. Die Domestikation läßt sich nicht nur allgemein an der Jahrhunderte währenden Verteufelung von sexuellem Genuß belegen, vielmehr schreitet sie auf leisen Sohlen in die Beziehung, nicht selten klopft sie als Sorge an. Die Frau rettet, der Mann rettet, sie erzieht, er erzieht, sie duldet, er duldet - all das ist aus den historisch durchgesetzten Mustern der Paarkommunikation bekannt. Um die Erfahrung der Fremdheit zu mildern, überläßt man sich gemeinsamer ständischer Herkunft, man vermeidet die Konfessionsmischung, pflegt die Segregation individueller Vorlieben oder man flüchtet in die Elternschaft. In der Einzigartigkeit des Anderen, die den Liebenden als Fremdheit erscheint, liegen somit Grenze und Beginn der Intimität, sie ist Provokation und Faszination zugleich.

Undurchsichtigkeit der Liebe

Gehen wir einen Schritt weiter. Die Liebe als Kommunikationsform bezieht ihren Reiz und ihre Dynamik aus der wechselseitigen Undurchsichtigkeit. Die Imperfek tion ist ihr humaner Ausdruck im Alltag. Die Liebe des Paares bemißt sich daran, daß sich die Partner der Dyade - gegengesteuert durch die Differenzkommunikation - auf eine von den Personen selbst zu füllende Ergänzung ihrer Einzigartigkeitsentwürfe beziehen. Nun sind der Stolz und die Selbstliebe Projekte der Idealisierung, die von faktisch in die Biografie eingelagerten Abhängigkeiten absieht bzw. ihrer Wirkung beraubt. Gemeinsamkeit ergibt einen Sinn nur für diese beiden Partner. Übersehen wird dabei leicht, daß das Leben zu zweit, so lapidar vollkommen es von außen betrachtet erscheinen mag, stets auf einer Konzentriertheit der Teilnahme gründet und gegen die interaktive Präsenz unbewußter dritter Akteure zur Geltung gebracht wird[29]. Die manifeste Dyade bildet nur die Oberfläche einer komplexen Konfiguration mit vielfachen Anschlußmöglichkeiten an die unvertraute Vorzeit der Partner. Von hierher läßt sich das für Intimbeziehungen geltende dynamische Ver-

[28] Statt vieler Einzelhinweise siehe Gay (1987).

[29] An dieser Stelle ergibt sich ein deutlicher Anschluß an die neuere Diskussion zur psychoanalytischen Theorie der Objektbeziehungen, die auf die dynamische Wirkung latenter Akteure aufmerksam macht. Die prominente Position hierzu findet sich bei Buchholz, der schreibt: „Nicht nur in sexuell-erotischer Hinsicht ist der Schluß erlaubt, daß wir es bei Paaren wohl nie mit nur zwei Personen zu tun haben; immer sind, in innerlicher Repräsentierung, andere konstitutiv anwesend. Die Herstellung der Zweierbeziehung ist, so gesehen, ein psychische und interaktive Leistung, die immer erst erbracht werden muß, vielleicht ein utopisches Ziel, das nicht erreicht, aber angestrebt werden kann“ (Buchholz 1993, 119f.).

hältnis zur individuellen Lebensgeschichte bestimmen. Die Liebe meint immer erste Wahl, sie kennt den Rückzugsvorbehalt nicht. Kopien sind ausgeschlossen und die Personen sind nicht austauschbar. Hier beginnt die hohe Komplexität des Kommunizierens. Zwar bringt die entweder phantasierte oder reale Substitution jede Intimbeziehung an den Rand ihrer Auflösung, aber gerade die latente Präsenz des Dritten zählt zu den Grundlagen ihrer Selbstfortsetzung. Dazu unten mehr.

Am Anfang erwartet man, im Anderen die Ergänzung eigener „Unvollständigkeit" zu finden. Selten - gelegentlich bei Jungehen - geschieht dies explizit, immer anschaulich wird es natürlich in der Anziehung der Geschlechter, kann sich jedoch davon auch lösen. Ebensowenig ist hier an ein psychisches Passungsverhältnis gedacht oder gar daran, daß die Suche nach der Ergänzung als ein bewußtes Motiv die Partnerwahl steuert.

Gegensätze ziehen sich an und wer von gleich zu gleich sich gern gesellt, stößt auf das hier angesprochene Problem früher oder später, gerade wenn zunächst die Gemeinsamkeit in der Selbstwahrnehmung dramatisiert wird. Entscheidend ist mithin eine relative „Unvollständigkeit" des eigenen Identitätsentwurfs wirksam, der in jeder Biografie mit dem Entwurf von Einzigartigkeit zur Synthese zu bringen ist. Ihre Nichtintegration läuft auf Konstellationen hinaus, bei denen die Partner dann die oben genannten Maximen zu wörtlich nehmen. Die Einzigartigkeit würde in diesen Fällen mit der Notwendigkeit kollidieren, mit dem Anderen zu teilen, wohingegen die zu wörtlich genommene Idee der Unvollständigkeit mit der Erwartung kollidieren würde, mit dem Anderen autonom eine Welt zu konstruieren. „Somit geht es, auch wenn es den Liebenden am Anfang so erscheinen mag, in der Liebe nicht um die ‚totale Kommunikation', nicht um thematische Konzentration möglichst aller Kommunikationen auf den Partner oder das Liebesverhältnis. Nicht Totalität, sondern Universalität des Bezugs wird erwartet im Sinne einer laufenden Mitbeachtung des Partners in allen Lebenslagen."[30]

Vor diesem Hintergrund kommt man zu einem weiteren zentralen Bestimmungsmoment der Liebe als Kommunikation. Es bezieht sich auf die Spannung zwischen Endlichkeit und Unendlichkeit der Lebensorientierung. Liebesbeziehungen sind *mit zeitlicher Terminierung unverträglich*[31] - und dies nicht wegen eines beziehungsspezifischen Treueschwurs, der aus dem religiösen Ritual in der Formel „...bis daß der Tod Euch scheidet" vertraut ist, sondern wegen des *Verhältnisses von Einzigartigkeitsentwurf der Person und der historischen Zeit*. Der Entwurf von Einzigartigkeit

[30] Luhmann (1982, 25).
[31] Vgl. hierzu auch Oevermann (1979, 167).

der Person wird in eine offene Zukunft kreiert und macht auch die Beendigung einer Paarkommunikation unkalkulierbar.

Eine einfache Überlegung mag die Vorstellung von der Nichtersetzbarkeit verdeutlichen. Paarbeziehungen lassen sich in ihrer Qualität und Wirkungsweise an *Anfang und Ende* als zwei kriterialen Phasen ihrer Existenz deutlich machen. Gehen wir zunächst auf die Anfangssituation ein. Die Erwartung einer zeitlichen Unbefristetheit stellt sich nicht etwa in einer besondere Phase der Entwicklung ein, so etwa, wenn beide glauben, es werde ernst, sondern strukturiert die Beziehung von Anfang an. Das läßt sich sogar beim kurzfristigen Abenteuer beobachten, also solchen Begegnungen, wo die Beteiligten von vornherein nicht auf Ewigkeit hin ausgerichtet sind.

Der im Blick kommunizierte berühmte Beginn einer Liebe und das ihm innewohnende erotische Potential, dem nicht zufällig eine weichenstellende Bedeutung zugeschrieben wird, weist auf das hier Gemeinte hin. Schon der Flirt macht die ausdrückliche Bezugnahme auf das strategische Kalkül eines vorausgeplanten Endes dem Anderen gegenüber riskant. Er setzt die begonnene Interaktion einer von Anfang an mitlaufenden Echtheitsüberprüfung aus, der sich auf die hier in Rede stehende zeitliche Ungewißheit bezieht, selbst noch in den Fällen, in denen die beginnende Zuneigung den Beteiligten als ein Spiel mit verteilten Rollen erscheint[32].

Was geschieht jedoch, wenn die Unterstellung ewiger Dauer - mit dem „Gefühl der Unersetzlichkeit“ (Simmel) als dessen innerpsychischer Repräsentanz - faktisch dementiert wird und das Paar sich trennt? Dazu ist folgender Vergleich hilfreich. Während beispielsweise die Kündigung eines Arbeitsverhältnisses dem Verzicht auf das zeitlich ohnehin befristete Angebot eines nur *selektiven Beitrags* gleichkommt und deshalb leicht zu verkraften ist, bedeutet das Verlassen einer Intimbeziehung, daß die Personen mit einem Scheitern ihres Einzigartigkeitsentwurfs konfrontiert sind. Wer sich trennt, mag sich die Situation mit dem Gedanken erträglich machen, durch den anderen getäuscht worden zu sein. Diese psychisch komfortable einseitige Sichtweise verkennt hingegen, daß es darum geht, sich eine Selbsttäuschung eingestehen zu müssen.

Abschied, Aufkündigung der Intimbeziehung, das belegt die Literatur zu Scheidung und Trennung umfänglich, ziehen deshalb eine *umfassende Erfahrungskrise*

---

[32] Die hier beschriebenen Vorgänge und Kommunikationszwänge bilden im übrigen die Grundlage des Heiratsschwindels. Zur Koketterie siehe Anmerkung 1. Als strategisch erzeugte Ambivalenz, als Hingabe bei gleichzeitiger Enttäuschung, spielt sie mit der Aufrichtigkeitsprämisse. Sie kann Liebesbeziehungen einleiten wie abwehren, aber stets enthält sie der Möglichkeit nach das Ganze der Liebe.

der Person nach sich. Schmerz und Trauer sind die typischerweise auftretenden und häufig nicht eingestandenen Reaktionen auf den Zerfall eines Lebensentwurfs. Die Desertion, jäh oder zäh, mit oder ohne Schuldzuweisung, mit oder ohne Alkohol, gehört zum empirischen Erscheinungsbild der verblichenen Liebe und ist so vielfältig wie diese selbst. Im Sinne der hier vertretenen These würde der Logik der Beziehung entsprechen, daß die Partner auch in den Formen der Beendigung des Verhältnisses auf einen beziehungsspezifischen Gestaltungszwang antworten. Das Ende ist demnach das letzte Gemeinsame der Beziehung, das eine Auseinandersetzung mit dem gescheiterten Entwurf von Einzigartigkeit erfordert und die Partner wieder in die abstrakte Differenz, in die „Zone der Gleichgültigkeit“ (Simmel) entläßt, die ohne die Trauer um einen Selbstverlust, also ohne die Verarbeitung einer Verlusterfahrung nicht denkbar ist[33].

Aber auch schon der mit kurzfristiger Abwesenheit versöhnende Abschiedskuß als ein vergleichsweise harmloses und hübsches Ende der Beziehung erfolgt im Sinnhorizont des hier behaupteten Umgangs mit der Zeitlichkeit. Er beschwört magisch die Kontinuität und Gemeinsamkeit, die sich bei räumlicher Trennung der Partner und deren zeitlicher Implikation, der objektiv möglichen Veränderung in der verstreichenden historischen Zeit zu bewähren hat[34].

Die Unterstellung ewiger Dauer, der „Unbeendbarkeit dieses Prozesses“ (Simmel) ist beziehungskonstitutiv, auch in moderneren Erscheinungsformen von Partnerbeziehungen wie der sogen. „seriellen Monogamie“. Weder leuchtet Luhmanns Schlußfolgerung ein, Intimität lasse sich nicht reproduzieren noch ist das Dux`sche Argument nachvollziehbar, es gebe so etwas wie ein natürliches Ende der wechselseitigen Bewunderung[35]. Konstruktivität und Instabilität verstehen wir vielmehr als

---

[33] Ein Gedanke, den die derzeit mit hohem professionellem Aufwand betriebene Mediationspraxis aufgreift. Aber auch dieses Verfahren bleibt, wie jedes Verfahren, gegenüber den dynamischen Wirkungen einer auf Unendlichkeit angelegten Beziehung stumpf und überzieht den Schmerz der Trennung mit einer eigentümlichen Zumutung von Gelassenheit und affektiver Neutralität.

[34] Alle Formen der sinnlich vermittelten, körperlichen Annäherung in der Intimbeziehung erfüllen diese Funktion. Wir streifen hier Simmels Soziologie der Sinne. Vgl. dazu Nedelmann (1994b).

[35] Jedenfalls klingt die empirisch vielleicht plausible, aber doch naturalistische These von der Sättigung theoretisch nicht überzeugend: „Ein derart geführtes Leben im Bannkreis des anderen ist ein Prozeß, der sich auflädt und gesättigt wird; das gleiche gilt für das Verstehen. Irgendwann muß man auch verstanden haben, wer der andere ist und in welcher Welt er lebt. (...) Was Sexualität im Verein mit Intimität wollte, ist erreicht: Die Sphäre des Privaten ist eingerichtet; sie behält ihre Bedeutung; darüber ist zwischen den Partnern der Lebensgemeinschaft kein Wort mehr zu verlieren; es gibt ein Einverständnis, das die Worte scheut und schließlich auch die Ekstase“ (Dux 1994, 154).

unhintergehbare Bestandteile der intimen Dyade. Für deren affektive Selbstgenügsamkeit ist gerade die nicht terminierte und zugleich fragile Anreicherung ihrer Relevanzen entscheidend.

Die Relativität des Entwurfs, in der das Bewußtsein von der Zufälligkeit des eigenen Lebens aufgehoben ist, unterscheidet ihn von Borniertheit, Omnipotenz und psychischer Saturiertheit, von überstiegenen Entwürfen der Einzigartigkeit also, die mit Paarbeziehungen unverträglich sind, ja diese erübrigen.

Die Art und Weise nun, wie die Menschen die Zufälligkeit und zugleich Unvollständigkeit des eigenen Lebens im Entwurf personaler Einzigartigkeit aufgenommen haben, bestimmt ihre Bereitschaft, sich zu verlieben oder von der Liebe anstecken zu lassen. An der Schwelle zu diesen privaten Mythen der Besonderung begegnen einem alte Bekannte, allen voran der Hagestolz und dessen Schwester, das Mauerblümchen, aber auch Don Juan und andere. Wer sich jedoch, durchaus unterschiedlich temperiert, in einer Dyade wechselseitig bestätigt, unternimmt dies im Hinblick auf eine nicht vorhersehbare Entwicklung. Die Zeitstruktur sowie das Akzeptieren der Kontingenz der Beziehung bilden demnach unverrückbare Bestandteile der Liebe.

Die Erotik des Paares

Bisher habe ich darauf verzichtet, Strukturmerkmale intimer Dyaden am naturgeschichtlich prominenten und historisch meist verbreiteten sozialen Ort der Intimität zu erläutern, der heterosexuellen Paarbeziehung. Das hat den Vorteil, der Liebe des heterosexuellen Paares weder analytischen noch normativen Vorrang zu geben. Es geht nun um die geschlechtsspezifischen Ausgangslagen für die Aufnahme und Gestaltung von Intimbeziehungen.

Das Argument, das auf die Sexualität hinführt, habe ich mit der These von der Individualitätsangewiesenheit schon genannt. Liebe meint eine Kommunikationsform, die die leibliche Präsenz der Partner voraussetzt und dieser in Form einer sinnlichen Begehrlichkeit Ausdruck verleiht. Zum Entwurf von Einzigartigkeit zählt die „Körperzone des anderen“ (Dux) und hier wiederum die eigene Geschlechtlichkeit als deren zentrales Medium. Im Anschluß an Simmels These, nach der jeder sozialen Interaktion eine antagonistische Struktur zugrundeliege, behaupte ich nun, daß für die die Sexualität integrierende Paarbeziehung eine besondere Form des Antagonismus wirksam wird, der *symmetrische Antagonismus der Geschlechter*. Antagonismus meint hierbei eine Steigerungsform der Differenzkommunikation, ihre Bühne ist die Erotik[36]. Als antagonistisch bezeichne ich die anthropologische Differenz zwischen Mann und Frau, die sich minimal auf die Organfunktionen beim Sexualakt sowie auf die weibliche Gebärfunktion bezieht. In dieser Differenz ist die *soziale Beziehungen schlechthin fundierende Abfolge von Geben und Empfangen* eingelagert. Sie wird im Paarverhältnis in ihrem symbolischen Gehalt von ihren naturalen Grundlagen gelöst und in dieser Abstraktion Gegenstand einer dynamischen Konkurrenz.

Die Polarität unüberwindbarer geschlechtsspezifischer Erfahrungshorizonte bildet eine strukturstiftende Grundlage des Verhältnisses in seinen wechselnden Ausprägungen von Attraktion und Distraktion. Dazu ist die etwa für die Gegenwart behauptete Tendenz, nach der sich die „Unterschiede der Geschlechter, die in allen Liebes-Codes bisher hervorgehoben wurden und um die herum Asymmetrien konstruiert wurden und gesteigert wurden“ (Luhmann)[37], abschleifen würden, nicht etwa ein Einwand, sondern eine Bestätigung.

Daß wir es mit einer hohen wechselseitigen Intransparenz zu tun haben, hat für die Dynamik der Liebesbeziehung eine bedeutsame Konsequenz. Im symmetrisch antagonistischen Verhältnis kommunizieren die Partner miteinander, *ohne* daß damit irgendein vorgängiges Muster der Dominanz, Übervorteilung und entsprechend Benachteiligung verbunden wäre. Im Gegenteil, im Hinblick auf die interaktive Füllung des Antagonismus gelten für beide Geschlechter die gleichen Voraussetzungen. Dies ist mit Symmetrie gemeint.

In der Initiative und der Verweigerung, der Usurpation oder der Submission begegnen sich die Liebenden in Interaktionsmustern, für die sich eine eindeutig naturalistisch verstandene geschlechtsspezifische Disposition, etwa für eine Dominanz des Mannes und eine Submission der Frau nicht begründen läßt[38]. Was folgt daraus?

---

[36] Vom Antagonismus auszugehen, scheint angemessener als die strukturfunktionalistische Redeweise von der Komplementarität expressiver und instrumenteller Funktionen. Abgesehen davon, daß diese Konstruktion schon an ihrer Begründung falsch ansetzt, wenn sie den Ursprung dieser Polarität aus elementaren sozialen Prozesse in Kleingruppen ableiten will - führt das Argument, wörtlich genommen, bis heute zu Mißverständnissen. Die Dichotomie in ihrer bei Parsons durchgängigen Version: expressiv die Frau, instrumentell der Mann, wird von vielen Familientheoretikern (besonders-innen) als Skandalon empfunden. Sieht man darin nicht *strukturelle* Unterschiedlichkeiten, sondern *historische* Typen von Geschlechterbeziehungen, dann wird die parsonianische Fassung a) übersetzbar in unser Modell und verliert b) ihre vermeintliche Anrüchigkeit.

[37] So im letzten Kapitel von „Liebe als Passion“ (Luhmann 1982, 202).

[38] Daß sich der Gegensatz zu einer naturalisierten Opposition verselbständigen kann und daß sich hierfür jahrhundertealte Geschlechtsstereotypien anbieten, ist unbestritten. Ein

Kann man sagen, daß in der Sexualität die erste Natur, wie wiederholt behauptet wird, die des Mannes, gleichsam undomestiziert durchbricht? Aus der hier vertretenen Perspektive wäre diese Sichtweise ein verhängnisvolles (Selbst-) Mißverständnis, gleichermaßen verhängnisvoll wie der Mythos vom privilegierten Zugang der Frau zur Sündhaftigkeit, die seit Evas neugierig-initiativem Biß in den Apfel bis auf den heutigen Tag Anklang findet[39]. Die Sexualität bildet vielmehr einen Bestandteil der Liebe, in dem die wechselseitige Zumutung, Differenz und Gemeinsamkeit zu kommunizieren, konsistent bei beiden Geschlechtern in der *Dualität von Macht und Hingabe, Über- und Unterordnung,* zum Ausdruck kommt - allerdings mit der transitorischen Phantasie verbunden, das Spannungsverhältnis als solches außer Kraft setzen zu können. Die Ekstase ebenso wie die individuierte erotische Inszenierung im Vorspiel bestätigen beide Komponenten, indem sie den gemeinsamen Genuß in die Partikularität je individueller Empfindungen einbinden und sowohl die Befreiung von der Last der Differenz wie umgekehrt die Befreiung von der Last der Gemeinsamkeit suggerieren[40].

Den Gedanken der exemplarischen Selbstmitteilung aufgreifend gehe ich von der Annahme eines für beide Geschlechter *gleichermaßen objektiv gegebenen Regressionspotentials wie Gestaltungspotentials* aus, das in der erotischen Kommunikation zum Ausdruck gelangt. Zwar können sich die Partner in schon typisierten Entwürfen von Männlichkeit und Weiblichkeit begegnen und libidinös besetzen, tritt das dynamische Moment ihrer Beziehung in dem Maße hervor, indem sie die vordefinierten Muster geschlechtsspezifischer Zuschreibung von Identität zur Disposition stellen. Die Unterscheidung Mann/Frau, so wäre Luhmanns Hinweis auf die Empirie der Verhältnisse zu einem theoretischen Argument zu machen, kann als Nichtunterscheidung praktiziert werden. Dem entspricht psychodynamisch, Aktivität und Passivität, Weiblichkeit und Männlichkeit als Optionen zu betrachten. Freud schreibt

---

Beispiel für gegenwärtige Naturalismen ist der Zurechungsstreit bei Paaren mit ungewollter Kinderlosigkeit. An wem liegt`s? Sperma oder Eizelle ist hierbei eine schicksalhaft zugespitzte, in die Polarität des Geschlechtsverhältnisses rückprojizierte Zurechnung, an der sich die medizinische Profession, die ja nur Organismen, nicht Kommunikation behandeln kann, beteiligt - selbst wenn sie ahnt, daß das Paar als kommunikative Einheit den Schlüssel zum Kinderwunsch „versteckt“. Der Kinderwunsch ist systematisch weiter unten zu besprechen.

[39] Dieser Mythos - „Und ewig lockt das Weib“ - verdankt sich einer selektiven Auslegung des Genesis-Textes durch das Deutungsmonopol von Kirchenmännern.

[40] Von daher gerät die Sexualität als Bestandteil der Intimbeziehung durch die latent instrumentale Dimension leicht zu den genannten Strukturbestandteilen in Widerspruch. Da dies wiederum für beide Seiten gilt, ist es jedoch abwegig, diese Eigentümlichkeit unter dem Gesichtspunkt „sexueller Gewalt“ zu thematisieren, wie es in Mode gekommen ist.

dazu: „Es gibt nur eine Libido, die in den Dienst der männlichen wie der weiblichen Sexualfunktionen gestellt wird. Wir können ihr selbst kein Geschlecht geben.“[41]

Die Erfahrung der Ungeteiltheit - die Aufhebung der Differenz, bildet die symbolische Ergänzung zur sexuellen Vereinigung. Sie bestätigt die Gleichrangigkeit der Geschlechter im Angewiesensein auf den Anderen und begründet zugleich den sozialutopischen Kern des Verhältnisses von Mann und Frau[42].

Aber das betrifft nur eine Seite des Liebesakts. Zwar verspricht er, in der „Ewigkeit des Augenblicks“, die Fusion von Perspektiven des je individuellen biografischen Entwurfs, bindet den Austausch dieser Erfahrung hingegen an die Erfahrung des Fortschreitens der Zeit. Erst in der Nachträglichkeit, in der sich die für jeden Partner geltende Diskontinuität und Differenz erneut bemerkbar macht, wird die Liebesbeziehung von der grundlegenden Ambivalenz von Empfindung und Kommunikation eingeholt. Im erotischen Genuß reproduziert sich somit die allgemeine Strukturproblematik des Verhältnisses. Die Differenzkommunikation mag in der leiblichen Annäherung sowie in der Wahrnehmung der Liebenden in Gemeinsamkeit

---

[41] Freud (1972, 140). Siehe dazu auch: „Es ist unerläßlich, sich klarzumachen, daß die Begriffe „männlich“ und „weiblich“, deren Inhalt der gewöhnlichsten Meinung so unzweideutig erscheint, in der Wissenschaft zu den verworrensten gehören und nach mindestens *drei Richtungen* zu zerlegen sind. Man gebraucht männlich und weiblich bald im Sinne von *Aktivität* und *Passivität*, bald im *biologischen* und dann auch im *soziologischen* Sinne. Die erste dieser drei Bedeutungen ist die wesentliche und die in der Psychoanalyse zumeist verwertbare.“ (...) „Die dritte, soziologische Bedeutung erhält ihren Inhalt durch die Beobachtung der wirklich existierenden männlichen und weiblichen Individuen. Diese ergibt für den Menschen, daß weder im psychologischen noch im biologischen Sinne eine reine Männlichkeit oder Weiblichkeit gefunden wird. Jede Einzelperson weist vielmehr eine Vermengung ihres biologischen Geschlechtscharakters mit biologischen Zügen des anderen Geschlechts und eine Vereinigung von Aktivität und Passivität auf, sowohl insofern diese psychischen Charakterzüge von den biologischen abhängen als auch insoweit sie unabhängig von ihnen sind“ (Freud 1972, 123).

[42] Es ist nun noch einmal ersichtlich, wie unser Konstruktionsvorschlag zu verstehen ist. Wir bewegen uns im Rahmen der Vorgaben „romantischer Liebe“. Der Unterschied im Vorgehen ergibt sich dann, wenn man das historische Deutungsmuster, das sich, wie Tyrell, Dux und Luhmann gezeigt haben, im 18. Jahrhundert entfaltet, auf seine theoretisch bedeutsamen Strukturelemente hin befragt. Hierbei zeigt sich zugleich das theoretische Potential wie die spezifische Beschränktheit des Codes romantischer Liebe. Der Exklusivitätsanspruch der Liebenden, die affektive Selbstgenügsamkeit der Dyade wird im Deutungsmuster undialektisch formuliert. Infolgedessen gerät die Beziehung in die Nähe einer Interaktionspathologie, der *folie à deux*. Bezieht man aus der romantischen Liebe ein theoretisches Argument, so muß man die dynamische Position des Dritten in den Mittelpunkt rücken und es zeigt sich, daß affektive Selbstgenügsamkeit mit phantasierten oder realen Dritten sehr wohl verträglich ist.

aufgelöst sein, die relative Gewißheit des Gelingens sich mitzuteilen, gelingt den Partnern nur über den Umweg der Sprache, deren Sinngebungskraft jedoch immer nur an die partikulare Empfindung, eben des Mannes oder der Frau rückgebunden bleibt.

Das Sprechen vermittelt und läßt in dieser Funktion, sich der Anwesenheit des Anderen zu vergewissern, dessen Abwesenheit bzw. Differenz erst zur Erfahrung werden. In den Worten Simmels

> „drängen (...) Männliches und Weibliches zueinander, zu der Vereinigung, die gerade nur durch die Gegensätzlichkeit beider möglich wird und die gerade vor dem leidenschaftlichsten Zueinander-, Ineinander,- Wollen als etwas im tiefsten Grunde Unerreichbares steht. Daß es dem Ich versagt bleibt, das Nicht-Ich wirklich und absolut zu ergreifen, wird nirgends tiefer fühlbar als hier, wo die Gegensätze doch auf die Ergänzung und Verschmelzung hin geschaffen scheinen.[43]"

Die erotische Ekstase ermöglicht demnach - in der Differenziertheit ihres psychischen Erlebnisgehaltes und körperlicher Ausdrucksformen - eine Erfahrung, die nur nachträglich durch die sequenzielle Struktur der Sprache als Gemeinsamkeit kommunizierbar wird. *Sie reproduziert die Differenz in der leiblichen Erfahrung der Gemeinsamkeit und die Gemeinsamkeit in der leiblichen Erfahrung der Differenz.* Dennoch und gerade deshalb: diese Qualität ist jeder Vereinigung eigen, hierin liegt ihre eigentliche Faszination und die hohe Bedeutung für die Selbstwahrnehmung des Menschen, über alle historischen Konkretionen, Typiken und natürlich auch: Praktiken hinweg. In diesem Sinn erschließt die Erotik eine Erfahrungsquelle, sie ist, in den Worten von Max Scheler emphatisch formuliert, eine „Stoffquelle für eine mögliche Erkenntnis", der Liebesakt ein Akt des erkennenden Zugangs zum Anderen[44].

---

[43] Simmel (1908, 62f.).

[44] Eindrucksvoller formuliert von Robert Musil: „Man liebt einen Menschen, weil man ihn kennt; und weil man ihn nicht kennt. Und man erkennt ihn, weil man ihn liebt; und kennt ihn nicht, weil man ihn liebt. Und manchmal steigert sich das so, daß es plötzlich sehr fühlbar wird. Das sind dann die berüchtigten Augenblicke, wo Venus durch Apoll, und Apoll durch Venus auf einen leeren Haubenstock blicken und sich höchlich darüber wundern, vorher dort etwas anderes gesehen zu haben. Ist dann aber die Liebe stärker als das Erstaunen, so kommt es zu einem Kampf zwischen diesen beiden, und manchmal geht daraus die Liebe - wenngleich erschöpft, verzweifelt, und unheilbar verwundet - noch einmal als Siegerin hervor. Ist sie aber nicht so stark, so kommt es zu einem Kampf zwischen den sich betrogen wähnenden Personen; zu Beleidigungen, rohen Einbrüchen der

Das Sprechen und dessen Überwindung im Liebe machen, das ambivalente Verwiesensein von Körper und Sinn, deren Selbstausschließung wie Ergänzung, bestimmen somit die dynamischen Vorgänge im Kommunikationsraum des Paares. Hier begegnet sich das Paar in der exemplarischen Freude am Selbstgenuß, im Spiel, dessen herausragende soziale Qualität ja gerade darin liegt, daß ihm ein Vollzug um des Vollzugs willen zugrundeliegt. Gegen das unaufhörliche Fortschreiten der lebensgeschichtlichen Zeit begeben sich hierin die Liebenden in eine besondere Form der Zeitlosigkeit. Der Liebesakt artikuliert und übersteigt vorgegebene Differenzen im Geschlechterverhältnis. Aber stets gilt auch, daß durch den transitorischen Charakters des ekstatischen Erlebens die Intimbeziehung wieder auf das symbolisch vermittelte Begehren verwiesen wird, das es durch die leibliche Annäherung übertrumpfen wollte, in den Worten von Merleau-Ponty: „Die Geschlechtlichkeit verbirgt sich vor sich selbst unter der Maske der Allgemeinheit, unaufhörlich sucht sie sich der Spannung, dem Drama, das sie selber stiftet, zu entziehen."[45] Deshalb die postkoitale Tristesse der Liebenden.

Gespräch und Sexualität erscheinen nun als Kristallisationen von reiner Wechselwirkung, von Sozialität schlechthin, in denen sich individuierte Personen in der Utopie gleichberechtigter Solidarität begegnen. Sie sind als Orte der Selbstmitteilung jeder Liebesbeziehung eigen und beziehen sich auf diejenigen Aktivitäten, die das Paar nur um ihrer selbst willen, aufnimmt, wie immer trübsinnig die Spuren sein mögen, die im Einzelfall davon übriggeblieben sind[46].

Damit haben wir die allgemeine Bedeutung der Sexualität für Bestand und Dauer von Liebesbeziehungen gefunden. Paare finden gerade in der *Erfahrung, daß die Ambivalenz von zeitgebundener Existenz und Zeitlosigkeit in Ekstase und Gespräch nicht zu beseitigen ist, eine der Voraussetzungen für die Kontinuierung und für die Dauerhaftigkeit* ihrer wechselseitigen Attraktion. Sie ist grundlegend für die Logik heterosexueller Paarbeziehungen - mit ihrer Institutionalisierung in Gestalt der rechtlich sanktionierten modernen Ehe liegt nur eine der historisch möglichen Ausdrucksgestalten vor, ohne an diese äußere Stütze gebunden zu sein. Die Liebe des Paares zeigt sich als Kommunikation von Kontingenzerfahrung und Kontingenz-

---

Wirklichkeit, zu Entbehrungen bis ins letzte, die es wieder gutmachen sollen, daß man der Einfältige gewesen sei (Musil 1990, 1222).

[45] Merleau-Ponty (1966, 201).

[46] Hören wir dazu noch einmal Simmel: „Alle die Formen, mit denen dieser Tausch sich verwirklicht: der Streit und der Appell(...), das dankbare Aufnehmen des Neuen und das Ablenken von dem, worüber doch keine Verständigung zu hoffen ist - alle diese Formen gesprächshafter Wechselwirkung (...) haben hier ihre Bedeutung in sich selbst, das heißt in dem Reize des Beziehungsspiels, das sie, bindend und lösend, siegend und unterliegend, gebend und nehmend, zwischen den Individuen stiften..." (Simmel 1970, 62).

anerkennung auf der Basis der Einzigartigkeit der Person. Das erst macht sie zu einem exemplarischen sittlichen Verhältnis unter den Menschen.

Bevor ich die Diskussion fortsetze und das bisherige Ergebnis an verschiedenen Typen der Liebeskommunikation überprüfe, seien deren Bestimmungsmomente noch einmal genannt. Diese hat es mit folgenden unhintergehbaren Handlungszumutungen zu tun:

a) Kommunikation erfolgt unter dem Gebot, die Person in einem Entwurf von Einzigartigkeit, zu der konstitutiv die Körperlichkeit gehört, zu exponieren.

b) Auf der Grundlage hoher Personorientierung bewegt sich Kommunikation in der synchronen Verpflichtung zu Gemeinsamkeit und Differenz und zwar in der Unterstellung einer unbegrenzten Dauer der Beziehung.

c) Kommunikation setzt das zur Geltung bringen symbolischer und leibgebundener Formen der Zuneigung voraus. In dieser Spannung begegnen sich die Partner als Träger einer sinnlichen Begehrlichkeit im symmetrisch antagonistischen Verhältnis und auf der Grundlage der Nichthintergehbarkeit der geschlechtsspezifischen Erfahrungen.

d) Kommunikation setzt die wechselseitige Unterstellung von Aufrichtigkeit voraus und gründet auf einer kontraktuell nicht einklagbaren wechselseitigen Vorleistung als einer spezifischen Form des Vertrauens.

4.2 Typen der Öffnung und Schließung von Intimbeziehungen

Auf dem Boden der bisherigen Argumentation kann man nun den Versuch unternehmen, Ausdrucksformen von Intimbeziehungen in zeitlich oder kulturell komparativer Perspektive herauszuarbeiten, und sie im Hinblick auf ihre Voraussetzungen als auch im Hinblick auf die Folgen für die Selbstreproduktion der menschlichen Gattung zu überprüfen. Die Vielfalt historisch entfalteter oder in gegenwärtigen Fallkonstellationen zu beobachtender Intimbeziehungen, so unsere These, ist von ihrer Logik her auf den oben erläuterten „reinen Typus" beziehbar.

Das wäre das Programm einer Evolutionstheorie von Intimbeziehungen. Im Unterschied zur historischen Rekonstruktion, die in zahllosen Arbeiten zur Geschichte der Liebe und zur Geschichte der Frauen dokumentiert ist, käme es dabei jedoch auf eine andere Lesart, und zwar auf die jeweiligen *Konstellationen der interaktiven Dynamik* an. Es sei an die fragmentierte Wahrnehmung und Handhabung der Intimität im Gattenverhältnis des Mittelalters erinnert[47]. In den Zusammenhang gehört

[47] Vgl. hierzu vor allem die Geschichte des privaten Lebens (Ariès/Duby (1992).

die Geschichte der Homosexualität[48], die Asymmetrie im Gattenverhältnis und dessen Überformung durch eine paternalistische Treuezumutung bei gleichzeitiger Entwertung des „unbefangenen Genießens" (Weber) sowie die durch das Christentum eingeleitete sukzessive Symmetrisierung und normative Sakralisierung des Geschlechterverhältnisses bei Eintritt in die Moderne, um nur einige Beispiele zu erwähnen[49].

Das soll im folgenden bei der Diskussion von drei nur klassifikatorisch und nicht systematisch ausgeführten Typen verdeutlicht werden. Sie stehen im Schatten des Strukturtypus Liebe und unterscheiden sich in der Variation der angegebenen Merkmale. Fließende Übergänge von dem einen in den anderen Typus sind denkbar. Ausgangspunkt ist für das folgende im übrigen Simmels Vorlage einer Strukturtypologie aus dem „Fragment über die Liebe", die man folgendermaßen dreifach dimensionieren kann. Die Abweichung vom „reinen Typus" wäre demnach in a) struktureller, b) historischer und c) fallspezifischer Hinsicht zu prüfen.

Die Prostitution

Die Prostitution stellt eine historische Epochen übergreifende Ausgrenzung von Intimität dar, deren systematische Bedeutung darin liegt, daß das Strukturmerkmal zeitlicher Unbefristetheit außer Kraft gesetzt ist und daß der Ganzheitsanspruch auf die Sexualität als einem eindeutigen Funktionsbezug der Kommunikation reduziert ist. Ihr Geltungsanspruch bezieht sie aus der Kombination von Vertrag und spezifischem Zugang zu erotischer Kommunikation. Die Prostitution ist in ihren einzelnen Erscheinungsformen stets auch davon abhängig, wie offen bzw. geschlossen jeweils die sozialisatorisch bedeutsame normativ vorgegebene Geschlechterbeziehung gestaltet wird. Die Abweichungen vom reinen Typus liegen auf der Hand.

Die wichtigste liegt in der *zeitlichen Befristetheit* der Beziehung sowie der sexuellen Betätigung gegen Bezahlung. Anfang und Ende sind vertraglich geregelt, die Partner treten sich im Kontext einer interessengeleiteten Interaktion nach Maßgabe von Rollendefinitionen gegenüber. Die Beziehung ist durchgängig durch das Merkmal funktionaler Spezifizität strukturiert. Gegenüber der Kommunikation lebensgeschichtlicher Besonderung in der Perspektive der Einzigartigkeit tritt das Verhältnis von Verkäufer und Kunde in den Vordergrund, „für den käuflichen Genuß, der jede über den Augenblick und über den einseitig sinnlichen Trieb hinausgehende Bezie-

[48] Siehe dazu etwa Pollak (1986), Dannecker (1978) oder auch historisch Veyne (1986).

[49] Das Verhältnis von eigengesetzlicher erotischer Sphäre und sozialen Deutungsmustern wird von Marianne Weber (1907) in einem historischen Abriß nachgezeichnet.

hung ablehnt, leistet das Geld, das sich mit seiner Hingabe absolut von der Persönlichkeit löst und jede weitere Consequenz am gründlichsten abschneidet, den sachlich und symbolisch vollkommensten Dienst..."[50] Die Beteiligten sind hierdurch vor einer Exposition ihrer Einzigartigkeit „geschützt". Die diffusen Anteile der Beziehung, über die sich eine Differenzkommunikation der Partner als nicht nur objektiv besonderte Personen, sondern historisch konkrete Person mit einem Entwurf von Einzigartigkeit der Möglichkeit nach kristallisieren und in eine prinzipiell offene Zeitachse hin entwickeln könnte, werden bei der Prostitution systematisch ritualisiert. Die Artikulation von Verliebtheit als ein thematischer Bestandteil auch dieser Kommunikation ist somit zwar zugelassen, allerdings nur als Programmteil der zeitlich befristeten Beziehung und auf der Grundlage einer stillschweigenden Unaufrichtigkeit. Koseworte kommen auf die Rechnung[51].

Als historisch prominenten Fall eines funktional spezifischen Umgangs mit erotisierter Intimität denkt man an Casanova, der, wie Hahn gezeigt hat, ein anschauliches Beispiel für eine weitere mögliche Strukturtransformation des reinen Typus darstellt. Die Unterstellung einer zeitlichen Unbefristetheit ist von der Personalität des Partners abgezogen. Sie ist abstrahiert und verschoben auf das Liebeserlebnis, nicht jedoch auf die Partikularität des Erlebnisses mit einer besonderen Person. Im Kern gilt die Affektion dem Sammeln erotischer Sensationen. „Die Wiederholung scheint eine Ersatzform von Dauer zu sein. Der Sammler neigt zur Wiederholung aus dem gleichen Grund, wie jede erotische Besetzung von Objekten deren wiederholte Inbesitznahme anspornt."[52] Die beziehungskonstitutive Konstanzfiktion, also die Unterstellung der Unbefristetheit gilt hier nicht der Person, sondern dem Erlebnis - bei hoher Variation der Partner(innen).

---

[50] Simmel (1992, 254).

[51] In diesem Zusammenhang ist wiederum *Eintritt und Austritt* in den Interaktionsrahmen erhellend, da sie im Hinblick auf die mögliche Transformation in eine diffuse Beziehung weichenstellend und deshalb prekär sind. Gerade die Eröffnung und Abschiedsrahmung sind besonders sensibel, im professionellen Interesse der Prostituierten liegt es, den kontraktuell geregelten instrumentellen Bezug des Besuchs aufrechtzuerhalten. Die Verliebtheit des Kunden ruiniert die Grundlagen des Geschäfts und verletzt die Standesehre. Die europäische Kulturgeschichte enthält eine Reihe von Verwechslungsdramen, man denke etwa an das Schicksal Vincent van Goghs.

[52] Hahn (1992, 61).

Die karitative Liebe

In der karitativen Liebe sind die oben genannten Strukturmerkmale an einem entscheidenden Punkt nicht erfüllt. Die Orientierung am Anderen ist nicht oder nicht mehr wechselseitig. An die Stelle tritt die einseitige Wahrnehmung der beziehungsspezifischen Handlungszwänge. Nach dem Muster der Nächstenliebe gilt die Zuwendung nicht einer Person mit einem Einzigartigkeitsentwurf, vielmehr einer Person als Bezugspunkt der Realisierung einer Idee von Fürsorge und Hingabe. Auch Intimbeziehungen können nach dieser Logik faktisch strukturiert werden, sind also gewollt oder ungewollt in diese transformierbar. Simmel beschreibt sie folgendermaßen:

> „Der Sinn mancher erotischen Beziehungen ist gar nicht anders auszudrücken, als daß mindestens eine der Parteien nicht den Geliebten sucht, sondern die Liebe, nur daß ihr überhaupt dieser Gefühlswert entgegengebracht werde, *bei oft merkwürdiger Gleichgültigkeit gegen die Individualität* (Hervorhebung von mir - TA) des Liebenden. In religiösen Verhältnissen erscheint manchmal als das allein Wesentliche, daß eine bestimmte Art und Maß von Religiosität da sei, während die Träger derselben irrelevant sind..."[53]

Während sich in der Liebesbeziehung die Liebenden zur solidarischen Unterstützung in der Not verpflichten, wird in der Nächstenliebe die geliebte Person als ein Objekt möglicher Lust aufgegeben. Die Beziehung wird affektiv neutralisiert. Karitas ist, wie Luhmann schreibt, „auf die Person hin gesehen, indifferent; sie ist nicht an ihren Schicksalen und ihren Merkmalen, sie ist nur an ihrem Heil interessiert."[54]

Die Sorge um den anderen - wie an Instettens Sorge um Effi Briest zu verfolgen, eine Schwester der Eifersucht - ist einerseits für die Beziehung grundlegend, andererseits ist sie von der Gefahr überschattet, aus der Prämisse der Wechselseitigkeit auszuscheren und die primäre Orientierung am Partner durch „objektlose Hingabe" (Weber) einzutauschen. Intimbeziehungen, bei denen beispielsweise einer der Partner ein schweres körperliches Trauma hat, süchtig oder psychisch krank ist, stehen im Hinblick auf diese objektiv mögliche Strukturtransformation in das Muster der Nächstenliebe vor einem zugespitzten Anpassungsproblem. Sein Hintergrund ist der in der Liebe nicht zu tilgende Reziprozitätsgedanke. Abgesehen davon muß die wechselseitige Zuwendung, die den Anderen zum Träger eines Moralitätsbeweises

---

[53] Simmel (1908, 365).
[54] Luhmann (1982, 101).

macht, den Beteiligten nicht bewußt werden, sie kann selbst mit heroischer Selbstwahrnehmung zusammengehen. In karitativer Einstellung zueinander können Partner sich übertreffen.

Das Muster der Gefährtenehe sei noch einmal kurz eingeblendet. Sie zeigt im Falle der Webers von ihren Voraussetzungen her schon eine Tendenz zu wechselseitiger Fürsorglichkeit, in der die pädagogische Vermittlung von Gebildetheit einerseits und die Pflege psychischer Verspanntheit gegeneinander aufgerechnet werden, und entwickelt sich zu einem verhaltenen Verpflichtungsgefühl, das die innere Auflösung des Gattenverhältnisses kompensieren soll, aber gerade darin den „Ton von leiser innerer Unangemessenheit“ (Simmel), der derartige Konstellationen durchzieht, reproduzieren.

Die Partnerschafts- bzw. Gefährtenehe ist aber typologisch nur ein in der Nachbarschaft der Karitas gelegener Modus affektiver Gemeinsamkeit, und darf nicht damit verwechselt werden. Die Gefährtenschaft ist ein historisch spezifischer Typus, der die destabilisierenden Strukturmerkmale von Intimkommunikation durch eine einmalige Definition von Ansprüchen und Pflichten stillzustellen versucht.

Das 19. Jahrhundert lebte von einer mehr oder weniger sanft pädagogisch moderierten Aufteilung, nach der die Frauen Objekt pädagogischer Fürsorge waren und - „Ich kann`s nicht fassen, nicht glauben, Es hat ein Traum mich berückt“ - in romantischer Demut darauf warteten, gefreit zu werden. Das Verhältnis der Geschlechter zueinander war asymmetrisch zugunsten des Mannes strukturiert und mit entsprechenden Deutungen gerechtfertigt[55]. Bemerkenswert daran ist der Verzicht auf die erotische Dimension, deren Einbindung in den ehelichen Pflichtenkanon sowie die Sublimierung durch normative Dramatisierung der Frauenrolle über das

---

[55] Adalbert von Chamissos „Frauenliebe und Leben", ein Klassiker gepflegter Liebessemantik im bürgerlichen Milieu des 19. Jahrhunderts, ist auch für Helene Weber der literarische Zeuge ihres jungen Eheglücks mit Max Weber sen (vgl. Marianne Weber 1948, 23). Bemerkenswert ist zu dieser Problematik Simmel, der sowohl eine die Asymmetrie bekräftigende Argumentation bereithält als auch versucht, Symmetrisierung zu begründen.. „Die mit alledem angedeutete äußere und kulturgeschichtliche Entwicklung ist doch wohl das Phänomen einer in der überhistorischen Basis des Geschlechtsunterschieds wurzelnden Bestimmtheit. Das entscheidende Motiv des ganzen Erscheinungskreises ist das oben angedeutete: der Geschlechtsunterschied, scheinbar eine Relation zweier logisch äquivalenter, polarer Parteien, ist dennoch für die Frau typischerweise etwas Wichtigeres als für den Mann, es ist ihr wesentlicher, daß sie Frau ist, als es für den Mann ist, daß er Mann ist. Für den Mann ist die Geschlechtlichkeit sozusagen ein Tun, für die Frau ein Sein“ (Simmel 1983, 68). Das psychodynamische Komplement des Erziehens in der erwachsenen Dyade ist nicht selten die Rettung. *Ritter und Retter* sind bekanntlich bürgerliche Versionen männlicher Selbstauffassung. Vgl. dazu auch die bei Freud unterschiedenen Typen der „Objektwahl“ (Freud V, 1972, 189).

Konzept der Mütterlichkeit bzw., schon in einer moderneren Version, die wechselseitige Verabredung getrennter Sphären bei zuerkannter Gleichrangigkeit ihres Wertes[56].

Die Liebe zu einer göttlichen Instanz

Wie jede Typenbildung ist auch die hier vorgeschlagene nicht so trennscharf durchzuführen. Das zeigt sich besonders bei der nun zu verhandelnden Form, der Zuwendung zu einem phantasierten Objekt. Schließlich läßt sie sich als die Schattenseite einer Intimbeziehung darstellen, als deren Tagseite wir die Karitas behandelt haben. Liebesbeziehungen konkurrieren in ihrer sozialen Exklusivität mit derjenigen Liebesbeziehung, für die Unbedingtheit, lebenslange Dauer und besondere Vertrauensleistung behauptet wird, der Gottesliebe - hier verstanden als ein reziprokes Verhältnis.

Wie variieren die genannten Strukturmerkmale angesichts der Intimbeziehung mit einem phantasierten Partner[57]? Ist die Aussagekraft unseres Modells erschöpft, wenn es um die religiös motivierte Zuneigung zu einer außerpersonalen Instanz geht? Das ist eine im einzelnen hochkomplexe Thematik, die im Schnittpunkt von Religionssoziologie und Familiensoziologie zu behandeln wäre und eine strukturtheoretische Lektüre von Webers These konkurrierender Wertsphären einleiten könnte.

Aus der Perspektive der Weberschen Religionssoziologie müßte die Soziologie der Intimbeziehungen von der religiösen Hingabe ihren Ausgang nehmen - handelt es sich doch um die nach Weber denkbar schärfste Konkurrenz sozialer Beziehungsformen, die infolge ihrer starken Personorientiertheit in eine Spannung zueinander geraten.

„Gerade deshalb, weil die erotische Beziehung unter den angegebenen Bedingungen den unüberbietbaren Gipfel der Erfüllung der Liebesforderung: den direkten Durchbruch der Seelen von Mensch zu Mensch, zu gewähren scheint. Allem Sachlichen: Rationalen, Allgemeinen so radikal wie möglich entgegengesetzt, gilt die Grenzenlosigkeit der Hingabe hier dem einzigartigen Sinn, welchen dies Einzelwesen in seiner Irrationalität für dieses und nur für dieses andere Einzelwesen hat. Dieser Sinn und damit der Wertgehalt der Beziehung selbst aber liegt, von der Erotik aus gesehen, in der Möglichkeit einer Gemeinschaft,

---

[56] Als eine historisch deskriptive Studie sei auf die von Weber-Kellermann (1990) hingewiesen.

[57] Siehe zu dieser Problematik auch die Arbeit zur Geschichte der okzidentalen Ehe von Métral (1981), dort besonders Kapitel 3 zum Verhältnis von Erotik und Jungfräulichkeit.

welche als volle *Eins*werdung, als ein Schwinden des „Du" gefühlt wird und so überwältigend ist, daß sie „symbolisch": - *sakramental* - gedeutet wird".[58]

Hiermit ist die typologische Nachbarschaft der beiden Formen der Hingabe deutlich markiert, es liegt nahe, sie im Hinblick auf die Vollständigkeit ihrer Merkmale zu interpretieren. Die religiöse Hingabe erscheint demnach als eine phantasierte Objektbeziehung. Typologisch zugespitzt tritt als entscheidende Abweichung der triviale Umstand auf, daß die Reziprozitätsverpflichtung einseitig wahrgenommen und kontrolliert wird. Die Überprüfung der Geltung wird einer überpersonalen Instanz überantwortet, die qua Eigenleistung der Person konstruiert werden muß. Der Treuebeweis, der Vertrauensvorschuß, die Exposition des Entwurfs von Einzigartigkeit erfolgen insofern in einer gleichsam fingierten Struktur der Wechselseitigkeit. Herausragendes Merkmal ist jedoch das Fehlen der Körperbasis der Beziehung und in der Folge das Fehlen der für Intimbeziehung konstitutiven Ambivalenz.

---

[58] Vgl. Weber (1972, 560). In der Fallanalyse zu Weber habe ich darauf aufmerksam gemacht, daß sich seine Soziologie einer Analyse der Struktur von Intimbeziehungen verschließt, was der in obigem Zitat vorgeführten Sensibilität in der deskriptiven Erfassung keinen Abbruch tut. Folgenreich ist die in ihrer wechselseitigen Verwiesenheit nicht systematisch erfaßte Spannung von außeralltäglichem und alltäglichem Handeln, die Weber nicht nur auf allgemeiner Ebene (Seyfarth 1979), sondern auch im Falle erotischer Beziehungen undialektisch kontrastiert. Dies erzeugt ein durchgängiges Konstruktionsproblem in der Religionssoziologie. Den ersten Paragraphen in „Wirtschaft und Gesellschaft" ist deutlich zu entnehmen, daß Weber an einer soziologisierten historischen Typologie von Religionen interessiert war, mit dem primären Ziel, die von einer Religion angebotene Sinnkonstruktion funktional auf Deutungsbedürfnisse von Eliten zu beziehen. Das führt ihn bekanntlich zu beeindruckenden historischen Typologien der Weltreligionen, die jedoch strukturtheoretische Argumente immer schon voraussetzen. Daß Weber diese ausläßt, hat zur Folge, daß die Deutungsprämissen des Historismus schlicht übernommen werden: die Geschichte beginnt einfach ("primitiv") und lagert sukzessive Komplexität an. Ein anfänglich naturalistischer Umgang (mit Göttern in diesem Fall) wird sukzessiv intellektuell sublimiert. Das Schlüsselphänomen für eine Auseinandersetzung mit Webers Religionssoziologie, die aus der familiensoziologischen Perspektive neue Akzentuierungen erlaubt und vor allem an die strukturale Anthropologie anzuschließen verspricht, ist der Monotheismus. Es übersteigt den Rahmen der vorliegenden Arbeit, die These zu substantiieren, nach der die triadische Konstellation, also die soziale Logik einer Eltern-Kind-Beziehung als ubiquitäres Handlungsmuster den Anstoß für Religionsbildungen abgibt. Die Triade wäre demnach die Initialstruktur, die je nach historisch-sozialem Kontext unterschiedlich ausdifferenziert wird. Für den christlichen Kulturkreis ist bekanntlich die altjüdische Bundkonzeption, also eine Form symmetrisch komplementärer Verpflichtung, im Kern aus der Sinnstruktur der Triade evoluiert. Vgl. zu einer strukturtheoretischen Lektüre Webers die Arbeit von Oevermann (1995).

Deshalb verspricht die Liebesbeziehung, zu einer göttlichen Instanz besonders verläßlich zu sein, da der Andere im Hinblick auf die oben genannten Strukturmerkmale vollständig konstruiert ist. Als Projektion ist diese Liebe gegen die Falsifikation ihrer Voraussetzungen abgesichert, aber zugleich ist sie vergleichsweise fragil, weil die Qualität der Kommunikation Spontaneitätsschwächen aufweist, sichtbar vor allem an dem Gebet und der einsamen Zwiesprache als den symbolischen Zuwendungsformen, die trivialerweise den Widerspruch des Gegenübers nicht kennen. Es kommt als Besonderheit hinzu, daß trotz der nur phantasierten Reziprozität ein spezifisches Problem affektiver Konkurrenz des Dritten hinzutritt. In der Beziehung zu Gott ist der Geliebte ein Partner, der mit anderen geteilt werden muß. Die Selbstgewißheit in der Zuwendung ist insofern auch hier von einer latenten Problematik des Dritten und einer nicht zu tilgenden Ungewißheit im Hinblick auf den möglichen Vertrauensentzug überschattet. Man versteht von hierher, weshalb die religiöse Hingabe typischerweise in der Struktur des Paternalismus - Gott-Vater-erfahren und gedeutet wird und nicht in der Struktur einer Gleichrangigkeit voraussetzenden symmetrischen Partnerbeziehung[59].

Eine typologische Modifikation liegt in der Nonnenliebe vor. Das Bemühen um affektive Exklusivität bei gleichzeitigem Kompromißzwang, den die nicht zu leugnende affektive Konkurrenz auferlegt, durchzieht die persönliche Identitätsproblematik der Nonne. Sie ist die Sozialfigur, die eine historisch einmalige Zuspitzung dieser Zuwendungsform repräsentiert. In Gestalt *religiöser Virtuosität* ist sie ausdrücklich darauf verpflichtet, jungfräulich und ehelos zu sein, wenn die Partnerschaft mit der einzigartigen und doch zugleich geteilten göttlichen Instanz beginnt[60].

Zum anderen erklärt die „eingebaute" Fragilität und leere, genau betrachtet übervolle Zukünftigkeit im Liebesverhältnis zu Gott seine ethische Ersetzbarkeit durch weltliche Partnerbeziehungen, die demgegenüber stets attraktiver sind. Das Strukturproblem karitativer Beziehungen liegt, selbst wenn das Kriterium der Reziprozität erfüllt sein mag, die objektlose Hingabe als existent phantasiert wird, in der implizi-

---

[59] Aus diesem Grund ergibt sich die unproblematische Übersetzbarkeit des christlichen Familienmythos in die paternalistische Struktur der bürgerlichen Familie. Siehe dazu die aus differenzierungstheoretischer Sicht verfaßte Studie von Tyrell (1982).

[60] Die Entscheidung von Frauen, ihr Leben als Nonne zu führen, war zumeist über familiale Versorgungsprobleme einerseits und Stellung des Mädchens in der Geschwisterreihenfolge andererseits motiviert. Im Einzelfall kamen in der Abgabe der Tochter an eine moralisch privilegierte Einrichtung, die sich die Herkunftsfamilie als Statusgewinn verbuchen konnte, zweierlei zusammen. Die Ehelosigkeit wurde kompensierbar und darüberhinaus versprach das Leben im Kloster, den Bildungs - und Aspirationswünschen eigenwilliger, häufig intellektuell besonders interessierter Töchter eine sozial akzeptierte Gestalt zu geben. Vgl. hierzu Lau (1993).

ten Höherrangigkeit einer Zuneigung zur göttlichen Instanz, der gegenüber die geliebte Person eine Art Beweisträger zu werden droht. Die psychische Binnenseite dieser Kommunikation mag man mit Freud als eine halluzinatorische Wunscherfüllung bezeichnen, wichtig ist daran die wesentlich handlungslogisch bestimmte Welt als eine Welt des einsamen Glücks, des „mystischen Habens" (Weber)[61].

4.3 Die Erweiterung der Dyade zur Triade

Schon die Betrachtung der Paarliebe hat verschiedentlich auf die Schlüsselfunktion des Dritten aufmerksam gemacht. Das Spannungsverhältnis zwischen Zweien und Dreien soll uns fortan beschäftigen und es mag sinnvoll sein, zu Beginn noch einmal den Unterschied zwischen romantischer Liebe als Strukturkonzept und dem sozialen Deutungsmuster „romantische Liebe" zu betonen. Während in letzterem die affektive Selbstgenügsamkeit der Paarbeziehungen mit der Existenz eines Dritten unverträglich ist, sind wir davon ausgegangen, daß sich in der strukturtheoretischen Lesart von Intimität sowohl die Option der Schließung als auch der Öffnung gegenüber der Triade ergibt, daß die Position des Dritten nicht mit affektiver Unverträglichkeit zusammengesehen werden muß[62]. Das wird in einer wiederum formalsoziologischen Reflexion deutlich.

Die Formulierung, mit der Simmel noch einmal die Zweierbeziehung auf allgemeiner Ebene beleuchtet, spricht Vorgänge an, die sich zwischen den einzelnen Trägern dyadischer Koalitionen abspielen. „Wo drei Elemente A,B,C eine Gemeinschaft bilden, kommt zu der unmittelbaren Beziehung, die z.B. zwischen A und B besteht, die mittelbare hinzu, die sie durch ihr gemeinsames Verhältnis zu C gewinnen."[63] Haben wir es mit Dreierkonstellationen zu tun, so erhöht sich zwangsläufig die Komplexität des Handelns. Die Karten des Spiels werden für alle Beteiligten neu gemischt. Der Optionenspielraum für das Anschlußhandeln weitet sich dahingehend aus, daß es sowohl auf der Ebene intendierter als auch auf der Ebene nicht intendierter Beiträge zu latenten Strukturen kommt.

---

[61] Vgl. dazu auch noch einmal Max Webers „Haß" auf seinen inneren Lutherismus. Mentalitätsgeschichtlich ist der Weg von der Interaktionsferne zur Nichtwahrnehmung des Psychischen nicht weit.

[62] Die formalsoziologische Triadenkonzeption hat Treiber in seiner Studie über das Dreieck Lou Andreas Salomé und ihre Beziehung zu Nietzsche, Rilke und Paul Rée „Gruppenbilder mit einer Dame" angewendet (Treiber 1988).

[63] Simmel (1908, 68). Siehe hierzu auch Fraenkel (1994) und Pam/Pearson (1994), die aus der Triadenperspektive die Eifersucht in Paarbeziehungen untersuchen.

„Es gibt kein noch so inniges Verhältnis zwischen Dreien, in dem nicht jeder einzelne gelegentlich von den beiden anderen als Eindringling empfunden würde, und sei es auch nur durch sein teilhaben an gewissen Stimmungen, die ihre Konzentriertheit und schamhafte Zartheit nur bei dem unabgelenkten Blick von Auge in Auge entfalten können."[64]

Worauf es hier ankommt, ist nicht die quantitative Dimension der Gruppierung, vielmehr die Verschiebung in der Handlungsdynamik, die mit der Anwesenheit oder auch nur der in Augenschein genommenen Präsenz des Dritten auftritt. Die dyadische Interaktion erfährt eine erhebliche Komplexitätsausweitung durch die latente oder manifeste Wirksamkeit des Dritten. Dies wird an den möglichen Koalitionsbildungen bzw. Abgrenzungen, die mit den Aktivitäten des Dritten freigesetzt werden, sichtbar.

Und zwar handelt es sich um die Position des Unparteiischen und Vermittlers, die Position des lachenden Dritten sowie die Position des Streitstifters. Simmel betrachtet sie wiederum als strategische Optionen. Das hängt damit zusammen, daß er die Dreiecksbeziehung aus der Perspektive einer „Erwachsenensoziologie" rekonstruiert, d.h. die Handlungschancen werden als strategische Entscheidungen sozial konstituierter Akteure diskutiert. Von daher nimmt es zwar nicht wunder, daß sozialisatorische Beziehungen in seiner Argumentation, ausgenommen ein eingestreuter empirischer Hinweis auf die stabilisierende Funktion von Kindern in „disharmonischen Ehen", in den Hintergrund treten. Aber gerade sein Zentralthema, die Wechselwirkung in sozialen Konstellationen sowie deren gleichsam eingebaute Transformationstendenz, ist für die Theorie der Liebesbeziehungen fruchtbar zu machen.

Zur Handlungsoption der „Vermittlung" unterscheidet Simmel drei Möglichkeiten: „der Dritte ist unparteiisch, wenn er entweder jenseits der kontrastierenden Interessen und Meinungen steht, von ihnen unberührt ist, oder wenn er an beiden gleichermaßen teilhat."[65] Damit sind Varianten der Interessenübereinstimmung oder der Konvergenz von Handlungszielen angesprochen, die wiederum ausgesprochen werden können oder im Verborgenen gehalten werden können. Diese Varianten lassen sich des weiteren darauf befragen, unter welchen Bedingungen sie erfolgreich aufgegriffen werden und in welchen Handlungskontexten ihre Wahl wahrscheinlich ist.

---

[64] Simmel (a.a.O., 68). Das gilt in einem ganz allgemeinen Sinn für die Strukturproblematik von Kooperation. Lepsius (1990b) hat Muster der sich selbst blockierenden Kooperation in einer makrosoziologischen Fallstudie untersucht.

[65] Simmel (1908, 79).

Größere Probleme stellen sich beispielsweise für den Vermittler dort, wo die hohe Diffusität der Interaktion es den Akteuren schwer macht, sich in sozialer Distanz gegenüberzutreten. Das macht Loyalitätskonflikte unvermeidbar. In Familienbeziehungen wäre demnach die Vermittlung mit erheblichen Anpassungsproblemen verbunden. Denn in dem Maße, in dem sie gelingt, wird eine quasi außerfamiliale Position des Dritten ratifiziert, droht also der affektive Solidarbezug zwischen ihm und den anderen Familienmitgliedern zu verblassen.

Die ambivalente Position des Dritten als Vermittler kommt nach Simmel darin zum Ausdruck, daß ihm es zwar gelingen könne, aufgestaute Konflikte zu beruhigen und in zeitlicher oder sachlicher Hinsicht zu entschärfen, daß er jedoch das Risiko einginge, die Gegenwehr beider Kontrahenten auf sich zu ziehen. Dies diskutiert Simmel wie folgt:

> „Er ist einerseits das retardierende Moment gegenüber der Leidenschaft der anderen, andererseits kann er gerade die Bewegung der Gesamtgruppe tragen und leiten, wenn der Antagonismus der beiden andren Elemente ihre Kräfte paralysieren will. Dennoch kann dieser Erfolg in sein Gegenteil umschlagen.“[66]

Im Unterschied zur stabilitätssichernden Funktion verschiedener Formen der Vermittlung steht die Position des „Tertius gaudens“ in einem anderen Zusammenhang. Hier betrachtet Simmel die Möglichkeit, vorhandene Gegensätze zu Eigenzwecken zu instrumentalisieren, wobei es ihm auf die innere Brüchigkeit einer solchen Konstellation ankommt:

> „Es handelt sich hier nicht immer um schon vorher konsolidierte Gebilde, in deren sozialem Leben dieses Ereignis neben anderen aufträte; sondern gerade hier wird die Beziehung zwischen den Parteien und dem Unparteiischen erst ad hoc gestiftet. Elemente, die sonst durchaus keine wechselwirkende Einheit bilden, können in Streit geraten, ein Dritter, beiden bisher gleichmäßig unverbunden, mag die Chancen, die dieser Streit ihm, dem Unparteiischen, gibt, durch eine spontane Aktion aufgreifen, und so kann sich eine rein labile Wechselwirkung herstellen, deren Lebhaftigkeit und Formenreichtum für jedes Element ganz außer Verhältnis zu der Flüchtigkeit ihres Bestandes steht.“[67]

Kommen wir schließlich auf das „Divide et impera“ als letzte Option zu sprechen. Sie schließt typologisch an die oben behandelten Prozesse im triadischen Gefüge an.

---

[66] Simmel (a.a.O., 81).
[67] Simmel (a.a.O., 83).

Es geht auch hierbei um das strategische Herbeiführen eines Antagonismus, also darum,

„...daß zwei Elemente ursprünglich einem Dritten gegenüber miteinander vereint oder aufeinander angewiesen sind, und daß dieser die gegen ihn verbundenen Kräfte gegeneinander in Tätigkeit zu setzen weiß; der Erfolg ist dann, daß sie sich entweder gegenseitig die Waage halten, so daß er, von beiden ungestört, seine Vorteile verfolgen kann, oder daß sie sich gegenseitig so schwächen, daß keiner von ihnen der Übermacht jenes zu widerstehen vermag.“[68]

In dieser Version der Streitstiftung bleiben deren Voraussetzungen, nämlich das strategische Kalkül, im Hintergrund, bei relativem Abstand des Dritten zur entstehenden Konstellation. Zieht man nun die Diskussion von Handlungsalternativen unter den Bedingungen triadischer Beteiligung zusammen, so ergibt sich folgendes Bild: *Der Dritte läßt qua objektiver Handlungsmöglichkeit eine Binnendifferenzierung der Gruppe als Ganzer entstehen*, relativ unabhängig vom Grad der Bewußtheit, mit der sich die Akteure in der Triade begegnen. Umgekehrt trägt die Existenz des Dritten nicht allein zur Neigung bei, existierende Koalitionen zu verlassen, sondern diese zu stabilisieren. Diese Eigentümlichkeit ist vor allem im Hinblick auf ein fluides Stadium im Spannungsverhältnis von Zweizahl und Dreizahl interessant. Denn man sieht daran, daß der Transformationsprozeß auch in rückläufiger Richtung erfolgen kann. Eine stabile Position in der Triade ist von daher unwahrscheinlich, man kann von daher mit einer hohen Ausprägung der Wechselwirkungsdynamik rechnen.

Liest man Simmels formalsoziologisches Exposé im Horizont unserer Thematik, so hat es den Anschein, als habe die Binnenstruktur von Familiensystemen beim Aufbau der Argumentation Pate gestanden. Diese werksgeschichtliche Hypothese sei dahingestellt, einen ausdrücklichen Bezug auf die Sexualität findet sich jedoch da, wo er das Kind in den Sinnhorizont des Dritten einführt.

„Die Leidenschaft sucht die Grenzen des Ich niederzureißen und das eine in das andere aufzuheben; aber nicht sie werden zur Einheit, sondern eine neue Einheit entsteht: das Kind. Und die *eigentümlich dualistische Bedingung seines Werden: eine Nähe, die doch Entferntheit bleiben muß* (Hervorhebung von mir - TA), und ihr Äußerstes, das die Seele

---

[68] Simmel (a.a.O., 89).

will, nie erreichen kann, und eine Entferntheit, die sich doch ins Unendliche dem Einswerden nähert - mit dieser steht auch das Gewordene zwischen seinen Erzeugern, und die variierenden Stimmungen dieser lassen bald das eine, bald das andere wirksam werden.“[69]

Simmel spricht hier den Übergang in die elterliche Dyade an. Das Argument ist mißverständlich, weil es die triviale, aber soziologisch folgenreiche Möglichkeit übersieht, die Zeugung und den Liebesakt voneinander zu trennen. Gleichwohl läßt sich der Gedanke von der naheliegenden Konnotation lösen und auf die allgemeine Bedeutung des Dritten in dyadischer Interaktion übertragen. Nicht erst im leibhaftigen Kind, sondern schon im Sinnhorizont der sexuellen Vereinigung taucht mit dem Schöpfungsthema eine folgenreiche Auseinandersetzung mit dem Dritten auf, in dem zwei widersprüchliche Strebungen zum Ausdruck kommen, nämlich die Objektivation der affektiven Selbstgenügsamkeit des Paares wie deren Infragestellung durch die Konstitution von Rivalität. Wir sind an einem entscheidenden Punkt. Der Akt, in dem das Paar seine Autonomie in der Zweiheit feiert und der Befristetheit seiner Existenz die Zeitlosigkeit der erotischen Ekstase entgegensetzt, bildet symbolisch zugleich die Grundlage für Schöpfung, Innovation und für das Dritte als die Überwindung der Endlichkeit. Wie läßt sich der *Kinderwunsch* erklären[70], wo doch nach Simmel gilt:

„...gleichviel ob die Liebe die Verbindung nach rückwärts wieder aufnimmt und als Realität die hervorgehobene Bedeutung für die Fortpflanzung gewinnt - ihrem eigenen Sinne nach weiß sie von diesem Interesse nichts, sie ist und bleibt die Zuständlichkeit des Subjekts, die in unerklärlicher, nur erlebbarer Weise um ein anderes Subjekt herum wächst, die ihre Zentralität schlechthin in sich selbst findet, nicht in Erhaltung und Entwicklung der Gattung und nicht in einem zu erzeugenden Dritten?“[71]

Im Kinderwunsch greift das Paar die angesprochene triadische Dyaden intentional auf. Mit der Autonomie des Paares hat es demnach eine paradoxe Bewandtnis. Wenn das Paar sich ganz gehört, verfügt es gerade über die Möglichkeit, sich zur Triade

---

[69] Simmel (a.a.O., 63).

[70] Ohne der à propos gestellten Frage theoretisch weiter nachzugehen, meint auch Luhmann, daß das „Problem eigentlich eher ist, ob man eine Familie mit Kindern haben will oder ob man ein „Single zu zweit“ bleiben möchte.(...) Das Sich-für-gemeinsame-Kinder-Entscheiden, das scheint mir die wichtigste Frage zu sein, und man müßte wissen, unter welchen Voraussetzungen wer diese Entscheidung trifft“ (Luhmann 1987,73).

[71] Simmel (1984, 27f.).

zu öffnen. Aber zu seiner Autonomie gehört entscheidend, daß es sich die Wahl für nichtpersonalisierte Dritte bewahrt. Das Kind ist deshalb die der Dyade inhärente Konkurrenz und Ergänzung. Es wird zum ambivalenten Träger der Unendlichkeitsfiktion.

Deutlich ist an Simmels Ausführungen die konfliktorische Komplementarität von Liebesbeziehung und Elternschaft, in der die Dialektik aufgegriffen wird, mit der affektiven Selbstgenügsamkeit einer Dyade zugleich die Voraussetzungen zu schaffen für deren Erweiterung, aber auch andersherum mit ihrer Exklusivität schon auf die latente affektive Konkurrenz zu reagieren[72].

Diese doppelte Verwiesenheit aufeinander legt den Schluß nahe, daß wir es in der Triade und der Dyade mit den elementaren Formen menschlicher Sozialität zu tun haben, gegen die sich die Vielfalt empirischer Liebesbeziehungen abheben. Während noch Tyrell im Hinblick auf die Dyade behauptet: „Beide Angelegenheiten nehmen so sehr in Anspruch, daß für Blicke nach rechts oder links tendenziell kaum Reserven bleiben. Die Wirklichkeit schrumpft dahin ein, daß man sich nur noch dem Geliebten bzw. dem Feind gegenüber befindet“ [73], gehen wir davon aus, daß schon in der Dyade eine Auseinandersetzung mit dem Dritten wirksam ist. Die *Existenz des Dritten provoziert die Schließungstendenz ebenso wie dessen Abwesenheit seine Suche provoziert*[74].

---

[72] Das ist mit der Frage verbunden, wer die Position des abwesenden Dritten interaktionslogisch repräsentiert: ein Phantasma, reale Personen aus der Vorzeit der Gattenbeziehung oder auch aus der biografischen Vorgeschichte der Beteiligten. Nach Lévi-Strauss, dessen Arbeiten über das „Verwandtschaftsatom“ (1975, 99 ff.) in diesem Zusammenhang einzufügen wären, muß es sich um einen Vertreter der Gebergruppe handeln. Vormoderne Familienstrukturen bilden personal identifizierbare „Abwesende“ aus, in den Familienstrukturen der Moderne, so meine These, handelt es sich um internalisierte und demnach handlungswirksame Personen. Die vielversprechenden Anschlüsse zu Theorieprogrammen, für die die Operativität des Handelns sich erst durch Rekonstruktion verschiedener Dimensionen von „Vorzeit“ erschließt, habe ich schon erwähnt. Zuallererst wäre die soziologische „Rückkehr zu Freud“ anzuvisieren. Was Freud (GW, XVII, 151) über die Neurose sagt: „Beim Neurotiker ist man wie in einer praehistorischen Landschaft, z.B. im Jura. Die großen Saurier tummeln sich noch heran, und die Schachtelhalme sind palmenhoch“ - läßt sich auf das Programm einer Evolutionstheorie triadischer Konstellationen übertragen. Stets geht es um die interaktive Präsenz latenter Akteure.

[73] Tyrell (1987, 585).

[74] Diese Sichtweise scheint für die familiensoziologische Forschung ertragreicher als beispielsweise Hegel, der eine normativ-harmonistisch verkürzte Version des Gedankens formuliert, wenn er schreibt: „Zwischen Mann und Frau ist das Verhältnis der Liebe noch nicht objektiv; denn wenn die Empfindung auch die substantielle Einheit ist, so hat diese noch keine Gegenständlichkeit. Eine solche erlangen die Eltern erst in ihren Kindern, in

Will man also die formalsoziologisch konstruierten Handlungsalternativen auf den Gegenstandsbereich diffuser sozialer Beziehungen, speziell den der Liebesbeziehungen projizieren, so muß man Simmels überspitzter Perspektive entgegenhalten, daß die Optionen nicht nur strategisch gezielt ausgesucht, sondern auch unbewußt aufgegriffen werden können. Ihre Wirksamkeit ist gerade nicht abhängig vom Grad der Bewußtheit, mit der die einzelnen Akteure sich der Optionen „bedienen". Das Kind, das einen reflexiven Zugang zum eigenen Tun noch nicht entwickelt hat, kann Positionen im Familiengefüge übernehmen, in der Sinnstruktur des tertius gaudens, Vermittlers oder Streitstifters, ohne daß sie ihm zugeschrieben worden wären oder daß es sie aktiv durchgesetzt hätte.

Im Binnengefüge der personenmäßig überschaubaren Familie haben wir es mit einer hohen Komplexität von Handlungsalternativen zu tun, die über eine zentrale Dynamik motiviert werden. Das Strukturpotential der Triade ergibt sich daraus, daß sich die in ihr wirksamen *faktischen Dyaden und latenten Dyaden in einer permanenten Selbsttransformation* befinden, weil die vom Kommunikationstypus Liebe her ausgeschlossene Substitution und Konkurrenz, also das Teilen des Partners in der Dyade, faktisch im Beziehungsgefüge der Familie vorliegt. Ein Strukturmerkmal intimer Beziehungen wird demnach immer schon verletzt. Dieser Widerspruch ist eine ständige Provokation und Herausforderung für alle Akteure, nicht nur für den ausgeschlossenen Dritten. Der Grund für die hohe Binnendynamik von Familiensystemen liegt darin, daß die exklusiven Dyaden ihre jeweiligen Exklusivitätsansprüche bestritten sehen oder umgekehrt gerade verführt werden, diese preiszugeben.

Eine durch Simmel angeregte Erfassung von Familiensystemen ist vor allem im Hinblick auf die Ontogenese auszubauen[75]. Der gemeinsame Gedanke ist, daß die familiale Interaktionstriade den Widerspruch zwischen existierenden, sich neu

---

welchem sie das Ganze der Vereinigung vor sich haben. Die Mutter liebt im Kinde den Gatten, dieser darin die Gattin; beide haben in ihm ihre Liebe vor sich" (Grundlinien der Rechtsphilosophie § 173, 1970, 328).

[75] Vgl. die schon erwähnte theoretische Synthese von Forschungen im Bereich der Sozialisationstheorie bei Oevermann (1979). Eine der Konsequenzen für die Familienforschung sei an dieser Stelle genannt. Die von ihrer Zusammensetzung vom Normalmodell der Familie abweichenden Konstellationen erzwingen, wie das häufig eingewendet wird, nicht etwa den Abschied von der strukturtheoretischen Betrachtung, sondern im Gegenteil zeigt sich gerade hieran die explanative Kraft des Modells. Sogen. Alleinerziehende, Stieffamilien, Adoptivfamilie, auch die von Individualisierungstheoretikern in Anspruch genommenen Fälle abweichender Familienformen, können als Ausdrucksformen triadischer Kommunikation rekonstruiert werden und das deshalb, weil es gerade um Beziehungsmuster geht und nicht um die Frage nach der zahlenmäßigen Vollständigkeit, der äußeren Übereinstimmung mit der Triade.

formierenden Dyaden gleichen Typus immer wieder neu entstehen läßt, daß die „die Familie konstituierende Interaktionstriade aufgrund ihres Strukturcharakters einer widersprüchlichen Einheit selbst unter ständigem Druck zur Entwicklung und Veränderung steht“[76] - und zwar unter der Bedingung des oben erläuterten nicht hintergehbaren Interaktionsdilemmas.

4.4 Der menschliche Bildungsprozeß in der Triade

Die Triade wird mit der Familiengründung manifest und natürlich macht es erst mit der Öffnung auf die Dreieckskonstellation einen Sinn, von sozialisatorischer Interaktion zu sprechen. Die Existenz des Dritten, um die es hier geht, ist theoretisch präziser gefaßt, wenn man in ihm beides zugleich erkennt: die *Dokumentation bzw. Objektivation der Selbstgenügsamkeit ebenso wie deren latente Infragestellung*. In der dichten Formulierung Simmels, der hierbei an das leibliche Kind denkt, handelt es sich um eine Dimension, „die vom gattungsmäßigen Leben her die Liebe anschattet: mit ihr hat dieses Leben sich selbst transzendiert, hat aus eigenen Kräften die Untreue gegen sich selbst geboren (...).“[77]

Die kriteriale Rolle des Dritten erscheint somit verkürzt, wenn wir in ihm etwa nur die Rivalität sehen würden, im Gegenteil bringt seine Position die Gemeinsamkeitskommunikation ins Spiel, und zwar als erinnernder Spiegel affektiven Gelingens[78]. Schon die etymologische Reflexion auf den Sexualakt als einen Akt der Zeugung legt den Gedanken nahe, daß sich im Kind als dem Dritten ein Zeuge der dyadischen Selbstgenügsamkeit einstellt. So betrachtet erfüllt das Kind keineswegs nur in traditionalen Familien die soziale Funktion der Kontinuitätsbeschwörung[79].

Die Dynamik, die mit der Geburt des Kindes freigesetzt wird, der Sinnhorizont von Ankunft und Abschied, hängt damit zusammen, daß im leiblich gewordenen Unendlichkeitsversprechen das Paar mit der Befristetheit seiner eigenen Geschichte konfrontiert und versöhnt wird[80].

[76] Oevermann/Konau (1980, 38).
[77] Simmel (1984, 28).
[78] Auch in dieser Hinsicht ist die Namensgebung der Nachkommenschaft bedeutsam.
[79] Im Sinnhorizont des triadischen Modells ließe sich die Selbstobjektivierung des Paares in dem Dritten als Zeugen als eine Form der Selbstvergewisserung bezeichnen, so als habe die Beziehung ohne einen Zeugen ihr Eigenrecht verwirkt.
[80] Von hierher erklärt sich das Unfaßbare des Kindestodes. Im Überleben der Eltern verkehrt er die hier angesprochene Zeitstruktur.

Die Konkurrenz des Dritten wird nun eine Position im Handlungsgefüge und setzt die bei Simmel herausgearbeiteten Prozesse der Streitinitiierung, Streitschlichtung in Gang: das destruktive Manöver des Eifersüchtigen, die erleichterte und zugleich fragile Gelassenheit des Vermittlers, der kapriziöse Triumph des lachenden Dritten, Konkurrenz und Rivalität, Verführung und Inbesitznahme, kurz: die sozialen Kostüme affektiver Ambivalenz, treten mit der Geburt des Kindes zwangsläufig auf der Handlungsebene in Erscheinung und werden anprobiert[81]. Gegenüber ihrer dynamischen Wirkung zu Zeiten der kinderlosen Partnerschaft bekommen sie im Kind eine Adresse, eine Objektivation. Die Eltern sind daraufhin zu praktischen Antworten auf Ambivalenz herausgefordert, und zwar ohne ihr Zutun und außerhalb ihrer Absicht, ob sie wollen oder nicht.

Diese Komplexitätserhöhung im intimen Zusammenleben hat zwei Ursachen. Sie verdankt sich zum einen der in die erwachsene Dyade eingebauten Spannung, zum anderen der qua Gattungseigentümlichkeit grundlegenden Hilflosigkeit des Kindes, der das Einrichten einer ausschließlichen Bindung an die Eltern entspricht. Ist in der erwachsenen Dyade die Nichtersetzbarkeit eine tragende Fiktion der Liebenden, so wird sie aus der Perspektive des Kindes eine Bedingung für das Überleben. Für beide Beziehungen gilt der Anspruch auf die ganze Person, woraus sich der zentrale Widerspruch ergibt, der für triadische Konfigurationen schlechthin anzunehmen ist. Die symbolische oder interaktive Präsenz des Dritten provoziert die Schließungstendenz innerhalb der Dyade ebenso wie die Abwesenheit des Dritten seine Suche provoziert.

Die Einzigartigkeit des Sozialsystems Familie - und man sieht nun, daß der Begriff Familie in der Tat irreführend ist - kommt darin zum Ausdruck, daß die Unverträglichkeit hier vorliegt, aber immer wieder durch die in der erwachsenen Intimbeziehung ausgehandelte Einigung im Widerspruch versöhnt wird, in die die Präsenz des Kindes ambivalent eingebunden wird[82]. Die Sozialkompetenzen des Menschen

---

[81] Nedelmann führt dazu aus: „Dreierkonstellationen haben im Vergleich zu Dyaden und „Mehr-als-Drei"-Gruppierungen durch die schillernde Rolle des Dritten eine besonders hohe Vitalität. Triaden jedoch, die auf der Basis von Geheimnis gebildet werden, geraten dadurch unter Hochspannung, daß sich die Akteure an widersprüchlichen Interessen orientieren, ständig in die Versuchung zum Seitenwechsel und Überlaufen geraten und plötzlichen emotionalen Wechseln ausgesetzt sind" (Nedelmann 1985, 67).

[82] Schon aus diesem Grund geht die in manchen Familientheorien üblich gewordene begriffliche Trennung von Partnerschaft und Elternschaft an der hier behaupteten Dialektik und strukturellen Verwiesenheit beider Beziehungsformen vorbei und ist allenfalls zur Deskription von Gegenwartserscheinungen verwendbar (Schütze 1994). Durchaus einflußreiche Versionen des lässigen familientheoretischen Modernismus kommen zu der Ein-

werden in dieser Struktur vorgebildet und in einer Abfolge von Erfahrungskrisen mit zwei besonderen lebensgeschichtlichen Zuspitzungen, der ödipalen Krise und der Ablösungskrise, erworben. Dazu gleich mehr, doch zuvor möchte ich die Funktion der affektiven Selbstgenügsamkeit der erwachsenen Dyade für den Bildungsprozeß weiter differenzieren.

Diese ist keineswegs so exklusiv, wie es nach dem vorhergehenden den Anschein haben mag. Vollständig geschlossen ist sie nur im abweichenden Fall. Zum einen, weil die Dyade systematisch von latenten Dritten bevölkert ist, die sich aus der biografischen Vorzeit der Partner in die Präsenz des Paares einmischen, zum anderen, weil das Kind als das Dritte willkommen ist und schließlich, weil es qua Entwicklungsstand seinerseits aus der Präsenz der Eltern exklusive Beziehungen zu einem Elternteil machen möchte[83]. Die Schließung der intimen Dyade der Eltern begünstigt den Bildungsprozeß paradoxerweise dadurch und in dem Maße, in dem sie den vorübergehenden Treuebruch bzw. in Simmels Formulierung den Geheimnisverrat sowie das zeitweilige Versetztwerden in den Status des ausgeschlossenen Dritten tolerieren kann. Das affektiv selbstgenügsame Paar, das im eigenen Verhältnis die Ambivalenz im oben ausgeführten Sinne tolerieren kann, läßt sich durch die Verführungen, Attacken und Usurpationen des Kindes als eines anschaulichen Dritten nicht irritieren. Ebensowenig muß es fürchten, daß die Unkündbarkeitsunterstellung unterlaufen und die Karten in der Triade dauerhaft neu gemischt werden. Vielmehr trägt die Exklusivität der elterlichen Zuneigung die Liebe zum ausge-

schätzung, die Scheidung als ein Ereignis im Familienzyklus zu betrachten (Fthenakis 1991, 15). Das mag eine hohe empirische Evidenz für sich haben und trifft den gar nicht aus der Welt zu schaffenden Sachverhalt, daß Liebende eine faktisch erfolgte Trennung nachträglich lebensgeschichtlich normalisieren - theoretisch stiftet so ein Gedanke jedoch, gelinde ausgedrückt, nur Verwirrung. Was im Falle eines Scheiterns der Elternbeziehung geschieht, darf nicht einfach als Verlust einer familialen Teilbeziehung verstanden werden, was verlorengeht, ist die sozialisatorische Funktion eines partikularen Modells exemplarischer Sittlichkeit. In der unübersehbar wachsenden Literatur zur Scheidungsproblematik wird leicht übersehen, daß der Verlust selbst bei geschmeidiger, mediationsgestützter Sorgerechtsregelung eintritt. Wem letztlich zugutekommt, daß dem dynamischen Eigengewicht einer gewachsenen Paarbeziehung der modernistische Mantel eines Konsensmodells umgehängt wird, so als ließe sich Elternschaft in Vertragspartnerschaft transformieren, ist durchaus umstritten. Jedenfalls ist nicht auszuschließen, daß die interessierten Professionen am Ende die einzigen sind.

[83] Zahlreiche Befunde der Säuglingsforschung weisen darauf hin, daß die kognitive Wahrnehmung der Eltern viel früher einsetzt als bislang angenommen, daß hingegen die affektive Präsenz des Paares auf eine Figur zusammengezogen wird. Hierzu instruktiv Dornes (1993).

schlossenen Dritten, dem infolgedessen der vorübergehende „Partnertausch" zugelassen werden kann. Daß umgekehrt das Kind seine Beiträge immer auf die elterliche Dyade ausrichtet, setzt wiederum voraus, daß die Eltern sich als affektiv selbstgenügsam darstellen und gerade von daher der Eifersucht überhaupt Anlässe verschaffen.

Die psychische Entsprechung der infantilen Gastspiele bildet die normale Omnipotenz des Kindes, in der probehandelnd soziale Handlungsfähigkeiten eingeübt werden. Die Struktureigentümlichkeit der Triade initiiert somit eine nicht still zu stellende Dynamik, einen im Inzesttabu kulminierenden fortlaufenden Prozeß der Sublimierung der Körperbezogenheit und erotischen Tönung der intimen Kommunikation mit dem Kind[84].

Damit sind wir bei den sozialisationstheoretischen Anschlüssen unseres Familienmodells, die hier programmatisch benannt werden sollen. Die Verträglichkeit mit Freuds Theorie der psychosexuellen Entwicklung liegt auf der Hand, allerdings läßt sich die allgemeine psychosoziale Rahmung der Abfolge von der Oralität zur Phallizität, der Latenz und der Pubertät präziser herausarbeiten. Sie gilt, was die Modalität des Handelns angeht, gleichermaßen für Mädchen wie für Jungen.

Freud hat bekanntlich die Triade, bezogen auf vor allem eine kriteriale Phase im Lebenszyklus des Menschen, ins Zentrum seiner theoretischen Aufmerksamkeit gerückt, ohne sie als solche zu benennen. Im ödipalen Konflikt erreicht demnach die für den Bildungsprozeß des Menschen schlechthin bestimmende Dynamik zum ersten Mal die manifeste und deutlich artikulierte Gestalt einer dramatischen Auseinandersetzung mit dem Thema Rivalität und Verführung.

Soziologisch übersetzt, erscheint, wie wir gesehen haben, der Umgang mit dem Dritten als eine systematisch dem Familienhandeln eingeschriebene Problematik, sie wird unterschiedlich erlebt und inszeniert. Sie führt auf der Handlungsebene eines Familiensystems zu phasenweisen Zuspitzungen der triadischen Kommunikation,

[84] Von hierher läßt sich zeigen, daß es sich bei der sexuellen Gewalt an Kindern immer um eine familienstrukturell motivierte Perversion handelt, die moralisch zwar Einzelpersonen zuzurechnen ist, von ihrer Entstehungslogik her jedoch immer auf eine Übertreibung der erotischen Komponente der Familienbeziehungen zurückzuführen ist. Nach dem hier vorgetragenen Modell wird das Merkmal der Unkündbarkeit verletzt: Inzest wird durch eine komplizenhafte Substitution der Partner vorbereitet. Die Mütter tauschen ihre erotische Präsenz gegen die der Töchter, die väterliche Gewalt führt die Verkehrung aus. Vgl. dazu die Fallstudie in Kapitel 3.4 dieser Arbeit.

um die Idee von Buchholz aufzugreifen, nach der die Triade sich in ständiger „Rotation“ befindet[85].

Das Kind nimmt schon als Phantasma einen Platz in der Dyade ein. Als real Handelnder, zu Beginn schreiend und schlafend, bedeutet es einen Spontanitätszuwachs, über dessen kommunikative Verarbeitung jeweils die Rigidität bzw. Flexibilität einer eingerichteten Interaktionsstruktur entscheidet. Es tritt stets neu in die soziale Wirklichkeit des häuslichen Geschehens ein, zukunftsoffener gegenüber den etablierten Mustern der Interaktion. Kinder bringen ihr Entfaltungspotential als ein Kommunikationsangebot mit, über das existierende, bewußt getroffene oder unbewußt eingeschliffene Abmachungen und Manöver ausgebaut, aber auch revidiert werden können. Ihre Beiträge enthalten Schöpfungsthemen und behandeln in der stets neu aufgelegten und erst spät zuweilen auch wörtlich so formulierten Frage: „Wem verdanke ich meine Existenz?“ das Geheimnis der Triade[86].

Im Horizont des „ewigen“ Dilemmas des Paares betrachtet, beginnt eine neue Phase der Differenz- und Gemeinsamkeitskommunikation. Für das Kind - gleich welchen Geschlechts - gilt, daß es die intime Dyade seiner Eltern als eine Einheit nicht verstehen kann und gleichwohl verstehen muß. Seine typische Wahrnehmung der Dyade, noch lange bevor es kognitiv und affektiv nachvollziehen kann, daß sich die menschliche Existenz der Interaktion von Zweien verdankt, kommt in der einseitigen Zurechnung auf eine Person (Vater/Mutter) zum Ausdruck. Die frühinfantile Zeit als eine Zeit hoher Pflegebedürftigkeit begünstigt diese „Personalisierung“ der elterlichen Einheit, die allmählich angereichert wird durch die zwei grundlegenden Differenzierungskriterien der Generations- und Geschlechtszugehörigkeit, in der das Kind seine ersten Selbstdefinitionen entwirft.

Damit sind die Voraussetzungen geschaffen für die erste dramatische Zuspitzung triadischer Konflikte im ödipalen Alter, in dem nun - mit der Selbstwahrnehmung als Junge oder Mädchen - der im familialen Dreieck objektiv angelegte Treuebruch in erste „ernste“ Ausdrucksformen überführt wird. Die geschlechtliche Gleichheit mit einem Elternteil macht diesen zu einem Rivalen und setzt, der wahrgenommenen Gleichheit entsprechend, das vehemente Bemühen um einen Anspruch auf dessen

[85] Das ist, auch bei Buchholz (1993), eine theoretische Idealität, ja es würde eine Familie in die psychosoziale Konturlosigkeit treiben, wenn sie versuchen wollte, in den realen Interaktionsprozessen eine derartige Multiperspektivität ständig zu aktivieren. Strukturvereinseitigungen sind demgegenüber die Regel und nicht etwa die Ausnahme. Zahlreiche Beispiele diskutiert Schon (1996), der aus psychoanalytischer Perspektive das Triadenkonzept um die ontogenetische Fragestellung bereichert.

[86] Vgl. auch die Interaktionsszene aus dem Vorwort dieser Arbeit.

Position in der elterlichen Dyade frei. Es entsteht die Phantasie, den gleichgeschlechtlichen Elternteil substituieren zu können.

An dieser Stelle zeigt sich deutlich, in einem wie hohen Maße die Einheit des Paares strukturstiftend ist, und zwar sowohl, was die Voraussetzung als auch was die Toleranz der ödipalen Attacke und Verführung des Kindes angeht. Nicht der Vater, nicht die Mutter, sondern die kommunikativ jeweils neu inszenierte dyadische Schließung, bei gleichzeitiger Toleranz für die „Parade" (Lacan) des Dritten, erinnern das Kind an die Grenze seiner Allmacht. Diesen Vorgang nennt Freud Kastration, mit der eine Eigentümlichkeit des Handelns gemeint ist und nicht etwa das bedrohliche Herumfuchteln mit Küchenwerkzeug[87].

Die von Freud benannten psychischen Qualitäten, beispielsweise die Kastrationsangst oder der Penisneid, bezeichnen demnach soziale Qualitäten der Interaktion, die je nach Interpretationskapazität unterschiedlich verarbeitet werden. Durch die Position in der Triade motiviert, handelt es sich um nichts anderes als um Wirkungen von Interaktionszügen, in denen Teilnahmewünsche oder Teilnahmeabwehr thematisch sind. Kinder rechnen das auf die unmittelbare körperliche Befindlichkeit bzw. Unversehrtheit zu. Sie können die Eltern als eine Dyade nicht „denken", personalisieren sie und richten dabei ihre Affekte primär auf den gleichgeschlechtlichen Elternteil, weil dieser Repräsentant des Verbots, aber auch als Repräsentant der Überschreitung des Verbots fungiert. Ihre Eifersucht, die wie gezeigt auch eine handlungslogische Voraussetzung hat, artikuliert sich in körperlichen Bewegungen bis hin zu Angriffen und genau diese Praxisform setzen sie beim Objekt ihrer Eifersucht voraus. So kann Kastrationsangst als eine Modalität, die auf das „Nein" der Eltern reagiert, entstehen.

Betrachtet man den Vorgang ontogenetisch und von der Wirklichkeitswahrnehmung des Kindes her, dann verliert die mißverständliche Sprache ihr Provoziere-

---

[87] Die soziologische Lektüre Freuds wäre mit dem Vorteil verbunden, die nach dem Verstummen des parsonianischen Ansatzes zumeist polemisch geführte Aueinandersetzung mit Freud zu versachlichen, und zwar mit der Pointe, daß es sich dabei nicht etwa um einen viktorianischen Sexualkonservatismus des ausgehenden 19. Jahrhunderts, vielmehr um eine differenzierte Theorie handelt, die mit einer soziologischen Strukturtheorie von Intimität in Vielem kompatibel ist. Allerdings setzt dies voraus, daß der bei Freud selbst gelegentlich durchscheinende Reduktionismus aufgegeben wird. Er zeigt sich vor allem dort, wo ein primär biologischer Zusammenhang zwischen Organausstattung und psychischer Disposition behauptet wird. Den naturwissenschaftlich verengten naturalen Zugriff auf die menschliche Sexualität muß man nicht teilen.

des[88]. Bei Kindern wird der Neid auf das Haben des Anderen, um den es dabei geht, infolge des ihnen eigenen leibnahen Konkretismus als eine körperbezogene Bedrohung ihrer Identität registriert[89].

In der ödipalen Erfahrungssituation wird somit die triadische Konstellation insofern zugespitzt, als hier die für jede Einzeldyade im Familienhandeln grundlegende Problematik der Differenzkommunikation bei gleichzeitiger Gemeinsamkeitskommunikation über die basalen Differenzierungskriterien von Geschlecht und Alter spezifiziert werden. Uns interessieren nun nicht die einzelnen Schritte, die in einer Sozialisationstheorie auszuarbeiten wären, vielmehr geht es um den diese Schritte wesentlich steuernden Zusammenhang, nämlich um die übergreifende Affektivität in der Gattenbeziehung der Eltern. Ihre Konstanz ist allein die Gewähr dafür, daß die vom Kind ständig versuchten Usurpationen einerseits zugelassen, andererseits nicht auf Dauer gestellt werden. Das multiple Regressionspotential, das - wie im ersten Abschnitt gezeigt - der Liebe des Paares eingebaut ist, auffußend auf dem symmetrischen Antagonismus, macht den transitorischen „Geheimnisverrat" möglich, ja erfordert zugleich die vorübergehende Koalition mit dem Kind, dessen Erfahrung von Sozialität die sozial kompetente Interaktionsbeteiligung, das Handeln in der Struktur des „als ob" zur Voraussetzung hat.

Sozialisationsziel ist es, dem Kind zu ermöglichen, alle Positionen der Triade auszuprobieren. Paradoxerweise gelingt dies unter der Voraussetzung, daß die affektive Dyade der Eltern geschlossen bleibt bei vorübergehender Öffnung zum Dritten. Auf diesem Weg wird es mit Erfahrungssituationen konfrontiert, die ihre soziale Gestaltungskraft der interaktiven Konstellation und der in ihr freigesetzten Reaktionen verdankt.

Am Ende gelingt es, sowohl die Unmöglichkeit einer Substitution der elterlichen Dyade anzuerkennen als auch in Konsequenz dieser Einsicht eine eigene außerfamilial orientierte Identität zu entwickeln[90]. Der „Preis" für diesen triadisch erzwunge-

---

[88] Selbstredend gibt es somit, um Freuds Metaphorik aufzugreifen, den Penisneid nicht nur der Frau, sondern auch des Mannes ebenso wie es den Gebärneid nicht nur des Mannes, sondern auch der Frau gibt. Zur Symbolik der Kastration und deren Auslegung in Handlungsterm. Siehe die Studie von Green (1997).

[89] Siehe dazu vor allem Merleau-Ponty (1966), Lacan (1980), Green (1980).

[90] Die Übereinstimmung mit Buchholz (1994) habe ich schon hervorgehoben: „Die Besetzung aller drei Positionen wird sukzessive erprobt, in allen drei Positionen wird Erleben entfaltet, aus allen drei Positionen kann es identifikatorisch beobachten, und das heißt auch: phantasieren. (...) Im Positionswechsel versucht das Kind, eine Antwort auf diese Frage zu finden; das Kind will gleichsam seine eigene Geschichte einholen. Es tritt in die ödipale Entwicklung ein, entdeckt die Zeit als eine nicht-reversible Dimension und stellt sich eine

nen Schritt in die Autonomie ist die Anerkennung der geschlechtsspezifischen Gebundenheit, d.h. prinzipiell unaufhebbaren Unvollständigkeit der eigenen Identität, als Mann oder als Frau, in den Worten von Green:

> „Die psychische Bisexualität gerät nun mit der Geschlechtsidentität in Konflikt und fällt Verdrängungen anheim, die sich im übrigen nicht allein gegen die andersgeschlechtlichen Komponenten richten, sondern auch gegen die des eigenen Geschlechts." Wie sich zeigt, „stellt die unbewußte psychische Aktivität schon durch ihre bloße Existenz, aber auch durch ihre Inhalte, ständig die Grenzen in Frage, die die Identität ausmachen."[91]

Gerade diese identitätskonstitutive Beschränktheit in der Selbstdefinition der Person bildet wiederum - damit schließen wir an den Anfang dieses Kapitels an - die Voraussetzung dafür, daß die erotische Annäherung zwischen Mann und Frau fortgesetzt wird.

Diese theoretischen Schlußfolgerungen zum Verhältnis von individuellem Bildungsprozeß und Strukturmerkmalen der Familie sollen hier nicht weiter detailliert werden. Wichtig ist allerdings, daß man nun einer Reihe von Fragen nachgehen kann, die in der Sozialisationsforschung weitgehend ungeklärt sind. Dazu drei Beispiele. In seiner Auseinandersetzung mit Freuds Annahmen zur psychosexuellen Konstitution des Menschen schlägt Lévi-Strauss folgende Lesart vor:

> „Jedes Kind bringt bei seiner Geburt in Form angedeuteter geistiger Strukturen sämtliche Instrumente mit, über die die Menschheit seit jeher verfügt, um ihre Beziehungen zur Welt und ihre Beziehungen zu den anderen zu definieren. Doch diese Strukturen sind exklusiv.(...) Im Vergleich zum Denken des Erwachsenen, das gemäß den Anforderungen der Gruppe ausgewählt und verworfen hat, bildet das Denken des Kindes also eine Art universales Substrat, auf dessen Stufe sich die Kristallisierungen noch nicht vollzogen haben und wo die Kommunikation zwischen unvollständig gefestigten Formen noch möglich ist."[92]

---

neue Entwicklungsaufgabe. Die Phantasie der eigenen Unendlichkeit muß aufgegeben, die Liebeswünsche müssen in der Endlichkeit realisiert werden. Das Kind interessiert sich für die Beziehung zwischen den Eltern, weil es nur so seinem eigenen Ur-Sprung auf die Spur kommen und weil es nur so seine eigene Bisexualität balancieren und zu einer sexuellen Identität integrieren kann" (Buchholz 1993, 129).

[91] Green (1987, 79).

[92] Lévi-Strauss (1981, 160).

Hier wird der Gedanke einer hohen Plastizität der infantilen Realitätswahrnehmung aufgegriffen, jedoch auf allgemeine Strukturen seines kognitiven wie sozialen Vermögens verallgemeinert. Noch prägnanter findet dies Eingang in dem Konstrukt des „Polymorphismus", das vor allem den Gestaltreichtum kindlicher Beiträge auf der Ebene der Sozialität betont. Für sie ist kennzeichnend, daß sie begrifflich noch nicht organisiert und in die vorsprachliche Welt sensorischer Eindrücke eingelassen sind. Vielgestaltigkeit bezieht sich bei Freud bekanntlich einzig auf die erotischen Sensationen, die mit der hohen Leibgebundenheit frühkindlicher Kommunikation begründet werden. Lévi-Strauss fragt nach der theoriestrategischen Bedeutung von Freuds Konzept der polymorph perversen Sexualität des Kindes und arbeitet heraus, daß es sich dabei immer schon um Formen der Beteiligung an Interaktion handelt, in denen Strukturen der familialen Umwelt aufgenommen sind. Für ihn bedeutet es,

> „daß das Kind in rudimentärer Form und nebeneinander alle Arten von Erotik aufweist, unter denen der Erwachsene seinen speziellen Typus auf der normalen oder auf der pathologischen Ebene suchen wird. Wenn wir die Beziehung zwischen den sozialen Verhaltensweisen des Kindes und den verschiedenen Formen der von den menschlichen Gesellschaften verwirklichten Organisationen betrachten, können wir in ähnlicher Weise sagen, daß das Kind für den Ethnologen ‚*polymorph-sozial*' ist."[93]

Während sich nun sowohl bei Freud als auch bei Lévi-Strauss die Argumentation auf die Struktur des infantilen Bewußtseins bzw. auf Phasen seiner Weltwahrnehmung des Kindes bezieht, bietet sich an, die hohe soziale Komplexität des Familienhandelns in der Triade als die Grundlage sozialer Polymorphie zu bestimmen. Das, was Freud einer psychischen Disposition zurechnet, so wäre der Vorschlag von Lévi-Strauss im Lichte unserer Argumentation weiterzuführen, hat eine Eigentümlichkeit des Familienhandelns zur Voraussetzung, nämlich die für die Triade typische *Inkompatibilität ihrer eigenen Bestandteile*. Koalitionsbildungen, Verführungen, Schmeicheleien, Geheimnisbildung und Geheimnisverrat stehen auf der Tagesordnung. Sie bestimmen, zu Muster der Kommunikation verdichtet, die Dynamik der Sinnhorizonte des „Familiengedächtnisses", zu denen Halbwachs aus phänomenologischer Perspektive schreibt:

---

[93] Lévi-Strauss (1981, 162). Siehe auch in dem Zusammenhang die Diskussion um den Identitätsbegriff, die Lévi-Strauss und Green in einem von Benoist (1980) veranstalteten Seminar geführt haben.

„Und darum hat die Familie ein eigenes Gedächtnis, genausogut wie die anderen Arten von Gemeinschaften. Die Verwandtschaftsbeziehungen stehen im Vordergrund dieses Gedächtnisses, und wenn Ereignisse, die auf den ersten Blick sich mit den Vorstellungen eines anderen Bereichs verbinden, darin vorkommen, so darum, weil auch sie von gewissen Seiten her als Familienereignisse betrachtet werden können, und weil man sie auch unter diesem Aspekt betrachtet.“[94]

Die Kommunikation in der Familie bezieht sich im Kern auf den Umgang mit dem eingeschlossenen ausgeschlossenen Dritten, dessen Bedeutsamkeit für alle Beteiligten darin liegt, daß die Besetzung dieser Position nicht konstant ist, die interaktive Dynamik der Exklusion und Inklusion enthält demnach beides zugleich: die Voraussetzungen für ihre dyadische Vereinseitigung ebenso wie die Voraussetzung für ihre Transformation. Diese unhintergehbare konflikthafte Prozessualität bildet die eingebaute Grundlage des Erwerbs von Sozialkompetenzen. Unter ihrer Bedingung machen Menschen ihre ersten Erfahrungen mit der Spannung von Differenz und Gemeinsamkeit, mit dem Unterschied zwischen partikularer und allgemeiner Perspektive der Selbst- und Weltwahrnehmung.

Kommen wir zum zweiten auf die Frage nach der *Geschwisterkonstellation.* Auch hier bietet sich eine triadentheoretische Lesart an. Gegenüber den häufig in sozialpsychologischem Reduktionismus nachgeschriebenen Alltagsdeutungen der Position des Ältesten oder der Position des Jüngsten, des „Windschattenkindes“ u. dgl. wäre die spezifische Funktion eines Kindes in der Geschwisterreihenfolge danach zu beurteilen, welche der triadisch angelegten kommunikativen Optionen von ihm aufgegriffen werden[95]. Zunächst einmal ist zu erwarten, daß sich die Problematik affektiver Konkurrenz in der Lebensgeschichte jedes einzelnen Geschwisters gleichermaßen stellen wird. Ungeachtet der universalen Entwicklungsproble-

[94] Halbwachs (1985, 215). Der Entwurf von Halbwachs ist in der gegenwärtigen Familiensoziologie zu Unrecht in Vergessenheit geraten. Dabei stellt er eine Fundgrube für historisch orientierte Forschung dar. Bemerkenswert ist die strukturalistische Betonung von Elementarvorgängen wie Eintritt und Austritt, kriteriale Statuspassagen und vor allem die Milieuhomogenität bzw. Milieuheterogenität - dies wird im nächsten Abschnitt zu behandeln sein.

[95] Die Dynamik von Geschwisterkonstellationen ist vor allem im Hinblick auf Unternehmerfamilien und die in ihnen virulente Nachfolgeproblematik interessant. Dies hat die Diskussion der Fallstudie Kempowski erwiesen, die Berufwahl des Vaters von Max Weber ist in dieser Hinsicht von Bedeutung und wiederum die berufliche Plazierung der in der Familie Max Weber sen. geborenen Söhne. Zur Geschwisterbeziehung siehe richtungweisend die Arbeit von Toman (1987).

matik sind zum anderen Konstellationen denkbar, bei denen das Gestaltungspotential des triadischen Gefüges sich erschöpft oder auch in der Interaktion unter den Geschwistern zur Geltung kommt, auf „Nebenschauplätzen" der Rivalität und Zuneigung[96]. In Zusammenhang damit mag auch die bis heute ungeklärte Frage beantwortet werden können, warum in pathogenen Familienkonstellationen eine psychopathische Symptomatik sich auf nur ein Kind, nicht jedoch auf dessen Geschwister konzentriert. Die in der Literatur zur schizophrenogenen Familie diagnostizierten Verwerfungen der Gattenbeziehung, *marital skism* und *marital skew*, bezeichnen nicht etwa Muster der ehelichen Kommunikation, sondern wären als Ausprägungen des familialen Strukturmusters sichtbar zu machen, bei denen eine Disproportion in der Triade dominant geworden ist[97].

Von den zahllosen Erscheinungsformen, in denen die Struktur der Triade dauerhaft vereinseitigt wird, sei noch auf den Autismus[98] hingewiesen, der sich als eine spezifische Schließung der Elternbeziehung, als ein zu wörtlich nehmen der affektiven Exklusivität der Eltern gegenüber dem Dritten, darstellen läßt. Der Autismus erscheint als eine Form innerfamilial erzeugten Ausschlusses, als eine Exklusion in der Inklusion. Das typische Symptombild, nach dem Meidung und Annäherung als

---

[96] Ein Beispiel hierfür wäre die Position des ältesten Geschwisters. Bei historisch durchgesetzter multilinearer Symmetrie des Verwandtschaftssystems und einer normativ akzentuierten Egalität unter Geschwistern, kann man mit einer umso höheren Bedeutsamkeit der Position des ältesten Kindes rechnen, je traditionalistischer das Sozialmilieu faktisch strukturiert ist.

[97] Siehe hierzu den Sammelband von Bateson, G. u.a. (1970).

[98] Die Befunde der Autismusforschung (Kehrer 1989) lassen sich produktiv in das vorgeschlagene Konzept inkorporieren. Siehe dazu auch Allert (1991). Durch die Kooperation mit der kinderpsychiatrischen Abteilung der Universitätsklinik in Innsbruck, des „Servizio di neuropsichiatria infantile" in Siena sowie mit der entwicklungspsychologischen Abteilung des „Olga-Hospitals" in Stuttgart ergaben sich Einsichten in die Kulturspezifizität des Autismus bei familienstrukturell vergleichbaren Ausgangsbedingungen. In beinahe allen Fällen, die sich in ärztliche Konsultation begeben, handelt es sich um Wanderer. Die Eltern, in der Regel des partikularistischen Solidarsystems ihrer Herkunftsfamilien beraubt, versuchen, eine soziale Marginalsituation, die auf berufsbedingte regionale Binnenwanderung zurückgeht, über das Kind zu verarbeiten. Dabei gibt es jedoch ein interessantes Konfessionsgefälle vom protestantisch-pietistischen Soziotop in urbaner Umgebung über den moderat katholischen Soziotop der Alpenbewohner bis hin zum archaisch katholischen Soziotop mediterraner Milieus. Schon im Erscheinungsbild ist das autistische Kind des protestantischen Nordens hektischer gegenüber dem puttengleichen anwesend abwesenden autistischen Kind sizilianischer Eltern, die es in den Norden Italiens verschlagen hat. Diese Zusammenhänge zwischen kulturellem Horizont, Familienstruktur und Pathogenese übersieht Fuchs (1995).

zwei intentionale Zustände innerhalb ein und desselben Interaktionszugs auftauchen - das Kind, dem ein Ball zugeworfen wird, macht die entsprechende Armbewegung des Auffangens bei gleichzeitig nach unten weggedrehten Händen - verweist auf eine familienstrukturelle Insuffizienz, mit der das autistische Kind konfrontiert wird. Ihre Ursache liegt in der unbewußten Weigerung der Eltern, sich gegenüber dem Dritten zu öffnen.

Im Horizont der von Simmel inspirierten Familiensoziologie handelt es sich um ein auf Dauer gestelltes Geheimnis, das sich anderen gegenüber verschließt. Das kommunikationslogisch erzeugte *cooling-out* bleibt der Selbstwahrnehmung der Eltern verborgen. Zumeist lieben sie das Kind, arrangieren erfolgreich dessen Versorgung und bestehen auf der Normalität ihres Umgangs mit dem Kind. Die kommunikativen Angebote des Kindes machen hingegen auf eine Strukturschwäche des Familiensystems aufmerksam. Das autistische Kind tritt auf eine Bühne, die leer bleibt. Seine Eltern existieren zwar und tauchen auf der Bühne auf, jedoch mit Beiträgen, die die Frage der Aufrichtigkeit ihrer Kommunikation in unklaren Sinnbezügen verschwimmen läßt.

Der Autist, der in Vielem an seinen berühmten historischen Ahnen Kaspar Hauser erinnert, reagiert darauf, daß die Grundlagen der Familienbeziehung, das Prinzip der Unkündbarkeit und Unersetzbarkeit der Partner, verletzt sind. Er verkörpert im Interaktionsgefüge der Eltern-Kind-Beziehung den Teil, dem kommunikativ gekündigt wird. Seine Existenz wird bestritten, nicht normativ, aber handlungslogisch und diese Leere erzeugt in der Eigenwahrnehmung eine extreme körperliche Fragmentiertheit, das bringt das vermeintlich unverständliche Sprechen noch zum Ausdruck. Prozesse der Kündigung trotz nomineller Öffnung in die Triade verweisen stets auf die mangelnde Tragfähigkeit und das affektive Potential der Elternbeziehung angesichts der Konfrontation mit dem Dritten. Im Autismus begegnet uns somit ein Familiensystem, in dem die äußerlich sichtbare Dreiecksbeziehung rückgängig gemacht und durch wirksame Loyalitäten aus der biografischen Vorzeit der Eltern überlagert wird.

4.5 Triade und soziales Milieu: Der deutsche Fall

Wie kommen wir von der Binnenperspektivität intimer Beziehungen zu den restringierenden Bedingungen der Lebensführung? Wie ist das Konzept mit historisch und sozialstrukturell vorgegebenen Randbedingungen verknüpft ? Bislang bewegen wir uns im Rahmen einer idealisierten theoretischen Konstruktion, objektiver Möglichkeiten im Sinne Max Webers oder einer Familie an sich, wie man altertümlich sagen könnte. Jede Geschichte, sei es eine individuelle Bildungsgeschichte oder die Geschichte einer Familie, entsteht vor dem Hintergrund der Unterausnutzung ihrer Möglichkeiten. Darin kommen, wie unsere Fallstudien herausgearbeitet haben, personale Identität und familiale Identität überhaupt zum Ausdruck. Diese historische Gebundenheit des Handelns gilt es als die dritte Kontextebene der Familienanalyse zu bestimmen. Erst in der Trias von a) autonomen Reifungsprozeß der Personen, b) triadischen Konstellationen und c) historisch tradierten Deutungsmustern der Selbst-und Weltauffassung läßt sich das Ziel einer Totalanalyse des familialen Lebens einlösen.

Der Familienverband bildet Kern und Ausgangspunkt für differentielle Biografieverläufe der Nachkommenschaft, die Milieugrenzen sowohl einhalten als auch übersteigen können. Fragt man nun nach dem Scharnier, das das Familienhandeln und die äußeren Bedingungen der Lebensführung verbindet, so stößt man auf den schon erwähnten, von Berger und Kellner analysierten Vorgang „nomischer Konstruktion". Hierbei handelt es sich um eine komplexe Anpassungsleistung des Paares, dessen „Material" von milieu- und generationsspezifischen sozialen Deutungsmustern strukturiert wird. Paare greifen auf dieses Repertoire, das Luhmann „gepflegte Semantiken" nennt, für die Ausgestaltung der Intimität, die Kriterien für die Selbsteinschätzung sowie die Einschätzung des Partners zurück. Die historisch spezifischen Stereotype zur kulturellen Rahmung des Geschlechterverhältnisses kommen hierbei ins Spiel. Man kann sie nach den Dimensionen der Beeinflussung, nach Milieu, Verwandtschaft und Konfession voneinander unterscheiden. Diese Dimensionen, die mehr umfassen als in Bourdieus Konzept des kulturellen Kapitals aufgenommen ist, sind hier nicht systematisch zu behandeln. Vielmehr begnüge ich mich mit wenigen Vorschlägen. In Anlehnung an eine Idee von Geiger geht es um die Wirksamkeit von Strukturen, die historisch betrachtet, im „sozialgeschichtlichen Nacheinander" liegen[99]. Sie liefern den allgemeinen Rahmen der Familienentwick-

[99] Geiger entwickelt eine soziologische Idee von der Gleichzeitigkeit des Ungleichzeitigen in der schon erwähnten Studie zur Sozialstruktur Deutschlands vor Eintritt in den Nationalsozialismus (Geiger 1987) und macht von dem strukturalen Gedanken einer mehrfachen Überdetermination sozialer Prozesse Gebrauch. Die Unterscheidung von sozialer Lage, Mentalität und Ideologie ermöglicht dabei differenzierte Typologien ständischer sozialer Lagen, die bei der Selbsttransformation der modernen Wirtschaftsgesellschaft in eine Dienstleistungsgesellschaft entweder als historisch obsolete, aber dennoch handlungswirksame Habitusformationen eingekapselt oder als neue Formationen ausgebildet werden. „Strukturen, die im sozialgeschichtlichen Nacheinander auftreten, finden sich im gesellschaftlichen Jetzt bei verschiedenen Bevölkerungsteilen im Nebeneinander. So wirken im

lung. Auch an Marx läßt sich denken, dessen in einem anderen Zusammenhang formuliertes Diktum durchaus familiensoziologisch gelesen werden kann: „Die Menschen machen ihre eigene Geschichte, aber sie machen sie nicht aus eigenen Stücken, nicht unter selbst gewählten, sondern unmittelbar vorgefundenen, gegebenen und überlieferten Umständen. Die Tradition aller toten Geschlechter lastet wie ein Alp auf dem Gehirne der Lebenden."[100]

Die Abhängigkeit von Familie und Sozialmilieu hat schon früh Schumpeter herausgearbeitet. Er schreibt der Familie die Funktion der Weichenstellung für das Schicksal des Sozialstatus zu:

> „Das Individuum gehört daher einer bestimmten Klasse soweit weder durch Wahl, noch durch sonstige Tat, noch durch ihm anhaftende Eigenschaften, also überhaupt nicht unmittelbar an als das Individuum, das es ist, sondern in seiner Eigenschaft als Angehöriger einer bestimmten Sippe, als ein Tropfen eines bestimmten Blutstroms, *der seinerseits das wahre Klassenglied ist:* Die Familie, nicht die physische Person ist das wahre Individuum der Klassentheorie."[101]

Übereinstimmend mit der hier vertretenen familiensoziologischen Perspektive plädiert Schumpeter dafür, die Familienanalyse mit einer Milieu - bzw. Klassenanalyse zu verzahnen, so daß die Aufmerksamkeit auf die Individualgeschichte durch den vergleichenden Blick auf übrige Mitglieder eines Familienverbands gefiltert werden kann.

Will man demnach im Durchgang durch die Geschichte einer Familie Wandlungsprozesse im Klassengefüge untersuchen, so ist grundsätzlich eine Mehrgenerationenperspektive erforderlich. Sie macht sichtbar, wie sich die Familiengeschichte in der Individualgeschichte fortsetzt, und unter welchen Bedingungen bestimmte Personen aus dem Familienverband die Trägerfunktion für Aufwärts- oder Abwärtsmobilität übernehmen:

---

alten Mittelstand die ständischen Schichtungen der frühkapitalistischen Epoche als Querdifferenzierungen nach: ständische Sitte und Lebensauffassung haben sich bewahrt und leisten der Durchsetzung des hochkapitalistischen Prinzips zähen Widerstand" (Geiger a.a.O., 85).

[100] Dieses vertraute Zitat ist vermutlich als eine familiensoziologische These weniger bekannt, dennoch gehört es in unseren Zusammenhang, da es eine durchgängig hohe geschichtliche Determiniertheit gegenwärtigen Handelns behauptet. Dies wird, so die These, in keinem Handlungskontext so deutlich wie im Bereich von Liebe und Familie (Marx 1963, 226).

[101] Schumpeter (1927, 158).

„Da stoßen wir nämlich auf die fundamentale Tatsache, daß auch ihrem Charakter und ihrer relativen Position nach als identische soziale Individuen anzusprechende Klassen niemals für längere Zeit aus immer denselben Familienindividuen - bzw. aus denselben weniger den aussterbenden oder herabsinkenden - bestehen, *sondern aus immer andern.* Eintritt und Austritte - (...) - gehen kontinuierlich vor sich, so daß sich die Zusammensetzung der Klassen stetig und jeweils bis zur vollen Auswechslung ihres Inhalts an Familien verändert."[102]

Kommen wir zunächst auf die Bedeutung der Verwandtschaft zu sprechen. Die Freisetzung der Familien von Verpflichtungen gegenüber ihren Herkunftsverbänden ist als eine konfliktfreie Zone der Interaktion überhaupt nicht zu denken. Schließlich stehen Sorge und Schutz bei Hilfsbedürftigkeit am Anfang und Ende des menschlichen Lebens und umspannen als eine übergreifende Verpflichtung das Generationenverhältnis[103]. Das 19. Jahrhundert entwickelt beispielsweise einen Familientypus

---

[102] Schumpeter (a.a.O., 170).

[103] Das ist kein Einwand gegen den universalhistorischen Trend zur Ausdifferenzierung der Kernfamilie in die historisch typische Form der Kleinfamilie, formuliert nur einen Zweifel an der oft unterstellten Gradlinigkeit des Prozesses. Das kann ein kurzer Blick zur Seite veranschaulichen. In der massenmedial überversorgten Welt läßt sich nicht verhindern, beispielsweise mit der Familiengeschichte des englischen Königshauses, insbesondere der Nachkommenschaft, vertraut zu sein, an der sich folgende Konstellation beobachten läßt: Die dynastischen Loyalitäten strahlen offenbar auf die Gattenbeziehung nicht mehr aus. Die Solidaritätsverpflichtung gegenüber der monarchischen Institution verliert im Alltag der Ehebeziehung an Überzeugungskraft und büßt ihre normativ strukturierende Kraft ein. Im Zuge dieses Vorgangs erfährt die Familie im Königshaus eine Strukturtransformation, in der die Basisbindungen der Triade dominant werden, in diesem spezifischen Sinne läßt sich von einer Verbürgerlichung sprechen. Damit läßt sich zugleich die Strukturkrise der Paarbeziehung bestimmen. Auf die in unserem Modell vorgesehene, und in der modernen Gesellschaft im Prinzip zugestandene, soziale legitime Ausgrenzung des Familienlebens wird die Königsfamilie zu verzichten gezwungen. Unter ständiger, massenmedial vermittelter Aufmerksamkeit geraten die Familienbeziehungen in eine Situation der Daueranwesenheit sozial kontrollierender Dritter, die vor allem das Ehesystem in eine Spirale stets neu entfachter Aufrichtigkeitszweifel sowie Aufrichtigkeitsbezeugungen geraten läßt. Das Ganze wird überschattet vom Positionsproblem des prospektiven Thronfolgers, dessen Lebensführung sich auf einer einzigartigen Antizipation aufbaut, faktisch also einem Wartezustand ähnelt, der strukturell einer Arbeitslosigkeit gleichkommt und eine Eigenbrötlerei auf hohem Niveau freisetzt. So komfortabel die königlichen Schlösser im einzelnen mit Pastellen ausgestattet sein mögen und so beeindruckend einsatzfreudig Polosiege errungen werden, im Kern konfrontiert die Existenzform der Prinzenfamilie deren Gattenbeziehung mit erheblichen Belastungen. Dahinter steht ein Problem, das wir verschiedentlich in unseren Fallstudien verfolgt haben. Es geht um die Nachfolge, also die Sicherung der Statuskontinuität und darum, speziell bei Königshäusern, Endogamie zu vermeiden.

mit einer eingeschränkten Reziprozität der Gatten, die im wesentlichen auf die Sorge um die Kinder bezogen bleibt. Der Solidaritätstypus, der die Generationenentwicklung nachhaltig beeinflußt hat, umfaßte die „Sippe als dem urwüchsigen Träger aller Treue".[104] Prominentes Beispiel für die Verschiebungen im triadischen Gefüge der Familie ist das „Ganze Haus", in dem die hohe Einbindung des Familienkosmos in die Lösung von Subsistenzproblemen es nicht zugelassen hat, eigenlogisch strukturierte diffuse Kontexte freizusetzen[105].

Systematisch geht es beim historischen Zugriff auf eine Familienstruktur um das Verhältnis von Herkunftsfamilien und Zeugungsfamilie, um die Sanktionszuständigkeit abgebender und um die Sanktionsansprüche neu gegründeter Familienverbände. Jeweils wird dabei zu prüfen sein, ob der Mutterbruder oder irgendeine vergleichbare Person aus der Herkunftsfamilie der Partner als Träger der „Vorgeschichte" Zugriffsansprüche an die neu konstituierte Paarbeziehung anmeldet oder ob latent Loyalitätsansprüche wirksam sind, die von der Bindung der Personen an die Herkunftsfamilie und den damit gesetzten tradierten Triadenkonstellationen ausgeht. Diese Überlegung greift ein Argument Oevermanns auf, nach dem

> „Familien ihre Kinder nur ‚abgeben', damit diese ihrerseits wieder Familien gründen können. (...) Die Zeugungsfamilien ihrer Kinder sind für die Herkunftsfamilie strukturell zugleich immer auch eine Konkurrenzfamilie, aber es ist die einzige Konkurrenzfamilie,

---

Dies erklärt die Öffnung der Partnerwahl zum Bürgertum hin. In abgestufter Form reproduzieren sich die oben genannten Probleme bei Familienbeziehungen von Personen aus der politischen, ökonomischen und kulturellen Prominenz moderner Gesellschaften.

[104] Siehe dazu die Ausführungen Max Webers (1972) über den Strukturtypus der Hausgemeinschaft und weiterer die Verwandtschaft umschließenden Verkehrskreise. Die entsprechenden Paragraphen in „Wirtschaft und Gesellschaft" (Kapitel III, § 1 ff.) enthalten ausgezeichnete Entwürfe zu historischen Ausdrucksgestalten von Familienbeziehungen - diese Werkteile sind in der deutschen Familiensoziologie, aber auch in der allgemeinen Weber-Rezeption unberücksichtigt geblieben.

[105] Die Familienstudien von Hildenbrand (1991) sind unter diesem Gesichtspunkt von großer Bedeutung, handelt es sich doch durchgängig um Fälle mit sozialisatorischen Rahmenbedingungen, die durch eine im Familienhandeln nicht vermittelbare Konfrontation von vormodernen großfamilialen Konstellationen und modernen Erwartungsstrukturen ausgezeichnet sind. Die sozialhistorisch bedeutsame Kollision zwischen Moderne und Vormoderne aktualisiert sich im Binnenraum des Familienhandelns und zeigt sich typischerweise in einer Phase der Biografie, in der der Austritt aus dem Schonraum der Familie angesagt ist. Siehe neben Hildenbrands familiensoziologischen Fallstudien zur Entstehung und Behandlung von Schizophrenie vor allem Hildenbrand/Bohler/Jahn/Schmitt (1992), in denen das konfliktorische Verhältnis von traditioneller Sozialdisposition und der modernen Berufswelt am Beispiel von Bauernfamilien erörtert wird.

die sie in der Dialektik von Bindung und Ablösung anerkennen kann und muß, denn diese setzt die Lebenspraxis fort." [106]

Was die Wirkungsweise von Milieu und Verwandtschaft angeht, wird die Familiengeschichte in verschiedenen Varianten bedeutsam. Hierbei lassen sich verschiedene „Anfänge" konnubialer Verbindungen unterscheiden, sie bringen unterschiedliche Ein- und Austritts- bzw. Auf- und Abstiegsbewegungen zum Ausdruck. Ich belasse es hier bei drei denkbaren Konstellationen:

a) Die Partnerbeziehung kommt unter der Bedingung der Milieuhomogenität zustande, die Konnubialgrenzen sind relativ eng gezogen, der Heiratsmarkt ist eingeschränkt auf die milieuspezifischen Verkehrskreise.

b) Davon unterscheidet sich zweitens eine Konstellation, bei der die Partnerwahl unter der Bedingung der Milieuheterogenität zustandekommt.

c) Schließlich wird drittens an den vorausgehenden Möglichkeiten die Frage danach interessant, welcher der Partner in der Ehebeziehung einen sozialen Aufstieg bzw. Abstieg realisiert.

Diese relativ einfache Überprüfung von Einstiegs- und Aufstiegsbewegungen, die sich wiederum sowohl über mehrere Generationen verfolgen als auch noch einmal nach groben Sozialmilieugrenzen und Konfessionsgrenzen differenzieren lassen, verspricht Auskunft über die spezifische Anpassungsform, die die Partner jeweils im Austausch und Aufbau der nomischen Konstrukte entwickeln. Je nach Anfangskonstellation sind daraufhin unterschiedliche Konfigurationen des binnenfamilialen triadischen Verhältnisses zu erwarten, in denen sich zeigt, wie anpassungselastisch die Beziehungen sind. Hierin ist gleichermaßen die Entfaltung des Verhältnisses von Innovation und Tradition eingelagert[107]. Innovation und Tradition bezeichnen die beiden Seiten des Spannungsverhältnisses zwischen den Generationen, sie umschreiben die spezifische Selektivität im Prozeß der Selbstentfaltung einer Gesellschaft, also das, was in der Abfolge der Generationen an normativ verpflichtenden Wertideen weitergegeben, zurückgewiesen oder modifiziert wird. Die Triade, die, wie abschließend noch einmal hervorzuheben ist, weder mit dem historischen Typus der Kleinfamilie gleichzusetzen ist noch mit den Strukturmerkmalen der „bürgerli-

---

[106] Oevermann (1984, 117).

[107] Ein derartiger Zugriff auf die Vorgeschichte der Partner würde zum einen auf die klassifikatorischen Vorgaben des Mehrgenerationenansatzes (siehe Kapitel 2) zurückgreifen, zum anderen die Suchstrategie erheblich vereinfachen helfen.

chen Familie“ koinzidiert, bildet das dynamische Zentrum dieser Kulturvermittlung. Hier werden die Ausdrucksvielfalt elementarer Tauschvorgänge, die kommunikative Struktur der Zuneigung sowie die Kultur und Ästhetik des Liebens reproduziert.

Der deutsche Fall

Wie sieht nun die Ausgangskonstellation bei Eintritt in die Moderne im deutschen Fall aus? Für die deutsche Gesellschaft ist die enge Verbindung von Nationalkultur und protestantischer Sozialmoral ausschlaggebend, und zwar in folgender Hinsicht[108].

Das formative Milieu, das deutsche Bürgertum, mußte sich gegenüber zwei Konkurrenzmilieus formieren und verhielt sich im Prozeß der Durchsetzung eigener ständischer Ehre defensiv. Vom Adel kopierte es die Form und dem intellektuellen und moralischen Avantgardismus des jüdischen Milieus gegenüber ging es auf Distanz und trug in einer den Anstrengungen des sozialen Aufstiegs geschuldeten ungeselligen Sozialmoral zur kollektiven Marginalisierung bis Stigmatisierung modernitätsfreundlicher Einstellungen bei. Aristokratie und Judentum sind zwei Sozialmilieus mit konträren Dispositionen im Hinblick auf die Moderne und der für sie grundlegenden Handlungsanforderungen an die Person, jedoch mit einer Gemeinsamkeit, nämlich dem Respekt vor der Form und dem Respekt vor der Eigengesetzlichkeit des Sozialen. Der Adel lebt von der Konstanz der Form, das fraglose Unterstellen ihrer Geltungskraft erübrigt hierbei jedoch die Innovationsanstrengung und Formskepsis, die dann für das Bürgertum strukturtypisch wird. Das Judentum bezieht seine Identität gleichfalls aus der Geltungskraft der immer schon vorhandenen Strukturen kollektiver Solidarität. Wird in dem einen Milieu die Formentreue ein Anlaß, sich gegenüber der Moderne zu verschließen, so bezieht das jüdische Milieu aus seiner Formsensibilität gerade Impulse für die Öffnung zur Moderne.

Im historischen Schatten dieser unterschiedlich motivierten Haltungen stand das Bürgertum unter dem Zwang, eigene Kriterien kollektiver Selbstdefinition zu entwickeln. Beim Durchbruch in die moderne Industriegesellschaft haben die

[108] Siehe zum folgenden vor allem die Arbeiten von Plessner (1974), Lepsius (1993), Münch (1986), speziell zum Protestantismus Schieder (1993), darin besonders Hübinger (1993b). Ich beziehe mich nicht auf die historischen Prozesse im einzelnen, sondern auf den sozialmorphologischen Aufbau der Milieus. Weitere Differenzierungen, vor allem des Bürgertums, das als das Initialmilieu für den Eintritt in die Moderne bezeichnet werden kann, liefert vor allem Lepsius (1993e, 289 ff.). Die Spezifikation der dort vorgeschlagenen Typologie auf den Bereich der Familienbeziehungen steht noch aus. Ansatzweise in dieser Richtung etwa Budde (1994).

genannten Vorgaben eine Veränderung erfahren. Vom aristokratischen Formgefühl ist der selbstgefällige und übertriebene Konventionalismus bürgerlichen Statusdenkens übriggeblieben, wohingegen die naturwüchsige Intellektualität des jüdischen Kontrastmilieus auf eine gesteigerte Form intellektueller Angestrengtheit abgefärbt hat. Im Habitus ist dies mit einer Disposition zu guter Absicht und Fleiß, Bildung und einer übersteigerten Form von Autonomie verknüpft, die stets in Gegensatz zur Struktur der Sozialität und nicht etwa als deren notwendiges Fundament gedacht wurde. In der Tendenz zur kulturmissionarischen Selbstdefinition, der kehrseitig der Verzicht auf Gestaltung der sozialen und institutionellen Ordnung entspricht, entsteht bekanntlich die deutsche Version von Bürgerlichkeit.

Für die allgemeine Idee von Modernität ist grundlegend, in Beruf und privater Lebenspraxis die Synthese von Exklusivitätsanspruch und Universalismus stets neu herzustellen. Dies ist historisch wenigen, zumeist großbürgerlichen Konstellationen, vorbehalten geblieben[109]. Demgegenüber setzt sich im Horizont des deutschen Sonderwegs in die Moderne als eine dauerhafte mittelständische Orientierung die vorindustrielle Sozialmoral handwerklicher Solidität und Ehrsamkeit durch. Als Grundlage des Familienstolzes wird, mit der bürgerlichen Familie beginnend, eine vor allem durch die Oppositionsstellung zum genealogisch gesättigten Stolz des Adels bedingte, zunächst beflissene, biedere, zumeist und zunehmend verwissenschaftlichte Lebensphilosophie entscheidend, mit dem Leitgedanken der Autonomie der Person, eingebettet in eine starke soziale Selbstgenügsamkeit und Abgrenzung nach außen[110]. Die Anstrengung wird Äquivalent des Formbezugs und die gute

---

[109] Vergleichbare Einschätzungen der deutschen Form finden sich schon bei Weber, der sie allerdings mit Strukturdefiziten der politischen Institutionen erklärt, weniger mit den Besonderheiten in Familie und Verwandtschaftsstruktur: „(...) es existiert auch keine vornehme deutsche gesellschaftliche Form. Denn völlig unwahr ist - womit unsere Literaten gelegentlich zu prahlen suchen - daß, im Gegensatz zu den angelsächsischen Gentlemankonventionen und dem romantischen Salonmenschentum, in Deutschland ‚Individualismus‘ in dem Sinn der Freiheit von Konventionen existiere. Starrere und zwingendere Konventionen als die des `Couleurmenschen` gibt es nirgends, (...)“ (Weber 1971, 282).

[110] Die spezifische Gehemmtheit als ein Bestandteil des bürgerlichen Habitus geht, wie Vierhaus (1987) gezeigt hat, auf die formative Phase dieses Milieus zurück, also auf den Zwang, über den Nachweis von Leistung mit Statusansprüchen des Adels zu konkurrieren. Siehe hierzu auch Simmels Studie zum Unterschied zwischen germanischem und klassisch-romanischem Stil (1984, 146 ff.), in der Simmel über die Kunst Rembrandt nachdenkt, im Kern jedoch zwei Habitusformationen beschreibt, die sich im Hinblick auf ihre Bereitschaft zu einer Ästhetik der Selbstdarstellung unterscheiden. Im Kontrast zur Stilorientiertheit des einen zeigt der andere eine spezifische Form der Selbstabschließung. „Sie (die Figuren Rembrandts, und wie Simmel schreibt, „eigentlich alle(n) spezifisch deutschen") denken

Absicht wird ein Gütekriterium bei Wahrnehmung und Beobachtung sozialer Verpflichtungen. Sie strahlt deutlich als konstantes Deutungsmuster auf die lokalen bürgerlichen Milieus aus und begründet den für Deutschland spezifischen territorial bzw. regional gebundenen Partikularismus der Selbstauffassung, als dessen Außenseite ein fragiler Nationalstolz bei selbstgefälligem Umgang mit der Sozialfigur des Fremden auffällt[111]. Die sozialhistorisch bedeutsamen Nachbarmilieus des Kleinbürgertums und Proletariats übernehmen diesen Typus zeitversetzt und zwar mit Akzentuierungen, die vom jeweiligen ökonomischen Dispositionsspielraum abhängig sind[112]. Dieses allgemeine Muster ist in historisch-genetischer Hinsicht sowie in seinen Verzweigungen weiter zu verfolgen. Dabei treten dann die Arbeitsplatzsituation, der Dispositionsspielraum im beruflichen Handeln des Vaters und der Mutter, die Bildungsgeschichte der Eltern sowie die Wertorientierungen als differenzierende Zuschreibungsebenen ins Blickfeld. Einer Idee Webers folgend geben die objektiven Bedingungen der „äußeren Lebensstellung" Auskunft darüber, wie eine Familie im System der sozialen Ungleichheit plaziert ist. Abhängig von der Frage, ob es sich um naturnahe Berufe, Dienstleistungsberufe oder „marktnahe" Berufe handelt, etwa um Bauern, Arbeiter, Unternehmer, Handwerker, Beamte oder Künstler, gelangt man somit zu einer erheblichen Differenzierung des „inneren Lebensschicksals"[113].

Ich greife mit den Milieus von Besitz und Bildung zwei Kernstrukturen heraus, die unter den oben skizzierten allgemeinen Bedingungen für die deutsche Sozial-

---

sozusagen niemals an den Zuschauer, sie stellen sich nicht dar; die Kurve ihres Daseins kehrt in sich zurück, nirgends sich nach außen wendend und nur ihre Persönlichkeit und ihr Schicksal einfließend. Darum sind sie auch sehr schwer mit allgemeinen Begriffen zu charakterisieren. Ob sie klug oder beschränkt, stolz oder bescheiden, stark oder zart sind, steht nicht im Vordergrund des Eindrucks; indem sie sich nicht darstellen, stellen sie auch nicht ein etwas dar, das immer ein Allgemeines, die Individualität Übergreifendes sein muß. Sie leben eben nur aus dem Individualitätsgesichtspunkte heraus und in ihn hinein, und nicht aus einem typusmäßigen Verhalten; (...)" (Simmel 1984, 149 f.).

[111] Nur in einer partikularistisch strukturierten Gesellschaft muß der Fremde zunächst zu einem Mitglied der Solidargemeinschaft gemacht werden, ehe ihm Anerkennung entgegengebracht wird. Man könnte von einem partikularistisch gehemmten Zugang zum Universalismus sprechen. Dieses Muster der Wahrnehmung hat zeitübergreifende Wirkung. Man denke an die im Rahmen der sogen. Ausländerdiskussion zu beobachtende Plakataktion von Taxifahrern einer deutschen Großstadt mit der Aufschrift: „Mein Freund ist Ausländer".

[112] Siehe dazu allgemein Bausinger (1987, 121 f.).

[113] Erst recht im Hinblick auf Interessenstruktur und politische Präferenzen ergeben sich, wie Lepsius (1987, S. 79ff) gezeigt hat, im weit gefaßten deutschen Mittelstand erhebliche Unterschiede. Sowie man beginnt, die diffuse Bestimmung von Bürgertum als einer Mittellage zu differenzieren, zeigt sich die Polymorphie und eine spezifische Vergesellschaftungsschwäche dieser Bevölkerungsgruppen.

struktur formativ bedeutend geworden sind[114]. Unternehmerfamilien stehen vor einem besonderen Problem der Nachfolge und Statusvererbung, das im Hinblick auf die Sicherung des intergenerationellen Prestiges eine besondere Aufmerksamkeit auf die Partnerwahl der Kinder, besonders der Söhne, nach sich zieht. Die Unternehmerfamilie unterscheidet sich in ihrer Binnenstruktur und ihren Verwandtschaftsbeziehungen erheblich danach, ob sie sich in einer Konstitutions- oder Konsolidierungsphase befindet. In Abhängigkeit von den Entscheidungszwängen des ökonomischen Geschehens, entwirft das Familiensystem verschiedene Anpassungsstrategien, von denen die Nachkommenschaft unterschiedlich affiziert wird. In jedem Fall erfüllt die verwandtschaftliche Vernetzung durch Öffnung der Heiratskreise eine für die Marktstellung des Unternehmens wesentliche Funktion.

Vermögenssicherung und Traditionalisierung der Unternehmensführung sind vorrangig und erzeugen eine hohe und frühe Aufmerksamkeit auf die Probleme der Kindererziehung. Dies engt auf der einen Seite den Sozialisationsspielraum auf die marktgesetzlichen Vorgaben ein, die dem Familienleben übergeordnet werden, erzwingt andererseits eine schon frühzeitige umfassende Fürsorge für den prospektiven Unternehmensnachfolger. Das für die Unternehmerfamilie typische Problem der Nachfolgeregelung kann mit der normativ vorgeschriebenen Gleichbehandlung der Kinder im Familienverband in Konflikt geraten. Kinderreichtum, Öffnung der Heiratskreise und frühe Autonomiezumutung an die Kinder stellen Antworten auf dieses Problem dar[115].

---

[114] Regionale Sonderentwicklungen, etwa die Kaufmannsschaft der rheinischen Innovations-eliten, bleiben ausgespart. Hier interessiert hingegen die Frage nach den historisch bedeutsamen Initialmilieus in ihrer jeweiligen familienstrukturellen Gestalt. Im Unterschied zu Diagnosen von Weber - „Die Deutschen sind ein Plebejervolk" (Weber 1971, 284), der sich in zahlreichen zeitdiagnostischen Stellungnahmen mit der Strukturgeschichte deutscher Bürgerlichkeit beschäftigt hat, ist unser Ansatz nun nicht primär institutionen- oder klassentheoretisch, sondern familientheoretisch angelegt. Hennis vermerkt im Hinblick auf den Bedeutungsschwund großfamilialer Verbände im Nachkriegsdeutschland: „Das deutsche Bürgertum hat nie einen starken politischen Ehrgeiz gehabt, war auch kaum je durch Familien abgestützt, die in die politische Führung hineingehen wollten. Ohne den Rückhalt einer reichen Familie, hatten sie gar nicht die Freiheit, mit großem Erfolg in die Politik zu gehen.(...) Wenn die These richtig ist, daß politische Führungsschichten sich aus großen Familien rekrutieren, aus denen einer abgestellt wird, dann wird es natürlich sehr schwierig, wenn in Familien nur noch ein oder anderthalb Kinder geboren werden" (Hennis auf einem Symposium der ZEIT, 1993, 28). Es geht hierbei um Konfigurationen der Familientriade und das in ihr freigesetzte Potential zur Toleranz von Ambivalenzen, deren eine Ausdrucksform dann der politische Gestaltungswunsch werden kann.

[115] Eine familiensoziologisch orientierte Unternehmensforschung steckt erst in den Anfängen. Vgl. zum Thema auch die empirische Untersuchung von Albach/Freund (1989), die

Pfarrer- und Lehrerfamilien demonstrieren im Erziehungsalltag einen besonderen normativen Zwang zu exemplarischer Sittlichkeit. Das Pfarrhaus und das Haus der Gebildeten als dessen säkularisierter Nachfolger bilden weitere Ursprungsmilieus für die deutsche Sozialgeschichte, vor allem die Geschichte der privaten Lebensformen[116]. Dies bezieht sich nicht nur auf die Genese sozialmoralischer Leitbilder, sondern auch und vor allem auf die Qualität und Wirkungsweise der sozialisatorischen Beziehungen. Die für die Moderne typische Trennung von Haushalt und Beruf ist im Pfarrhaus aufgehoben. Den Familienalltag durchzieht eine hohe wechselseitige Verpflichtung auf exemplarische Sittlichkeit, die zur Folge hat, daß auftretende Diskrepanzen zwischen gewünschtem und erreichtem Handeln konstant selbst zugerechnet werden. Die vor allem vom Vater verkörperte Reflexionszumutung begründet zum einen den Harmonie- und Ausgleichszwang, die Moralisierung von Naturwüchsigkeit und Spontaneität, und zum anderen die außerordentlich hohe Empfindsamkeit für und Rücksichtnahme auf die Einzigartigkeitsansprüche des einzelnen Familienmitglieds. Sie zieht die Neigung zu einer hoch sublimierten Selbstreflexion nach sich[117].

In typologischer Nachbarschaft zum eben genannten Familienverband stehen Familien aus dem Milieu der freien Berufe unter dem Zwang, den Wert von Bildung und von personaler Einzigartigkeit in Form eines auf Gebildetheit[118] und Leistung beruhenden Identitätsentwurf zu inszenieren. Hierin liegt die Wurzel für die Überhöhung der Bildung als einer weitgehend über gelehrtes Wissen vermittelten Lebenskunst.

Der reproduktive Kern der für die deutsche Sozialstruktur dominanten Version von bürgerlicher Privatheit mit einer nicht etwa modernisierungsgeneigten, sondern

---

sich aus volkswirtschaftlicher Sicht dem Generationswechsel als einem Strukturproblem westdeutscher Familienunternehmen widmet.

[116] Die bemerkenswerte Ausnahme zur Innerlichkeit scheint, entgegen dem Zerrbild, das in manchen Fällen von „abtrünnigen" Söhnen wie etwa Gottfried Benn, gezeichnet wurde, der Ursprungskontext selbst zu bilden. Das Pfarrhaus des lutheranischen Pfarrers stand in naturwüchsiger Zugewandtheit und froher christlicher Tatorientiertheit dem unbefangenen Genießen näher als in der Außendarstellung und späten mythischen Überhöhung behauptet. Vgl. allgemein zum Pfarrhaus Greiffenhagen (1982, 1984). Zu Luther siehe die instruktive soziologische Fallstudie von Soeffner (1992).

[117] Noch die eigentümliche Individualisierungsthese weist Spuren einer durch die Tradition der Innerlichkeit gefilterten Idee der Person auf.

[118] Kategorial von Weisheit als einer besonderen Form der Wissensskepsis zu unterscheiden. Vgl. dazu Hahn (1993). Gebildetheit bezieht sich auf die extensive Demonstration des Bescheidwissens, Weisheit auf die Demonstration seiner Begrenztheit. Die Rhetorik der Gespräche im Romanwerk Theodor Fontanes lebt von dieser Unterscheidung.

modernisierungsresistenten Sozialmoral, ist das Familiensystem, also eine spezifische Ausprägung von Intimität in der Gattenbeziehung und Eltern-Kind-Beziehung[119].

Es steuert, wie Parsons gezeigt hat, und wie Weber schon früh zu einem Thema machte, den Eintritt der deutschen Sozialstruktur in die Moderne. Zum ambivalenten Umgang mit deren Prinzipien gehört nach der Formulierung von Parsons die „Tendenz zur Statusformalisierung" einerseits sowie die „Tendenz, sie (Wunschbilder und idealisierte Hoffnungen - TA) aus der unmittelbaren sozialen Situation in eine Art idealer ‚Lebens- oder Existenzform' zu projizieren."[120] Wenn man nun versucht, die beiden Elemente der Diagnose zu verklammern und auf einen gemeinsamen genetischen Ursprungskontext zurückzuführen, so stößt man auf die Familie als diejenige Einheit, in der die Grundlagen des Konventionalismus gelegt werden. Familiensoziologisch übersetzt heißt das Argument von Parsons nichts anderes, als daß der elementare Austausch untereinander verstellt sei durch die Tendenz, die Differenz zum anderen besonders scharf und ohne Verweisung auf den Dritten zu markieren.

Der deutsche bürgerliche Habitus ist in seinem Kern vorindustriell bestimmt. Ehrbarkeit und Verläßlichkeit bilden das Schlüsselkonzept des Deutungsmusters, das die Außendarstellung der Familie steuert, aber auch die sozialmoralische Orientierung im Binnenverhältnis diktiert. Dem entspricht kehrseitig eine spezifische Regressionsarmut und affektive Reserviertheit in der Kindererziehung. Aber es ist nicht das Kind, dem zu wenig Aufmerksamkeit zuteil wird, vielmehr steht ein domestikatives Verhältnis zur Naturwüchsigkeit menschlichen Handelns dahinter. Versucht man weiterhin, auf einer allgemeinen Ebene die Typik des Familienlebens zu bestimmen, die die Gehemmtheit gegenüber der unbefangenen Hingabe an den Augenblick - und dafür steht symbolisch das Kind - immer wieder auslösen, so begegnen wir in Deutschland, in jeweils unterschiedlicher Milieugewichtung, einer hohen Betonung der Leistungsaskese bei gleichzeitig hoher Internalisierung von Personalität. Diese Merkmale prägen den Strukturkonservatismus des deutschen Familienlebens, der in kollektiven bzw. familialen Krisensituationen, etwa bei Wanderschaft,

---

[119] Dem widerspricht nicht, daß in der Selbstbeschreibung des westlichen Nachkriegsdeutschlands die Wertbezüge der Moderne, verglichen mit vorausgegangenen historischen Epochen der Nationalgeschichte, von den ökonomischen, politischen und kulturellen Eliten aufgegriffen und als Gestaltungsideen übernommen wurden. Das deutsche Sozialgefüge ist vor allem nach der Vereinigung mit den östlichen Landesteilen, also einer Unterschichtung durch im Kern paternalistisch vormoderne sozialmoralische Orientierungen und Sozialitätsformen, vermutlich angemessener als eine segmentär realisierte Moderne zu beschreiben.

[120] Vgl. Parsons (1964d, 264 u. 276).

Armut, Krieg und Vertreibung solidaritätsstiftende Energien zu aktivieren vermag, aber auch die sozialisatorische Kapazität der Familie spezifisch beschränkt. Der Beschränkung liegt eine mangelnde Konstitution der Liebe des Paares zugrunde, ein Form- und Ästhetikverzicht sowie die Neigung zu einer Segregation im Geschlechterverhältnis. Ihr Ausdruck ist die angestrengte erzieherische Bemühtheit um das Kind, die veranstaltete Regression.

5. Familiensoziologie und allgemeine Soziologie

A. Die vorausgehenden Materialanalysen haben auf die Schlüsselfunktion der Paarkommunikation im Binnenraum der Familie aufmerksam gemacht. Im Anschluß an die Mikrosoziologie Georg Simmels liegt es daraufhin nahe, die Theorie der Familie auf der Grundlage der höchsten Entfaltungsstufe von Intimbeziehungen, der Liebe des Paares zu gründen. Zu dessen Autonomie und Entscheidungsspielraum gehört es, die Strukturtransformation zum „Dritten“ symbolisch zu kompensieren oder durch Familiengründung zu vollziehen, ja die Dynamik dieser Beziehungsform hoher personaler Zuneigung geht auf eine Auseinandersetzung mit latenten oder manifesten dritten Akteuren zurück.

Damit verschiebt sich die Aufmerksamkeit der Theorie, denn es geht nicht mehr um die Familie als Institution, sondern um die Familie als Kommunikationszusammenhang. Gegenüber dem faktisch eingerichteten Familiendreieck, dessen hohe Anschaulichkeit die rollentheoretisch orientierte Familienforschung nach wie vor auf eine falsche Fährte lockt und das im Legitimationshaushalt der Gegenwartsgesellschaft dazu herhalten muß, die Kleinfamilie im Begriff der Institution quasimythisch zu überhöhen, rückt die kommunikative Qualität in der Dyade, in der Liebe zu zweit nach vorn. Diese imponiert zunächst als die empirisch fragilste Ausdrucksform privater Lebensführung mit hohem Selbstentfaltungs- und Selbstdestruktionspotential. Will man ihr theoretisch auf die Spur kommen und die Wechselwirkung von leibgebundener und symbolisch vermittelter Kommunikation bestimmen, so bedarf es anspruchsvoller Konzepte, jedenfalls dann, wenn man in ihr mehr sieht als ein Zweckbündnis zur Nachwuchspflege oder eine soziale Nische für die Bewältigung alter und neuer Unübersichtlichkeit. Letztere Bedeutungszuschreibung mögen für die Selbstwahrnehmung der Liebenden wichtig sein, die zentrale gesellschaftliche Bedeutung der intimen Dyade erschöpft sich darin jedoch nicht. Sie wird sofort einsichtig, wenn man bedenkt, daß letztlich im Binnenraum der Liebenden die Frage entschieden wird, ob man Kinder bekommt oder nicht. Das ist trivial und zugleich in paardynamischer, familiendynamischer, sozialpolitischer und demografischer Hinsicht entscheidend.

Mein Vorschlag geht begrifflich zunächst auf Distanz zur Familie, um deren theoretische Explikation es letztlich geht. Die Antworten, die Liebende im Laufe ihrer Geschichte entwickeln und erinnerungsfähig halten, sind konstitutiv unvollständig und bilden nur relativ gelungene Versuche, in der Gemeinsamkeit mit dem Anderen nicht die Differenz zu ihm preiszugeben, die schließlich die Attraktion für den

Anderen begründet hat und umgekehrt in der Differenz zum Anderen nicht die Gemeinsamkeit preiszugeben, die wiederum die Folie für die Artikulation der Differenz bildet.

Abgrenzung und Versöhnung gehören zu Lust und Last des Liebens, sie markieren den nicht endenden Prozeß der Selbstentfaltung auf der Grundlage eines Einzigartigkeitsentwurfs und in Gestalt einer zukunftsoffenen Abstimmung mit der nie vollständig zugänglichen Fremdheit des Anderen. Im Umgang mit der Kontingenz liegt der Grund für die Nähe der Liebesbeziehung zur religiösen Hingabe, denn in beiden begegnen sich die Menschen in einer Kultur des Verhaltens zum Unverfügbaren. So wie der Durchblick das Ende des Glaubens würde die Transparenz das Ende der Liebe bedeuten. Das erklärt auch, daß es sich bei der Liebe des Paares um mehr als um eine „nomische Konstruktion" (Berger/Kellner) handelt, also um mehr als das Aufaddieren biografischer Perspektiven. Vielmehr erfolgt dieser Vorgang in Krisen, das Liebesversprechen bleibt authentisch nur in der Dialektik von Streit und Versöhnung.

Die besondere soziale Qualität der Liebe sowie ihre universale Attraktion geht auf die Magie der Wörter und die Magie der Körper zurück, auf eine Ästhetik des Gesprächs und eine Ästhetik der Erscheinung, der sinnlichen Begehrlichkeit. Hierbei liefert die Geschlechterdifferenz eine Grundlage für die Artikulation von Differenz und Gemeinsamkeit, sie stiftet ein antagonistisches Verhältnis unterschiedlicher Erfahrungen und Weltauffassungen, ohne daß die einen gegenüber den anderen moralisch qualifiziert wären. Diese Symmetrie, in die die Gegensätzlichkeit der Partner eingelagert ist, wird in der Sexualität des Paares, im Liebesakt anschaulich und erst vor dem Hintergrund der körperlichen Hingabe an den anderen gewinnt die menschliche Utopie des Erkennens der Fremdheit ein jeder Paarbeziehung eingelagertes latentes Sinnpotential, das im Kind als der Objektivation der Zuneigung ambivalent veranschaulicht wird.

Die soziale Komplexität des Liebens erschließt sich von seiner Zeitstruktur her. Denn gerade die erotische Ekstase und das Gespräch als die herausragenden Orte, an denen das Paar sich in die Zeitlosigkeit des ewigen Augenblicks ausgrenzt, machen auf das Paradox aufmerksam, daß die Dyade in Auseinandersetzung mit der stillen Präsenz des Dritten entstanden ist und sich darin weiter entwickelt. Dritte, phantasierte, ehemalige und real existierende, erfolgreich exkludierte oder ausdrücklich hinzugebetene, für die Zukunft herbeigesehnte oder ängstlich behütete, begleiten das Paar - Wegelagerern gleich - beim Aufbau einer eigenen historischen Zeit. Ihre Sozialwirksamkeit liegt darin begründet, daß in der Liebe Personen zusammenkommen, die in der Totalität ihres Lebensentwurfs immer schon ein

Ensemble verinnerlichter Objektbeziehungen repräsentieren, ja nur hierin ihre Selbstdefinition als einzigartig glaubhaft artikulieren können.

Die Liebe des Elternpaares und die Liebe im Eltern-Kind-Verhältnis bewegen sich somit in einem ambivalent strukturierten Handlungsraum und erfahren durch milieuspezifische Muster der Rechtfertigung und Selbstrechtfertigung jeweils Ausprägungen, die sich in die Biografie der Person einschreiben.

Der Bildungsprozeß des Menschen erschließt sich nicht allein über den Hinweis auf mütterliche und väterliche Identifikationsangebote, er gerät vielmehr als eine biografisch kumulative Aneignung und Erzeugung von Sinn in die Spannung von Dyade und Triade, in das Schauspiel *von Erotik und Sozialität im Verhältnis von Zweien zu Dreien.* Deren Verwiesensein rückt den Austausch der Liebenden, in der Leiblichkeit und der Sprachlichkeit einer nichtterminierten Begegnung, in das Zentrum der analytischen Aufmerksamkeit. Die Dynamik des Gesprächs der Liebenden in seiner „unendlichen innerweltlichen Relevanz“ (Adorno) in ihrer Formenvielfalt gilt es herauszuarbeiten. Die allgemeine Formel des Vermitteltseins durch die Geschichte ist der Dritte als ambivalenter Träger des Gedächtnisses und der Zukünftigkeit der Entwicklung.

Wenn man die Perspektive auf unhintergehbare dynamische Kommunikation richtet, so soll das gerade nicht heißen, die Familie ließe sich in einem Konsensmodell interpretieren. Die Familie ist nicht mißzuverstehen als eine Art institutionalisierter Geheimnisverzicht, als eine Aufrichtigkeitsgemeinschaft, in der alles offen zugeht, Hauptsache, man bleibe unter sich und rede nett miteinander. Die Familie durchzieht vielmehr eine dynamische Strukturiertheit ihrer Kommunikation, die sich in Erfahrungskrisen bekräftigt und die zu kontinuieren wesentlich der affektiven Qualität der elterlichen Beziehung zukommt.

Diese bildet den substantiellen Kern der Kommunikation, in ihr wird Differenz und Gemeinsamkeit, Streit und Versöhnung, Konflikt und Trost exemplarisch vorgeführt.

Das konsistenzverleihende Familiengespräch ist, wie gegenüber der naiven und zugleich interessierten Zumutung der in der modernen Gesellschaft ausufernden Beratungszunft zu betonen ist, weder standardisierbar noch demokratisierbar, weder unverbindliches Gerede noch ein tiefes Graben nach Sinn, vielmehr eine *durch Ambivalenz strukturierte Interaktion*, ein komplexes Gefüge gebundener und exponierter Zuneigung und Ablehnung, Geheimnisbildung und Geheimnisoffenbarung, deren psychodynamisches Komplement mit Liebe und Haß nur grob bezeichnet ist, da diese Begriffe die infantile Eindeutigkeit des Entweder-Oder suggerieren. Darin eingespannt und in den Personen mit je perspektivischer Brechung zum Ausdruck gebracht, enthält die Kommunikation in der Familie die Kommunikation des Menschen mit der Welt.

Strukturstiftend ist hierbei die triadische Konfiguration in ihren vielfachen Ausprägungen. Sie greift an endogenen Transformationsimpulsen vor allem die Reifungsphasen der kindlichen Entwicklung auf und verarbeitet an exogenen Faktoren die historische Tiefenschichtung von Verwandtschaft und Milieu. Als Schlüsselkonzept für die Analyse der Familienkommunikation macht die Triade darauf aufmerksam, daß interaktive Positionen variieren können, vor allem, daß die Position des ausgeschlossenen Dritten optional ist, weil sich immer affektiv einander ausschließende Dyaden begegnen. Wer Erwachsener, wer Kind ist, wird somit eine Frage der kommunikativen Struktur, in der sich die Familie unter je restriktiven Bedingungen arrangiert. Triadische Kommunikation enthält strukturelle Ambivalenzen. Sie liefern das sozialisatorisch bedeutsame Material des menschlichen Bildungsprozesses. Der exemplarische Ort ihrer Entfaltung, Ingangsetzung und Bewältigung bildet die Liebesbeziehung der Erwachsenen. Hier werden Dimensionen der Sittlichkeit in humaner Kooperation vorgebildet.

Dieses Ergebnis der Untersuchung gilt es zunächst in all seinen Implikationen für die Familiensoziologie fruchtbar zu machen. Nicht auf die „quantitative Bestimmtheit" (Georg Simmel) der Gruppe Familie, sondern auf die qualitative Bestimmtheit von Kommunikation kommt es demnach an. Eine Theorie, die die Qualität und innere Struktur von Intimbeziehungen ins Zentrum auch der Familienanalyse rückt, ist erst in Ansätzen formulierbar. Die derzeit in der Soziologie prominente systemtheoretische Umstellung der Analyseperspektive auf Kommunikation, der Verzicht auf einen soziologischen Begriff von Subjektivität sowie die damit einhergehende Präferenz für einen reduzierten Verstehensbegriff, all dies hat eher für Verwirrung und falsche Akzente gesorgt. Gerade die Erinnerung an die Theorie von Parsons macht deutlich, daß die Familiensoziologie als Grundlage der allgemeinen Soziologie zu reformulieren ist. In ihrem Gegenstand tritt das Soziale als der Ort einer strukturellen Exposition von Naturwüchsigkeit und Spontaneität, von Polykontextualität, vor Augen. Sozialer Sinn wird immer wieder neu konstituiert, außeralltägliches und alltägliches Handeln werden im Vollzug der familienspezifischen Kommunikation erfahrbar.

Um auf dieser Grundlage die Voraussetzungen und Folgen von Liebesbeziehungen im Handlungsraum der Familie genauer entschlüsseln zu können, bedarf es historisch und sozialstrukturell kontrastierender Fallstudien. Sie übernehmen die Aufgabe, die hoch aggregierten Befunde zur Familienentwicklung, die auf der methodologisch umstrittenen Grundlage von Befragungen ermittelt werden, zu überprüfen und die Theoriediskussion voranzutreiben. Jedenfalls hat die Konzentration auf Kasuistik den Vorteil, die Diskussion über Bestand und Leistungskapazität der Familie erfahrungsgesättigt zu differenzieren, zumal die Struktureigentümlichkeit des Sozialsystems Familie gegenüber dem naiven Einsatz konventioneller Analyseverfahren wie der Befragung skeptisch machen sollte.

B. Die Konsequenzen einer derartigen Perspektive sind jedoch weitreichender. Die im alltäglichen Vollzug des Familiengesprächs *objektiv eingerichtete Geburt des Sozialen* ist der Grund dafür, in der Familiensoziologie mehr zu sehen als eine Bindestrichsoziologie. Entgegen der üblichen Wahrnehmung der Disziplin, nach der affektive Vergemeinschaftungen wegen ihrer Tendenz zur sozialen Schließung und einem von daher strukturell begrenzten Ordnungsbildungspotential nur eingeschränkten handlungsorientierenden Wert hätten[1], wäre ins Feld zu führen, daß der Partikularismus affektiv-diffuser Kommunikation die für jede Sozialitätsform entscheidende Ausgangsbasis darstellt, die Muster menschlicher Vergemeinschaftungen sind hierin vorgeprägt.

Nicht die Affektivität ist gegenüber den institutionalisierten Formen sozialen Handelns residual, vielmehr umgekehrt bildet sie die Grundlage sozialer Vergemeinschaftung, von der Ausdrucksformen des Vergesellschaftetseins abgeleitet sind.

Theoretische Konsequenzen sind deshalb noch in einer anderen Hinsicht angesagt. Die ubiquitäre Funktion von Familienbeziehungen ist in einer Zeit beschleunigter Auflösung institutioneller Ordnungen ins Gedächtnis zu rufen, die primärgruppenhafte Vergemeinschaftungen an die Stelle treten lassen oder diesen auch eine hohe Durchsetzungschance hinterlassen. Allenthalben läßt sich beobachten, daß Entscheidungen und Motive von Akteuren in familienfremden Sozialsystemen folgenreich überdeterminiert werden. Das „verschwägerte Kollektiv“ (Parsons), das sippenanaloge Kooperationsverhältnis (z.B. der Clan) oder auch die verschiedenen Versionen des Klientelismus werden als passagerer Ausdruck institutioneller Unterstrukturiertheit ganzer Gesellschaften bedeutsam, ja es kommt vor, daß sie gelegentlich ausdrücklich zu deren vorübergehender oder dauerhafter institutioneller Regulierung eingesetzt werden. Man denke an die paternalistische Wahrnehmung politi-

---

[1] So jüngstens bei Schwinn (1994). Im Rahmen der Weberschen Soziologie geht es um die Affektivität, die für Weber, der die theoretische Reflexion aus dem dreistimmigen „Ick bin oll da“ von Nationalökonomie, Rechtswissenschaft und Geschichtswissenschaft heroisch herauszuarbeiten beginnt, am Ende stand. Aber hat sich daran bis heute viel geändert ? Die residuale Behandlung der kommunikativen Struktur affektiver Bindung gehört in der soziologischen Theoriediskussion nach wie vor zum kleinsten gemeinschaftlichen Vielfachen vorhandener paradigmatischer Differenzen.

scher Prozesse, von Organisationsinteressen oder auch an die Diskordanzen der Diplomatie bei Staaten und Organisationen aus unterschiedlichen Kulturkreisen, die eine häufige Ursache darin haben, daß das Vertrauen in Regeln und Abmachungen durch Erfahrungen aus familialen oder großverwandtschaftlichen Gemeinschaften bestimmt ist.

Umso dringender wird die Arbeit an einer Theorie, die sich der Elementarform familialen Lebens in ihren mikrosoziologischen wie makrosoziologischen Bezügen öffnet. Wer die Familie soziologisch untersucht, dem geht es nicht um eine erhöhte Aufmerksamkeit auf vermeintlich heile Lebenswelten, um die Familie als Rückzugsort und Handlungsraum für affektiven Nahbedarf. Auch von der Keimzelle des Staates wird ernsthaft niemand mehr reden wollen, vielmehr geht es um die Sensibilität für die Basisinstitution der Entstehung von Formen menschlicher Gegenseitigkeit.

In diesem Horizont ist der menschliche Bildungsprozeß mit „Inklusion der Person“ nur ungenau bezeichnet, geht es doch um einen Vorgang, der milieuspezifisch und familienspezifisch konkretisiert Handlungsorientierungen und Weltverständnisse stets aufs neue weitergibt und dies in einer Komplexität, die die Eigenwahrnehmung der Akteure übersteigt. In der Spannung zwischen verwandtschaftlicher Abhängigkeiten und der sozialen Strukturierung neuer Allianzen sollte die Familie als eine unverwüstliche Lebensform wiederentdeckt und für die allgemeine Soziologie erschlossen werden.

Diese Gedanken münden in der Überzeugung, daß die fallrekonstruktiv arbeitende theoretische Reflexion geeignet ist, die Familienforschung wieder an die allgemeine Soziologie als ihrem wichtigsten Gesprächspartner anzubinden, und daß deshalb kein Anlaß besteht, sich am beeindruckend formulierten Abschied der Systemtheorie von Alteuropa zu beteiligen. Im Gegenteil, eine der Errungenschaften der Moderne, die Idee kulturell domestizierter naturwüchsiger sozialer Interaktion ist immer noch erst auf den Begriff zu bringen. Die Wirkung der Trias von Universalität, Eros und personaler Autonomie, die in der Ausdrucksvielfalt einer partikularen Solidargemeinschaft immer neu entsteht, bedarf einer weiteren intellektuellen Durchdringung. Tisch und Bett sind bekanntlich heilige Orte der Liebenden, hier pflegen sie das Geheimnis ihrer Zuneigung - für die Soziologie der Familie geht es um Liebe als Kommunikation.

6. Literatur

Adorno, Th.W. (1971), *Minima Moralia. Reflexionen aus dem beschädigten Leben*: Frankfurt/Main.

Adorno, Th.W./Horkheimer, M. (1981), Dialektik der Aufklärung, Exkurs 1: Odysseus oder Mythos und Aufklärung, in: Adorno Th. W., *Gesammelte Schriften 3*: Frankfurt/Main, S. 61-100.

Albach, H./Freund, W. (1989), *Generationswechsel und Unternehmenskontinuität. Chancen, Risiken, Maßnahmen*: Gütersloh.

Allert, T./Bieback-Diel, L./Oberle, H./Seyfarth, E. (1994), *Familie, Milieu und sozialpädagogische Intervention*: Münster.

Allert, T. (1981), Zur Dynamik der Interaktionstriade. Unveröffentlichte Dissertation: Frankfurt.

Allert T. (1986), Zur strukturtheoretischen Lektüre von § 1 der Religionssoziologie Max Webers. Unveröffentlichtes Manuskript.

Allert, T. (1988), Autoaufkleber - Zu einer Soziologie des Straßenverkehrs, in: Soeffner, H.G. (Hrsg.), Kultur und Alltag, Sonderheft 6 der Zeitschrift *Soziale Welt*: 385-397.

Allert T. (1990), Institutionalisierter Dilletantismus - Strukturprobleme des Journalistenberufes. Unveröffentlichtes Manuskript.

Allert, T. (1991), Die Wechselwirkung zwischen Holding und Eltern-Kind-Beziehung. Soziologische Anmerkungen zu Genese und Wirkung der Haltetherapie, in: *Internationaler Kongreß zur Haltetherapie in Regensburg*: Stuttgart: 465-496.

Allert, T. (1992), Charisma und Erzählung. Zwei Interventionsformen in der sozialen Arbeit. Unveröffentlichtes Manuskript.

Allert, T. (1993a), Autocrashing - Eine Fallstudie zur jugendlichen Selbst- und Fremdgefährdung, *Neue Praxis* (5): 393-414.

Allert, T. (1993b), Familie und Milieu. Die Wechselwirkung von Binnenstruktur und Außenbeziehung am Beispiel der Familie Albert Einsteins, in: Jung, Th./Müller-Doohm, St. (Hrsg.): *„Wirklichkeit" im Deutungsprozeß. Verstehen und Methoden in den Kultur- und Sozialwissenschaften*: Frankfurt/Main, S. 329-357.

Allert, T. (1996a), Zwei zu Drei - Soziologische Anmerkungen zur Liebe des Paares, *System Familie* (9): 50-59.

Allert, T. (1996b), Der Schöpfungsmythos und der Mythos des Ödipus. Kulturgeschichtliche Grundlagen der Freudschen Theorie. Unveröffentlichtes Manuskript

Allert, T. (1996c): Die Konstruktion von Biografie in der öffentlichen Erziehung. Projektantrag DFG.

Argelander, H. (1972), *Der Flieger. Eine charakteranalytische Fallstudie*: Frankfurt/Main.

Ariès, Ph./Duby, G. (Hrsg.) (1992), *Geschichte des privaten Lebens*, Bd. 4: Frankfurt/Main, S. 515-577.

Baecker, D. (1994), Soziale Hilfe als Funktionssystem der Gesellschaft, *Zeitschrift für Soziologie* 23 (2): 93-110.

Bateson, G., u.a. (1970), *Schizophrenie und Familie*: Frankfurt/Main.

Baum, M. (1950), *Rückblick auf mein Leben*: Heidelberg.

Baumgart, R. (1986), Böll, Koeppen, Schmidt - diese Drei, in: Baumgart, R., *Glücksgeist und Jammerseele*: München, S. 165-182.

Baumgarten, E. (1964a), Einleitung, in: Winckelmann, J. (Hrsg.), *Max Weber. Soziologie. Weltgeschichtliche Analysen. Politik*: Stuttgart.

Baumgarten, E. (1964b), *Max Weber. Werk und Person*: Tübingen.

Baurmann, M. (1983), *Sexualität, Gewalt und die psychischen Folgen*. BKA-Forschungsstelle: Wiesbaden.

Bausinger, H. (1987), Bürgerlichkeit und Kultur, in: Kocka, J. (Hrsg.), *Bürger und Bürgerlichkeit im 19. Jahrhundert*: Göttingen, S. 121-142.

Beck, U./Beck-Gernsheim, E. (1990), *Das ganz normale Chaos der Liebe*: Frankfurt/Main.

Beck, U. (1991), Der Konflik der zwei Modernen, in: Zapf, W. (Hrsg.), *Die Modernisierung moderner Gesellschaften*. Verhandlungen des 25. Deutschen Soziologentages in Frankfurt am Main 1990: Frankfurt/Main, S. 40-53.

Beck-Gernsheim, E. (1992), Arbeitsteilung, Selbstbild und Lebensentwurf. Neue Konfliktlagen in der Familie, *Kölner Zeitschrift für Soziologie und Sozialpsychologie* (44): 273-360.

Bendix, R. (1964), *Max Weber. Das Werk. Darstellung. Analyse. Ergebnisse*: München.

Bendix, R. (1985), *Von Berlin nach Berkeley. Deutsch-jüdische Identitäten*: Frankfurt/Main.

Benoist, J.-M. (1980), *Identität. Ein interdisziplinäres Seminar unter Leitung von Claude Lévi-Strauss*: Stuttgart.

Berg, C. (1991), Familie, Kindheit, Jugend, in: dies. (Hrsg.): *Handbuch der deutschen Bildungsgeschichte, Bd. IV*: München, S. 91-145.

Berger, B./Berger P.L. (1983), *The War over the Family*: London.

Berger, P.L./Kellner, H. (1965), Die Ehe und die Konstruktion der Wirklichkeit. Eine Abhandlung zur Mikrosoziologie des Wissens, *Soziale Welt* (16): 220-235.

Berger, P.L./Luckmann, Th. (1970), *Die gesellschaftliche Konstruktion der Wirklichkeit. Eine Theorie der Wissenssoziologie*: Frankfurt/Main.

Bergmann, J. R. (1985), Flüchtigkeit und methodische Fixierung sozialer Wirklichkeit: Aufzeichnungen als Daten der interpretativen Soziologie, in: Bonß, W./Hartmann, H. (Hrsg.), *Entzauberte Wissenschaft*. Sonderband 3 der „Sozialen Welt“: Göttingen, S. 299-320.

Bergmann, J.R (1987), *Klatsch. Zur Sozialform der diskreten Indiskretion*: Berlin.

Bergmann, J.R (1988/89), Ethnomethodologie und Konversationsanalyse: Fernuniversität Hagen.

Bergmann, J.R. (1991), „Deskriptive Praktiken als Gegenstand und Methode der Ethnomethodologie", in: Herzog, M./Graumann, C.F. (Hrsg.), *Sinn und Erfahrung*: Heidelberg, S. 86-102.

Birtsch, V./Kluge, Ch./Trede W. (Hrsg.) (1993), *Autocrashing, S-Bahn-Surfen, Drogenkonsum. Analysen jugendlichen Risikoverhaltens*: Frankfurt/Main.

Bitner E. (1972), Polizisten im Skid-Row-Quartier, in: Luckmann, Th./Sprondel, W.M. (Hrsg.), *Berufssoziologie*: Köln, S. 106-124.

Bock, G. (1986), *Zwangssterilisation im Nationalsozialismus. Studien zur Rassenpolitik und Frauenpolitik*: Opladen.

Braun, Ch. (1992), *Max Webers „Musiksoziologie"*: Regensburg.

Breuer, S. (1992), *Die Gesellschaft des Verschwindens*: Hamburg.

Buchholz, M.B. (1993), *Dreiecksgeschichten. Eine klinische Theorie psychoanalytischer Familientherapie*: Göttingen.

Bude, H. (1987), *Deutsche Karrieren. Lebenskonstruktionen sozialer Aufsteiger aus der Flakhelfer-Generation*: Frankfurt/Main.

Bude, H. (1993), Die soziologische Erzählung, in: Jung, T./ Müller-Doohm, S. (Hrsg.), *„Wirklichkeit" im Deutungsprozeß. Verstehen und Methoden in den Kultur-und Sozialwissenschaften*: Frankfurt, S. 409-429.

Budde, G.-F. (1994), *Auf dem Weg ins Bürgerleben: Kindheit und Erziehung in deutschen und englischen Bürgerfamilien 1840-1914*: Göttingen, S. 148-419.

Burguière, A. (ed.) (1986), *Histoire de la famille*: Paris.

Burkhart G. (1993), Individualisierung und Elternschaft - Das Beispiel USA, *Zeitschrift für Soziologie* 22: 159-177.

Burkhart G. (1994), Individuelle Mobilität und soziale Integration. Zur Soziologie des Automobilismus, *Soziale Welt* 45 (2): 217-237.

Büchner, L. (1855), *Kraft und Stoff. Empirisch-naturphilosophische Studien*: Frankfurt/Main.

Clark, R. (1974), *Albert Einstein, Leben und Werk*: Esslingen.

Cohen, G.B. (1979), Jews in German Society: Prague, 1860-1914, in: Bronsen, D., *Jews and Germans from 1860 to 1933*.

Conze, W. (Hrsg.) (1976), *Sozialgeschichte der Familie der Neuzeit Europas*: Stuttgart.

Conze W. (1982), Der Strukturwandel der Familie im industriellen Modernisierungsprozeß - Historische Begründungen einer aktuellen Frage (1979), in: Conze, W., *Gesellschaft - Staat - Nation: gesammelte Aufsätze*: Stuttgart, S. 268-287.

Craig, G.A. (1988), *Geld und Geist: Zürich im Zeitalter des Liberalismus 1830-1869*: München.

Dannecker, M. (1978), *Der Homosexuelle und die Homosexualität*: Frankfurt/Main, S. 42f.

Demm, E. (1983), Alfred Weber und sein Bruder Max. Zum 25. Todestag Alfred Webers am 2. Mai 1983, *Kölner Zeitschrift für Soziologie und Sozialpsychologie* (35): 1-28.

Demokratie in der Krise. Ein Zeit-Symposium zum 75. Geburtstag von Helmut Schmidt. Zeit-Punkte 1/1994.

de Singly, F. (1993), *Die Familie der Moderne. Eine soziologische Einführung*: Konstanz.

Dewe, B.W./Ferchhoff/Radtke R.-F. (Hrsg.) (1992), *Erziehen als Profession*: Opladen.

Dierks, W (1984), *Walter Kempowski*: München.

Dornes, M. (1993), *Der kompetente Säugling. Die präverbale Entwicklung des Menschen*: Frankfurt/Main.

Dubet, F./Lapeyronnie D. (1994), *Im Aus der Vorstädte. Der Zerfall der demokratischen Gesellschaft*: Stuttgart.

Durkheim E. (1921), La famille conjugale, *Revue Philosophique* XCI: 1-14.

Dux, G. (1992), *Die Spur der Macht im Verhältnis der Geschlechter. Über den Ursprung der Ungleichheit zwischen Frau und Mann*: Frankfurt/Main.

Dux, G. (1994), *Geschlecht und Gesellschaft. Warum wir lieben*: Frankfurt/Main.

Eckert, R./Hahn, A./Wolf, M. (1989), *Die ersten Jahre junger Ehen: Verständigung durch Illusion?*: Frankfurt/Main.

Einstein, A. (1953), Mein Weltbild. Carl Seelig (Hrsg.): Zürich.

Einstein, A. (1987), The Collected Papers of Albert Einstein I (1879-1902), in: Stachel, J. (Hrsg.): New Jersey.

Einstein, A./Maric, M. (1994), *Am Sonntag küss' ich Dich mündlich. Die Liebesbriefe 1897-1903*: München.

Fölsing, A. (1993), *Albert Einstein. Eine Biografie*: Frankfurt/Main.

Ford, H. (1923), *Mein Leben und Werk*: Leipzig.

Fraenkel, P. (1994), Time and Rhythm in Couples, *Family Process* (33): 33-57.

Frank P. (1979), *Einstein. Sein Leben und seine Zeit*: Braunschweig.

Freud, S. (1972), *Sexualleben* (Studienausgabe Bd. V): Frankfurt/Main.

Freud, S., Schriften aus dem Nachlaß 1892-1939. GW XVII.

Frommer, J./Frommer, S. (1993), Max Webers Krankheit - soziologische Aspekte der depressiven Struktur, *Fortschritte der Neurologischen Psychiatrie* (61): 161-171.

Fthenakis, W.E. (1991), Aspekte der rechtlichen Regulierung familialer Beziehungen (Vortrag, gehalten im Rahmen des Deutsch-Französischen Kolloquiums zur Familiensoziologie in Nancy (ek. Man.).

Fuchs, P. (1995), *Die Umschrift. Zwei kommunikationstheoretische Studien: „japanische Kommunikation" und „Autismus"*: Frankfurt/Main.

Fügen, H.N. (1985), *Max Weber*: Reinbek.

Garz, D. (Hrsg.) (1994), *Die Welt als Text. Theorie, Kritik und Praxis der objektiven Hermeneutik*: Frankfurt/Main.

Gall, L. (1989), *Bürgertum in Deutschland*: Berlin.

Gay, P. (1987), *Die zarte Leidenschaft*: München.

Geertz, C. (1983), *Dichte Beschreibung. Zum Verstehen kultureller Systeme*: Frankfurt/Main.

Geiger, Th. (1962), Formen der Vereinsamung, in: ders., *Arbeiten zur Soziologie*. Hrsg. von Maus, H./Fürstenberg F.: Neuwied, S. 260-292.

Geiger, Th. 1987 (1949), *Aufgaben und Stellung der Intelligenz in der Gesellschaft*: Stuttgart.

Geiger, Th. 1987 (1932), *Die soziale Schichtung des deutschen Volkes*: Stuttgart.

Gerhards, J./Schmidt, B. (1992), *Intime Kommunikation. Eine empirische Studie über Wege der Annäherung und Hindernisse für „safer sex"*: Baden-Baden.

Gervinus, G.G. (1893), *Georg Gottfried Gervinus" Leben. Von ihm selbst*: Leipzig.

Giddens, A. (1994), *Wandel der Intimität: Sexualität, Liebe und Erotik in modernen Gesellschaften*: Frankfurt/Main.

Gilcher-Holtey (1988), Max Weber und die Frauen, in: Gneuss, C./Kocka, J. (Hrsg.), *Max Weber. Ein Symposion*: München, S. 142-154.

Gilcher-Holtey (1992), Modelle „moderner" Weiblichkeit. Diskussionen im akademischen Milieu Heidelbergs um 1900, in: Lepsius, M.R (Hrsg.), *Bildungsbürgertum im 19. Jahrhundert*: Stuttgart, S. 176-205.

Gildemeister, R. (1992), Neuere Aspekte der Professionalisierungsdebatte: Soziale Arbeit zwischen immanenten Kunstlehren des Fallverstehens und kollektiven Strategien der Statusverbesserung, *Neue Praxis* 22 (3): 207-219.

Gilgenmann, K. (1986), Autopoiesis und Selbstsozialisation. Zur systemtheoretischen Rekonstruktion von Sozialisationtheorie, *Zeitschrift für Sozialisationsforschung und Erziehungssoziologie* (1).

Gilgenmann, K. (1994), Die Familie als Erziehungsgemeinschaft. Zur Beschreibung und Funktion von Familien in der modernen Gesellschaft, *System Familie* (7): 212-228.

Ginzburg, N. (1993), *Familienlexikon*: Frankfurt/Main.

Glaser, B./Strauss, A. (1980), *The Discovery of Grounded Theory. Strategies for Qualitative Research*:New York.

Goffman, E. (1971), *Interaktionsrituale. Über Verhalten in direkter Kommunikation*: Frankfurt/Main.

Goldschmidt, O./Muck, M. (1978), Eine besondere Form der Objektbeziehungsstörung als Ursache delinquenten Verhaltens („joy-riding"), *Psyche* 32 (2): 848-859.

Goody, J. (1986), *Die Entwicklung von Ehe und Familie in Europa*: Berlin.

Grathoff, R. (1989), *Milieu und Lebenswelt. Einführung in die phänomenologische Forschung*: Frankfurt/Main.

Green, A. (1980), Verwandschaftsatom und ödipale Beziehungen, in: Benoist, J.-M. (Hrsg.), a.a.O., S. 76-100.

Green, A. (1997), *Der Kastrationskomplex*: Tübingen.

Green, M. (1976), *Else und Frieda, die Richthofen-Schwestern*: München.

Greiffenhagen, Martin (1982) (Hrsg.), *Autobiografisches zu einem protestantischen Thema*: Stuttgart.

Greiffenhagen, Martin (1984) (Hrsg.), *Das evangelische Pfarrhaus. Eine Kultur- und Sozialgeschichte*: Stuttgart.

Gross, P./Honer, A. (1990), Multiple Elternschaften. Neue Reproduktionstechnologien, Individualisierungsprozesse und die Veränderung von Familienkonstellationen, *Soziale Welt* 41 (1): 97-116.

Gutheil, T.G./Avery N.C. (1977), Multiple overt incest as family defense against loss, *Family Process* (16): 105-110.

Gülich, C. (1992), Georg Simmel und seine französische Korrespondenz. Historische Rekonstruktion eines wissenschaftlichen Netzwerkes um die Jahrhundertwende, *Critique & Humanism*, Special Issue: 7-29.

Hahn, A. (1982), Zur Soziologie der Beichte und anderer Formen institutionalisierter Bekenntnisse: Selbstthematisierung und Zivilisationsprozess, *Kölner Zeitschrift für Soziologie und Sozialpsychologie* 34 (3): 407-434.

Hahn, A. (1988), Biographie und Lebenslauf, in: Brose, H.-G./Hildenbrand, B. (Hrsg.), *Vom Ende des Individuums zur Individualität ohne Ende*: Opladen, S. 91-106.

Hahn, A. (1988), Familie und Selbstthematisierung, in: Lüscher, K., et al. (Hrsg.), *Die „postmoderne" Familie*: Konstanz, S. 169-179.

Hahn, A. (1991), Zur Soziologie der Weisheit, in: Assmann, A. (Hrsg.), *Weisheit. Archäologie der literarischen Kommunikation III*: München, S. 42-57.

Hahn, A. (1992), Soziologie des Sammlers, *Sociologia Internationalis. Internationale Zeitschrift für Kommunikations- und Kulturforschung* 30 (2): 57-73.

Halbwachs, M. (1985), *Das Gedächtnis und seine sozialen Bedingungen*: Frankfurt/Main.

Haupert, B./Kraimer, K. (1991), Die disziplinäre Heimatlosigkeit der Sozialpädagogik/Sozialarbeit,: *Neue Praxis* 21 (2): 106-121.

Haupt, G. (1992), Männliche und weibliche Berufskarrieren im deutschen Bürgertum in der zweiten Hälfte des 19. Jahrhunderts: Zum Verhältnis von Klasse und Geschlecht, *Geschichte und Gesellschaft* (18): 143-160.

Hausen, K./Wunder, H. (Hrsg.) (1992), *Frauengeschichte - Geschlechtergeschichte*: Frankfurt/Main.

Hegel, G.W.F. (1970), *Grundlinien der Philosophie des Rechts. Werksausgabe Bd. 7*: Frankfurt/Main.

Hennis, W. (1987), *Max Webers Fragestellung. Studien zur Biographie des Werks*: Tübingen.

Hennis, W. (1996), Umrisse zu einer „intellektuellen Biographie" Max Webers, in: ders., *Max Webers Wissenschaft vom Menschen*: Tübingen, S. 175-222.

Heinrich, D. (1988), Denken im Blick auf Max Weber. Eine Einführung, in: Jaspers, K., *Max Weber. Gesammelte Schriften*: München, S. 7-31.

Herlth, A./Brunner, E.J./Tyrell, H./Kriz, J. (Hrsg.) (1994), *Abschied von der Normalfamilie? Partnerschaft contra Elternschaft*: Berlin.

Herneck, F. (1974), *Albert Einstein*: Leipzig.

Hildenbrand, B. (1984), Methodik der Einzelfallstudie. Studienbriefe (3 Bde.). FeU-Hagen.

Hildenbrand, B. (1988), Geschichtenerzählen als Prozeß der Wirklichkeitskonstruktion in Familien, *System Familie* (3): 227-236.

Hildenbrand, B. (1991), *Alltag als Therapie. Ablöseprozesse Schizophrener in der psychiatrischen Übergangseinrichtung*: Bern.

Hildenbrand, B./Bohler K.F./Jahn, W./Schmitt, R. (1992), *Bauernfamilien im Modernisierungsprozeß*: Frankfurt/Main.

Hirsch, M. (1987), *Realer Inzest. Psychodynamik des sexuellen Mißbrauchs in der Familie*: Berlin.

Hitzler, R. (1993), Verstehen: Alltagspraxis und wissenschaftliches Programm, in: Jung, T./Müller-Doohm S. (Hrsg.), a.a.O., S. 223-240.

Hoffmeyer-Zlotnik, J.H.P. (Hrsg.) (1992), *Analyse verbaler Daten. Über den Umgang mit qualitativen Daten*: Opladen.

Honneth, A. (1995), Zwischen Gerechtigkeit und affektiver Bindung - die Familie im Brennpunkt moralischer Kontroversen, *Deutsche Zeitschrift für Philosophie* (6): 989-1004.

Hubbard, W.H. (1983), *Familiengeschichte. Materialien zur deutschen Familie seit dem Ende des 18. Jahrhunderts*: München.

Hübinger, G. (1993a), „Journalist" und „Literat". Vom Bildungsbürger zum Intellektuellen, in: Hübinger, G./Mommsen, W.J. (Hrsg.), *Intellektuelle im Deutschen Kaiserreich*: Frankfurt/Main, S. 95 -110.

Hübinger, G. (1993b), Kulturprotestanismus, Bürgerkirche und liberaler Revisionismus im wilhelminischen Deutschland, in: Schieder, W. (Hrsg.), *Religion und Gesellschaft im 19. Jahrhundert*: Stuttgart, S. 272-300.

Hübinger, G. (1994), *Kulturprotestantismus und Politik. Zum Verhältnis von Liberalismus und Protestantismus im wilhelminischen Deutschland*: Tübingen.

Infeld, L. (1957), *Albert Einstein. Sein Werk und sein Einfluß auf unsere Welt*: Berlin.

Jünger, E. (1948), Soziologie der aktivistischen Elite einer Jugendgeneration, in: Martin, A.v., *Geist und Gesellschaft*: Frankfurt/Main.

Jung, Th./Müller-Doohm, St. (Hrsg.) (1993), *„Wirklichkeit" im Deutungsprozeß. Verstehen und Methoden in den Kultur- und Sozialwissenschaften*: Frankfurt/Main.

Käsler, D. (1989), Der retuschierte Klassiker. Zum gegenwärtigen Forschungsstand der Biographie Max Webers, in: Weiß, J. (Hrsg.), *Max Weber heute. Erträge und Probleme der Forschung*: Frankfurt/Main, S. 29-54.

Kaufmann, F.K., (1994), Läßt sich Familie als gesellschaftliches Teilsystem begreifen?, in: Herlth, A./Brunner, E.J./Tyrell, H./Kriz, J. (Hrsg.), *Abschied von der Normalfamilie? Partnerschaft contra Elternschaft*: Berlin, S. 42-63.

Kaufmann, J.C. (1993), *La sociologie du couple*: Paris.

Kaufmann, J.C. (1995), *Schmutzige Wäsche. Zur ehelichen Konstruktion von Alltag*: Konstanz.

Kehrer, H.E. (1989), *Autismus. Diagnostische, therapeutische und soziale Aspekte*: Heidelberg.

Koselleck, R. (1979), *Vergangene Zukunft. Zur Semantik geschichtlicher Zeiten*: Frankfurt/Main.

Kempowski, W. (1972), *Uns geht`s ja noch gold*: München.

Kempowski, W. (1975), *Ein Kapitel für sich*: München.

Kempowski, W. (1984), *Herzlich Willkommen*: München

Kempowski, W. (1990), *Sirius. Eine Art Tagebuch*: München.

Kempowski, W. (1991), *Aus großer Zeit (1978)*: München.

Kempowski, W. (1992), *Ein Kapitel für sich (1978)*: Hamburg.

Kempowski, W. (1993), *Tadellöser & Wolff (1971)*: München.

König F. (1973), Alte Probleme und neue Fragen in der Familiensoziologie, in: Claessens D./Mühoffer P. (Hrsg.), *Familiensoziologie - Ein Reader als Einführung*: Frankfurt/Main, S. 123-143.

König, R. (1969), Soziologie der Familie, in: König R. (Hrsg.), *Handbuch der empirischen Sozialforschung 11*: Stuttgart, S. 172-305.

König, R. (1974), *Materialien zur Soziologie der Familie*: Köln.

König, R. (1987), Die Juden und die Soziologie, in: König, R., *Soziologie in Deutschland. Begründer/Verächter/Verfechter*: München/Wien, S. 329-342.

Kocka, J. (1982), Familie, Unternehmer und Kapitalismus. An Beispielen aus der frühen deutschen Industrialisierung, in: Reif, H. (Hrsg.), *Die Familie in der Geschichte*: Göttingen, S. 163-186.

Koffhoff, H. /Reindl, J. (1990), *Die soziale Welt kleiner Betriebe. Wirtschaften, Arbeiten und Leben im mittelständischen Industriebetrieb*: Göttingen.

Kohaus-Jellouschek, M./Jellouschek, H. (1988), Stieffamilien. Struktur, Entwicklung, Therapie, in: Menne, K./Alter, K. (Hrsg.), Familie in der Krise. Sozialer Wandel, Familie und Erziehungsberatung: Weinheim und München, S. 137-157.

Kohli, M. (1981), Zur Theorie der biographischen Selbst- und Fremdthematisierung, in: Matthes, J. (Hrsg.), *Lebenswelt und soziale Probleme (Verhandlungen des 20. Deutschen Soziologentages)*: Frankfurt/Main, S. 502-520.

Kohli, M. (1985), Die Institutionalisierung des Lebenslaufs: Historische Befunde und Theoretische Argumente, *Kölner Zeitschrift für Soziologie und Sozialpsychologie* (37): 1-29.

Kohli, M. (1986), Gesellschaftszeit und Lebenszeit, in: Berger, J. (Hrsg.), Die Moderne - Kontinuitäten und Zäsuren, *Soziale Welt, Sonderband 4*: 183-208.

Kohli, M. (1988), Normalbiografie und Individualität: Zur institutionellen Dynamik des gegenwärtigen Lebenslaufregimes, in: Brose, H.-G./Hildenbrand B. (Hrsg.), *Vom Ende des Individuums zur Individualität ohne Ende*: Opladen, S. 33-54.

Koselleck, H. (1990), Einleitung - Zur anthropologischen und semantischen Struktur von Bildung, in: Koselleck, H. (Hrsg.), *Bildungsbürgertum im 19. Jahrhundert. Teil 11, Bildungsgüter und Bildungswissen*: Stuttgart, S. 11-46.

Kulke, H. (1984), Orthodoxe Restauration und hinduistische Sektenreligiosität im Werk Max Webers, in: Schluchter, W. (Hrsg.), *Max Webers Studie über Hinduismus und Buddhismus. Interpretation und Kritik*: Frankfurt/Main, S. 293-332.

Lacan, J. (1980), *Schriften III*: Olten.

Lang, H. (1986), *Die Sprache und das Unbewußte. Jaques Lacans Grundlegung der Psychoanalyse*: Frankfurt/Main.

Langhanky, M. (1993), Annäherung an Lebenslagen und Sichtweisen der Hamburger Straßenkinder, *Neue Praxis* 23 (3): 271-276.

Laslett, P. (1965), *The world we have lost*: London.

Laslett, P./Wall, R. (Hrsg.) (1972), *Household and family in past time*: Cambridge.

Lau, E.E. (1993), Religiöse Virtuosen: Normen, in: Bergmann, J.R./Hahn, A./Luckmann, T. (Hrsg.), *Religion und Kultur*, Sonderheft 33 der Kölner Zeitschrift für Soziologie und Sozialpsychologie: 206-217.

Lemberg, E./Edding F. (Hrsg.) (1959), *Die Vertriebenen in Westdeutschland, 3 Bände*: Kiel.

Lepsius, M.R. (1966), Extremer Nationalismus. Strukturbedingungen vor der nationalsozialistischen Machtergreifung, in: Lepsius, M.R. (1993), a.a.O., S. 51-79.

Lepsius, M.R. (1987), Zur Soziologie des Bürgertums und der Bürgerlichkeit, in: Kocka, J. (Hrsg.), *Bürger und Bürgerlichkeit im 19. Jahrhundert*: Göttingen, S. 79-100.

Lepsius, M.R. (1990), *Interessen, Ideen und Institutionen*: Opladen.

Lepsius, M.R. (1990a), „Max Weber in München“, in: Lepsius, M.R. (1990), a.a.O., S. 9-30.

Lepsius, M.R. (1990b), Immobilismus: das System der sozialen Stagnation in Süditalien (1964), in: Lepsius, M.R. (1990), a.a.O., S. 170-210.

Lepsius, M.R. (1992), Das Bildungsbürgertum als ständische Vergesellschaftung, in: Lepsius, M.R. (Hrsg.), *Bildungsbürgertum im 19. Jahrhundert. Teil III: Lebensführung und ständische Vergesellschaftung*: Stuttgart, S. 8-18.

Lepsius, M.R. (1993), *Demokratie in Deutschland. Soziologisch-historische Konstellationsanalysen*: Göttingen.

Lepsius, M.R. (1993a), Das Modell der charismatischen Herrschaft und seine Anwendbarkeit auf den „Führerstaat“ Adolf Hitlers, in: Lepsius, M.R. (1993), a.a.O., S. 95-118.

Lepsius, M.R. (1993b), Kultur und Wissenschaft in Deutschland unter der Herrschaft des Nationalsozialismus, in: Lepsius, M.R. (1993), a.a.O., S. 119-132.

Lepsius M.R. (1993c), Bürgertum als Gegenstand der Sozialgeschichte, in: Lepsius, M.R. (1993), a.a.O., S. 289-302.

Lepsius M.R. (1993d), Das Bildungsbürgertum als ständische Vergesellschaftung, in: Lepsius, M.R. (1993), a.a.O., S. 303-314.

Lepsius M.R. (1993e), Bildungsbürgertum und Wissenschaft: Richard Lepsius und seine Familie, in: Lepsius, M.R. (1993), a.a.O., S. 315-334.

Lévi-Strauss, C. (1967), *Strukturale Anthropologie*: Frankfurt/Main.

Lévi-Strauss, C. (1968), *Das Wilde Denken*: Frankfurt/Main.

Lévi-Strauss, C. (1974), Einleitung, in: Mauss, M., a.a.O., S. 7-41.

Lévi-Strauss, C. (1975), Das Verwandtschaftsatom, in: ders., *Strukturale Anthropologie II*: Frankfurt/Main.

Lévi-Strauss, C. (1981), *Die elementaren Strukturen der Verwandtschaft*: Frankfurt/Main.

Lévi-Strauss, C. (1985), Die Familie, in: ders., *Der Blick aus der Ferne*: München, S. 73-104.

Linzer, N. (1984), *The Jewish Family: Authority and Tradition in Modern Perspective*: New York.

Levold T./Wedekind, E./Georgi H. (1990), Familienorientierte Behandlungsstrategien bei Inzest, *System Familie* (3): 74-87.

Levold, T. (1997), Problemsystem und Problembesitz: die Diskurse der sexuellen Gewalt und die institutionelle Praxis des Kinderschutzes, *System Familie* (10): 21-30.

Lindemann, K.-H. (1992), „Der wird ein Leben lang sicher untergebracht sein müssen“. Der ungewöhnliche Fall Thomas Wagner - eine Kette von falschen Einschätzungen fehlgeschlagenen Hilfsmaßnahmen und eine unerwartete Lösung, *Neue Praxis* (3): 220-240.

Luckmann, Th./Sprondel W.M. (Hrsg.) (1972), *Berufssoziologie*: Köln.

Ludwig, M. (1992), Sozialhilfekarrieren, *Neue Praxis* 22 (2): 131-140.

Luhmann, N. (1981), Wie ist soziale Ordnung möglich?, in: ders., *Gesellschaftsstruktur und Semantik. Studien zur Wissenssoziologie der modernen Gesellschaft*, Band 2, S. 195-286.

Luhmann, N. (1982), *Liebe als Passion. Zur Codierung von Intimität*: Frankfurt/Main.

Luhmann, N. (1984), *Soziale Systeme. Grundriß einer allgemeinen Theorie*: Frankfurt/Main.

Luhmann, N. (1987), *Archimedes und wir. Interviews* (hrsg. v. Baecker, D. und Stanitzek, G.): Berlin.

Luhmann, N. (1988a), Frauen, Männer und Georg Spencer Brown, *Zeitschrift für Soziologie* 17 (1): 47-71.

Luhmann, N. (1988b), Wahrnehmung und Kommunikation sexueller Interessen, in: Gindorf, R./Haeberle, E. (Hrsg.), *Sexualitäten in unserer Gesellschaft*: Berlin/New York, S. 127-138.

Luhmann, N. (1989), Sozialisation und Erziehung, in: Rottdhus, W. (Hrsg.), *Erziehung und Therapie aus systemischer Sicht*: Dortmund, S. 77-89.

Luhmann, N. (1990), Sozialsystem Familie, in: Luhmann, N. (Hrsg.), *Soziologische Aufklärung 5: Konstruktivistische Perspektiven*: Opladen, S. 196-217.

Luhmann, N. (1991), Das Kind als Medium der Erziehung, *Zeitschrift für Pädagogik* (37): 19-40.

Luhmann, N. (1996), *Die Realität der Massenmedien*: Opladen.

Lüscher, K./Schultheis, F./Wehrspaun, M. (Hrsg.) (1988), *Die „postmoderne" Familie. Familiale Strategien und Familienpolitik in einer Übergangszeit*: Konstanz.

Lüscher, K./Schultheis, F. (1993), *Generationenbeziehungen in „postmodernen" Gesellschaften*: Konstanz.

Lüttinger, P. (1986), Der Mythos der schnellen Integration. Eine empirische Untersuchung zur Integration der Vertriebenen und Flüchtlinge in der Bundesrepublik Deutschland bis 1971, *Zeitschrift für Soziologie* (15): 20-36.

Mann, Th. (1983), Lübeck als geistige Lebensform, in: Mann, Th., *Über sich selbst*: Frankfurt, S. 28-50.

Mannheim, K. (1964), Das Problem der Generationen (1928), in: Mannheim, K., *Wissensoziologie*: Berlin/Neuwied, S. 509-565.

Marquard, O. (1981), Abschied vom Prinzipiellen. Auch eine autobiographische Einleitung, in: Marquard, O., *Abschied vom Prinzipiellen*: Stuttgart, S. 4-22.

Marx, K. 1960 (1852), Der achtzehnte Brumaire des Louis Bonaparte, zitiert nach dem von Lieber, H.-J. hrsg. Politischen Schriften, Bd. 1: Stuttgart, S. 376.

Mauss, M. (1974), *Soziologie und Anthropologie 1. Theorie der Magie. Soziale Morphologie*: München.

Mauss, M. (1975), *Soziologie und Anthropologie. 11. Gabentausch*: München.

Mayntz, R./Nedelmann, B. (1987), Eigendynamische soziale Prozesse. Anmerkungen zu einem analytischen Paradigma, *Kölner Zeitschrift für Soziologie und Sozialpsychologie* (39): 648-668.

McGoldrick, M./Gerson, R. (1990), *Genogramme in der Familienberatung*: Bern.

Mead, G.H. (1968), *Geist, Identität und Gesellschaft*: Frankfurt/Main.

Mead, G.H. (1969), *Philosophie der Sozialität*: Frankfurt/Main.

Merleau-Ponty, M (1966), *Phänomenologie der Wahrnehmung*: Berlin.

Merton, R.K. 1973 (1957), Wissenschaft und demokratische Sozialstruktur, in: Weingart, P. (Hrsg.), *Wissenschaftssoziologie 1*: Frankfurt/Main, S. 45-59.

Métral, G. (1981), *Die Ehe*: Frankfurt/Main.

Meyer, Th. (1992), *Modernisierung der Privatheit. Differenzierungs- und Individualisierungsprozesse des familialen Zusammenlebens*: Opladen.

Meyer, Th. (1993), *Modernisierung der Privatheit. Differenzierungs- und Individualisierungsprozesse des familialen Zusammenlebens*: Opladen.

Miller, W.B. (1968), Die Kultur der Unterschicht als Entstehungsmilieu für Bandenlinquenz. in: Sack, F./König, R. (Hrsg.), *Kriminalsoziologie*: Frankfurt/M, S. 339-359.

Mitterauer, M. (1975), Familiengröße - Familiengrößen - Familienzyklus. Probleme quantitativer Auswertung von österreichischem Quellenmaterial, *Geschichte und Gesellschaft* 1: 226ff.

Mitterauer, M. (1992), *Familie und Arbeitsteilung: historisch vergleichende Studien*: Wien.

Mitzman, A. (1985), *The Iron Cage: An Historical Interpretation of Max Weber*: New Brunswick/Oxford.

Mommsen W.J. (Hrsg.) (1993), *Intellektuelle im Deutschen Kaiserreich*: Frankfurt/Main, S. 33-61.

Muesmann, S. (1992), *Marianne Weber. Ihr Leben und ihr Wirken.* Vortragsmanuskript: Oerlinghausen.

Münch, Richard (1986), *Die Kultur der Moderne, Bd. 2: Ihre Entwicklung in Frankreich und Deutschland*: Frankfurt/Main.

Musil, R. (1990), *Der Mann ohne Eigenschaften Bd. 1.* Hrsg. von Frisé, A.: Reinbeck.

Muss, B. (1973), *Gestörte Sozialisation. Psychoanalytische Grundlagen therapeutischer Heimerziehung*: München.

Nauck, B./Onnen-Isemann, C. (1995), *Familie im Brennpunkt von Wissenschaft und Forschung*: Neuwied.

Nave-Herz, R.; 1994: Die Bedeutung von „dritten Partnern“ für das Ehesystem; in: *Herlth, A./Brunner, E.J./Tyrell, H./Kriz, J. (Hrsg.): Abschied von der Normalfamilie? Partnerschaft contra Elternschaft*. Berlin, S. 139-147.

Nave-Herz, R./Markefka, M. (Hrsg.) (1989), *Handbuch der Familien- und Jugendforschung*: Neuwied.

Nedelmann, B. (1984), Georg Simmel als Klassiker soziologischer Prozeßanalysen, in: Dahme, H./Rammstedt, O. (Hrsg.), *Georg Simmel und die Moderne*: Frankfurt, S. 91-115.

Nedelmann B. (1985), „Geheimnis - Ein interaktionistisches Paradigma", *Vorgänge* (6): 38-48.

Nedelmann, B. (1992), Ambivalenz als vergesellschaftendes Prinzip, *Sinunel/Newsletter* 2 (1): 36-47.

Nedelmann B. (1994a), Secrecy as a Macrosociological Phenomenon: A Neglected Aspect of Simmel's Analysis Of Secrecy. Unveröffentlichtes Manuskript.

Nedelmann, B. (1994b), Bocca, *Enciclopedia del Corpo*: Roma Treccani.

Oevermann, U./Allert, T./Gripp, H./Konau, E./Krambeck, J./Schröder-Caesar, E./Schütze, Y. (1976), Beobachtungen zur Struktur der sozialisatorischen Interaktion; in: Lepsius, R. (Hrsg.), *Zwischenbilanz der Soziologie: Verhandlungen des 17. Deutschen Soziologentages*: Stuttgart.

Oevermann, U./Allert, T./Konau E./Krambeck, J. (1979), Die Methodologie einer „objektiven Hermeneutik" und ihre allgemeine forschungslogische Bedeutung in den Sozialwissenschaften, in: Soeffner, H.-G. (Hrsg.), *Interpretative Verfahren in den Sozial- und Textwissenschaften*: Stuttgart, S. 352-434.

Oevermann, U./Konau, E. (1980), Struktureigenschaften sozialisatorischer und therapeutischer Interaktion, DFG-Antrag: Frankfurt/Main.

Oevermann, U. (1979), Sozialisationstheorie. Ansätze zu einer soziologischen Sozialisationstheorie und ihre Konsequenzen für die allgemeine soziologische Analyse, in: Lüschen, G. (Hrsg.): Deutsche Soziologie seit 1945. *Sonderheft 21 der Kölner Zeitschrift für Soziologie und Sozialpsychologie*: Opladen, S. 143-168.

Oevermann, U. (1981), Fallrekonstruktion und Strukturgeneralisierung als Beitrag der objektiven Hermeneutik zur soziologisch-strukturtheoretischen Analyse. Unveröffentlichtes Manuskript: Frankfurt/Main.

Oevermann, U. (1983), Zur Sache. Die Bedeutung von Adornos methodologischem Selbstverständnis für die Begründung einer materialen soziologischen Strukturanalyse, in: Friedeburg, L.v./Habermas, J. (Hrsg.), *Adorno Konferenz*: Frankfurt/Main.

Oevermann U. (1984), Neue Jugendsekten als Ort der Verweigerung von Lebenspraxis, in: Messner, S. et al (Hrsg.), *Beratung im Umfeld von Jugendreligionen*: Göttingen, S. 113-120.

Oevermann, U. (1991), Genetischer Strukturalismus und das sozialwissenschaftliche Problem der Erklärung der Entstehung des Neuen, in: Müller-Doohm, S. (Hrsg.), *Jenseits der Utopie*: Frankfurt/Main, S. 267-335.

Oevermann, U. (1992), Die Emergenz und die Determination des Neuen. Reflexionen über Kreativität und Individuierung aus der Sicht der objektiv hermeneutischen Sequenzanalyse, unveröffentlichtes Manuskript: Frankfurt.

Oevermann, U. (1993), Die objektive Hermeneutik als unverzichtbare methodologische Grundlage für die Analyse von Subjektivität. Zugleich eine Kritik der Tiefenhermeneutik, in: Jung, Th./Müller-Doohm, S. (Hrsg.), *„Wirklichkeit" im Deutungsprozeß*: Frankfurt/Main, S. 106-189.

Oevermann, U. (1995), Ein Modell der Struktur von Religiosität. Zugleich ein Strukturmodell von Lebenspraxis und sozialer Zeit, in: Wohlrab-Sahr, M. (Hrsg.), *Biografie und Religion. Zwischen Ritual und Selbstsuche*: Frankfurt/Berlin/New York, S. 27-102.

Pam, A./Pearson, J. (1994), The Geometry of the eternal Triangle, *Family Process* (33): 175-190.

Pais, A. (1986), *Raffiniert ist der Herrgott*: Braunschweig.

Paris, R. (1990), Die neuen Gesichter der Jugend, *Prokla* 20 (80): 7-27.

Parsons, T./Bales, R.-F. (1955), *Family, Socialisation and Interaction Process*: Glencoe.

Parsons, T. (1964a), Alter und Geschlecht in der Sozialstruktur der Vereinigten Staaten, in: Parsons, T., *Beiträge zur soziologischen Theorie*. Hrsg. v. Rüschemeyer, D.: Darmstadt/Neuwied, S. 65-83.

Parsons, T. (1964b), *Social structure and personality*: Glencoe.

Parsons, T. (1964c), Das Verwandtschaftssystem in den Vereinigten Staaten, in: Parsons, T., *Beiträge zur soziologischen Theorie*: Neuwied.

Parsons, T. (1964d), Demokratie und Sozialstruktur in Deutschland vor der Zeit des Nationalsozialismus, in: Parsons, T., *Beiträge zur soziologischen Theorie*: Neuwied, S. 256-281.

Parsons, T. (1981a), Jugend im Gefüge der amerikanischen Gesellschaft, in: Parsons, T., *Sozialstruktur und Persönlichkeit*: Frankfurt/Main, S. 194-229.

Parsons, T. (1981b), Das Inzesttabu und seine Beziehung zur Sozialstruktur und Sozialisation des Kindes, in: Parsons, T., *Sozialstruktur und Persönlichkeit*: Frankfurt/Main, S. 73-98.

Plessner, H. (1974), *Die verspätete Nation*: Stuttgart.

Plessner, H. (1981-1985), *Gesammelte Schriften*, 10 Bände: Frankfurt/Main.

Pollak, M. (1993), Männliche Homosexualität - oder das Glück im Ghetto? in: Ariès, Ph./Béjin, A./Foucault, M. u.a. (Hrsg.), *Die Masken des Begehrens und die Metamorphosen der Sinnlichkeit. Zur Geschichte der Sexualität im Abendland*: Frankfurt/Main: S. 55-79.

Renn, J./Schumann, R., Einleitung, in: Einstein, A./Maric. M. (1994), *Am Sonntag küss ich Dich mündlich. Die Liebesbriefe 1897-1903*, herausgegeben von J. Renn und R. Schumann: Zürich.

Renn, J. (1992), Die Rolle von Zeitfaktoren und Generationsdynamik für die wissenschaftlichen Erfolge Galileis und Einsteins, in: Mayer, K.U. (Hrsg.), *Generationsdynamik in der Forschung*: Frankfurt/Main.

Richartz, M. (Hrsg.) (1976), *Jüdisches Leben. Selbstzeugnisse zur Sozialgeschichte 1780-1871*.

Ricoeur, P. (1973), *Hermeneutik und Strukturalismus*: München.

Riesman, D./Larrabee, E. (1966), Autos in Amerika, in: Riesman, D., *Wohlstand wofür? Essays*: Frankfurt/Main, S. 202-238.

Rijnaart, J. (1988), *Lots Töchter: Über den Vater-Töchter-Inzest*: Düsseldorf.

Rost, H./Schneider, N.F. (1995), Differentielle Elternschaft - Auswirkungen der ersten Geburt auf Männer und Frauen, in: Nauck, B./Onnen-Isemann, C. (Hrsg.), *Familie im Brennpunkt von Wissenschaft und Forschung*: Neuwied, S. 177-194.

Rorty, R. (1989), *Kontingenz, Ironie und Solidarität*: Frankfurt.

Rosenbaum, H. (1982), *Formen der Familie. Untersuchungen zum Zusammenhang von Familienverhältnissen, Sozialstruktur und sozialem Wandel in der deutschen Gesellschaft des 19. Jahrhunderts*: Frankfurt/Main.

Roth, G. (1971), Max Weber's Generational Rebellion and Maturation, in: Bendix, R./Roth, G. (Hrsg.), *Scholarship and Partisanship: Essays on Max Weber*: Berkeley/Los Angeles/London, S. 6-33.

Roth, G. (1989), Marianne Weber und ihr Kreis. Einleitung, in: Weber, Marianne Weber, *Max Weber. Ein Lebensbild*: München/Zürich, S. IX-LXMI.

Roth, G. (1993a), Heidelberg, London, Manchester. Zu Max Webers deutsch-englischer Familiengeschichte. Manuskript.

Roth, G. (1993b), Weber the Would-Be Englishman: Anglophilia and Family History, in: Lehmann, H./Roth, G. (Hrsg.), *Weber's Protestant Ethic. Origins, Evidence, Contexts*: New York, S. 83-121.

Roth, G. (1993c), Between Cosmopolitanism and Ethnocentrism: Max Weber in the Nineties, in: *Telos 96/Summer 1993*: 148-162.

Roth, G. (1995), Max Weber in Erfurt, Vater und Sohn, *Berliner Journal für Soziologie* (3): 287-299.

Roussel, L. (1988), Die soziologische Bedeutung der demographischen Erschütterung in den Industrieländern der letzten zwanzig Jahre, in: Lüscher, K./Schultheis, F./Wehrspaun, M. (Hrsg.), *Die „postmoderne" Familie*: Konstanz.

Sack, F./König, R. (Hrsg.) (1974): *Kriminalsoziologie*: Frankfurt/Main.

Sahle, R. (1987), Gabe, Almosen, Hilfe. Fallstudien zu Struktur und Deutung der Sozialarbeiter-Klient-Beziehung: Opladen.

Scheler, M. (1960) [Zusätze aus den nach Hrsg. zugelassenen Manuskripten], „A. Zu 'Probleme einer Soziologie des Wissens': d) Max Webers Ausschaltung der Philosophie (Zur Psychologie und Soziologie der nominalistischen Denkart)", in: Scheler, M., *Die Wissensformen und die Gesellschaft*: Bern/München, S. 423-447 [430-438], 9.(2.) Aufl.

Schelsky, H. 1975 (1957), *Die skeptische Generation. Eine Soziologie der deutschen Jugend*: Frankfurt/Berlin/Wien.

Schieder, W. (Hrsg.) (1993), *Religion und Gesellschaft im 19. Jahrhundert*: Stuttgart.

Schluchter, W. (1980), Die Paradoxie der Rationalisierung. Zum Verhältnis von „Ethik" und „Welt" bei Max Weber, in: Schluchter, W., *Rationalismus der Weltbeherrschung*: Frankfurt/Main, S. 9-40.

Schluchter, W. (1988), *Religion und Lebensführung*: Frankfurt/Main.

Schlumbohm, J. (1981), „Traditionale" Kollektivität und „moderne" Individualität: einige Fragen und Thesen für eine historische Sozialisationsforschung. Kleines Bürgertum und gehobenes Bürgertum in Deutschland um 1800 als Beispiel, in: Vierhaus, R. (Hrsg.), *Bürger und Bürgerlichkeit im Zeitalter der Aufklärung*: Heidelberg.

Schneider, W.L. (1991), *Objektives Verstehen. Rekonstruktion eines Paradigmas: Gadamer-Popper-Toulmin-Luhmann*: Opladen.

Schneider, W.L. (1992), Hermeneutische Einzelfallrekonstruktion und funktionanalytische Theoriebildung - Ein Versuch ihrer Verknüpfung, dargestellt am Beispiel der Interpretation eines Interviewprotokolls, in: Hoffmeyer-Zlotnik (Hrsg.), *Analyse verbaler Daten. Über den Umgang mit qualitativen Daten*: Opladen, S. 168-215.

Schon, L. (1995), *Entwicklung des Beziehungsdreiecks Vater-Mutter-Kind*: Stuttgart.

Schramm, P.E. (1964), *Neun Generationen. Dreihundert Jahre deutscher „Kulturgeschichte" im Lichte der Schicksale einer Hamburger Bürgerfamilie (1648-1948)*: Göttingen.

Schröer, N. (Hrsg.) (1994), *Interpretative Sozialforschung. Auf dem Wege zu einer hermeneutischen Wissenssoziologie*: Opladen.

Schütze, Y. (1988), Mutterliebe - Vaterliebe, in: Frevert, U. (Hrsg.), *Bürgerinnen und Bürger*: Göttingen, S. 118-133.

Schütze, Y. (1994), Von der Gattenfamilie zur Elternfamilie, in: Herlth, A./Brunner, E.J./Tyrell, H./Kriz, J. (Hrsg.), *Abschied von der Normalfamilie? Partnerschaft contra Elternschaft*: Berlin, S. 91-101.

Schütze, Y./Kreppner, K. (1982), Der Vater in der Familie, *Kind und Umwelt* (38): 20-33.

Schultheis, F. (1988), Fatale Strategien und ungeplante Konsequenzen beim Aushandeln „familialer Risiken" zwischen Mutter, Kind und „Vater Staat", in: Lüscher, K./Schultheis, F./Wehrspaun, M. (Hrsg.), *Die „postmoderne" Familie*, a.a.O., S. 371-390.

Schulz, W. (1983), Von der Institution „Familie“ zu den Teilbeziehungen zwischen Mann, Frau und Kind, *Soziale Welt* (34): 401-420.

Schumacher, J./Vollmer, R. (1982), Differenzierungs- und Entdifferenzierungsprozesse im Familiensystem, in: Hondrich, K.O. (Hrsg.), *Soziale Differenzierungen - Langzeitanalysen zum Wandel von Politik, Arbeit und Familie*: Frankfurt/Main.

Schumpeter, J. (1957), Die sozialen Klassen im ethnisch homogenen Milieu, in: ders. *Aufsätze zur Soziologie*: Tübingen

Schwab, D. (1975), Familie, in: Brunner, O./Conze W./Kosellek R. (Hrsg.), *Geschichtliche Grundbegriffe: Historisches Lexikon zur politisch-sozialen Sprache in Deutschland Bd. 2*: Stuttgart, S. 253-301.

Schwentker, W. (1988), Leidenschaft als Lebensform. Erotik und Moral bei Max Weber und im Kreis um Otto Gross, in: Mommsen, W.J./Schwentker, W. (Hrsg.), *Max Weber und seine Zeitgenossen*: Göttingen/Zürich, S. 661-681.

Schwinn, T. (1993), *Jenseits von Subjektivismus und Objektivismus: Max Weber, Alfred Schütz und Talcott Parsons*. Sozialwissenschaftliche Schriften 27: Berlin.

Seelig, C. (1960), *Albert Einstein. Leben und Werk eines Genies unserer Zeit*: Zürich.

Senatskommission für Frauenforschung in der DFG (1994), Sozialwissenschaftliche Frauenforschung in der Bundesrepublik. Bestandsaufnahme und forschungspolitische Konsequenzen: Bonn.

Seyfarth, E. et al. (1993), Strategien und Möglichkeiten der Konfliktentschärfung in der anwaltlichen Trennungs- und Scheidungsberatung von Frauen (unveröffentlichter Arbeitsbericht): Tübingen.

Seyfarth, C. (1979), Alltag und Charisma bei Max Weber. Eine Studie zur Grundlegung der „verstehenden“ Soziologie, in: Sprondel, W.M./Grathoff, R. (Hrsg.), *Alfred Schütz und die Idee des Alltags in den Sozialwissenschaften*: Stuttgart, S. 155-177.

Seyfarth, C. (1989), Über Max Webers Beitrag zur Theorie professionellen beruflichen Handelns, zugleich eine Vorstudie zum Verständnis seiner Soziologie als Praxis, in: Weiß, J. (Hrsg.), *Max Weber heute. Erträge und Probleme der Forschung*: Frankfurt/Main, S. 371-405.

Shorter, E. (1977), *Die Geburt der modernen Familie*: Hamburg.

Sieder, R. (1987), *Sozialgeschichte der Familie*: Frankfurt/Main.

Simmel, G. 1970 (1917), Die Geselligkeit (Beispiel der Reinen oder Formalen Soziologie, in: ders., *Grundfragen der Soziologie*: Berlin, S. 48-68.

Simmel, G. (1983), Das Abenteuer, in: Simmel, G., *Philosophische Kultur*: Berlin, S. 25-38.

Simmel, G. (1984), *Das Individuum und die Freiheit*: Berlin.

Simmel, G. 1986 (1923), *Philosophische Kultur. Über das Abenteuer, die Geschlechter und die Krise der Moderne. Gesammelte Essays*: Berlin.

Simmel, G. (1992), Die Bestimmtheit der Gruppe, in: Simmel, G., *Soziologie. Quantitative Untersuchungen über die Formen der Vergesellschaftung*: Frankfurt/Main, S. 63-159 (GSG, Bd. 11, zuerst 1908).

Soeffner, H.-G. (Hrsg.) (1979), *Interpretative Verfahren in den Sozial- und Textwissenschaften*: Stuttgart.

Soeffner, H.-G. (1989), *Auslegung des Alltags - Der Alltag der Auslegung. Zur wissenssoziologischen Konzeption einer sozialwissenschaftlichen Hermeneutik*: Frankfurt/Main.

Soeffner, H.-G. (1990), *Die Ordnung der Rituale. Die Auslegung des Alltags II*: Frankfurt/Main.

Soeffner, H.-G. (1992), *Die Auslegung des Alltags*: Frankfurt/Main.

Sommerfeld, P. (1993), *Erlebnispädagogisches Handeln. Ein Beitrag zur Erforschung konkreter pädagogischer Felder und ihrer Dynamik*: Weinheim/München.

Specker, H. E. (Hrsg.) (1979), *Einstein und Ulm*: Stuttgart.

Stadt Oerlinghausen (Hrsg.) (1984), Oerlinghausen - Geschichte und Geschichten: Bielefeld.

Stierlin, H. (1978), *Delegation und Familie*: Frankfurt/Main.

Stierlin, H. (1989), *Individuation und Familie*: Frankfurt/Main.

Strauss, A.L. (1991), *Grundlagen qualitativer Sozialforschung. Datenanalyse und Theoriebildung in der empirischen soziologischen Forschung*: München.

Sugimoto, K. (1987), *Albert Einstein. Die kommentierte Bilddokumentation*: Moos.

Tenbruck, F.H. (1958), Georg Simmel (1858-1918), *Kölner Zeitschrift für Soziologie und Sozialpsychologie* (10): 587-614.

Tenbruck, F.H. (1975a), Das Werk Max Webers, *Kölner Zeitschrift für Soziologie und Sozialpsychologie* (27): 663-702.

Tenbruck, F.H. (1975b), Wie gut kennen wir Max Weber? Über Maßstäbe der Weber-Forschung im Spiegel der Maßstäbe der Weber-Ausgaben, *Zeitschrift für die gesamte Staatswissenschaft* (131): 719-742.

Toury, J. (1987), Zur Problematik der jüdischen Führungsschichten im deutschsprachigen Raum 1880-1933, in: *Tel Aviver Jahrbuch für deutsche Geschichte* XVI: 251-281.

Toman, W. (1987), *Familienkonstellationen. Ihr Einfluß auf den Menschen*: München.

Tredor, H.-J./Kirsten, Ch. (Hrsg.) (1979), *Albert Einstein in Berlin 1913-1933*, 2 Bde.: Berlin.

Treiber, H./Sauerland, K. (Hrsg.) (1995), *Heidelberg im Schnittpunkt intellektueller Kreise. Zur Topographie der „geistigen Geselligkeit" eines „Weltdorfes": 1850-1950*: Opladen.

Treiber, H. (1988), Gruppenbilder mit einer Dame. Mit den Augen eines soziologischen Klassikers. Samt einem Anhang für die „Freunde der Wahrheit", *Forum* 35 (409/410): 40-54.

Troeltsch, E. (1961), *Die Soziallehren der christlichen Kirchen* (1922): Aalen.

Trotha, v. T. (1990), Zum Wandel der Familie, *Kölner Zeitschrift für Soziologie und Sozialpsychologie* (42): 452-473.

Trbuhovic-Gjuric, D. (1983), *Im Schatten Albert Einsteins*: Bern.

Tyrell H. (1976), Probleme einer Theorie der gesellschaftlichen Ausdifferenzierung der modernen Kernfamilie, *Zeitschrift für Soziologie* (5): 393-417.

Tyrell, H. (1978), Anfragen an eine Theorie der gesellschaftlichen Differenzierung, *Zeitschrift für Soziologie* (7): 175-193.

Tyrell, H. (1979), Familie und gesellschaftliche Differenzierung, in: Pross, H. (Hrsg.), *Familie - wohin?*: Reinbek, S. 13-77.

Tyrell, H. (1982), Familie und Religion im Prozeß der gesellschaftlichen Differenzierung, in: Eid, V./Vaskovics, L. (Hrsg.), *Wandel der Familie - Zukunft der Familie*: Mainz, S. 19-74.

Tyrell, H. (1983), Zwischen Interaktion und Organisation II. Die Familie als Gruppe, in: Neidhardt, F. (Hrsg.), Gruppensoziologie. Perspektiven und Materialien, *Kölner Zeitschrift für Soziologie und Sozialpsychologie* SH 25: 363-390.

Tyrell, H. (1985), Literaturbericht, in: Bundesministerium für Jugend, Familie und Gesundheit (Hrsg.), *Nichteheliche Lebensgemeinschaften in der Bundesrepublik Deutschland*: Stuttgart, S. 93-140.

Tyrell, H. (1986a), Geschlechtliche Differenzierung und Geschlechterklassifikation, *Kölner Zeitschrift für Soziologie und Sozialpsychologie* (38): 450-489.

Tyrell, H. (1986b), Soziologische Anmerkungen zur historischen Familienforschung, *Geschichte und Gesellschaft* 12: Göttingen, S. 254-273.

Tyrell H. (1987), Romantische Liebe - Überlegungen zu ihrer „quantitativen Bestimmtheit", in: Baecker, D. et al. (Hrsg.), *Theorie als Passion*: Frankfurt/Main, S. 570-599.

Tyrell, H. (1988a), Ehe und Familie. Institutionalisierung und Deinstitutionalisierung, in: Lüscher, K./Schultheis, F./Wehrspaun, M. (Hrsg.), *Die „postmoderne" Familie. Familiale Strategien und Familienpolitik in einer Übergangszeit*: Konstanz, S. 145-156.

Tyrell, H (1988b), Systemtheorie und Soziologie der Familie - Ein Überblick, *System Familie*: 207-219.

Tyrell H. (1989), Zur Universalität geschlechtlicher Differenzierung, in: Martin, J./Zoepffel, R. (Hrsg.), *Aufgaben, Rollen und Räume von Frau und Mann*: Freiburg.

Tyrell, H. (1994), Rezension, *Kölner Zeitschrift für Soziologie und Sozialpsychologie* 46: 174-177.

Vallentin, A. (1955), *Das Drama Albert Einstein. Eine Biografie*: Stuttgart.

Veyne, P. (1993), Homosexualität im antiken Rom, in: Ariès, P./Béjin A. (Hrsg.), *Die Masken des Begehrens und die Metarmophosen der Sinnlichkeit: Zur Geschichte der Sexualität im Abendland*: Frankfurt/M., S. 40-49.

Vierhaus, R. (1987), Der Aufstieg des Bürgertums vom späten 18. Jahrhundert bis 1848/49, in: Kocka, J. (Hrsg.), a.a.O., S. 64-78.

Volkov, S. (1983), Jüdische Assimilation und jüdische Eigenart im Deutschen Kaiserreich. Ein Versuch, *Geschichte und Gesellschaft* (9): 331-348.

Volkov, S. (1985), The Social Origins of Success in Science: Jews in 19th Century in Germany, in: Grab, W. (Hrsg.), *Juden in der deutschen Wissenschaft*. Jahrbuch des Instituts für deutsche Geschichte, Beiheft 10.

Volkov, S. (1990), *Jüdisches Leben und Antisemitismus im 19. und 20. Jahrhundert*: München.

Watzlawick, P./Weakland, J.H. (Hrsg.) (1980), *Interaktion*: Bern.

Weber, Marianne (1907), *Ehefrau und Mutter in der Rechtsentwicklung. Eine Einführung*: Tübingen.

Weber, Marianne (1989), *Max Weber. Ein Lebensbild*: Tübingen 1926; wieder aufgelegt: München/Zürich 1989 (mit einem Essay von Roth, G.).

Weber, Marianne (1929), *Die Idee der Ehe und die Ehescheidung*: Frankfurt/Main.

Weber, Marianne (1935), *Die Frauen und die Liebe. Zwölf Lebensbilder und Gedanken über die Reifung zur Liebe*: Königstein/Leipzig.

Weber, Marianne (Hrsg.) (1936), *Max Weber. Jugendbriefe*: Tübingen.

Weber, Marianne (1948), *Lebenserinnerungen*: Bremen.

Weber, M. (1920), Die Wirtschaftsethik der Weltreligionen. Das antike Judentum, in: *Gesammelte Aufsätze zur Religionssoziologie, Band III*: Tübingen.

Weber, M. (1969), *Die Protestantische Ethik 1: eine Aufsatzsammlung (1920)*. Hrsg. Winckelmann, J.: München.

Weber, M. (1971), *Gesammelte politische Schriften*: Tübingen.

Weber, M. (1972), *Wirtschaft und Gesellschaft (1922)*: Tübingen.

Weber, M. (1973), Objektive Möglichkeit und adäquate Verursachung in der historischen Kausalbetrachtung, in: ders., *Gesammelte Aufsätze zur Wissenschaftslehre*: Tübingen, S. 266-290.

Weber, M. (1990), *Briefe 1906-1908*. Hrsg. v. Lepsius, M.R./Mommsen, W.J. (in Zusammenarbeit mit Rudhard, B./Schön, M.): Tübingen (MWG 11/5).

Weber-Kellermann (1990), *Vom Handwerkersohn zum Millionär. Eine Berliner Karriere des 19. Jahrhunderts*: München.

Weiner, I. (1962), Father-daughter incest: A clinical report; *Psychiatry Quarterly* (36): 607-632.

Weiß, J. (1975), *Max Webers Grundlegung der Soziologie. Eine Einführung*: München.

Welter-Enderlin, R. (1992), *Paare - Leidenschaft und lange Weile. Frauen und Männer in Zeiten des Übergangs*: München.

Weltsch, F. (1956), The Rise and Fall of the Jewish-German Symbiosis: The Case of Franz

Kafka, *Yearbook of the Leo Baeck Institute*: London, S. 255-276.

Whyte, W.F. (1996), *Die Street Corner Society. Die Sozialstruktur eines Italienerviertels*: Berlin/New York (erstm. erschienen 1943).

Wirsching, M./Stierlin, H. (1982), *Krankheit und Familie. Konzepte - Forschungsergebnisse - Therapie*: Stuttgart.

Zapf, W. (Hrsg.) (1991), *Die Modernisierung moderner Gesellschaften*. Verhandlungen des 25. Deutschen Soziologentages in Frankfurt am Main 1990: Frankfurt/Main.

Zehentreiter, F. (1997), Überlegungen zum Judentum Arnold Schönbergs aus der Perspektive einer Theorie des künstlerischen Handelns, in: Knoblauch, H./Ebertz, F./Wohlrab-Sahr, M. (Hrsg.), *Religiöse Konversion*: Konstanz (im Ersch.).